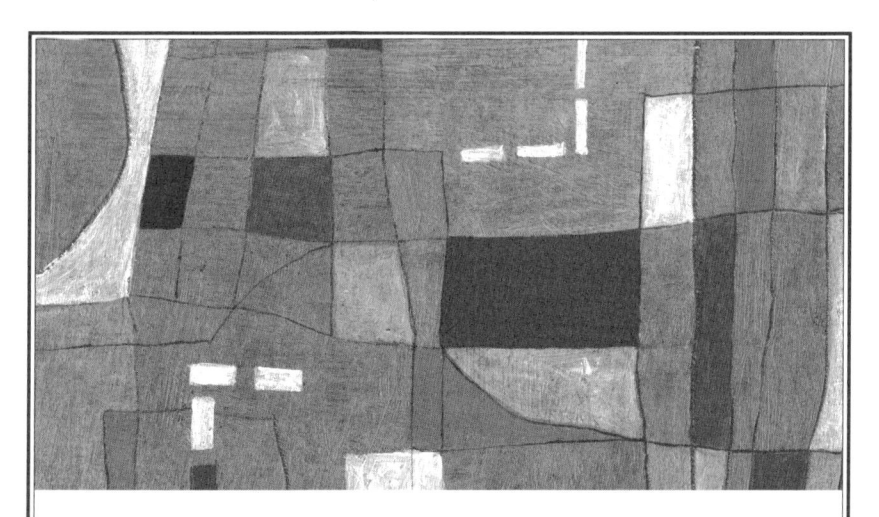

国際私法

横山 潤 [著]

三省堂

はしがき

　本書は，国際私法に関する概説書として執筆したものである。

　他の概説書において扱われている問題はなるべくあまさず取り上げようと努めたが，筆者の能力と準備期間にはかぎりがあり，割愛せざるをえなかった問題も少なくない。

　本書の内容は，内外の先人の研究成果に多くを負っている。1989年に法例が改正された後，2006年における法の適用に関する通則法の制定と2011年の民事訴訟法の改正を経験した。こうした実定法の解釈論や立法論として本書に叙述されたものも，先行業績のいわばアプリケーション以上のものではなく，はなはだしくオリジナリティに欠けている。研究の方法が時代に条件づけられていたとはいえ，非力を感じざるをえない。

　国際私法には内外に優れた研究が多い。とりわけ，パリ第1大学教授ピエール・マイエール（Pierre Mayer）氏の著作は，国際私法の西も東も分からなかった20代後半より今日にいたるまで，筆者にとりインスピレーションの源泉であり続けた。本書のキーワードとなっている「連携」も同氏の提唱する法秩序間のcoordinationという観念から着想を得たものであり，この観念を，20世紀から21世紀にかけての日本をめぐる国際環境を背景として検証してみようと思ったことが，執筆のもともとの動機であった。同氏の許しを得たので，このような執筆の動機をここで述べておきたい。なお，本書の叙述にたいして異論をもたれる方も多数おられると思われるが，筆者の咀嚼の不十分さと検証の稚拙さに起因していることはいうまでもない。本書が日本の国際私法学の発展のための「たたき台」の一片ともなれば望外の幸せである。

　このように，内外の著作からインスピレーションを得ながら，日本をめぐる国際的な生活関係を素材として，その規律のありかたを体系的に理解することに筆者の研究生活の中心があり，その一方で，理解したことを一般読者に分かりやすく説明することには，正直のところ，それほ

ど興味をもてないでいた。しかし，昨年たまたまお会いした三省堂の鈴木良明氏から概説書の出版を勧められ，「連携」という考えが自分の血となり肉となる感じをようやくもち始めた頃でもあったので，執筆を決意するにいたった。それ以降における同氏の辛抱強い（毎朝の電話による）励ましもあり，全力を傾注したつもりではあるが，伊予松山の人間に属人的につきまとう怠惰癖のためか，正確かつ分かりやすい叙述となっているか自信をもてないでいる。また，参考文献は理想的とはいいがたい形で列挙されている。再検討と補充はいずれも他日を期すこととし，お許しをお願いしたい。

　一橋大学大学院において筆者が国際私法の研究を始めた時，指導教授は烁場準一先生であった。国際私法についてなにかしら著述ができるようになったのも，ひとえに恩師烁場準一先生のご指導に負っている。先生に感謝の念を込めて本書を捧げたい。

　本稿が一応の完成をみたのは，三省堂の方々のおかげである。とくに，事項索引などの作成につき職人芸とでもいうべき技術を示された鈴木良明氏には言うべき言葉を知らない。最後に，北海学園大学講師村上愛氏の校正の労に深謝したい。

　　　2012年2月

　　　　　　　　　　　　　　　　　　　　　　　　横　山　　潤

目 次

はしがき　i
凡　例　xvii

はじめに……………………………………………………………………1

第1部　国際私法

第1編　総　論……………………………………………………5

第1章　抵触法の基礎……………………………………………5

Ⅰ　国際私法の意義と特色………………………………………5
　1　狭義の国際私法　5
　2　渉外実質法　6

Ⅱ　抵触法の国内法源……………………………………………8
　1　法　例　8
　2　通則法　9

Ⅲ　抵触規定の構成要素…………………………………………9

Ⅳ　抵触法の機能…………………………………………………9
　1　内国実質法の適用範囲画定　10
　2　外国法の指定　13
　3　双方的抵触主義と一方的抵触主義　16

Ⅴ　国際私法上の価値……………………………………………20
　1　予見可能性　22
　2　実質法的価値　25
　3　判決の国際的調和　26
　4　内外国法の平等　28

Ⅵ　国際的強行規定………………………………………………30
　1　国際的強行規定の意義　30
　2　国際的強行規定と一方的抵触主義　34
　3　内国の国際的強行規定の「適用」の意味　35

4　外国の国際的強行規定の取扱い　36

第2章　法律関係の性質決定 ……………………………………… 38

　　1　法律問題の特定　39
　　2　法律問題の分類　40
　　3　事項概念の内包と外延　40
　　4　複数の事項への分類可能性　42

第3章　連結基準の確定 …………………………………………… 46

第1節　国籍と常居所 ……………………………………………… 46
　Ⅰ　属人法 ………………………………………………………… 46
　Ⅱ　国　籍 ………………………………………………………… 47
　Ⅲ　常居所 ………………………………………………………… 49
　　1　文　理　50
　　2　常居所を決定する諸要素　50
　　3　解釈上の諸問題　51

第2節　本国法の決定 ……………………………………………… 52
　Ⅰ　重国籍者の本国法 …………………………………………… 53
　　1　本　文　53
　　2　ただし書（内国国籍の優先）　53
　　3　同一の本国法　54
　　4　本国法を特定しなくてもよい場合　54
　Ⅱ　無国籍者の属人法 …………………………………………… 55
　Ⅲ　不統一法国に属する人の本国法 …………………………… 55
　　1　地域的不統一法国（38条）　56
　　2　いわゆる朝鮮人と中国人の本国法　58
　　3　人的不統一法国（40条）　59
　　4　「最も密接な関係がある法」（40条1項かっこ書）　64

第4章　反　致 ……………………………………………………… 68

第1節　一般論 ……………………………………………………… 68
　Ⅰ　反致の概念と種類 …………………………………………… 68
　　1　狭義の反致　69
　　2　転致（再致）　69
　　3　間接反致　69

4　二重反致　69
　Ⅱ　反致における指定の意味……………………………………………70
　Ⅲ　反致の実際的根拠……………………………………………………70
　　　1　狭義の反致における内国法の適用拡大　71
　　　2　判決の国際的調和　71
第2節　通則法41条………………………………………………………72
　Ⅰ　「本国法による」……………………………………………………72
　　　1　反致が認められる本国法の指定　72
　　　2　反致が認められない本国法の指定　72
　Ⅱ　「その国の法」………………………………………………………73
　Ⅲ　「日本法によるべきとき」…………………………………………74
　　　1　「日本法」　74
　　　2　日本法の資格　74
　Ⅳ　選択的連結(24条3項,28条ないし30条,34条)と反致
　　　………………………………………………………………………75
第3節　隠れた反致………………………………………………………76
　Ⅰ　意　義………………………………………………………………76
　Ⅱ　日本法の適用………………………………………………………77
　Ⅲ　日本法の適用条件…………………………………………………78

第5章　先決問題……………………………………………………81

　Ⅰ　意　義………………………………………………………………81
　Ⅱ　問題の所在…………………………………………………………81
　Ⅲ　先決問題の準拠法…………………………………………………83
　　　1　原則としての法廷地法説　83
　　　2　例外としての準拠法説　83

第6章　準拠法適用上の諸問題…………………………………85

　Ⅰ　置換（代用）………………………………………………………85
　Ⅱ　適応問題……………………………………………………………86
　Ⅲ　外国法の確定………………………………………………………88
　Ⅳ　外国法不明の場合の処理…………………………………………89
　　　1　原　則　89
　　　2　段階的連結　90
　　　3　選択的連結　90

Ⅴ　外国法の適用違背と上告 ………………………………………91

  第7章　公　序 …………………………………………………………94
    第1節　内国法の価値を貫徹する法技術と公序 ……………………94
      Ⅰ　一方的抵触規定 …………………………………………………94
      Ⅱ　国際的強行規定 …………………………………………………95
      Ⅲ　実質法的価値を志向する抵触規定 ……………………………95
        1　法定された実質法的結果　95
        2　当事者の意思に基づく実質法的結果　96
      Ⅳ　例外条項 …………………………………………………………96
    第2節　公序則発動の要件 ……………………………………………97
        1　公序則の対象　98
        2　外国法の内容的異常性　98
        3　内国的関連性　99
    第3節　公序則発動の効果 …………………………………………100
        1　他の抵触規定と結合して得られる解決　100
        2　外国規定の排斥のみによる解決　101
        3　法廷地法による解決　101

第2編　各　論 …………………………………………………………105

  第1章　自然人 …………………………………………………………105
    第1節　権利能力および人の同一性 ………………………………105
      Ⅰ　権利能力 ………………………………………………………105
      Ⅱ　性　別 …………………………………………………………106
      Ⅲ　氏 ………………………………………………………………107
        1　準拠法の決定　107
        2　戸籍と抵触法の関係　109
    第2節　失踪宣告 ……………………………………………………111
      Ⅰ　国際裁判管轄 …………………………………………………111
        1　一般的な効力をもつ失踪宣告の管轄（6条1項）　111
        2　効力の特定された失踪宣告の管轄（6条2項）　112
      Ⅱ　準拠法 …………………………………………………………112
        1　準拠法の決定　112

          2　準拠法の適用　113
　第3節　行為能力……………………………………………………………113
　　Ⅰ　成年年齢（4条1項）…………………………………………………113
          1　準拠法の決定　114
          2　準拠法の適用　115
          3　行為能力の欠缺　116
          4　法定代理人　116
　　Ⅱ　取引保護（4条2項および3項）……………………………………117
          1　4条2項　117
          2　類推適用　119
          3　4条3項　119
　第4節　後　見………………………………………………………………120
　　Ⅰ　措置による能力制限……………………………………………………120
　　Ⅱ　後見開始の審判など（5条）…………………………………………121
          1　国際裁判管轄　121
          2　準拠法　123
　　Ⅲ　後　見（35条）…………………………………………………………124
          1　国際裁判管轄　124
          2　準拠法　125
　　Ⅳ　任意後見…………………………………………………………………125
          1　国際裁判管轄　126
          2　準拠法　126
　　Ⅴ　外国機関による措置の承認……………………………………………127
          1　公示と外国機関による措置の承認　127
          2　自動承認と取引の安全　128

第2章　法人その他の団体……………………………………………131

　　Ⅰ　法人の従属法……………………………………………………………131
          1　意義と特徴　131
          2　両主義の利点と難点　132
　　Ⅱ　準拠法の決定……………………………………………………………132
　　Ⅲ　準拠法の適用……………………………………………………………133
          1　法人の権利能力の有無にかかわる事項　133
          2　法人の内部組織　134
          3　法人格否認の法理　134

  Ⅳ　いわゆる外人法 ·· 135
   1　民法35条　135
   2　会社法上の「外国会社」　136

第3章　法律行為 ·· 139

 第1節　法律行為の方式 ·· 139
  Ⅰ　方式の意義 ·· 139
  Ⅱ　連結政策 ·· 140
   1　行為地法　140
   2　選択的連結　141
  Ⅲ　契約の方式 ·· 142
   1　隔地的契約（10条4項）　142
   2　契約準拠法の変更と方式（10条1項かっこ書）　143
  Ⅳ　物権その他の権利を設定・処分する法律行為（10条5項）
   ··· 144
  Ⅴ　親族関係に関する方式（34条）·· 145
 第2節　代　理 ·· 146
  Ⅰ　準拠法の決定 ··· 146
   1　当事者による準拠法の指定　146
   2　客観的な連結　147
  Ⅱ　準拠法の適用 ··· 148
   1　代理の準拠法　148
   2　代理行為の準拠法　149
   3　方　式　149

第4章　物　権 ·· 151

  Ⅰ　所在地法 ·· 151
   1　連結素としての所在地の意味　151
   2　連結素としての所在地の限界　152
  Ⅱ　物権の種類・内容・効力（13条1項）·· 153
   1　準拠法の決定　153
   2　準拠法の適用　153
  Ⅲ　物権変動（13条2項）·· 155
   1　準拠法の決定　155
   2　準拠法の適用　155

Ⅳ　明文の規定のない物権関係 ··158
　　　　1　運送中の物（res in transitu）　158
　　　　2　輸送機　158
　　　　3　盗品など　158
　　　　4　外国国家による国有化など　159

第5章　債　権 ··161

　第1節　契約債権 ··161
　　Ⅰ　当事者自治の原則（7条） ··161
　　　　1　当事者自治の原則の機能と根拠　162
　　　　2　明示的な法選択　163
　　　　3　黙示的な法選択　169
　　Ⅱ　客観的連結（8条） ··173
　　　　1　「最も密接な関係がある地」（1項）　173
　　　　2　概　念　173
　　　　3　推定（2項および3項）との関係　173
　　　　4　考慮されるべき事情　174
　　　　5　時　点　174
　　　　6　2項または3項の推定　174
　　Ⅲ　消費者契約（11条） ··178
　　　　1　特則の必要性　178
　　　　2　国際私法上における消費者保護　179
　　　　3　事業者の利益との調整（6項）　181
　　Ⅳ　労働契約（12条） ··183
　　　　1　法選択がある場合　184
　　　　2　法選択がない場合（3項）　185
　　　　3　法選択と労働者保護（1項）　186
　　Ⅴ　準拠法の適用 ··187
　　　　1　契約の成立　188
　　　　2　契約の効力　188
　　Ⅵ　国際的強行規定 ··189
　　　　1　概　観　189
　　　　2　内国の国際的強行規定　190
　　　　3　外国の国際的強行規定　190
　第2節　法定債権（不法行為, 不当利得, 事務管理） ·················200

Ⅰ　不法行為 …………………………………………………………200
　　　1　不法行為準拠法の決定　200
　　　2　準拠法の適用　216
　　　3　知的財産権の侵害　217
　　Ⅱ　不当利得 …………………………………………………………218
　　　1　準拠法の決定　218
　　　2　準拠法の適用　221
　　Ⅲ　事務管理 …………………………………………………………221
　　　1　準拠法の決定　221
　　　2　準拠法の適用　223
　第3節　債権法上の諸問題 ………………………………………………226
　　Ⅰ　債権譲渡 …………………………………………………………226
　　　1　法律行為による債権譲渡　226
　　　2　法律上の債権移転　231
　　Ⅱ　相　殺 ……………………………………………………………233
　　　1　受働債権の準拠法　233
　　　2　自働債権の準拠法　233
　　Ⅲ　消滅時効 …………………………………………………………233

第6章　親　族 ……………………………………………………………235

　第1節　婚姻の成立 ………………………………………………………235
　　Ⅰ　**婚姻の実質的成立要件** ………………………………………235
　　　1　準拠法の決定　236
　　　2　準拠法の適用　238
　　Ⅱ　**婚姻の形式的成立要件** ………………………………………239
　　　1　準拠法の決定　240
　　　2　準拠法の適用　242
　第2節　婚姻関係と段階的連結 …………………………………………245
　　　1　特　徴　245
　　　2　段階的連結の政策　246
　　　3　本国法と常居所地法の併存　248
　第3節　婚姻の効力 ………………………………………………………249
　　　1　準拠法の決定　250
　　　2　準拠法の適用　251
　第4節　夫婦財産制 ………………………………………………………252

Ⅰ　準拠法の決定 …………………………………………………………252
　　　1　客観的連結　252
　　　2　法選択　254
　　　3　内国取引保護　257
　　Ⅱ　準拠法の適用 …………………………………………………………258
　　　1　夫婦財産契約　258
　　　2　法定財産制　259
　　　3　内国取引保護　259
　第5節　離　婚 …………………………………………………………………260
　　Ⅰ　準拠法の決定 …………………………………………………………260
　　　1　連結基準　261
　　　2　連結の時点　262
　　Ⅱ　準拠法の適用 …………………………………………………………263
　　　1　離婚の要件　263
　　　2　離婚の効力　264
　第6節　実親子関係の成立 ……………………………………………………267
　　Ⅰ　選択的連結 ……………………………………………………………267
　　　1　選択的連結の意義と性質　268
　　　2　親子関係の成立との関連における選択的連結の問題点　268
　　Ⅱ　嫡出親子関係の成立 …………………………………………………269
　　　1　準拠法の決定　269
　　　2　準拠法の適用　270
　　　3　適応問題　271
　　Ⅲ　非嫡出親子関係の成立 ………………………………………………272
　　　1　準拠法の決定　272
　　　2　準拠法の適用　274
　　Ⅳ　準　正 …………………………………………………………………276
　　　1　準拠法の決定　276
　　　2　準拠法の適用　277
　第7節　養子縁組 ………………………………………………………………278
　　Ⅰ　概　観 …………………………………………………………………278
　　Ⅱ　通則法31条 ……………………………………………………………280
　　　1　準拠法の決定　280
　　　2　準拠法の適用　282
　第8節　親子間の法律関係 ……………………………………………………286

         1　準拠法の決定　287
         2　準拠法の適用　288
      第9節　扶　　養……………………………………………………………290
         1　扶養権利者の常居所地法（法律2条1項）　292
         2　扶養権利者と扶養義務者の共通本国法（法律2条1項）　292
         3　離婚した配偶者間の扶養（法律4条）　293
         4　扶養義務者の範囲（法律3条1項）　293
         5　公的機関による費用償還請求権（法律5条）　294
         6　通則法との関係　294

第7章　相　続……………………………………………………………296

   第1節　一般論………………………………………………………………296
      Ⅰ　相続分割主義と相続統一主義…………………………………296
         1　相続分割主義　296
         2　相続統一主義　297
      Ⅱ　住所地・常居所地法主義と本国法主義………………………297
         1　住所地・常居所地法主義　297
         2　本国法主義　298
   第2節　通則法36条…………………………………………………………298
      Ⅰ　準拠法の決定……………………………………………………298
         1　相続統一主義　298
         2　相続分割　299
      Ⅱ　準拠法の適用……………………………………………………300
         1　相続の開始　300
         2　相続人　300
         3　相続財産　301
         4　相続財産の移転　302
         5　相続人不存在　304
         6　特別縁故者への財産分与　304

第8章　遺　言……………………………………………………………307

      Ⅰ　通則法37条1項…………………………………………………307
         1　準拠法の決定　307
         2　準拠法の適用　308
      Ⅱ　通則法37条2項…………………………………………………309

1　準拠法の決定　309
　　　2　準拠法の適用　310
　　Ⅲ　遺言の方式 ……………………………………………………310
　　　1　連結基準（法律2条）　310
　　　2　遺言の撤回（法律3条）　312
　　　3　共同遺言（法律4条）　313
　　　4　方式概念（法律5条）　313

第2部　国際民事訴訟法

第1章　裁判権免除 ……………………………………………319
　Ⅰ　原則としての免除 ………………………………………………319
　Ⅱ　免除のない場合 …………………………………………………320
　　1　外国等の（擬制された）同意（5条から7条まで）　320
　　2　商業的取引（8条と9条）　320
　　3　内国の利益が関与する場合（10条から14条まで）　321
　Ⅲ　執行手続 …………………………………………………………322

第2章　国際裁判管轄（財産関係）…………………………324
　第1節　概念と価値 …………………………………………………325
　　Ⅰ　概　念 …………………………………………………………325
　　　1　直接管轄（直接的一般管轄）と間接管轄
　　　　（間接的一般管轄）　325
　　　2　国際裁判管轄と土地管轄　325
　　Ⅱ　国際裁判管轄における価値 …………………………………326
　　　1　当事者間の公平および裁判の適正・迅速　326
　　　2　法的確実性　327
　　　3　予見可能性　328
　　　4　執行可能性　328
　　　5　外国における承認・執行の可能性　329
　第2節　一般・特別管轄原因 ………………………………………330
　　Ⅰ　一般管轄原因 …………………………………………………330
　　　1　自然人（3条の2第1項）　330

2　法人その他の社団・財団（3条の2第3項）　332
　Ⅱ　特別管轄原因……………………………………………………333
　　1　業務関連管轄（3条の3第4号，第5号）　333
　　2　契約債務の履行地（3条の3第1号）　335
　　3　不法行為地（3条の3第8号）　338
　　4　請求の目的または被告財産の所在地（3条の3第3号）　340
　　5　不動産に関する訴え（3条の3第11号）　342
　　6　その他の特別管轄原因　343
第3節　管轄権の専属……………………………………………………345
　Ⅰ　法人の内部組織などに関する訴え（3条の5第1項）……346
　Ⅱ　登記・登録に関する訴え（3条の5第2項）………………347
　Ⅲ　設定の登録により発生する知的財産権の存否・
　　効力に関する訴え（3条の5第3項）………………………347
　　1　趣　旨　348
　　2　専属管轄権の意味と範囲　348
第4節　併合請求における管轄権………………………………………349
　Ⅰ　客観的併合（3条の6本文）…………………………………349
　Ⅱ　反　訴（146条3項）…………………………………………350
　Ⅲ　主観的併合（3条の6）………………………………………350
第5節　合意管轄（3条の7）……………………………………………351
　Ⅰ　管轄合意の性質………………………………………………352
　Ⅱ　管轄合意に適用される規定…………………………………352
　Ⅲ　管轄合意の許容性（1項）……………………………………353
　　1　法律関係の渉外性　353
　　2　裁判所の特定性　353
　Ⅳ　管轄合意の実質的成立要件…………………………………354
　　1　法律関係の特定性　354
　　2　専属管轄（3条の10）　354
　　3　他の実質的成立要件　355
　Ⅴ　方　式（3条の7第2項，第3項）……………………………355
　Ⅵ　管轄合意の効力………………………………………………356
　　1　専属的管轄合意と付加的管轄合意　356
　　2　外国裁判所の管轄合意　356
　　3　管轄合意の及ぶ事項的範囲　357
　　4　管轄合意の及ぶ人的範囲　358

	Ⅶ　応訴管轄（3条の8）	358
第6節	消費者契約に関する訴え	359
	Ⅰ　消費者と事業者の意義	360
	Ⅱ　消費者からの事業者にたいする訴え	360
	Ⅲ　事業者からの消費者にたいする訴え（3条の4第3項）	361
	Ⅳ　管轄合意（3条の7第5項）	361
	1　紛争発生後の管轄合意　361	
	2　紛争発生前の管轄合意　361	
第7節	労働関係に関する訴え	362
	Ⅰ　個別労働関係民事紛争	363
	Ⅱ　労働者からの事業主にたいする訴え	363
	1　労務提供地　363	
	2　雇い入れ地　364	
	Ⅲ　事業主からの労働者にたいする訴え（3条の4第3項）	364
	Ⅳ　管轄合意（3条の7第6項）	364
	1　紛争発生後の管轄合意　365	
	2　紛争発生前の管轄合意　365	
第8節	特別の事情（3条の9）	366
	Ⅰ　判例法上の「特段の事情」と民訴法3条の9	367
	Ⅱ　「特別の事情」の存否	367
	Ⅲ　訴訟競合	368
第9節	保全命令事件	369
	1　目的物の所在地　369	
	2　本案の管轄権　370	

第3章　国際裁判管轄（身分関係事件） 374

第1節	離婚（婚姻無効・取消し）事件	374
第2節	実親子関係訴訟	376
第3節	養子縁組関係事件（許可審判と成立審判）	377
第4節	子の監護紛争（親権者の指定または変更，子の監護者の指定および子との面接交流）	377

第4章　訴訟能力・当事者能力 380

	Ⅰ　訴訟能力	380
	Ⅱ　当事者能力	380

第5章　外国判決の承認・執行　382

　第1節　序　論　382
　第2節　民訴法118条の承認要件　384
　　Ⅰ　外国裁判所の確定判決　384
　　　1　外　国　384
　　　2　裁判所　384
　　　3　確定判決　384
　　　4　確　定　385
　　Ⅱ　間接管轄（1号要件）　385
　　　1　民訴法118条1号　386
　　　2　鏡像理論　387
　　Ⅲ　送達など（2号要件）　389
　　　1　適式性と了知可能性　390
　　　2　応　訴　390
　　Ⅳ　公　序（3号要件）　391
　　　1　実体的公序と手続的公序　391
　　　2　反公序性判定の基準時　392
　　　3　民訴法118条3号と通則法42条　393
　　　4　民訴法118条3号に関する判例　395
　　Ⅴ　相互の保証（4号要件）　395
　　　1　比　較　396
　　　2　時　点　397

主要参考文献　400
条文索引　401
　・法の適用に関する通則法　401
　・民事訴訟法　403
判例索引　404
事項索引　408

装丁＝三省堂デザイン室
装画＝安田みつえ
組版＝木精舎

凡　例

■法令名の略語表

通則法	法の適用に関する通則法
人訴法	人事訴訟法
一般法人法	一般社団法人及び一般財団法人に関する法律
外為法	外国為替及び外国貿易法
対外国民事裁判権法	外国等に対する我が国の民事裁判権に関する法律
民訴法	民事訴訟法
民執法	民事執行法
民保法	民事保全法

■判例の略称表

最	最高裁判所
高	高等裁判所
地	地方裁判所
支	○○裁判所△△支部
出	○○裁判所△△出張所

判	判決
中間判	中間判決
決	決定
審	家事審判

■判例集の略称表

(1) 公的刊行物

民集	最高裁判所民事判例集	判例調査会
高民集	高等裁判所民事判例集	判例調査会
下民集	下級裁判所民事裁判例集	法曹会
家月	家庭裁判月報	
交民集	交通事故民事裁判例集	法曹会
労民集	労働関係民事裁判例集	法曹会

(2) 私的刊行物

判時	判例時報	判例時報社
判タ	判例タイムズ	判例タイムズ社
労判	労働判例	産業労働調査所

金判	金融・商事判例	経済法令研究会
新聞	法律新聞	法律新聞社

■法律文献の略称表

(1) 学会誌・法律雑誌、官公庁等の発行誌

国際	国際法外交雑誌	国際法学会；有斐閣
国際私法	国際私法年報	国際私法学会；信山社
戸時	戸籍時報	日本加除出版
JCA	JCAジャーナル	一般社団法人日本商事仲裁協会
ジュリ	ジュリスト	有斐閣
曹時	法曹時報	法曹会
ひろば	法律のひろば	ぎょうせい
法時	法律時報	日本評論社
民月	民事月報	法務省民事局
民商	民商法雑誌	有斐閣

(2) 法学部・法学科等のある大学の紀要

一法	一橋大学研究年報法学研究	一橋大学研究年報編集委員会
一論	一橋論叢	一橋大学一橋学会
九法	九大法学	九州大学大学院法学府
志林	法学志林	法政大学法学志林協会
成蹊	成蹊法学	成蹊大学法学会
早法	早稲田法学	早稲田大学法学会
千葉	千葉大学法学論集	千葉大学法学会
中央ロー	中央ロー・ジャーナル	中央大学法科大学院
筑波ロー	筑波ロー・ジャーナル	筑波大学法科大学院
同法	同志社法学	同志社法学会
法協	法学協会雑誌	法学協会事務所
名法	名古屋大学法政論集	名古屋大学法学部
立命館	立命館法学	立命館大学法学会
論叢	法学論叢	京都大学法学会

はじめに

　国際私法は，外国法秩序との連携という観念をぬきにして語ることはできない。

　外国判決の承認・執行制度はこのことを端的に示している。外国裁判所の判決がその領域においてのみ効力を有するとすれば，内国に所在する財産との関係において外国判決はいわば絵に描いた餅になるおそれがある。そのために，これを内国においても尊重しなければならない。

　また，内国裁判所が有すべき国際裁判管轄権の広がりも，外国法秩序との連携の必要性に条件づけられている。内国裁判所の管轄権を基礎づけうるような事由に基づいた外国裁判所の判決は，承認を拒否すべき理由がほかにないときは，内国においても効力を承認しなければならず，他方で，その判決が外国において承認・執行されえないような事由に基づいて内国裁判所は国際裁判管轄権を行使すべきではない。こういった点を意識しながら内国裁判所の国際裁判管轄権の広がりは画定されているのであり，外国法秩序との連携を視野に入れてはじめて，当事者間の公平や裁判の適正・迅速という理念も国際裁判管轄の規律にとり意味をもつのである。

　外国法秩序との連携の必要性は，抵触法と呼ばれる法規範の内容にも影響を与える。抵触法を定立するに際しては，内国の実質法はいかなる生活関係にたいして適用されるべきかという視点がなによりも重要である。けれども，外国法の中にも内国の実質法と同様な法規範があり，そのような外国実質法の適用可能性を所与のものとして捉えてはじめて，内国実質法の適用範囲も定まるのである。抵触法は事案に渉外的要素がある場合に適用されるといわれるのも，そのような要素の存在するときには外国法秩序との連携がとくに必要とされるからである。

　以上の意味での連携は，しかし，あくまでも内国の観点からのものである。内国の自発的な連携だけでは国境を越えた生活関係をつねに適切に処理できるわけではない。1980年10月25日ハーグの「国際的な子の奪取の民事上の側

面に関する条約」が示すように，一国の立場からする自発的な連携や抵触法などに関する統一条約に基づく提携では足らず，国際間協力が不可欠となる生活関係もある。

　本書の大部分は，基本的に外国法秩序との連携に関して論じている。第1部において抵触法，つまり狭い意味での国際私法を，第2部において国際民事訴訟法のうち，おもに国際裁判管轄と外国判決の承認・執行の問題を取り扱う。

第 1 部

国 際 私 法

第1編

総　論

第1章　抵触法の基礎

Ⅰ　国際私法の意義と特色

　国際私法は国際的に効力を有する私法つまり世界のすべての国または多数の国において通用している統一的な私法[1]を意味するわけではない。

1　狭義の国際私法

　狭義の国際私法は"抵触法"と呼ばれる。日本の抵触法の中核は法の適用に関する通則法（以下，「通則法」という。）4条以下の規定によって構成されている。以下では，主として，この狭義の国際私法を取り扱う。抵触法は"私人の国際的な生活関係に適用される法の決定を主たる任務とする法"である。原則として，私人間の生活関係に適用されるべき法（準拠法）を決定するにとどまり，提起されたすべての問題にたいして直接に回答を与えるものではない。その規律の仕方はいわば間接的であり，解決すべき紛争の種類は同じではあっても，（民法や商法，民事訴訟法などの）"実質法"とはその使命を異にしている。

＊「東日本大震災に伴う相続の承認又は放棄をすべき期間に係る民法の特例に関する法律」

（平成23年6月21日法律第69号）は，民法の特例として，（岩手県，宮城県などの）被災地に住所を有する相続人にたいしていわゆる熟慮期間の伸長を認めた。この法律の文言からは次の2つの問題がただちに判明するわけではない。①民法915条1項の規定およびその特例たるこの法律は，被相続人が外国人の場合にも適用されるか，②被災地に所在しない相続財産したがって外国に所在する財産についても熟慮期間の伸長は許容されるかである。①が抵触法の問題であり，被相続人が日本人である場合に民法および特例法が適用され（通則法36条），その適用を前提として実質規定たるこの法律の解釈により②の問題にたいして肯定の答えが与えられる。

原則として，日本の裁判所が事案につき国際裁判管轄権を有し，かつ，当該事案と同一とみられる事案につき日本が承認すべき外国裁判所の判決などが存在しない場合に，裁判所は日本の抵触法を適用する。

2　渉外実質法

抵触法の適用が実際に意味をもつのは生活関係に渉外性がある状況である。そのような状況のために特別に定立された実質法がある。

(1)　渉外実質法の必要性

抵触法は原則として，日本の純国内的な生活関係には日本の実質法の適用を，外国の純国内的な生活関係にはその外国の実質法の適用を命ずる。日本の裁判所は，日本において婚姻生活を営む日本人夫婦の離婚には日本法を適用し，フランスにおいて婚姻生活を営んでいたフランス人夫婦の離婚にはフランス法を適用する。適用される日本の実質規定や外国の実質規定は，もともと自国からみて純国内的な生活関係を想定して定立されているから，抵触法による解決は純国内的または純外国的な生活関係を規律する方法として適当といわなければならない。さらに，国際的な広がりをもつ生活関係について特定の国の実質規定を適用しても，多くの場合，不都合な結果が生ずるわけではない。たとえば，相続財産が外国に所在していても，「東日本大震災に伴う相続の承認又は放棄をすべき期間に係る民法の特例に関する法律」の適用に困難は生じなかったであろう。とはいえ，内容的に純国内的な事案を想定して定立された実質規定をそのまま国際的な広がりをもつ生活関係にたいして適用すると，妥当

とはいえない解決を導くことがある。

＊盗難などの場合に即時取得の例外的な処理を定める民法193条の規定は，物の回復請求の期間を2年と定める。しかし，この2年という期間は純国内的な事案との関係では適切であるとしても，盗難にあった物が国境を越えて移動するとかならずしもつねに十分な期間とはいいえまい[2]。

とくに国際的な取引においては，商品は長距離を移動するだけでなく，国境を越える。交通通信手段に関する外国のインフラストラクチャーは内国のそれと同じように整備されているわけではない。通貨の価値も変動しがちである。さらに，契約当事者の法的・文化的背景も異なる。純国内的な取引を想定した実質規定は，こういった国境を越えた取引に特有の事情を踏まえた規律をかならずしも提供するものではない。そのために，事案の渉外性にとくに配慮した実質法が定立されることがある。国際海上物品運送法や国際物品売買契約に関する国際連合条約がその例である。

(2) 渉外実質法と抵触法の関係

生活関係の渉外性に配慮して定立された実質規定が，直接的につまり通常の抵触規定を媒介とすることなく，適用されることがある。たとえば，国際物品売買契約に関する国際連合条約1条1項a号の規定はこのことを定めている。この規定によると，契約当事者の営業所が相異なる締約国にあるかぎり，当該契約には同条約の定立する実質規定が適用されうる。しかし，生活関係の渉外性に配慮して定立された実質規定でありさえすれば，抵触規定を媒介とすることなく適用されるというわけではかならずしもない。同条約1条1項b号の規定に従えば，a号の条件が満たされない場合には，（通則法7条以下の規定などの）「国際私法の準則」に従い同条約の実質規定が適用される。生活関係の渉外性に配慮して定立され，その意味で内容的には適格性を有しているとしても，そのことからただちに当該実質規定の適用が導かれるわけではないのである。

Ⅱ　抵触法の国内法源

1　法　例

　狭義の国際私法すなわち抵触法の成文法源の根幹をなしているのは，すでに述べたように通則法であり，この法律は2006年6月21日に公布され，2007年1月1日に施行された。

　通則法が施行されるまでの約100年間は法例という法律が国際私法の中核的な法源であった。法例が制定される前にも，旧法例と呼ばれる法律（明治23年法律97号）が1890年10月7日に公布されていた。けれども，旧法例は旧民法と運命をともにし，施行されることはなかった。しかし当時，領事裁判権の撤廃などのために旧法例に代わる法が必要とされ，ゲープハルト草案と呼ばれるドイツの草案などを範として法例が立法された。1898年6月21日に公布，同年7月16日に施行されたこの法律は，1942年，1947年および1964年の小改正を別にすれば，その後90年の長きにわたり通用していたのである。

＊　なお，日本のかつての植民地法制を構成する共通法（大正7年法律第39号）という法律が，1918年4月17日に公布され，同年6月1日に施行されている[3]。これは，いわゆる内地と外地，外地と外地という「法域」相互の関係を規律するものであった。その2条2項の規定は「民事ニ関シテハ前項ノ場合ヲ除ク外法例ヲ準用ス此ノ場合ニ於テハ各当事者ノ属スル地域ノ法令ヲ以テ其本国法ト看做ス」と定めており，後述するいわゆる準国際私法の規定であった[4]。

　法例が大幅な改正を受けたのは1989年であった（平成元年法律第27号）。このときの改正の主たる目的は，夫または父の国籍を準拠法の決定基準としていた抵触規定の合憲性にたいする疑念を払拭する点にあった。このとき改正された法例においては，夫婦（父母）に共通する要素が準拠法決定の基準とされると同時に，親子関係の成立との関連において選択的連結という準拠法の決定方法が採用され，さらに，個別的・具体的な生活関係につき最密接関係地を探求することが準拠法選択の方法としてはじめて明文化された。

2 通則法

　1989年の改正は契約をはじめとする財産関係に関する規定を射程には入れていなかった。しかし，「規制改革推進3か年計画」(2001年3月30日閣議決定，2002年3月29日閣議決定により改定，2003年3月28日閣議決定で再改定）において，債権流動化の基盤整備を推進する方針が採られたことを契機として，とくに法例中の財産関係および行為能力に関する規定の見直しが行われ，通則法が制定された。ここに，物権，相続および遺言の成立・効力などの規定を別にすれば，日本の国際私法の内容は1898年の法例のそれとはかなり異なるものとなった。

Ⅲ　抵触規定の構成要素

　抵触規定は固有の法律要件と法律効果を有している。法律要件は（法律行為や婚姻などの）事項概念により特定される法律問題からなり，連結基準は法律効果の一部となっている。連結基準は，（人，物，法律行為などの）連結主体，（国籍，常居所地，所在地などの）連結素および（出生時，契約締結時，不法行為時などの）連結時によって構成される。

　＊裁判規範として表現すれば，通則法27条の規定は，「裁判所が離婚という法律問題につき裁判をする場合においては」という法律要件をもち，「夫婦の離婚時における同一の国籍…が指示する法を適用しなければならない」という法律効果をもつ。この規定の連結基準は，夫と妻という連結主体，国籍などの連結素および離婚時という連結時から構成されている。

Ⅳ　抵触法の機能

　抵触法は原則として2つの機能を有している。内国実質法の適用範囲画定という機能と外国法の指定という機能である。

1　内国実質法の適用範囲画定

　内国の法定立機関は，世界において生起するあらゆる生活関係を規律しようとして実質規定を定立するわけではない。むしろ，内国と人的・場所的な関連を有する状況に内国法を適用しようとする。そのような状況においては日本法の適用が，通常，期待されるからである。

＊1898年に制定された法例7条2項の規定によれば，契約当事者があえて準拠法を合意しないかぎり，契約には契約締結地法が適用された。もともと外国人居留区であった地域に住む外国人と取引をする当時の日本人は，外国法を準拠法とする合意がないかぎり，日本法に従い取引を行うことができたはずである。
　通則法の下でも，日本の事業者が外国人と契約を締結する場合，外国法を準拠法とする合意がないかぎり，日本法に基づいてビジネスを行いうるよう配慮されている（8条2項）。日本法に関する情報へのアクセスという点において，通則法の規律のありかたは，（日本が輸出立国であるとの前提の下に）輸出業者に有利にできている。他方で，日本の輸入業者が日本法に従い契約を締結しようとするときには，日本法を準拠法として合意する必要があろう。しかし，同じく物の提供を受ける者であっても，日本に居住する消費者は日本法の定める保護のレベルを最低線として期待できる仕組みとなっている（11条）。

(1)　本来的な適用範囲

　実質規定じたいからは，ほとんどの場合，法定立機関がいかなる状況を規律しようとしているかは判明しない。

＊民法732条は，「配偶者のある者は，重ねて婚姻をすることができない」としている。重婚を禁止するこの規定の名宛て人は日本において婚姻届を提出しようとする日本人だけか，外国で婚姻を挙行しようとする日本人をも含むのか。あるいは，日本人と婚姻しようとする相手方の外国人をも名宛て人としているのか。民法の当該規定からは判然としない。また，消費者が行う電子消費者契約の要素に錯誤があった場合などの状況を想定する「電子消費者契約及び電子承諾通知に関する民法の特例に関する法律」は，電子取引という取引の性質上，事業者が外国の事業者であるなど契約が国境を越えて締結される状況をも射程に入れているはずである。

抵触法の第1の機能は，内国実質法の適用範囲つまり内国実質法が適用されるべき状況を画定することにある。抵触規定中の婚姻や契約という事項概念は婚姻や契約などを規律する内国の実質規定のグループを指示し，抵触規定中の本国や当事者の選択という連結基準は各グループに属する内国実質規定が適用されるべき状況を示している。

＊「人の行為能力は，その本国法によって定める」とする4条1項の規定は，「民法4条以下の人の行為能力に関する実質規定のグループは，問題となっている人が日本人である場合に適用される」ことを意味している。さらに，この実質規定のグループは，通則法38条2項の規定によれば，無国籍者が日本に常居所を有している場合にも適用される。かくして，通則法4条1項と38条2項とが結合して，民法4条以下の人の行為能力に関する実質規定のグループは，日本人および日本に常居所を有する無国籍者に適用されることになる。
　通則法7条の規定は，日本民法の債権編（民法399条以下）の適用される状況を，当事者が日本法を選択した場合としている。
　「東日本大震災に伴う相続の承認又は放棄をすべき期間に係る民法の特例に関する法律」は，通則法36条に従い日本民法が適用されることつまり日本人が被相続人であるという状況を前提としている。

＊＊抵触規定により画定される内国実質規定の適用範囲はいつも截然とした輪郭をもつわけではない。個別的・具体的な事案における生活関係と日本との関連性の有無にその適用いかんの決定を委ねる抵触規定もある（8条，15条，20条および25条）。

(2) 日本の実質法と通則法の相関関係

　通則法は日本の実質法に対応している。その相関関係は次のように例示できる。

(イ)　契　約
①私的自治の原則は，抵触法上，当事者自治の原則として表明される（7条，9条，16条，21条）。
②消費者保護および労働者保護という政策は，消費者の常居所地法および労務提供地法の適用可能性を導く（11条，12条）。
③契約の相対的効力という原則は抵触法上も尊重される。契約準拠法の確定に際して当

事者間に存する具体的諸事情を考慮することができ（8条1項），準拠法の事後的変更の効力を制約する（9条ただし書）。

④私的自治の原則は方式の自由をも意味する。契約の方式の問題を含めて当事者は契約準拠法を選択することができ，契約締結地法に従った方式の履践も許される。しかし，方式のもつ意思確認などの機能は無視できないために（参照，民法446条2項），方式に限定した準拠法の選択は認められず（方式という問題に限定して保証契約に書面を不要とする法を当事者は選択できない），契約準拠法を事後に変更しても方式の準拠法はそれに引きずられない（10条1項かっこ書）。また，方式のもつ保護機能の観点から消費者にはその常居所地法による保護が保障されている（11条3項）。

(ロ) 物 権

物権の排他性は第三者にとっても容易に認識できる連結素を要求する（13条1項）。そのために，物の所在地という連結素が採用されている。日本の実質法は物権変動について意思主義をとっているが（民法176条），物権変動の準拠法を当事者は指定できない（13条2項）。当事者が外国法を選択した場合，日本に所在する物について日本法の知らない物権が効力をもつことになり，物権法定主義と抵触するからである。

(ハ) 法定債権

事務管理と不当利得は，投下費用の償還（民法702条）と利得者の受益の返還（民法703条）という形で当事者の利益を公平な観点から調整しようとする。同じく債権の発生原因ではあっても契約とは異なり，法律効果は法定されている。こういった点に着目して，通則法14条以下の規定は両者につき同一の客観的な連結素を定めている。客観的な連結素は，損害の公平な填補という観点から，不法行為の連結素でもある。これらの法領域における民法上の類型論的な処理方法を15条および20条はそれぞれ抵触法に反映させようとしている。

(ニ) 人，家族と相続

両性平等の要請は，抵触法においては，夫婦双方にとり馴染み深い法の適用を導く。

人および家族に関する抵触規定の第一次的な連結素は国籍である。このことは，日本の家族法が日本人の家族関係を登録する機能をもつ戸籍制度と密接に関連していることを背景として理解できよう。また，法定相続人が誰かを第三者もまた容易に知りうるという戸籍制度の利便性は，相続に関する抵触規定が今日まで維持されてきたことや，24条3項ただし書のいわゆる日本人条項の定立に一役かっているとみられる。

抵触規定相互の関係もまた内国の実質規定相互の関係に原則として対応して

いる。

> ＊日本の民法上，未成年者に親権者がいない場合に後見が開始する。このことに対応して，抵触法上も，親権に関する通則法32条の規定に従い親権者がいない場合にはじめて後見の準拠法（35条）の適用がある。したがって，ある未成年者につき後見の準拠法（35条1項）によると後見が開始するとされていても，親権の準拠法（32条）によると親権者が存在する多くの場合には，後見に関する35条1項の規定は適用されない。

(3) 副次的な適用範囲

日本の実質法の適用範囲外にある状況には日本の実質法は適用されない。そのような状況にたいして，抵触規定は原則として外国法の適用を命ずる。しかし，本来ならば外国法が規律すべき状況にたいしても，日本の実質法が適用されることがある。後述するように，事案の規律を委ねたはずの外国法が日本の実質法にむしろ規律を委ねているとみられる場合（反致），外国法の内容を確定することができない場合そして外国法の適用が日本の公序に反すると判定される場合である。

2 外国法の指定

(1) 外国法の指定

通常の抵触規定は内国実質法の適用範囲を画定するだけでなく，内国実質法の適用範囲外の状況にたいして外国法の適用を命ずる。つまり，通則法の定める多くの抵触規定は，ある事項に関する内国実質規定の適用される状況を定める機能（適用範囲画定機能）に加えて，同一の事項について外国実質法の適用される状況を定める機能（外国法指定機能）を有している。

> ＊「人の行為能力は，その本国法によって定める」とする4条1項の規定は次の2つの機能をもっている。すなわち，「民法4条以下の人の行為能力に関する実質規定のグループは，問題となっている人が日本人である場合に適用されなければならない」と命ずる機能と「外国人の行為能力については，その外国の法律が適用されなければならない」と命ずる機能である。

日本の抵触規定が外国法を指定する場合，外国の抵触規定が自国の実質法に付与している適用範囲は，一定の場合を除き，考慮されない。つまり，外国の抵触規定がもつ自国実質法の適用範囲画定機能は，基本的に，日本の観点からは意味を有しない。

＊中華人民共和国の渉外民事関係法適用法（以下，「中国国際私法」という。）の12条は，「人の行為能力に関する中国の実質規定のグループは，問題となっている人の常居所が中国にある場合に適用される」と理解できる。しかし，中国法が準拠法となっても，この12条の規定のもつ適用範囲画定機能を日本の裁判所は原則として考慮しない。中国を本国とする者の行為能力であるかぎり，同国に常居所があるか否かを問わず，日本の裁判所は原則として中国法を適用しなければならない。このように中国法が規律しようとする状況を無視すると，日本に常居所を有する中国人の行為能力については，法廷地国たる日本の裁判所が適用する法と中国の裁判所が適用するであろう法が異なることになる。日本に常居所を有する中国人の行為能力につき日本の裁判所は中国法を適用するのにたいして，中国の裁判所が中国法を適用することはないからである。しかし，この点の不都合は，後述するように，反致などの手段により対処することができる。

(2) 内国法変質説

　内国の抵触規定により指定された外国の実質法は内国法に変質する，と説かれることがある。内国の裁判所が適用するのは外国法規そのものではなく，外国法規と同一の内容の内国法規であるとされるのである。

＊次に述べる見解はいずれも，「内国裁判所の適用する法はかならず内国法でなければならない」との前提をとっている。このような前提の当否はともかくとして，内国法変質説を採用すると説明しやすい場合がある。たとえば，韓国民法864条は，「父又は母が死亡したときは，その死亡を知った日から2年以内に，検察官を相手として…認知の訴を提起することができる」としている。この規定にいわゆる「検察官」は当然のことながら韓国の検察官である。しかし，日本の裁判所が当該規定を準拠法規として適用する場合，韓国の検察官は相手方とはなりえないので，裁判実務においても（日本の人訴法42条1項に従い）日本の検察官が相手方となっている。内国法変質説によれば，日本の裁判所が適用するのは，韓国民法864条そのものではなく（当該規定と同一の内容ではあるが）日本法に変質した法規であり，日本の検察官は韓国の公益ではなく日本の公益

を代表する者として相手方となっていると説明することができるのである。

しかし，法秩序に関する特定の法の一般理論（とくに，ハンス・ケルゼンやH.L.A.ハートのそれ）を所与のものとするならばともかく，次に述べるように内国法変質説は外国法の適用という事象を十分に説明しきれているわけではない。また，準拠外国法は内国法に変質するとの見解に依拠しなければ，職権による外国法の確定や外国法の適用違背を上告理由とすることの説明が不可能となるわけでもない。

(イ) 抵触法＝渉外実質法

内国法変質説を日本において唱えたのは山口弘一である[5]。山口説によると，「人の能力はその本国法による」という抵触規定は，「日本人ハ満二十年ヲ以テ成年トス獨逸人ハ満二十一年ヲ以テ成年トス云々」と逐一定める代わりに，概括的に「本国法による」と言い換えているにすぎないとされる。この見解によると，国際私法上の規定も民法の規定と同様に実質規定であり，国内的な私法関係を規律する民法とならんで渉外的私法関係を規律する法例（現在ならば，通則法）という名の実質法が併存しているとされるのである。このように国際私法を簡略化された実質法の立法として捉える説明が妥当する外国法の指定もないではない。たとえば，1929年6月29日のバチカン市国の「法源に関する法律」4条は「本法の施行日までの…イタリア王国の刑法典が遵守されなければならない」としており，この規定はその当時におけるイタリア刑法と同一内容の規範をバチカン市国の刑法とするものといえる。しかし，通則法の規定による指定を同じように理解することはできない。日本の国際私法の制定後に外国法が改正され，外国法秩序において新たに実定法となった（が，日本の国際私法立法者は想定していなかったはずの内容の）規定の適用が説明できないからである。

(ロ) 抵触法＝法規創造規範

烁場準一は，山口説とは異なり，渉外実質法ではなく渉外実質法を創造する法として抵触法を捉える[6]。日本の国会が可決した法律案の規範内容が日本の実定法となるのは，憲法41条と59条が国会に立法機関としての地位を認めているからである。これらの規定が"法律案"を"法規範"として創造するのと同様に，国際私法規定もまた法規を創造する規範であり，外国の実質法の規範的な内容を日本の実定法とする機能をもつ，とされる。たとえば，「人の行為能力は，その本国法によって定める」という規定は，「満19年をもって成年とする」という甲国民法の表明する規範内容をいわば「法律案」とし

第1章 抵触法の基礎　15

てみて、「甲国人は満19年をもって成年とする」という日本の実質法規を生み出す機能をもつ。日本の裁判所は（甲国民法の規定を適用するようにみえても、実は）この日本の実質法規を適用する、と説明されるのである。たしかに、この見解によれば、通則法の制定後において外国法が改正された場合にも、新たに実定法となった外国法規と同一の規範的内容が自動的に日本法の中に生み出され、「国際私法」の立法＝「簡略に表現された渉外実質法」の立法という構成に内在する難点が克服される。

　炑場説の難点は、日本法の中に生み出される個々の実質法規を識別する基準が国際私法上の連結素に求められなければならない点にある。たとえば、この説によると、「甲国人は満20年…」とか「乙国人は満18年…」というように日本法の中に同一の事項につき複数の実質法規が存在し、甲国人の成年年齢には前者が、乙国人の成年年齢には後者が適用される。事案に適用すべき（日本の法秩序の内部で創造された）各実質法規を識別する基準つまり各実質法規の要件は通則法4条1項の国籍という連結素を反映する。しかし、通則法25条などの定める「最密接関係地」という連結素はこういった識別基準を提供できないはずである。

3　双方的抵触主義と一方的抵触主義

法の抵触を解決する方法としては、これまで、2つの方法が提唱されてきた。双方的抵触主義と一方的抵触主義である。

(1)　双方的抵触主義

抵触法は内国法の適用範囲と外国法の適用範囲の双方を決定できる。これを肯定するのが双方的抵触主義と呼ばれる方法であり、日本の抵触法は原則としてこの方法によっている。

＊通則法24条1項の規定はその典型的な例である。日本人女がイスラム教徒たる甲国人男の2番目の妻となりうるかという問題について、24条1項の規定は重婚を禁止する日本民法732条の規定を指定する。同時に、イスラム教徒たる甲国人男と婚姻しようとする女が韓国人であるときにも、同じく重婚を禁止する韓国民法810条の規定の適用を命ずる。

双方的抵触主義の下では、原則として、内外国法の適用範囲は一致する。他方で、外国の立法者もまた自国の国際私法を有し、当該外国の観点から自国の

実質法の適用範囲を画定しようとする。内国の抵触規定が内国実質法に付与する適用範囲と当該外国の抵触規定が自国の実質法に付与する適用範囲とが一致すると，双方的処理は内外実質法の適用範囲の調和を理想的な形で導く。現実に，このような調和は，日本の国際私法と韓国の国際私法との間では，多くの法領域において，看取される。しかし，自国実質法の適用を期待する者は誰かという問題は，個々の国の国際環境を背景として決定されるはずである。

＊国際養子縁組について，日本はいずれかといえば養子を外国から受け入れる国とみられるのにたいして，中国は養子の送出国である。このような社会的背景の下に，通則法は，養子縁組の成立要件につき，養子の本国法の事項的適用範囲を限定し（31条1項後段），他方で，中国の国際私法は養子の常居所地法の事項的適用範囲を限定していない（中国国際私法28条）。

そのために，内国の抵触規定が外国の実質法を指定する状況は，当該外国の抵触規定が自国実質法に付与する適用範囲とはしばしば一致しない。人や家族，相続の分野において，中国の国際私法は基本的にその実質法の適用範囲を中国における人の居住を基準として画定し，外国に居住する者の生活関係は自国民の生活関係であっても当該外国法の規律に委ねようとしている。そのために，国籍を連結素とする日本の国際私法は，中国との関係では，上に述べた調和を実現しないのである。

なお，双方的抵触主義にたつ立法が一方的抵触規定つまり内国法の適用範囲だけを定める規定を有することもある。双方的抵触主義を前提とするかぎり，かりに一方的抵触規定が立法されても，双方的抵触規定として拡張解釈し，外国法の指定の機能をもたせることができる。もっとも，外国法の適用ではなく外国裁判の承認という形でのみ外国法秩序との連携を図ろうとする規定については，このような双方化はできない。通則法5条・35条2項2号および6条の規定はそういった双方化のできない規定である。

(2) 一方的抵触主義
イ　意　義
双方的抵触主義によると，通則法24条1項の規定は国籍という同一の基準を用いて，（重婚を禁止する）日本民法732条の規定の適用される状況を画定

するだけでなく，外国の実質規定たとえば韓国民法810条の規定の規律すべき状況をも定める。換言すれば，日本の抵触規定は韓国の実質規定の適用範囲をも画定する。このような処理に対立する方法が一方的抵触主義と呼ばれる方法である。この立場は，一国の抵触法は自国実質法の適用範囲のみを定めることができ，他の国の実質法が適用されるべき状況を定めえないとするのである（法の適用範囲を動物の"縄張り"に喩えると，自己の縄張りの範囲と同種の動物のそれとは同一であるべきであるとするのが双方的抵触主義であり，同種の動物であっても自己の縄張りの範囲は個々の動物がそれぞれ別個に定めるべきであるとするのが一方的抵触主義である）。

＊たとえば，通則法13条2項によると不動産に関する物権の得喪はその所在地法によるとされている。一方的抵触主義によると，この規定は，日本に所在する不動産に関する物権の得喪には日本法が適用されるといっているにすぎず，韓国に所在する不動産に関する物権の得喪については何もいっていない。世界の法秩序の中で韓国に所在する不動産に関する物権の得喪を規律しようとするのは，韓国国際私法19条2項の規定である。かくして，（「韓国に所在する不動産に関する物権の得喪には韓国法が適用される」と理解される）当該規定に従い韓国の実質法が適用され，韓国の実質法に従い得喪の原因となる事実が完成していたとすると，問題となっている物権の得喪を日本の国際私法上も尊重しなければならない，とされるのである。

一方的抵触主義によると，自国実質法による事案の規律をその国の抵触規定が欲するかぎりにおいてその国の実質法は適用される（比喩的にいうと，動物は餌が自己の縄張りに入るかぎり捕食できる）。先にも述べたように，日本の国際私法は双方的抵触主義を前提としてなりたっている。けれども，外国の抵触規定がその国の実質法の適用を意欲するか否かを考慮することは，日本の国際私法にまったく無縁というわけではない。外国の抵触規定が自国実質法の適用をあえて欲しないとみられるときには日本法を適用し（反致）[7]，外国の抵触規定がとくに自国の国際的強行規定の適用を欲するときにその適用を肯定することもできるからである（国際的強行規定の特別連結）。

ロ　難　点

一方的抵触主義は次のいずれかの前提にたっている。すなわち，①私法の適用範囲は主権の及ぶ範囲を意味し，一国が外国の実質法の適用範囲を定めるこ

とは外国の主権の範囲を決定することになるため許されないとの前提（個々の動物は同種異個体の縄張りを勝手に設定すべきではない），そして②名宛て人のない実質規定は完全な法規範ではないから，名宛て人を示す外国の抵触規定を無視して外国の実質規定を適用することは法規範の歪曲した適用になるとの前提である（ライオンにとって大事なのは，草原にいるすべてのシマウマではなく，その縄張り中にいるシマウマである）。このような前提の当否は別にしても，一方的抵触主義は，（事案を規律しようとする国がないという）法の消極的抵触および（複数国がそれぞれ自国実質法の適用を事案に欲するという）法の積極的抵触をかならずしも首尾一貫した形で解決できないという問題を抱えている（同種の動物が有すべき縄張りが一様ではないために，どの縄張りにも入らない餌となるべき動物がいたり，同一の餌が複数の縄張りに入る事態が生ずる）。

＊たとえば，甲国は自国の不法行為法の適用範囲を自国が結果発生地である場合とし，乙国は自国の不法行為法の適用範囲を自国が行動地である場合としているとする。Ｙが甲国からピストルで銃撃し，乙国にいるＸに弾丸が当たったという場合には，行動地は（自国が結果発生地である場合にのみ自国法の適用を欲する）甲国であり，結果発生地は（自国が行動地である場合にのみ自国法の適用を欲する）乙国である。ＸがＹにたいしてする不法行為に基づく損害賠償請求につき適用を欲する法は存在しない（法の消極的抵触）。逆に，乙国にいるＹが甲国にいるＸを銃撃した場合には，ＹにたいするＸの損害賠償請求については甲国法と乙国法がともに適用を欲することになる（法の積極的抵触）。

　上に述べた一方的抵触主義の②の考え方を貫徹しようとすれば，法の名宛て人とされる者にたいして行為規範として現実に作用しているとみられるのはいずれの法秩序の実質規定か，という観点から積極的抵触は解決されよう。しかし，ある実質規定が行為規範の名に値するか否かの判断は結局のところ法廷地国際私法の観点（上の例では，行動地法と結果発生地法のいずれを採用するかという観点）から行うことになろう。そうだとすれば双方的抵触主義に帰着することになってしまう。また，法の消極的抵触を一方的抵触主義に忠実に解決することは困難である。

　他方で，法の積極的抵触や消極的抵触が生じてもよい場合や罰則の定めや国家機関の関与があるために特定の規定を当事者としても行為規範とせざるをえず，このことを法廷地国際私法も所与のものとして受け容れなければならないときには，一方的抵触主義の妥当する余地を認めることができる。

V　国際私法上の価値

　実質規定の意味内容はその趣旨・目的から解釈により導かれる。規定の趣旨・目的からその人的・場所的な射程範囲も定まる。

> ＊「東日本大震災に伴う相続の承認又は放棄をすべき期間に係る民法の特例に関する法律」は，東日本大震災の被災者である相続人の困難に配慮して定立されている。そのために，相続人の住所地が被災地にある場合に，熟慮期間が伸長する。被相続人の住所地や相続財産所在地いかんは問われない。

　抵触法が日本の実質法の適用範囲を定め，個々の実質法の適用される状況を特定する機能をもつとすれば，抵触規定も日本の関連する実質規定の趣旨・目的を考察することによって立法し，解釈できそうである。

　たしかに，このことは，後述する国際的強行規定についてはかなりな程度に妥当する。しかし，国際的強行規定ではない実質規定について，ことはそれほど簡単ではない。というのは，抵触法は内国実質法の定立機関と外国実質法の定立機関との連携を図る使命を有しており，内国実質法の適用範囲は外国実質法の適用範囲との関係において相対的に定まるという側面を有しているからである。内国法を適用すべき状況と外国法の規律に委ねるべき状況とは裏腹の関係にある。

> ＊「年齢二十歳をもって，成年とする」という日本民法4条の規定を，出生時からずっと外国で生活している日本人にも適用すべきかという問題は，同時に，そのような日本人の成年年齢いかんについてはこれを当該の外国法の規律に委ねるべきではないか，を問うことでもある。

　そのために，"内国の実質法はいかなる生活関係を規律しようと欲しているか"という問題を設定するよりもむしろ，"内国法か外国法かを問わず，問題となっている状況にいずれの法秩序を適用するのが人の私法的生活関係にとり適切か"という形で問題を設定することが合目的的ということになる。

> ＊問題の設定の仕方において刑法と国際私法は対極にある。日本とは人的または場所的に

関連性がないために犯罪とはされない行為について，いずれの外国刑法の適用が適切かという問題は設定されない。たとえば，ネバダ州のカジノにおける日本人の賭博行為について日本の刑法の適用とネバダ州刑法の適用のいずれが適切かではなく，(賭博罪に関する）日本の刑法185条の規定はいかなる地における行為を処罰の対象とすべきかのみが問われる（参照，刑法1条以下の規定）。外国刑法の適用という意味での連携は問題とならないからである（参照，刑法4条の2，5条）。

＊＊ （"XはYにたいして不法行為に基づく損害賠償請求権を有するか"といった）法律問題が提起される場合に，上に述べた問題設定が可能である。この種の法律問題に関するかぎり，これを規律できる私法的法規をどの国の法秩序も有しているとみられるため，各国の実質法が有すべき適用範囲の画定が必要とされる。他方で，"甲国との関係においてXは特定の法的地位を有しているか"という問題については，準拠法として適切な法は何かという問題設定は無意味である。法律問題じたいが甲国法によるとの解決をすでに含意しているからである。

　国際法上，ある者が特定国の国籍を有しているか否かは当該国の国籍法による。この場合，"Xの国民としての地位につきいかなる国の国籍法が適用されるべきか"という問題は設定されない。"Xは甲国の国民（という法的地位を有している）か"という法律問題だけが設定される。無国籍者や重国籍者が生じても，これは同一の法律問題との関係において法が消極的・積極的に抵触した結果ではない。無国籍という結果は，"Xは甲国の国民か"，"Xは乙国の国民か"という複数の異なった法律問題がいずれも否定された場合に生じ，重国籍という結果はこれらの法律問題がともに肯定された場合に生ずる。通常，いずれの国も自国となんらかの関連性を有している者にたいしてのみ自国国籍を付与する。しかし，この関連性は自国国籍法の適用範囲を示すものではなく，"国籍付与"という法的評価の及ぶ範囲を示しているにすぎない。そのような関連性のない者には"国籍を付与しない"という法的評価が同じ国籍法により与えられているのである。個々の国籍法の適用範囲がこの意味で無限であっても，各国の実質法がもつ適用範囲の画定という問題は提起されない。

　このことは，「知的財産権の侵害を差し止める権利は，保護が求められている国の法による」との不文の法規についてもいえる。同一の知的創造物であっても，"Xは甲国法の下でYの侵害行為を差し止めることができるか"，"Xは乙国法の下でYの侵害行為を差し止めることができるか"という相異なる法律問題が設定される。Yの行為が"侵害行為"に該当するか否かはそれぞれの国の（たとえば甲国および乙国の特許）法により判断される。多くの国の知的財産法は，自国の領域内における侵害行為のみを規律対

象としている。"自国領域内での利用行為の生起"という意味での場所的関連性は差止請求権の発生という法律効果の発生要件を示すにすぎず、問題となっている国の知的財産法の適用範囲を示すものではない。自国の領域外における利用行為は（差し止められないという意味で）自由であるとの法的評価がこの法によって与えられているからである。個々の国の知的財産法（知的財産権ではない）の適用範囲はこの意味で無限であり、無限であっても法の抵触という事態は発生しない。法律問題に含意された法秩序が適用されると、一方的抵触主義に従って処理されるかのような印象を受ける。けれども、適用範囲画定の問題がそもそも提起されていないため、一方的抵触主義によっているわけではない。

　準拠法が適切か否かは価値判断を伴う。そのために、抵触規定を立法または解釈する上で重視されるべき価値とは何かが探求されなければならない。純粋に日本的な生活関係はまず日本法の適用範囲に入るであろうし、特定の外国にすべての要素が集中している純外国的な生活関係にはその外国の法律が適用されよう。そういった生活関係については、立法・解釈を行うために念頭におくべき価値はとくに意識されることはない。しかし、内国的要素と外国的要素の混在した生活関係あるいは複数の外国とかかわる生活関係との関係では、そのような価値とは何かが認識されなければならない。抵触規定の概念を解釈するに際して"国際私法独自の"という言葉がしばしば使用されてきたけれども、抵触規定の背後にある価値の認識を欠いてはこの言葉も枕詞以上のものではありえまい。国際私法もまた日本法の一部であるかぎりにおいて、他の法分野において通用する価値たとえば法の適正な解釈・適用や迅速な解決といった価値もまた準拠法を決定する上で重要な意味をもっている。他方で、他の法分野においてはみられない価値も存在する。また、価値を実現するための規律の仕方も異なっている。国際私法に固有のものとして、次の4つの価値に留意しなければならない。当事者その他の者の予見可能性の確保、実質法的価値、判決の国際的調和そして内外国法の平等である。

1　予見可能性

　準拠法にたいする予見可能性は国際私法に固有の価値ということができる。以下では、その意味について言及する。

(1) 一般的・抽象的な予見可能性と個別的・具体的な予見可能性
イ　一般的・抽象的な予見可能性

　法律関係の当事者となるべき者その他利害関係人に予見を期待できないような法を準拠法とすべきではない。(特定の地における不法行為の結果の発生が「通常予見することができない」ときは、その地の法を不法行為の準拠法とはしないとする)17条ただし書の規定は一般的な予見可能性のもつ重要性を端的に言い表している。解釈論上も、一般的・抽象的に予見を期待できるか否かは準拠法を決定する上での指針となる。たとえば、25条にいわゆる「夫婦に最も密接な関係がある地の法」が何かの予見を夫婦以外の第三者に期待することはできないから、当該規定を準用する27条の「離婚」が包摂する法律問題はおのずから限定されることになろう。

ロ　個別的・具体的な予見可能性

　通則法の多くの規定が指定する準拠法は、当事者となるべき者に予見を期待できるものである。留意すべきは、当事者となるべき者に予見を期待できるものとして抵触規定が指定する法と当事者が現実に予見している法とは異なることがある、という点である。準拠法の決定が、その性質上、当事者の利益にのみ影響する法律関係（たとえば契約）については、個別的・具体的な事案における当事者の現実の予見を基準にして準拠法を定めることも可能である。しかし、準拠法の決定が（身分関係や物権など）第三者の利益にも影響する法律関係については、個別的・具体的な事案における当事者のみの予見可能性が準拠法決定の基準となるわけではない。

＊長年日本で生活し、近い将来において日本国籍を取得しようとしている甲国人夫婦は、すでに日本法を行為規範として婚姻生活を送っているかもしれないが、25条の規定によると日本法が適用される余地はない。

＊＊パリを観光中の日本人旅行者が観光バスの中で他の日本人旅行者に土産物を譲渡しても、当該物の所有権の移転にはフランス法が適用される（13条2項）。

(2) 最密接関連性の原則
イ　意　義

　法律関係の当事者その他の者に予見を期待できる地の法を準拠法として唯一肯定すべき場合に、最も密接な関連性を有する地の法としてその選択が説明さ

れることがある。最も密接に関連する地の法は，少なくとも当事者などに予見を期待できない法ではありえない。その意味で最密接関連性の原則は，予見可能性を確保すべく抵触規定を立法し，解釈・適用するよう命ずる原則であるということができる。次の各規定はそのような原則を表明している。8条1項，12条1項，15条，20条，25条から27条，38条1項，3項および40条である。

もっとも，通則法の中に「裁判所は事案に最も密接に関係する法を適用しなければならない」との原則を表明する規定が1条あればよいというものではない。最も密接に関連する法とは（実質法的な観点を捨象して）適切とみられる準拠法という以上の意味を有するわけではない。このような規定のみによって事案を解決しようとすれば，法的確実性が損なわれ，その結果として当事者の予見可能性すらも確保できないことになろう。

さらに，（事務管理・不当利得に関する）14条の規定との関係における15条や，（不法行為に関する）17条から19条までの規定との関係における20条のような，特定の法律問題に関する特別の例外条項ではなく，すべての抵触規定との関係における一般的例外条項は，法的不確実性をもたらすために日本の国際私法上は認められていない[8]。

ロ　最密接関連性と当事者による法選択

客観的には最も密接に関連する地があっても，当事者の法選択があれば，選択された法が準拠法となることがある。当事者間に存する事情を最もよく知っているのは当事者であり，その予見可能性を尊重すべきであるからである。たとえば，契約については，原則として，当事者が選択した地の法が適用される（7条）。

(3)　誰の予見可能性が尊重されるべきか

連結基準は，誰の予見可能性を国際私法上尊重すべきかを示している。（11条1項の消費者のように）連結主体が明示されているときには，少なくとも連結主体に該当する者の予見可能性が尊重されているといえよう。

＊契約準拠法を当事者が選択しなかった場合，8条2項の規定によれば，特徴的給付を行う当事者の常居所地法または事業者の事業所所在地法が契約に最も密接な関係がある地の法として推定される。この規定により，（たとえば，輸出業者や銀行などの）事業者の予見可能性が多くの場合に確保されよう。

連結主体が一見すると明示されていない連結基準についても，（物の所在地のような）連結素から，誰の予見可能性が尊重されるべきかが判明する。

他方で，誰の予見可能性を尊重するかは，関連する内国実質法上の価値，たとえば消費者保護や取引の安全といった価値によってしばしば決定される。

＊甲国に居住するＸがその所有する絵画を盗まれたところ，当該絵画は数年後乙国のオークションにかけられＹがこれを競り落としたとしよう。Ｘの予見可能性を尊重すれば旧所在地法たる甲国法が，Ｙの予見可能性を尊重すれば新所在地法たる乙国法が適用されるべきである。いずれの法に問題を規律させるべきかは，事案に関連する諸要素がいずれの地に物理的に集中しているかによって決定されるわけではない。決定的なのは，真の所有者の権利保護と取引の安全という２つの実質法的価値のいずれを抵触法上反映させるべきかの判断である。通則法13条２項の規定に従い新所在地法によるとすれば，それは，取引の安全という価値が抵触法上も尊重されているからである。

２　実質法的価値

内国の実質法において価値と認められている制度または原則は，抵触法の立法・解釈においても価値として認められ，少なくとも当事者などの予見を方向づける役割をもっている。他方で，内国の実質法上の価値とは区別すべき国際私法に固有の実質法的価値も存在する。

(1)　内国実質法の価値

準拠法を決定する基準は内国実質法の制度のもつ価値を反映している。このことは，抵触規定の機能の１つが内国実質法の適用範囲画定にあることから導かれる。

＊抵触規定の解釈や立法は，価値が抵触する場合にそのいずれを優先するかの問題にかかわっている。たとえば，（相続財産が不動産であるか否かを問わず）相続につき被相続人の本国法を準拠法としている通則法36条の規定は，相続財産の包括的処理という内国実質法の価値を反映しているといえよう。しかし，この価値が別の内国実質法の価値たとえば物権に関する公示制度の信頼という価値と抵触する場合には，判例は後者を優先させている。また，社会主義国たる被相続人の本国が自国に所在する不動産について

はその相続可能性を否定こそするものの，外国にある自国民の相続についてまでその適用を主張しようとしない場合には，法の適正な解釈・適用や迅速な紛争解決という価値を重視して，内国に居住する者の相続については内国法を適用してもよいであろう。

(2) 国際私法に固有の実質法的価値

（内国実質法の価値そのものとは区別されるべき）抵触法に固有の実質法的価値が存在する。こういった価値が存在するために，同一の事案にたいして内国実質法の与えるであろう解決をあえて無視して，この解決とは異なる解決を与える外国法の適用を抵触規定が命ずることがある。1つの法律問題の準拠法として複数の法秩序を選択肢として想定する（28条などの）規定がその例である。

さらに，そのような価値は後述するいわゆる適応問題を解決する場合の指針を提供する。

＊親権の準拠法（32条）によると親権者たる親は再婚によりその親権を喪失するとされているにもかかわらず，後見の準拠法（35条1項）が親の再婚を親権喪失原因とはしていないとしよう。双方の準拠法がうまく連絡しないために，子には親権者も後見人もいないという事態が生じうる。法定代理人の不存在が望ましくないとすれば，子の利益に配慮して，次のような例外的処理をとることができよう。すなわち，親権準拠法の下で（本来ならば，後見準拠法の規律すべき）後見開始の原因が存するものとして扱い，後見準拠法の下で後見の開始を認めるという処理である。この解決は後見準拠法たる実質法の解釈・適用から導かれるわけではない。というのは，このような子の利益にたいする配慮が必要になったのは，通則法が"親子間の法律関係"と"後見"に相異なる連結基準を定めると同時に前者の適用を論理的に先行させたからにほかならず，抵触法じたいがそのような準拠法間の連絡の不備に対処しなければならないからである。

3　判決の国際的調和

同一または同種の法律関係は，いずれの国の裁判所で審理されようとも，同じように判断されなければならない。同一のカップルがある国では夫婦であるが，他の国では事実婚の関係にあるといった事態の発生は避けられなければならない。人や財貨が国境を越えると，純国内的な事案ではあたりまえの法的安

定性はたちまちにして保障されなくなる。国境を越えた法的安定性を確保するには、外国の立法者や外国の裁判所の態度にも配慮しなければならない。その意味で、判決の国際的調和という価値は国際私法に固有のものといえる。判決の国際的調和は、抵触法に関する条約によって最も望ましい形で実現される。とくにハーグ国際私法会議の作成する諸条約[9]は重要なものである。けれども、日本が締約国となっている条約[10]はきわめて限られている。

判決の国際的調和という価値を一国の立場から実現することには限界があるけれども、他の価値と抵触しないかぎり、この価値を指針にして抵触規定を解釈・適用しなければならない。

＊判決の国際的調和にたいする配慮の必要性は、とくに、同一の事案について複数の国の裁判所が国際裁判管轄権をもちうることに起因する。たしかに、日本も含めてどの国の裁判所もなんらかの形で自国と関連性のある事案を処理し、準拠法となる法も事案となんらかの関連性を有している。しかし、どの国の裁判所が事案を審理すべきかを決定する管轄原因とどの国の法を事案に適用すべきかを決定する連結基準とはかならずしも一致しない。たとえば、日本に居住するペルー人夫婦の離婚について日本の裁判所は（原則として被告の住所地を基準として）管轄権をもつけれども、離婚に適用されるべき法は（夫婦の国籍を基準として）ペルー法となる。このように（国際民事訴訟法上の）管轄原因と（国際私法上の）連結基準とはかならずしも一致しない。国際裁判管轄においては当事者間の公平や裁判の適正・迅速といった観点から日本との関連性が問われるのにたいして、準拠法の決定においてはどの国の法が婚姻生活を送る上で予見可能な行為規範を提供していたかといった観点が重視されるからである。さらに、裁判による権利保護を保障するためにしばしば複数の国際裁判管轄の基礎が定められている。たとえば、原告の住所地も一定の場合には離婚の管轄権の基礎となりうるのである。

このように抵触法上の連結基準と国際裁判管轄の管轄原因とはしばしば一致しない。もっとも、管轄権の基礎が同時に連結基準となることもある。失踪宣告および後見に関する通則法5条・35条2項2号および6条の規定に従うと、日本の裁判所は管轄権を有するかぎり日本法を適用する。これは、日本の裁判所による外国法の適用が失踪宣告についてはきわめて困難であり、後見については外国法よりも法廷地法としての日本法の適用がむしろ被後見人などの保護という目的などに適合するからである。なお、管轄権を有する裁判所その他の機関がつねに自国法を適用する事項についても判決の国際的調和は問題となりうる（参照、第1編第4章第3節）。

第1章　抵触法の基礎

4　内外国法の平等

　1898年の法例制定当時から日本の国際私法は内外国法の平等を是としてきた。その理由の1つは，領事裁判権の撤廃に必須のものとして国際私法を制定し，不平等条約の廃止後においても外国人の権利保護に欠けるところがないことを列国に示す必要があったことに求められよう[11]。また，いまだ完全には誕生してもいない日本の実質法と列国の実質法とを平等の地位に置くことは日本の立法者にとってもけっして悪い話ではなかったであろう。これら2つの意味で，内外国法の平等という原則は日本の「国益」に合致するものであったということができるかもしれない。

　このような立法上の背景はともかくとして，内国実質法の適用範囲に入る生活関係につき外国の裁判所もまた内国法を適用すること，つまり外国法秩序による連携を期待するかぎり，内国抵触法の立法者としては内国実質法と外国実質法の適用範囲をできうるかぎり平等にするよう配慮しなければなるまい。また，内国法の適用範囲を外国法のそれよりも広く認めると，どの国が法廷地国となるかに従い解決が異なることになる。通則法のほとんどの規定は，純内国的な事案には内国法の適用を，純外国的な事案には外国法の適用を命じている。そのかぎりで，内外国法の平等という価値は尊重されている。しかし，内国的要素と外国的要素の混在する生活関係については，この平等はかならずしも徹底して行われているわけではない。現実には，内国法の適用される範囲は外国法のそれよりも広い。

＊内国法の適用範囲を相対的に広く認める理由は様々である。
(1)　判決の国際的調和という価値に矛盾しない内国法の適用
(イ)　準拠法として内国法が適用される場合
　　内外国法の平等は，裁判所が一般的・抽象的な外国法規を適用するとの前提がある場合に問題となる。内国の裁判所が国際裁判管轄権を有するときにはかならず内国法を適用すべき場合には，内外国法の平等という価値は問題とならない。たとえば，後見に関する5条・35条2項，失踪宣告に関する6条がこの処理を認めている。事案の渉外性に配慮して外国法を適用することが，その解釈・適用にまつわる困難のために，かえって当事者その他の者の権利を実効的に保護できないおそれがある点に，この処理を正当化する理由が求められる。これらの規定との関係では，判決の国際的調和という価値は，

外国法の適用ではなく，外国の裁判の承認という連携方法により実現される。

　なお，扶養義務の準拠法に関する法律2条の規定は，扶養権利者の常居所地法を第一次的な準拠法としている。扶養事件に関する国際裁判管轄の第一次的な管轄原因は扶養権利者の住所地であるとみられるため，扶養権利者の常居所地法は実際には法廷地法の意味合いを濃厚にもっている。扶養料の算定方法は複雑かつローカル性に富むために，外国法を適用していては扶養権利者の保護の必要性にたいして現実的かつ迅速な対応ができないからである。

(ロ)　準拠法として外国法が適用される場合

　抵触法が外国法を指定していても，判決の国際的調和という価値にむしろ適合する場合には，内国実質法が適用されることがある（反致，41条）。

　また，そもそも，譲ることのできない内国法上の価値はかならず維持されるという保障があるからこそ，外国法は適用されうるのである。外国実質法規の適用がそのような価値と抵触する結果をもたらすときには，必要な範囲においてそのような法規の適用を排斥し，代わりに内国の法規を適用しなければならない（公序，42条）。この場合における内国実質法の適用は外国法秩序との連携に内在する制約として是認されよう。

　さらに，適用すべき外国法の内容を確定できないときには，窮余の策として内国法の適用を認めざるをえまい。

(2)　判決の国際的調和という価値に矛盾する内国法の適用

(イ)　準拠法として内国法が適用される場合

　準拠法としての内国法の適用を優先的に確保し，確保された範囲に入る事案には外国法に適用の余地を与えない規定がある。（ともに日本人条項と呼ばれる）婚姻の方式に関する24条3項ただし書と離婚に関する27条ただし書の規定である。重国籍者の本国法の決定について日本国籍の優先を認める38条1項ただし書の規定もそうである。事案に関連する諸国が日本と同じ態度をとると，同一事案にそれらの国の裁判所は自国法を適用するから，判決の国際的調和は得られないことになる。たとえば，離婚に関する韓国国際私法39条ただし書は，（通則法27条ただし書と同様に）韓国人条項とでもいうべき規定である。これらの規定によれば，日韓の夫婦については，日本と韓国の裁判所は離婚にそれぞれ日本法と韓国法を適用することになる。

(ロ)　準拠法として外国法が適用される場合

　外国法が不法行為の準拠法となった場合でも，不法行為に関する内国法の定める要件が満たされない場合には法律効果は発生せず，また，内国法の定める法律効果以上の効果は否定される（22条）。この規定により，多くの場合，国際的な事案において内国法

が潜在的加害者にたいして与える行動の自由の範囲が明確化される。しかし，文理解釈をすると，この規定は次のような負の側面を有している。準拠外国法が20条の規定に従い「密接な関係がある地」の法であることが明らかな法であり，そのため他の国の裁判所においても準拠法とされる可能性の高い法が存在しても，内国法の基準が優先されるのである。その意味で，この規定は判決の国際的調和という価値に抵触するおそれがある。

VI 国際的強行規定

内国の実質規定は，強行規定を含めて，抵触規定の指定のある場合にのみ適用される。生活関係が内国の実質規定の適用範囲に入らないときには，当該生活関係には外国法が適用され，その外国法にはその国の強行規定も含まれる。これが，内外国の強行規定が適用される通常の方法である。しかし，法廷地の強行規定の中には，抵触規定によれば外国法に規律が委ねられるべき生活関係にもその適用が肯定されるべきものがある。通常の抵触規定を媒介とすることなく適用されるために，現象的にはこれらの強行規定は事案に直接に適用される。この種の実質規定は国際的強行規定（絶対的強行法規）と呼ばれる。なお，国際的強行規定と呼称され，その処理方法いかんが問題となる規定の中には，無効という私法上の効力を有しないたんなる取締法規も含まれる。

通則法には，中国国際私法4条に相当する明文の規定はない[12]。しかし，準拠法ではないにもかかわらず，法廷地法上の特定の強行規定はかならず適用される。このことに関連して次の4つの問題が設定されてきた。

①それらの強行規定とは何か。
②法廷地法が準拠法でないにもかかわらず，なぜ適用できるのか。
③外国法が準拠法である場合に，その外国の国際的強行規定は，準拠法中の法規の資格で適用されうるのか。
④第三国の国際的強行規定はいかに処理されるべきか，である。

1 国際的強行規定の意義

(1) 強行規定の適用範囲

通常の強行規定は，任意規定と同様に，抵触規定の指定があってはじめて適

用される。抵触規定が双方的か一方的かを問わない。

＊親権に関する日本民法の規定は通則法32条の指定する子の本国法または常居所地法が日本法である場合にのみ適用され，失踪宣告に関する日本民法の規定も通則法6条に従って適用される。

他方で，一国の政治的，社会的または経済的な目的を実現するためにその遵守が要求される強行規定つまり国家がその適用につき特別の利益を有している強行規定は，多くの場合，規律すべき法律関係と法廷地国との間に一定の関連性がある場合にはかならず適用される[13]。通則法の指定する準拠法が外国法であってもその適用可能性は影響を受けない。

＊通則法32条の規定が子の本国法たる外国法を指定している場合にも（都道府県が児童を児童養護施設などに入所させることを認める）児童福祉法27条の規定が適用される。

また，通則法の指定する準拠法が日本法であっても，準拠法たる日本法の構成部分として適用されるわけではない。

＊通則法32条が子の本国法として日本法を指定する場合であっても，児童の住所もしくは居所または児童の従業する場所が外国にあるときには児童福祉法の適用はない。そのような場所が日本にある場合にのみ，都道府県は児童を児童養護施設などに入所させることができる。

(2) 国際的強行規定の適用範囲
イ　適用範囲の決定基準
　双方的な抵触規定は外国の一般的・抽象的な実質規定の適用を命ずる。外国の一般的・抽象的規定の適用を命じない一方的抵触規定もまた外国法秩序の態度に無頓着ではない。外国裁判所の裁判を承認することによって，外国法秩序との連携を図っている（5条・35条2項2号と6条）。いずれにせよ，それらの抵触規定が定める内国実質法の適用範囲は，関連する外国実質法の適用されるべき状況を念頭におきながら，適切なものとして立法者が定めたものである。外国法秩序との連携に配慮しながら適切と判断された適用範囲であるからこそ，

立法者はまた，内国実質法の適用範囲に入る生活関係について，外国裁判所による内国の一般的・抽象的実質規定の適用や外国裁判所による内国の裁判の承認を期待できるのである。

これにたいして，一国の政治的，社会的または経済的な目的を実現しようとする強行規定との関連においては，外国法秩序との連携に配慮した準拠法選定の適切さは，原則として，問題とされえない。その適用範囲の画定にとってなによりも重要なのは強行規定の目的の実効的な実現である。

＊日本の福祉機関による児童の保護という目的を実効的に実現するために必要な適用範囲は，問題となっている児童が，原則として，日本に居所を有している場合などに限られよう。

そういった強行規定の目的の実効的な実現は，原則として，定立国が配慮すべき問題であり，他の国の機関が配慮すべき問題ではない。一国の行政機関の介入を手段としてその目的を実現しようとする強行規定についてはとくにこのことがいえよう。各国の行政機関の代替可能性は想定できない以上，各国が類似の制度を有していてもそうである。

＊日本の外為法は，特定の財貨が日本の領域から移動することを禁止できる。同様な禁止規定は外国にもあるはずである。しかし，外国の外為法が自国からの特定財貨の移動を禁止しているとしても，当該外国からの輸出を阻止する目的は基本的に当該外国が配慮すべき問題であって，その実現に助力する任務を（国際的な合意がある場合は別として）日本の裁判所に期待しているわけではない。

ロ　適用範囲の属地性・属人性

規定が刑事的・行政的制裁をも定めている場合には，国家機関が活動可能な範囲はその国の領域に限定されるために，国際的強行規定の適用範囲もまた，多くの場合，定立国の領域とみられる。その意味で，適用範囲は属地的である。領域とのいかなる関連性が必要かは個々の国際的強行規定の目的から定まる。

＊労働契約が未成年者に不利であると認められる場合に労働契約を解除する権限を行政官庁に認める労働基準法58条の規定は，日本に事業者や労働者が居住しているという状

況ではなく，日本において労務が提供されているという状況に適用される。

　最低限の適用範囲は，準拠法たる外国法の適用を反公序性を理由に排斥した結果として内国実質規定が適用される範囲つまり（後述する）内国的関連性により示されることがある（参照，第1編第7章第2節I）。ある強行規定を国際的強行規定と性質決定することは，しばしば，準拠法の適用と公序則によるその排斥そして内国強行規定の適用という法適用のプロセスを簡略化するという側面を有しているからである。

　＊契約準拠法たる外国法の適用は，労務提供地＝日本という内国的関連性があるかぎり排斥され，その結果として労働組合法7条1号の規定がつねに適用されるというのであれば，当該規定を（労務提供地＝日本という適用範囲をもった）国際的強行規定とすればよいことになる。

　しかし，属人的な適用範囲をもつ国際的強行規定も存在する。

　＊不正競争防止法18条の規定は，贈賄行為が外国で行われた場合にも贈賄者が日本人であるかぎり適用される。契約準拠法たる外国法が贈賄の約束に該当する契約の効力を認めているとしても，日本人贈賄者の履行行為は禁止される。

(3) 国際的強行規定の識別基準

　国際的強行規定としてある強行規定を性質決定することは，当該規定の適用については外国法秩序との連携を欲しないという立法者の意思を含意している。その適用範囲に入る生活関係について外国裁判所による当該規定の適用を期待しようとするときには，国際的強行規定として性質決定すべきではない。また，双方的抵触規定を適用することによっても，強行規定の目的が実現できるときにはあえて国際的強行規定とすべきではない[14]。ある強行規定の実現しようとする利益が国益・公益であることから，ただちに，当該規定の国際的強行性が導かれるわけではない。

　＊経済的弱者保護に関する規定を安易に国際的強行規定として適用すべきではない。通則法11条または12条の規定による保護の可能性および外国裁判所による関連実質法規の

適用可能性に配慮すべきである。

**鉱業法17条は，「日本国民又は日本国法人でなければ，鉱業権者となることができない」としている。この規定から推測できるように，鉱業法は日本の国益または公益の保護にかかわる法律である。しかしだからといって鉱業法を，（問題となっている土地の区画が日本の領域を構成するかぎりにおいてかならず適用される）国際的強行規定としなければならない理由はない。鉱業法の有すべき適用範囲は通則法13条の規定が内国法に付与する適用範囲と一致する。13条の規定に従い所在地法として日本法が適用され，日本法の一部として鉱業法が適用されると構成してもなんら不都合は生じない。なお，上記鉱業法17条の規定は鉱業法の適用範囲ではなく，鉱業権者の範囲を決定する規定である。

***通則法24条3項ただし書の規定は，民法739条1項の規定を"当事者の一方が日本人でありかつ日本に所在する場合"に適用されるべき国際的強行規定とするものではない。同様に日本人条項と呼ばれる通則法27条ただし書の規定も，民法の離婚に関する実質規定を"当事者の一方が日本に常居所を有する日本人である場合"にかならず適用される国際的強行規定とするものではない。

2　国際的強行規定と一方的抵触主義

国際的強行規定はそれに固有の一方的抵触法規を有している。通則法の定める抵触規定にたいして優先的に適用される抵触法規によりその適用範囲が決定される。

*通則法32条の規定が子の本国法たる外国法を指定している場合にも（都道府県が児童を児童養護施設などに入所させることを認める）児童福祉法27条の規定が適用されるのは，「児童の住所若しくは居所又は児童の従業する場所が日本にある場合には，児童福祉法による」という不文の一方的抵触法規が存在するからである。

外国法を通則法上の抵触規定が指定していても，その外国法中の国際的強行規定は指定の対象とはならない。指定の対象となるのは，当該外国もまた他の国との連携を図ろうと意図している一般的・抽象的法規に限られる。

国際的強行規定が適用されない状況にたいしては通常の抵触規定により指定される法が存在しているため，一方的抵触主義のもつ消極的抵触という不都合

は生じない。たとえば，外国に児童が居住している場合には，その親子間の法律関係には通則法32条の指定する法律が適用される。後述する特別連結論に従い複数国の国際的強行規定が同一の状況を適用範囲内に収めるという法の積極的抵触のようにみえる事態が発生しても，そのことじたいに不都合はない（参照，第2編第5章Ⅵ）。

＊同一の契約に基づく物の移動につき，輸出国がその輸出管理規制を強行し，輸入国がその輸入管理規制を強行するのは当然である。

3 内国の国際的強行規定の「適用」の意味

多くの場合，国際的強行規定は，当事者の法律関係にたいして（たとえば，官庁の許可がないことが契約の履行障碍の原因となるといった意味において）私的権利の成立や行使を制限する方向に働く。ある法規が「…等の行為をしてはならない」として特定の行為を禁じ，禁止に違反する行為にたいして刑事的な制裁を定めている場合，違反行為の前にあってはこの禁止じたいが法規範として"適用"される。したがって，問題となっている行為が契約の履行行為に該当する場合には，契約準拠法の下において履行の障碍となる。他方で，債務不履行に陥った債務者の責任などの派生的な問題は契約準拠法による。

＊日本に主たる事務所を有するYが，甲国内のODA事業の受注を目的として甲国において同国公務員Xに金品を提供する約束をし，日本においてその履行をXが求めた場合，日本の裁判所は不正競争防止法18条の規定する禁止に違反する履行をYに命ずることはできない。

他方で，禁止に違反する行為がすでに行われ，私法上の効果が問われる場合には，国際的強行規定違反の私法上の効果を定める法規も適用される。禁止それじたいが行為規範として適用されうるかぎり，違反の（無効といった）私法上の効果がとくに明文で定められているか，それとも日本民法90条の規定を媒介とするか否かは問題ではない。なお，契約の無効の結果として給付した物の返還が必要となるか否かといった派生的な問題は契約など法律関係の準拠法による。

4　外国の国際的強行規定の取扱い

　外国の国際的強行規定は，内国を含めて他の国による連携を期待して定められたものではない。同種の強行規定が内国法秩序に存在していてもそうである。そのために，外国の国際的強行規定を内国裁判所は原則として適用しない。同種の強行規定が内国法秩序には存在しないときにはなおさらそうである。もっとも，強行規定の内容・目的によっては，これを内国において適用または考慮する余地は認められよう。

　＊日本の文化財保護法44条は「重要文化財は，輸出してはならない」としている。当該の禁止は「日本の領域から重要文化財が移動する場合に」かならず適用され，重要文化財に該当する物が契約の目的であるときは契約の準拠法が外国法であっても，契約は公序良俗に違反するとして無効とされえよう。他方で，甲国の文化財保護法が甲国からの文化財の移動を禁止しているとしても，甲国の文化財に該当する物を甲国から乙国に移動する契約につき甲国の禁止を法規範として尊重して甲国と連携する任務を日本の裁判所が当然に負っているわけではない。とはいえ，日本もまた「文化財の不法な輸入，輸出及び所有権移転を禁止し及び防止する手段に関する条約」の締約国であるから，甲国の文化財保護法を適用または考慮する余地がある（参照，第2編第5章第1節Ⅵ）。

〔注〕

1)　そのような統一私法として，たとえば，1883年の「工業所有権の保護に関するパリ条約」，1886年の「文学的及び美術的及び著作物の保護に関するベルヌ条約」，1930年の「為替手形及び約束手形に関し統一法を制定する条約」，1931年の「小切手に関し統一法を制定する条約」。

2)　「文化財の不法な輸出入等の規制等に関する法律」6条1項は「特定外国文化財の占有者が民法（明治二十九年法律第八十九号）第百九十二条の条件を具備している場合であっても，第三条第一項の盗難の被害者は，同法第百九十三条の規定による回復の請求に加え，盗難の時から二年を経過した後十年を経過するまでの期間にあっては，当該占有者に対してこれを回復することを求めることができる。」とする。

3)　植民地法制にたいする日本の国際私法のかかわりについては，浅野豊美「国際秩序と帝国秩序をめぐる日本帝国再編の構造　共通法の立法過程と法的空間の再定義」浅野豊美＝松田利彦編『植民地帝国日本の法的展開』（信山社，2004年）61頁以下，浅野豊美『帝国日本の植民地法制』（名古屋大学出版会，2008年）を参照。

4)　台湾の住民を日本国民とした1895年の「日清媾和条約」以降，各法域間における法の抵触は共通法の制定以前にも発生していたはずであるが，台湾領有当初においては内地人と台湾人の身分行為はほとんどなかったといわれている（向英洋『詳解旧外地法』（日本加除出版，2007年）170頁）。また，朝鮮については，実務上，共通法施行前においても法

例の類推適用により問題が処理されていたようである（向英洋・前掲書169-170頁）。
5) 山口弘一『日本國際私法論（上）』（厳松堂書店，1927年）65頁。
6) 秌場準一「抵触法と外人法との関係再考：動態的抵触法理論への出発点としての静態的抵触法理論」一論52巻1号48頁以下（1964年）。
7) 神戸地判平成14・5・28判例集未登載は，「北朝鮮家族法は他の国で永住権を取得して暮らす朝鮮公民には適用されないものとされている…そうすると，本件においては準拠法が欠缺していることになるが，上記規定は，他の国で永住権を取得して暮らす朝鮮公民についてはその国の法律が適用されることを前提としていると解される」として反致を肯定し，日本民法を適用した。
8) 「この法によって指定された準拠法が当該法律関係とわずかな関連性のみを有し，当該法律関係と最も密接な関連がある他の国の法が明らかに存在する場合には，その他の国の法による」とする韓国国際私法8条1項の規定は，そのような一般的例外条項とみられる。
9) www.hcch.netを参照。
10) 1961年10月5日ハーグの「遺言の方式に関する法律の抵触に関する条約」（国内法として「遺言の方式の準拠法に関する法律」）と1973年10月2日ハーグの「扶養義務の準拠法に関する条約」（国内法として「扶養義務の準拠法に関する法律」），手形法附則88条ないし94条，小切手法附則76条ないし81条，「難民の地位に関する条約」12条。
11) この点につき，櫻田嘉章「日本における国際私法研究の発展」国際96巻4・5号230頁（1997年）。
12) 中国国際私法4条は，「中華人民共和国の法律に，渉外民事関係に対して強行規定があるときは，当該強行規定を直接に適用する」としている。
13) 東京地判平成19・8・28判時1991号89頁は，韓国会社と日本会社とのシリコンウェハーの販売代理契約の準拠法は韓国法であるが，「独占禁止法（24条）は強行法規であるから，準拠法の合意にかかわらず，本件に適用される」とする。
14) 事業者などにたいする刑事的制裁だけを明文で定める規定がある。しかし，この規定の法律効果は刑事的制裁に尽きるわけではかならずしもない。この規定を基にして，判例上，私法上の効果を有する別の法規が生み出されることがあるからである。刑事的制裁を定める規定が属地的な適用範囲を有する国際的強行規定でありうるとしても，判例上生み出された法規もまた同じというわけではない。（現在では労働契約法に明文化されている）解雇権濫用に関する判例法理が示すように，拡張解釈の域を越えて法律要件や法律効果が生み出された場合はとくにそうである。

〔参考文献〕

■一　般
横溝大「抵触法の対象となる『法』に関する若干の考察──序説的検討」筑波ロー6号3頁（2010年）
■国際的強行規定
折茂豊『当事者自治の原則』（創文社，1970年）
横山潤「外国公法の適用と"考慮"──いわゆる特別連結論の検討を中心として」国際82巻6号681頁（1983年）

第2章　法律関係の性質決定

　裁判所は，事案の解決のために個々の法律問題に適用されるべき抵触規定を選定しなければならない。この選定のためには，提起されている法律問題がいかなる抵触規定の事項概念に包摂されるかが決定されなければならない。

　法律問題は次のような形で設定される。（子の出生などの）特定の事実から特定の法律効果が発生するか，（婚姻の有効な成立などの）法律効果を発生させる要件は充足されているかである。場合によっては，（特定の物が不動産か否かといった）法律問題の要素についても事項への分類が必要となる。こういった分類作業のプロセス全体をここでは"法律関係の性質決定"と呼称する。

＊実質法においても，法律関係の性質が特定されてはじめて適用法規が定まることがある。入会権について民法263条と294条のいずれの規定が適用されるかは，問題となっている日本のある地域における法律関係が共有の性質を有するか，それとも地役権の性質を有するかにかかっている。他方で，国際私法上の「法律関係の性質決定」においては，ある実質規定の適用範囲つまり問題となっている実質規定が適用されるべき状況とは何かが問われるのである。たとえば，親権者の指定を定める民法819条1項の規定は，国籍の異なる父母から生まれた子について，"父母の一方と子がともに日本人"（通則法32条）という状況に適用されるべきか，それとも，"父母の一方が日本に住む日本人"（通則法27条）という状況さえあれば適用されるべきかが問われるのである。

　通常の抵触規定は，内国実質法の適用範囲を定め，内国実質法の適用されない状況についてはこれを外国法の規律に委ねるとの態度をとっている。外国法秩序との連携を図ることが必要であるために，法律関係の性質決定と呼ばれる抵触規定への分類は国際私法に固有の問題を含意している。第1に，抵触規定は世界各国の実質規定が規律すべき生活関係を対象としており，当然のことながらその生活関係はきわめて多様である。第2に，そのような多様な生活関係を対象とするにもかかわらず抵触規定の数はコンパクトでなければならない。

その結果，個々の事項概念はおのずから高度に抽象的たらざるをえない。こういった規律対象の多様性と事項概念の抽象性のために，性質決定の対象となる法律問題の特定には抵触法に固有の技術が要求されるのである。

1 法律問題の特定

性質決定の対象は具体的な事案において提起される実質法上の問題であり，この問題が何かは，通常，請求の趣旨と原因から判断される。抵触規定のいずれの事項に包摂されるかの判断はかならずしもつねに容易に行えるわけではない。

第1に，外見上1つのようにみえる法律問題を抵触法の上では2つ以上の法律問題に分解することが必要な場合がある。法律問題ごとにたとえば準拠法の予見可能性を確保すべき者が異なりうるからである。

＊"YにたいするAの慰謝料請求権をXは相続できるか"という問題については，これを"当該慰謝請求権は一身専属的か否か"という問題と"Xは相続人たる資格を有するか"という問題に分解し，前者を不法行為（17条以下）に，後者を相続（36条）に分類しなければならない。被害者を被相続人とする相続準拠法の予見を不法行為の加害者にたいして期待することはできないからである。

　職務発明により発明をした従業員が使用者にたいして特許を受ける権利を承継させた場合，当該従業員が使用者にたいして「相当の対価の支払い」を求めたとすると（特許法35条），承継の効力発生要件や対抗要件の問題と承継についての契約の成立や効力の問題とを区別しなければならない。前者には特許権に適用される（外国法も含む）法が適用され，後者には通則法12条の規定により定まる準拠法が適用される[1]。前者には不特定多数の第三者の予見可能性を，後者には労働者と事業者の予見可能性を視野に入れなければならないからである。

第2に，請求の趣旨と原因が外国の法制度を前提として構成されているときには，問題となっている外国の制度を理解しないと法律問題をそもそも特定することができないことがある。

＊問題となっている共同遺言が，遺言の方式の準拠法に関する法律4条にいわゆる「二人

以上の者が同一の証書でした遺言」に該当するか否か。共同遺言の禁止・制限が方式上の理由に基づくのであれば当該規定の問題となり，内容的な理由に基づくものであれば通則法37条の問題となる。そのためには，禁止または制限をしている国の実質規定の趣旨に配慮せざるをえない。

2　法律問題の分類

　法律問題が特定されると，各抵触規定の法律要件である事項への分類作業に進む。このためには各抵触規定の趣旨・目的が問われなければならない。法廷地の抵触規定の趣旨・目的が問題である以上，外国の抵触規定は度外視される。たとえば，契約債権の消滅時効は，日本の抵触法では「法律行為」(通則法7条以下) に分類される。関連する外国の抵触法では「手続」と分類されていても，そのことは無関係である。

＊もっとも，抵触規定の使用する概念の具体化を外国法秩序に委ねることはかならずしも妨げられない。連結素たる国籍という概念は"人を特定の国に結びつける法的紐帯"と抽象的には定義できる。しかし，国民の範囲は問題となっている国のみが決定できるため，具体的に"Xが甲国人か否か"の決定は甲国の国籍法に委ねられている。法律関係の性質決定において問題となる事項概念についても同様に，その具体化を外国法に委ねる可能性は認められよう。日本の国際私法においても，遺言の方式の準拠法に関する法律2条5号の「不動産」に特定の財産が該当するか否かは所在地法の分類に委ねられる。そうすることにより，日本も含め，「遺言の方式に関する法律の抵触に関する条約」の締約国間において，ある国に所在する特定の物が不動産か否かにつき統一的な処理も期待できるからである。しかし，このような特別の理由がないかぎり，抵触規定の立法者が事項概念を白地のままに放置し，その内容の充填を外国法に委ねているとは考えにくい。一方的抵触主義を前提としないかぎり，法律関係の性質決定についていわゆる準拠法説は原則としてとりえない[2]。

3　事項概念の内包と外延

　すべての法律問題は抵触法上いずれかの事項に原則として分類される。その意味で，日本の抵触法は世界の法秩序との関連で発生する法律問題を包摂でき

るものである。換言すれば，日本法の制度とは異なる外国法上の制度が存在することを織り込み済みものとして，外国の諸制度を受容するに十分に広範囲なものとなっているはずである。

＊任意認知にたいして日本の民法782条は成年の子の承諾を要求しており，これに対応して通則法29条1項後段（2項後段）の規定は「子の承諾」につき子の本国法を累積的に適用し，子の欲しない認知を阻止するよう配慮している。同時に単独で親権を行使したい母の利益などにも配慮して「第三者の承諾又は同意」についても子の本国法の適用を認める。

とはいえ，周到な比較法研究の後に日本の抵触法の事項概念が決定されているわけではない。現実には不可能であるし，そのような調査が事項の設定にかならず必要というのであれば，各国の実質規定が改正されるたびごとに事項のアップデートいかんを日本の立法者は検討しなければならないことになろう。

日本の抵触規定の多くは超国家的な立法者によって定立されたものではない。抵触規定は内国実質法の適用範囲を画定するという機能をもつ。そのために，一個の抵触規定が定める事項の中核は内国実質法上の法制度により構成される。内国の法制度がもつ特定の性質が事項概念の内包である。他方で，同一の抵触規定は外国法を指定する機能も有している。そのため，抵触規定の各事項は，内国法の制度から出発しながら，内国の制度の特定属性を共有する外国の制度をも包摂できるように構成されている。

＊日本民法の想定する婚姻制度は一夫一婦制を前提としている。一夫一婦制という属性のみをもつ当事者の関係だけが抵触規定の婚姻という事項に包摂されるとすると，一夫多妻婚を認めるイスラム法諸国の法の下で成立した当事者の関係が抵触法上では婚姻に該当しないという事態も生じよう。しかし，一夫多妻婚は婚姻ではないとすると，そのようなカップルから出生した子はつねに非嫡出子となる。これはきわめて不都合な結果である。法廷地実質法上の制度がもつ属性のすべてが抵触規定の事項概念の内包を構成するとはいえないのである[3]。

内国の制度のいかなる属性が抵触規定の事項概念の内包を構成するかは，多くの場合，問題となっている抵触規定の採用している連結基準の性質や連結方

法によって判断される。およそ一般的に，法規範の法律要件と法律効果とは相互依存の関係にある。抵触規定も同様であり，事項（法律要件）と連結基準・連結方法（法律効果）もまた相互に関連している。そのため，連結基準と連結方法から事項概念の属性をかなりの程度推量することができるのである。

> *婚姻の効力を定める通則法25条の規定は，国籍という恒久性のある連結素にたいして第一次的な価値を与えている。このことから，当該規定の想定する当事者の紐帯が恒久的な性質のものであることが推認できる。紐帯の数が複数あることはこの連結素の性質と矛盾しない。したがって，一夫多妻婚を前提とした婚姻であっても24条や25条にいわゆる婚姻という概念に包摂されよう。さらに，この規定の採用する同一常居所地という連結基準は，当事者が現実に編入されている社会つまり隣人と呼ぶことのできる人々が生活している社会を指示している。当事者がいかなる地の社会に生活していても，その隣人の間において一般的に通用しているとみられる人の紐帯が婚姻という事項に包摂される。同性の者の間における婚姻類似の関係を認める制度は，日本を含め，すべての社会において通用しているわけではない。同性のベルギー人とオランダ人の関係は，これらの国の法によれば婚姻類似のものとして成立が肯定されるとしても，その常居所地国がつねにそういった当事者の権利義務関係を規律する実質法を有するわけではない。その効力については法の欠缺が生ずるかもしれない法律関係の成立を通則法が想定しているとは考えにくい。その意味で，24条以下の規定を同性の者の間における関係に適用することはできない。

4　複数の事項への分類可能性

　特定の法律問題が複数の事項に分類できるようにみえる場合がある。この場合には，抵触規定の事項的な適用範囲が相互に画定されなければならない。この問題との関連においても重要な意味をもつのは，関連する抵触規定の（法律効果たる）連結基準と連結方法いかんである。法律問題にとって最も適切な連結基準と連結方法を採用する抵触規定の事項に分類されなければならない。すでに述べたように，連結基準は①連結主体，②連結素および③連結時から構成される。この3つの要素あるいはその組み合わせが性質決定に影響を与える。さらに，他の法律問題との牽連関係も考慮されなければならない。

＊連結基準に着目した分類の例としてはたとえば次のものがあげられよう。

(イ)　連結素

①離婚の際の親権者指定の問題は、27条の離婚と32条にいわゆる親子間の法律関係のいずれに包摂されるか。親権者が誰か・つまり子の法定代理人は誰かという問題の準拠法を決定する上で配慮すべき1つの要素は、子と法律関係に入る第三者の予見可能性である。27条（25条）の「夫婦に最も密接な関係がある地」の予見を第三者に期待すべきではなく、他方で、子の国籍や常居所地いかんは第三者にも比較的容易に判定できよう。そのために、この問題は親子間の法律関係に分類されなければならない。

②契約債権の消滅時効の問題は、債権を発生させた（7条以下の）法律行為の問題か（「手続は法廷地法による」との不文の法規にいわゆる）手続の問題か。この問題が手続のそれであるとすると、法廷地となる国に従い時効期間の定めなどが異なるため、判決の国際的調和という価値に沿った解決は期待できない。他方で、当事者自治の原則は多くの国の国際私法が肯定しているとみえるから、この価値にそった解決を期待できよう[4]。

(ロ)　連結主体

離婚の際における親権者の指定の問題が27条の離婚か32条にいわゆる親子間の法律関係かの問題は、連結主体の観点からも、後者でなければならない。親権の帰属の準拠法を決定するについて、利害関係の中心にある子の置かれている状況を無視することは妥当とはみられないからである。

(ハ)　連結時

前婚の解消が無効であるとして後婚が重婚となるか否かは通則法25条の「婚姻の効力」ではなく、24条1項の「婚姻の成立」の問題である。前者であるとすると、たとえば異国籍の夫婦の常居所地が変わるたびごとに、婚姻の有効性いかんが変わることになる[5]。

契約債権の消滅時効の問題を法律行為のそれと性質決定することは準拠法に関する当事者の予見可能性も満足させる。契約締結時にすでに確定した準拠法がこの問題に適用されうるからである（7条）。他方で、手続の問題であるとすると、どの国が法廷地となるかが定まるまで、消滅時効の問題に適用される法秩序が不明となるおそれがある。

ある者に遺贈する趣旨の遺言を作成した者が後日他の者と婚姻したとしよう。この婚姻により遺言が撤回されたことになるか否かは、36条の相続の問題かそれとも37条2項の遺言の取消しか。婚姻が遺言の運命に影響を与えるか否かは婚姻の時点において予見可能でなければならない。この観点からは、被相続人の死亡当時におけるその本国法

ではなく，婚姻の時点におけるその本国法によるべきである。「遺言の取消し」の当時に準拠法を固定する37条2項の規定によることになる。

＊＊連結方法に着目した分類の例としてはたとえば次のものがあげられよう。
　協議離婚が許容されるか否かという法律問題は27条の離婚に分類される法律問題か，それとも34条にいわゆる親族関係についての法律行為の方式か。34条の規定はいわゆる選択的連結という連結方法を採用し，法律行為の成立を容易にしようとする。しかし，離婚をできるだけ容易にするという政策を立法者が採用しているとは考えにくい。この問題は方式ではなく離婚の方法と分類され，27条の規定によらなければならない。

＊＊＊適切な連結基準・方法を採用する抵触規定を求めるときには，問題となっている法律問題のみに着目すべきではない。他の法律問題がいかなる事項に分類されるかにも配慮しなければならない。一国の実質法秩序は体系性を有しているから，抵触法上もこの体系性をできるだけ尊重すべきである。たとえば，認知能力や遺言能力に関する内国の実質規定が行為能力に関する一般規定の特則として位置づけられていることに着目すれば，認知能力と遺言能力はそれぞれ29条の認知と37条の遺言に分類されよう。

　また，牽連関係にある複数の法律問題については，これらを全体として1つの法に服させるのが望ましい。そうすることによっていわゆる適応問題の発生を回避できよう（参照，第1編第6章Ⅱ）。たとえば，面会交流権は親権・監護権を有しない者の権利であるからこれらの権利を別個の準拠法に服させるべきではない[6]。親権者の懲戒権行使は民事上の違法性阻却事由となりうるという意味において，不法行為と親子間の法律関係という2つの事項は牽連関係にある。被害者と加害者との間の親子関係の存在は20条にいわゆる「その他の事情」に該当するとみられるから，同条の「密接な関係がある他の地」の法として32条の規定が指定する子の本国法または子の常居所地法と同一の法が適用されることになろう。20条の規定は，しつけか虐待かという性質決定の困難を回避している。

〔注〕
1) 参照，東京地判平成16・2・24判時1853号38頁。
2) 中国国際私法8条もまた「渉外民事関係の性質の決定には法廷地法が適用される」とする。
3) 法律関係の性質決定は法廷地の実質法によるとの説はとりえない。法廷地実質法説が19世紀から20世紀にかけて唱えられたとしても不思議ではない。その当時まとまりのある国際私法を有する国はいまだ少数であり，明文の規定を有しない国は，性質決定の拠り所を法廷地の実質法に求めざるをえなかったとみられるからである。国際裁判管轄に関する明文の規定がない国の裁判所が，国内土地管轄に関する規定に拠り所を求めざるをえな

いのと事情は似通っている。
4) 東京地判平成14・2・26判例集未登載（日本の画商が絵画の盗難に遭い、貨物保険契約の保険者たる日本の保険会社に保険金の支払いを求めた事案）は、「消滅時効については、日本法では実体法上の制度として位置付けられているところ、英国法においては、実体法上の権利は時間の経過によっても消滅せず、ただ一定期間を経過した場合は訴訟上それを訴求できない、出訴期間という訴訟法上の制度として規定されているため、その性質が問題となる。しかし、我が国の国際私法の解釈としては、消滅時効の問題は、与えられた債権関係において、債権者がその債権を長期間行使しなかったときは、いかになるべきかという債権そのものの運命に関するものにほかならないから、実体法上の制度として性質決定すべきである。そして、消滅時効に関しては…英国法が適用されるが、その適用においては、英国法上の出訴期間の制度を実体法上の制度に準じて適用すべきである。英国の1980年の出訴期間法によると、保険契約に基づく請求権は、単純契約に基づくものとして、訴訟原因発生の時から6年以内に提訴されなければならない」とする。
5) 東京高判平成19・4・25家月59巻10号42頁は、中国人妻と日本人夫の協議離婚を無効とし、後婚の有効性に正しく通則法24条1項の規定を適用した。原審である東京家審平成18・10・5家月59巻10号49頁は同一常居所地法としての日本法を適用しているとみられる。
6) 32条の「親子間の法律関係」となる。（通則法32条に相当する）法例21条の規定を適用したものとして、京都家審平成18・3・31家月58巻11号62頁。

〔参考文献〕

国友明彦『国際私法上の当事者利益による性質決定』（有斐閣、2002年）

第3章　連結基準の確定

第1節　国籍と常居所

I　属人法

「属人法」という概念が講学上用いられてきた。属人法によって何を理解すべきかはかならずしも明確ではないけれども、日本の国際私法上、属人法という概念は歴史的に戸籍制度と密接に関連していると観察される。

＊日本のかつての植民地法制下においては、内地と外地が日本の領域の中に存在し、内地と外地においては相異なる法が通用していた。つまり、日本は後述する地域的不統一法国であった。内地人と各外地人はすべて日本国籍を有していたので、当然のことながら、国籍は、内地人と各外地人に適用される「地域」の法を識別する基準とはなりえなかった。各地域の法を識別する標識となったのは、内地と各外地における身分上の本拠すなわち本籍であり、本籍いかんは各地域の戸籍によって示された[1]。さらに、1918年の共通法は、身分関係の変動がある場合は格別、それ以外に本籍を自由に変更することを許さなかったために、戸籍は同時に民族籍としての役割をも担っていた。つまり、日本は後述する人的不統一法国ともみることができたのであり、戸籍が内地人と各外地人の「属する法」を識別する基準として機能していた。

現在においても、次のようにいうことができよう。日本の戸籍制度は、日本人の出生から死亡までの身分関係を公示・公証するためのものである。日本国籍を有するかぎり、外国に居住していようとも、その者の身分関係を公示・公証する機能を有している。戸籍の記載は日本人の純国内的な身分関係を想定して作成されており、日本法を背景としてはじめて意味をもつものとなっているから、そのような記載の背景となっている日本の実質法規の総体が属人法と

なろう。双方的抵触主義の下では，日本の実質法規が規律する事項を中核として，関連する外国の実質法規の総体もまたこれを属人法として理解することになると考えられる。

＊1898年の法例を制定する際に，人，家族および相続に関する諸問題が属人法の規律対象とされた。現在でも基本的にこのことに変更はない。しかし，現在では，個人や家族関係が統一的に服すべき属人法という観念は次の2点において薄められている。第1に，裁判所などの機関による措置（後見開始や失踪宣告）との関連においては機関の所属する国の法として日本法が適用される。第2に，個々の法領域の特性が強く認識されるようになり，とくに特定の者の利益を助長すべき問題との関連では複数の連結基準が用いられる（実親子関係の成立や扶養）。

＊＊属人法の決定基準を国籍に求めるか住所や常居所といった基準に求めるかは，100年以上も前から議論されてきた問題である。そのいずれによるべきかについては，国と時代によりその回答は異なろう。外国に居住する自国民がその外国の裁判権に服することを欲せず，在外の領事が自国民に関する民事裁判権を行使していた時代にあっては，本国法主義は当然のこととして受け容れられていたかもしれない。「禁治産ノ原因ハ禁治産者ノ本国法ニヨ（ル）」としていた1898年の法例4条1項の規定はこのような背景の下で理解されるべきものである。しかし，そのような時代はすでに過去のものであり，国境を越える人や家族の移動が頻繁になるとともに，本国法主義は貫徹されえなくなっている。扶養義務の準拠法に関する法律2条は扶養権利者の常居所を原則的な基準としている。夫婦異国籍の場合における婚姻の効力や離婚につき通則法25条から27条までの規定は夫婦の同一常居所地を基準とし，親子間の法律関係に関する通則法32条もまた子の常居所地を副次的な連結基準としているのである。

Ⅱ　国　籍

1898年の法例制定以来，国籍が属人法を決定する原則的な連結素となっており，日本の国際私法はいわゆる本国法主義に立脚してきた[2]。

通則法の下においても，人とその本国とを結びつける国籍という紐帯は連結素として維持されている。戸籍が民族籍を表す機能をも担い，日本のいずれかの地域に本籍を有する者にたいして日本国籍が付与されたという歴史的な経緯もまた，連結素としての価値を国籍が保持した一因とみられる。

外国から退去強制処分を受けた自国民の入国を受け容れる義務を国籍所属国は負っているという程度においてのみ、ある人が本国と関連するといった状況も存しよう。このような状況においては、人とその本国との間の関連性はきわめて希薄といわなければならない。とはいえ、法技術的な観点からみて次のような利点を国籍はもっている。

　住所や常居所に比べ、国籍の確定は容易かつ確実である。

＊「相続は被相続人の常居所地法による」という抵触規定があったとしよう。この規定に従うと、遺言書の作成に関与する公証人は、遺留分の問題に適用される相続準拠法を確定するに際して遺言者の居住に関する調査をしなければならない。さらに、遺言者の死亡後において相続準拠法いかんを判断する裁判所は、公証人が遺言者の常居所地国として想定していた国とは異なる国を常居所地国と判断するかもしれない。しかし、国籍という連結素は、このような調査を不要にし、かつ、確実に準拠法を決定する。

　しかも、固定性があるため、当事者その他の者の期待を裏切る事態が起こりにくいし、当事者の恣意的な操作も受けにくい。

＊親子間の法律関係がもっぱら子の常居所地法によるとすると、子の常居所が移動するたびごとに親権者が変更するという事態も生じうる。また、相続準拠法が被相続人の常居所地法であるとすると、遺留分を知らない米国の特定の州に遺言者が常居所を移すという恣意的操作も可能となる。

　さらに、判決の国際的調和という価値にも適合する。すなわち、いかなる国において裁判になっても国籍の保有いかんは国籍所属国の国籍法に従い判断することができ、国籍を連結素としている国は少なくないために、それらの諸国との間で準拠法の一致を期待できるのである。
　他方で、当事者の生活の中心地はかならずしもつねにその本国にあるわけではない。その場合、本国法主義は、生活が現実に営まれている国の中に本国のいわば飛び地を生み出し、宗教・道徳などを反映した本国の一定の価値を居住地国において維持するための手段として機能する。このことは、当事者の予測を裏切る結果を惹起することがある。

＊一夫多妻婚を許容する甲国において日本人女Xが甲国人Yの3番目の妻として甲国の公的機関による関与の下に婚姻を挙行したとする。甲国において長く夫婦として生活していても，日本の国際私法の観点（通則法24条1項）からするとX・Yは夫婦ではない。

さらに，扶養および未成年者・成年者の保護措置との関連では，生活の本拠のない本国の法律の適用は本人の保護という目的にかならずしも適合しないであろう。

＊子が現に生活をしている国の裁判所や児童福祉機関にとって馴染みのない外国法たる本国法に従わなければならないとすると，適正かつ迅速な保護措置を期待できまい。

III 常居所

25条から27条までの規定，32条，38条1項，2項および40条の各規定において常居所地という連結素が用いられている。この連結素が採用された理由は，遺言の方式の準拠法に関する法律2条[3]および扶養義務の準拠法に関する法律2条においてすでに用いられていたということのほかに，準拠法選定における国際的な統一を希求したためでもある。さらに，通則法は，8条（契約準拠法の客観的な決定），11条（消費者契約），19条（名誉・信用毀損），15条（事務管理・不当利得）および20条（不法行為）のような属人法の領域とは異なる法領域においても常居所地を準拠法を決定する要素としている[4]。

常居所という概念の解釈ができうるかぎり国際的に統一的に行われるように，つまり，ハーグ国際私法条約を中心とした超国家的法源および（同じくこの連結素を用いる）日本を含めた諸国の国際私法において統一的に使用されることが望ましいために，あえてこの概念を定義する規定は設けられていない[5]。

＊résidence habituelle という文言をハーグ国際私法会議は1896年の民事訴訟条約において用いた。のちに，同会議は属人法の決定についてもこの概念を用いるようになる。1928年の会期においては，無国籍者の属人法について常居所地という連結素が用いられることになった。住所は各国において様々な意味に理解されているのにたいして，常居所は擬制を伴わない事実的な事象を意味することが理由とされた。しかし，常居所はけっして純粋に事実的なものではない。居住いかんこそ事実問題であるとしても，平常

か否かは法的な評価を伴う。常居所という概念に利点があるとすれば，当該概念は国際的に統一的かつ現実に即した解釈を受けうる可能性があるという点に求められよう。

常居所地または常居所地国は，人の（家族上または職業上における）関連性の重心つまり生活の本拠のある地または国と一応理解することができよう。

1 文　理

(1) 居　所

居所という文言からすると，新生児を別にすれば[6]，常居所を観念するには特定の地において人が物理的に所在することが必要であり，滞在の意図だけでは不十分である。さらに，特定の地に向けて現実に出発したという事実だけでも不十分であろう。旅行は任意か否かにかかわらず中途で終わる場合もあるし，中途で別の目的地に向かう場合もあるからである。

(2) 平　常

平常であって通常ではない。人の住まない山奥や無人島で居住することは異常ではあるが，その地における常居所の成立を妨げない。平常は恒常でもない。2か月の夏期休暇を海外の別荘で過ごす人や外国で一時的に就労する者は外国に居所こそ有してはいるが，内国に常居所を保持している可能性がある。

2　常居所を決定する諸要素

人が特定の地において社会の構成員のひとりとして生活しているとみることができる場合に，その地における常居所の存在が肯定されよう。

＊大雑把にいうと，ある者がいかなる地に常居所を有しているかは，いかなる地の社会の構成員を自己の隣人としているかにかかっているといえるかもしれない。ある地に常居所を有する者にたいしては，隣人と同様に離婚する可能性などが与えられ（27条），隣人にたいするのと同一の条件で外国からの顧客にも物・サービスを提供できるように配慮され（8条），隣人が期待するのと同じレベルの消費者保護が与えられ（11条），隣人による評価が低下した場合にはその低下分だけの賠償が与えられるよう立法されている

（19条）。また，扶養義務の準拠法に関する法律2条の規定は隣人と同レベルの扶養料を要扶養者に確保しようとする。

(1) 時間の現実の経過

居住開始後に現実に一定の期間が経過し，その地の社会の構成員となっていることが客観的に観察される場合に，常居所の成立が肯定される。期間はあまりに短期であってはならないけれども，他方で，長期にわたる居住の事実から常居所の成立が導かれるわけではかならずしもない。さらに，成年者の常居所については，未成年者のそれに比べてより長期の期間の経過が要求されよう。

(2) 客観化された居住の意思

たとえば，住居や家財道具を売り払って，それまで居住していた国を去り，新たな国において生活を始めようとする者が依然として出国した国に平常の居所を有しているというのは不自然であろう。このように，諸般の事情から，特定の地における将来の定住がそれまでの生活の中心地に取って代わることが明らかである場合には，それほど時間が経過しなくとも新常居所の成立を認めることができるであろう。状況によっては，入国の時点において常居所を取得することができ，その場合には，かりに入国直後に死亡したりあるいは予見できない事情が発生したため別の地に移動した場合にも，その地における常居所の成立が肯定されよう。このように意思が客観化されるかぎりにおいて，居住の意思は無視できない。

3　解釈上の諸問題

(1) 複数の居住地をもつ者

家族との関連における生活の中心地と職業上の生活の中心地とが異なる場合には，前者が優先されることが多いであろう。なお，退職後1年の半分を外国の別荘で過ごす老夫婦については，常居所がその本国たる日本にあることが多いと思われる。

(2) 常居所のない者

居所の変更の後に新常居所が成立するまで，それまでの常居所が原則として維持される。恒常的に国境を移動する人（放浪者や国際的な芸術家）についても，通常，その生活の中心地は確定されうる。いずれの国にも常居所を有しない者については，たんなる居所地が基準となる（39条）。

(3) 常居所の任意性

拉致などの結果として外国の収容所などに強制的に居住させられている者については，その外国に常居所を認めることはできまい。原則として，人が最後に自由であった居所地に隣人がいるはずであり，その地が常居所地となろう。

(4) 「法定常居所」

未成年者その他判断能力の完全ではない者について法定常居所なるものはない。父または母により不法に奪取された子であっても，子が（就学などを通じて）奪取先の社会の構成員となっているとみられる場合には，その地を常居所地とすべきであろう。不法に創出された事実に基づくとはいえ，これを無視することは，かえって，子の利益に反する結果となるおそれがあるからである。

第2節 本国法の決定

すでに述べたように，日本の抵触法は，家族，相続および行為能力といった伝統的に属人法と呼ばれてきた法領域においていわゆる本国法主義によっている。

人の本国法はその人の国籍によって特定される。抵触法において連結素として用いられる国籍は各国の国籍法が付与する国籍と異なるものではない。国民の範囲を決定する自由を各国は原則として有しているために，重国籍者と無国籍者の発生は避けがたい。前者については本国法を特定しなければならず，後者については本国法が存在しないため，これに代わる連結素が必要となる。さらに，国籍の所属する国の中に単一の法秩序が行われていない場合には，いかなる単位法秩序によるかの問題が解決されなければならない。

Ⅰ　重国籍者の本国法

同一人が複数の国籍を有するという事態は今日では頻繁に発生する。

＊次の場合などに重国籍が生ずる。①異国籍の男女が婚姻し，一方がそれまでの国籍を保持しつつ他方配偶者の国籍を取得した場合，②血統主義（nationalité jure sanguinis）を採用する異国籍の父母から子が生まれ，その結果，父母の国籍双方を子が取得する場合，③父母のうち少なくともいずれかの本国が血統主義を採用しており，子が生地主義（nationalité jure soli）を採用する国で生まれた場合，④帰化により新国籍を取得した場合に，旧国籍からの離脱が帰化の要件とされていない場合である。こういった重国籍の発生を阻止しようと試みる国がないわけではない[7]。しかし，重国籍を抑止しようとする国はきわめて少数であり，重国籍の発生は増加の傾向にある。

通則法38条1項の規定は，重国籍者についてその本国法を決定する。

1　本　文

本文の規定は，外国国籍を複数もつ者の本国法を決定する。複数の国籍所属国のうち，常居所のある国の法が本国法とされる。いずれの国籍所属国にも常居所を有しない者やそもそも常居所を有しない者については，国籍所属国のうちいずれがより密接に関係するかを基準にして本国法を決定することになる[8]。

2　ただし書（内国国籍の優先）

しかし，複数の国籍のうち，その1つが日本国籍である場合には，日本法がつねに本国法となる[9]。国籍確定に関する実務の便宜を考慮した規定である。この処理は比較法的にみて異常ではない。しかし，生活の実体に関係を有しない法が適用される可能性が生まれる。さらに，本国法主義に立脚する諸国がこぞって自国国籍を優先する処理をすると，それらの国の間においても，判決の国際的調和が得られなくなる。

3　同一の本国法

　25条から27条までの規定および32条の規定は，それぞれ，夫婦の同一本国法および子と父母の一方が同一の本国法を有する場合に，これを準拠法としている。これらの規定の適用上，同一本国法の有無を判定するには，重国籍者である個人についてその本国法を38条1項の規定に従い特定し，特定された本国法が他方の本国法と一致するか否かを判断しなければならない。25条から27条との関連では，夫婦を「婚姻共同体」と想定し，婚姻共同体を連結主体として同一本国法を求めてはならない。

＊25条から27条までの規定については以下のようになる。
（イ）　夫婦の一方が重国籍者で，他方がそれらの国籍のうちの1つを保有する場合。
①夫がA・B国籍を，妻がA国籍を有している場合
　夫について38条1項本文の規定によって本国法を定め，A国法が本国法ならば同一本国法があることになり，B国法が本国法ならば，同一本国法を有しない夫婦となる。
②夫が日本国籍とA国籍を，妻がA国籍を有している場合
　38条1項ただし書により，夫の本国法は日本法となるから，この夫婦は同一本国法を有しない夫婦となる。
（ロ）　夫婦双方とも重国籍であり，それらの国籍が一致する場合
①夫がA・B国籍を，妻もA・B国籍を有している場合
　本文の規定により，夫および妻各々につきその本国法を定め，ともにA国法またはB国法が本国法ならば同一本国法があることになり，異なる本国法をもつとされる場合には，同一本国法を有しない夫婦となる。
②夫が日本国籍とA国籍を，妻も日本国籍とA国籍を有している場合
　ただし書の規定により両者の本国法は日本法となるから，日本法が同一本国法となる。

4　本国法を特定しなくてもよい場合

　国籍を連結素としながらも，38条1項の規定に従い準拠法を1つに絞る必要はないとする抵触規定も存在する。夫婦財産制に関する26条2項1号の規定は意図的に「本国法」ではなく「国籍を有する国」という文言を用いている。遺言の方式の準拠法に関する法律2条の「国籍を有した国の法」も同様である。

さらに，国籍を有する国という文言こそ使用されてはいないが，扶養義務の準拠法に関する法律2条の「共通本国法」も同様である（43条1項および2項）。

II　無国籍者の属人法

　無国籍者には本国法がない。そのために，本国法の代わりに適用されるべき法が定められなければならない。通則法38条2項の規定によると，常居所地法が準拠法とされる。なお，段階的連結という連結方法を定める25条から27条までの規定および32条の規定との関連では，38条2項の規定は，無国籍者の常居所地法を本国法と同視すべきでないことを明示している。

＊1898年の法例27条2項は，無国籍者の住所地法を本国法と「看做ス」と規定していたが，1989年の法例および通則法はこの処理を否定した。この処理を踏襲すると次のような推論もなりたちうることが懸念されたからである。すなわち，無国籍者の夫XがA国に常居所を有しているとすると，A国法がXの本国法とみなされることになり，その結果，A国人妻YとXには同一本国法があるとする推論である。

　この処理は，（現実に生活する社会への適応を可能にする）常居所と（安定した身分関係の規律を可能にする）国籍のはたす役割が，本来，代替できないことから説明できよう。
　なお，「難民の地位に関する条約」と「難民の地位に関する議定書」の下では，難民の属人法は住所地法である。これらの条約上の住所地法は常居所地法と異なるものではないと解される。

III　不統一法国に属する人の本国法

　本国法の資格で指定された法秩序の中に複数の法が通用していることがある。その場合には，それらの法のうちのいずれかを準拠法として特定する必要がある。国際私法の観点から，このような不統一法国は2種類に区別することができる。1つは地域的な不統一法国であり，他の1つは人的な不統一法国である。前者の例としては米国，カナダ，英国，スペインおよび（香港とマカオを法域として含む）中国などをあげることができよう。後者の例としてはシンガポー

ル，インド，パキスタンそして多くの中近東諸国をあげることができる。なお，マレーシアは地域的にも人的にも法が異なる不統一法国である。人的であれ地域的であれ，不統一法国の内部で併存する複数の法の関係は一様ではない。

1 地域的不統一法国（38条）

　一国内の複数の地域内に法秩序や一群の法規が通用している国の法が本国法として指定された場合には，いかなる地域の法によるかが特定されなければならない。

> ＊常居所地，所在地，不法行為地など，その性質上，個々の地域を特定できる連結素との関連では，地域的な不統一法国に特有の問題は発生しない。

　法域を特定する方法としては，次の2つがある。直接指定と間接指定である。

(1) 直接指定と間接指定

　直接指定とは，法廷地国際私法がみずから定める基準に従って法域を特定する方法である。しかし，一国内に複数の法が地域ごとに並存する国の場合には，その国の内部においても法の抵触という状態が生ずるはずであり，部分法秩序間の連携を図る統一的国内法規の存在を期待することができる。このような法規の総体は準国際私法と呼称されている。もし本国法として適用される不統一法国法がそのような準国際私法を有している場合に，本国法として適用すべき地域の法の特定を当該準国際私法に委ねるべきであるとするのが間接指定という方法である。

> ＊スペイン民法16条の規定によると，特段の定めがないかぎり，国際私法規定が準国際私法規定として類推適用される。その場合，地域間における法の抵触については，国籍の代わりに，領域への帰属（vecindad civil）が連結素になるとされている。旧ユーゴスラビアの1979年2月27日の「身分，家族及び相続関係における法の抵触及び管轄権の抵触の解決に関する法律」もそのような準国際私法の例を提供していた。

　諸国の国際私法は一般的に間接指定を原則としているとみられる。直接指定

という方法によると，かりにすべての国が「当事者に最も密接に関係する地域」という（一見すると同一とみられる）基準を用いていても，この基準の不特定性のゆえに，いずれの国が法廷地国になるかに従い相異なる地域の法が指定される可能性がある。その意味において判決の国際的調和という理念からは望ましくないからである。もっとも，準国際私法を有している国は現在の世界にはそれほど知られていない。それゆえ，ほとんどの場合において直接指定によらざるをえない。とくに（各州が国際的事案および州際的事案を同一の抵触法規により解決する）米国はそういった法規を有していない[10]。

(2) 38条3項
イ　間接指定

38条3項にいわゆる「その国の規則」とは準国際私法を指し，（遺言の方式の準拠法に関する法律6条と同様に）当該規定は間接指定を原則としている。「その国の規則に従い指定される法」の特定は，個々の人につきその本国法として適用されるべき地域の法を定めるために行われる。問題となっている離婚などの法律関係に適用される法の決定を「その国の規則」に丸投げするわけではない。たとえば，不統一法国たる甲国に「離婚は夫婦の共通住所のある州の法による」との規則があったとしても，38条3項の規定は，この規則に従い夫婦の共通住所のある州の法律を適用せよと命じているわけではない[11]。「その国の規則」の下で住所が属人法の決定基準とされていることを考慮しながら，夫および妻それぞれにつき本国法の資格で適用すべき地域の法の決定を求めているのである。

＊夫と妻がともに甲国のA州に住所を有しているならば，夫の本国法として適用されるべき法と妻の本国法として適用されるべき法がともにA州法であるため，27条にいわゆる同一本国法の資格でA州法は適用される。しかし，A州法は当該規則にいわゆる「共通住所のある州の法」として適用されるのではない。もし，甲国の「規則」によると，夫の住所のある州法がA州法であり，妻の住所のある州法がB州法であるときは，同一の本国法がないものとして27条の規定に従い同一の常居所地法たるたとえば日本法が適用されることになる。

ロ　直接指定

準国際私法つまり「その国の規則」がない場合には，直接指定によらざるをえない。当事者に最も密接な関係がある地域を個々の事案において探求しなければならない。その場合，第一次的に基準となるのは，38条1項および2項との平仄を考慮すれば，常居所地のある法域となろう。常居所地が本国にない場合には，当事者の出身地などが「当事者に最も密接に関係する地域」となる[12]。

2　いわゆる朝鮮人と中国人の本国法

＊朝鮮半島には大韓民国と朝鮮民主主義人民共和国が，中国には中華人民共和国と台湾が存在する。これらの国に属する者の属人法として適用すべき法は何か。この問題は1960年代から1970年代にかけて学説上の論争をよんだ。1970年の外国人登録者数の86.7％は「韓国・朝鮮」人であり，中国人は7.3％であったから，この論争の含意するところは現在よりもはるかに大きかったといえよう[13]。

多数説は，問題を本国法主義の枠組みの中で捉えようとした。しかし，この立場は，大韓民国・朝鮮民主主義人民共和国の存在および中華人民共和国・台湾の存在を，それぞれ，①2国の併存とみる見解と②1国内における2つの政府の併存とみる見解とに分かれていた。前者つまり①説が比較的多数であったといわれている[14]。①説によると，いわゆる朝鮮人や中国人の多くは重国籍者であり，本来ならば（現行通則法38条1項に相当する）法例旧27条1項の規定によりその本国法を決定すべきことになるが，当該規定の想定外の問題であるとして条理によるとされた。他方で，②説は，不統一法国に属する者の本国法の決定に関する（現行通則法38条3項に相当する）法例旧27条3項の規定の類推適用を唱えた。なお，両説は，多くの場合，それほど異なった結果を導くわけではない。いずれの説も本国法として適用すべき法を決定するために最密接関連性を基準とし，最密接関連性を判断する要素として当事者の帰属意思を考慮していたからである[15]。これら2説のほかに，少数説として③本国法主義の枠組みの中で問題を捉えることなく，むしろ住所地法によるべきであるとする見解もあった。

①と②の学説が多数の支持を集めた理由の1つは，いわゆる朝鮮人と中国人の本国法を決定するという限られた問題との関連とはいえ，属人法の領域において最密接関連性を準拠法の決定基準として導入し，個別的・具体的な事案に対応する処理を唱えた点にあったと思われる。1989年改正前の法例の明文の規定には正面から最密接関連性という基準を定めるものはなかったのである。とくに，重国籍者に関する改正前の法例27

条1項はその本国法を最後に取得した国籍によって決定し[16]，不統一法国に関するその3項の規定は「其者ノ属スル地方ノ法律ニ依ル」と定めているにすぎなかった。重国籍者の本国法の決定問題と構成する①説は（旧27条1項の規定から離れ）条理として，不統一法国に属する者の本国法の決定問題と構成する②説は旧27条3項の「其者ノ属スル地方」を決定する基準として，それぞれ，最密接関連性を本国法決定の基準としたのである[17]。

　通則法38条は，特別永住者だけでなくニューカマーと呼ばれる人々をも対象としている。すなわち，日本に現在は常居所があるとしても，①出身地のある国籍所属国との関係がその家族関係において断絶しているわけではなく，②出身地にいずれは常居所が移動する可能性のある人々である。これら2点に留意するならば，上記③説に沿って住所地（常居所地）を属人法の決定基準とすることは通則法の下では妥当ではあるまい。本国法主義の枠組みにとどまらなければならない。

　本国法主義の枠組みにとどまるとすると，38条3項の規定に依拠することは困難と思われる。間接指定を原則としている3項の規定は，準国際私法の制定を期待できる不統一法国を想定していると考えられるからである。現時点における中華人民共和国法と台湾法との関係を，中華人民共和国法と香港法・マカオ法との関係に類似したものとみることには躊躇せざるをえない。問題となっている者が重国籍者であるかぎり端的に1項の規定を適用し，まずその常居所地がいずれの国籍所属国にあるかを基準にして本国法を決定し，常居所地がいずれの国籍所属国にも存しないときには，出身地や（"将来において常居所をもつとすればいずれの国か"を示す客観化された）本人の意思などを基準として「当事者に最も密接な関係がある国」を特定すべきであろう[18]。

3　人的不統一法国（40条）

　いわゆる属人法の資格で指定された人の本国法の中に（宗教，民族など）人のグループに応じて複数の法が通用していることがある。この場合には，"人の範疇"の特定が必要となる。通則法は，人的不統一法国に属する者の本国法の決定についても，地域的不統一法国と同様に，間接指定主義によっている。人的な法の抵触を解決する基準が本国法の中にない場合には直接指定により，

(事柄の性質上,当事者に最も密接な関係がある地域の法ではなく)「当事者に最も密接な関係がある法」が指定される(40条1項)。

　地域的不統一法国法とは異なり,人的不統一法国法中の人の範疇を特定する必要性は属人法として本国法が準拠法となる場合に限定されない。本国法の規律すべき事項と同一の事項について国籍とは異なる連結素が用いられているときにも,当該連結素が場所的な要素であるときにはさらに人の範疇を特定しなければならない。場所的関係性を示す要素は,その性質上,人の範疇を特定するための基準とはなりえないからである[19]。通則法40条2項の規定は,原則として本国法によるべき事項につき,常居所地または夫婦に最も密接な関係がある地が連結基準とされる場合にも,1項の規定の準用を定めている。すなわち,婚姻の効力,夫婦財産制および離婚に関する抵触規定(25条,26条1項および2項2号ならびに27条),親子間の法律関係(32条)および無国籍者の属人法(38条2項)が問題となる場合である。

　このように40条の規定は,(扶養義務の準拠法に関する法律7条と同様に)場所的関係性と人的関係性という事柄の相違に配慮しながら,地域的不統一法国に関する38条3項の規定と一見してパラレルな規律を与えている。しかし,人的不統一法国においては,地域的不統一法国と同じような形で部分法秩序の間に法の抵触が生じたり,部分法秩序間における連携が図られているわけではかならずしもない。このことに留意しながら,40条の規定を解釈・適用しなければならない。

(1) 人の範疇間における法の抵触

　たしかに,人の属するグループの間で法の抵触が生じうることは経験的に知られている。

＊日本の植民地法制下における朝鮮においては法の抵触が生じていた。朝鮮という地域においては朝鮮民事令(明治45年制令第7号)が行われ,その1条の規定により民事については日本民法などが「依用」されていたが,その11条1項は「第一条ノ法律中能力,親族及相続ニ関スル規定ハ朝鮮人ニ之ヲ適用セス」と規定し,同時にその2項において「朝鮮人ニ関スル前項ノ事項ニ付テハ慣習ニ依ル」としていた。そのために,朝鮮において朝鮮人といわゆる内地人との間の婚姻に適用されるのは(依用された)日本民法かそれとも朝鮮の慣習法か,といった法の抵触の問題が生じていたのである。

しかし，人の範疇に基づく法の抵触は，地域間における法の抵触とは異なる側面を有している。

　第1に，ある人が属するグループの抵触規定が他の人の属するグループの法を指定して，これを適用することは，人の範疇が宗教共同体によって構成される場合には考えにくい。宗教の排他性は宗教共同体の法の間における連携の不在を含意している。

* 米国のような地域的な不統一法国では（ニューヨーク州の抵触法規がカリフォルニア州法を指定するように）ある地域的な部分法秩序が他の法秩序を指定する。けれども，ある宗教共同体（たとえばイスラム教）の抵触法規が他の宗教共同体（たとえばカトリック）の法を指定するという事態は起こりえないとみられる。

　第2に，人の属するグループの法はそのグループに属する者だけを法の名宛て人としている。その意味では，一方的な射程範囲をもっている。

* 地域的な不統一法国である甲国がA，BおよびCという地域からなっているとしよう。A地域に属する者XとB地域に属する者YがC地域において婚姻する場合，C地域の法を適用して，X・YをともにCという地域に居住している当事者であるかのように取り扱ったとしても，このような処理に異様な点はない。Cの婚姻法がCという地域に属する者だけを名宛て人にしていることはまずないからである。他方で，A教徒XとB教徒Yの婚姻につき，Cという宗教共同体の法を適用するという事態は，各宗教共同体が平等な地位を甲国法秩序内で有しているかぎり，考えにくい。これはA教徒XとB教徒Yの婚姻をC教徒間の婚姻のように処理することを意味するからである。

　第3に，人的不統一法国の各実質法秩序は，同一の人のグループに属する者の間の法律関係だけを定め，他のグループに属する者との法律関係までをも射程に入れようとしないことが多い。

* 日本のかつての植民地法制において存在した「台湾ニ施行スル法律ノ特例ニ関スル件」（大正11年勅令第407号）5条の規定は，台湾に本籍を有する者の間における身分行為および相続にのみ台湾の慣習が適用されるとしていた。

第4に，相異なる人のグループに属する者の法律関係は抵触法による解決ではなく，"特別法は一般法に優先する"などの実質法上の規範によって解決されることが多い。

* 上に掲げた「台湾ニ施行スル法律ノ特例ニ関スル件」5条の規定によると，内地人と台湾人との間の婚姻関係などその余の法律関係には日本の民法が適用されていた。台湾慣習法が特別法であり，日本民法が一般法であったと考えることができる。
** エジプトにおいては8つの属人法（宗教法）が通用している。イスラム教法，ユダヤ教法，コプト正教法，ギリシア正教法，シリア正教法，アルメニア正教法，カトリック教法および新教法である。同国の1955年の法律462号は，「夫婦が非イスラム教徒でありかつ同一の属人法に服する場合には，婚姻及び離婚は当該属人法による」とする。この条件が充足されない場合，つまり，当事者の一方または双方がイスラム教徒である場合および非イスラム教徒の夫婦が異なった属人法に服する場合には，イスラム法が適用される[20]。イスラム法と他の宗教共同体の法は，一般法と特別法の関係にあるとみられる。
*** インドにおいては，ともにヒンズー教徒である当事者間の婚姻だけを対象とするインドのヒンズー婚姻法（Hindu Marriage Act 1955）のほか，各種婚姻法が併存している[21]。これら複数の婚姻法は特別法と一般法の関係にはない。しかし，婚姻法間に規律のギャップが生じた場合には，実質法的な解決がとられているようである。1995年のインド最高裁の判決では，ヒンズー教徒である夫婦の夫がイスラム教に改宗し，別の女性と婚姻したために2番目の妻との婚姻の有効性が問題となったが，裁判所は，ヒンズー教徒のための法律とイスラム教徒のための法律の選択の問題として捉えることなく，条理（principles of justice, equity and good conscience）に基づいてこの2番目の婚姻を無効とする実質法的処理を与えた（Sarla Mudgal v. Union of India AIR 1995 SC 1531）。

(2) 40条の適用の前提

　40条の規定は，準拠法秩序の内部において複数の人の範疇の間に法の抵触があることを前提としている。上に述べた例が示すように，法の抵触があるようにみえても実質法的に解決されている場合は少なくない。個々の人の範疇の法が（"イスラム教徒の婚姻については，この法律の定めるところによる"などと）その適用範囲を画定するかのような規定を有していても，法の抵触状態がないときには，これは一方的抵触規定ではない。この規定は，（「商人の営業

…については，…この法律の定めるところによる」とする日本の商法1条1項の規定のような）実質法規間の適用の関係を定めているにすぎない。こういった場合には，40条の規定の適用はなく，各実質法に固有の人的な基準に注意しつつ，個々の法規を事案に適用すればよい。

(3) 「その国の規則」(1項) の例

「その国の規則」であるためには，人的不統一法国の法秩序内において統一的にいずれかの人の範疇を特定する基準を提供するものでなくてはならない。日本の植民地法制を構成していた朝鮮民事令の解釈上通用していたとみられる"朝鮮において人により法律の規定を異にするときは法例を準用する"との法規は，その一例を提供すると思われる[22]。法例の定める国籍を"本籍"と読み替えた上で，能力，親族および相続については，"朝鮮人"という人の範疇において通用する慣習法によるか，"内地人"という人の範疇において通用する（依用された）日本民法によるかが，この法規により決定されていたと考えることができる。

(4) 「その国の規則」の役割

地域的不統一法国に関する38条3項の規定にいわゆる「規則」（準国際私法）が"いかなる場合にXはA地域の法に服するか"という問題に答えるのと同様に，人的不統一法国に関する40条1項の「規則」は"いかなる場合にXがAという人のグループの法に服するか"という問題だけに答える。事案に適用される法の指定が「その国の規則」に丸投げされるわけではない。たとえば，夫がAという人的グループの法を本国法とし，妻がBという人的グループの法に服している場合には，25条の規定に従い，この夫婦は同一本国法を有しない夫婦として取り扱われ，同一常居所地法としてたとえば日本法が適用されうるのである[23]。「その国の規則」がかりに"本籍を異にする夫婦の婚姻の効力は夫が本籍を有する人の範疇の法による"との規定を有していても，この抵触規定それじたいの適用を40条1項の規定が命ずるわけではない。

(5) 「その国の規則」の態様

地域的な法の抵触が抵触法的アプローチにより解決されるのと同様に，人的な法の抵触もまた抵触法的アプローチにより解決されうる。

＊「共通法」制定作業のある段階においては、「同一ノ地域内ニ於テ人ニ依リ法律ノ規定ヲ異ニスルトキハ法例ノ規定ヲ準用ス」との規定が提案されていた。しかし、これは最終的に採用されず[24]、問題の処理は朝鮮民事令の解釈問題として残され、上記(3)で述べたようなルールに従っていたものとみられる。

他方で、管轄権的アプローチもありうる。（通則法5条・35条2項2号および6条のように）いずれの国の裁判所が場所的に管轄権を有するかを決定し、管轄権を有する裁判所はつねにその属する国の法を適用することがあるのと同様に、1つの国の中に人のグループに応じて別個独立の司法制度が存在し、それぞれの人のグループに対応して設立されている裁判所がその属する共同体の法を適用することがある。マレーシアおよびシンガポールがそうである。これらの国の宗教裁判所はみずからの宗教共同体の法を適用するため、国家法と宗教共同体法の各々の適用範囲は、国家裁判所と宗教裁判所とが各々有する事項的な管轄権の範囲と基本的に一致する。宗教裁判所の裁判権は国家の授権によって認められるため、根拠となる上位法たる国家法がいかなる事項について宗教裁判所に事項的な管轄権を付与しているかが決め手となろう。こういった事項的な管轄権の配分に関する規定が「その国の規則」を構成する。

＊たとえば、1988年にマレーシア憲法に新設された121（1A）条がそういった規定の例かと思われる。この規定は、国家（世俗）裁判所はイスラム裁判所の管轄事項については管轄権を有しないと定めている（そして、憲法上、イスラム教に関する事項は各州の立法管轄事項として立法されている）。

4　「最も密接な関係がある法」（40条1項かっこ書）

40条1項かっこ書の規定によれば、「規則」が準拠法秩序にない場合、直接指定によるとされている[25]。当事者に「最も密接な関係がある法」とは当事者の身分法上の本拠のある範疇の法ということになろうか。しかし、直接指定により当事者の身分上の本拠を日本の国際私法の観点から探求しなければならないという事態は考えにくいようにみえる。

他方で、とくに人の範疇の特定に関連して実質法規や「規則」の解釈・適用が困難な場合は想定できよう。

＊各共同体がそれぞれ独自にその構成員の範囲を決定する場合に，人的グループへの帰属いかんの問題が生ずる。たとえば，（改宗や婚姻などの身分的法律行為により）ＸがＡという共同体からＢという共同体に移動したか否かが問題となり，Ａ共同体が移動を否定し，Ｂ共同体はこれを肯定するときにはＸはＡの範疇とＢの範疇の双方に属し，逆に，Ａ共同体が移動を肯定し，Ｂ共同体がこれを否定するときにはＸはいずれの人の範疇にも属さないことになる[26]。

＊＊日本の植民地法制において「共通法」施行前においては，いわゆる内地人と朝鮮人間の婚姻などの問題は，条̇理̇に基づき処理されていた。

このような場合には，外国法の内容が確定できないとして，処理すべき場合が多いであろう[27]。

〔注〕

1) 参照，清宮四郎『外地法序説』（有斐閣，1944年）9頁，41頁。
2) 英米法諸国は住所地法主義をとっているといわれている。しかし，日本法の「住所」と英米法上の「ドミサイル（domicile）」とはかなり異なっている。ドミサイルという概念もイングランド法と米国法では異なって理解されている。たしかに，両者のドミサイルは次の2点で共通している。第1に，複数のドミサイルとかドミサイルの不存在は観念されない。第2に，特定の地にドミサイルがあるのではなく，ある法領域にドミサイルが認められるという点である。しかし，イングランド法上のドミサイルは国籍と同じように固定的である。つまり，すべての自然人は本源ドミサイル（domicile of origin）を有し，稀に選択ドミサイル（domicile of choice）がこれに代わる。後者の成立には恒久的かつ無期限の居住という厳格な要件が充足されなければならず，新たな選択ドミサイルの成立がないかぎり，存続する。このような厳格な要件は米国法にはなく，ドミサイルは緩やかな要件の下で成立する。つまり，現実の所在とともに一定の期間における滞在の意思で十分とされている。もっとも，その余の点においては，州ごとにドミサイル概念は異なっているといわれている。
3) 日本の国際私法上，常居所地という連結素はこの規定において初めて用いられた。
4) さらに，国際物品売買契約に関する国連条約10条b号および24条。
5) 常居所を定義する規定としては，スイス国際私法20条などがある。
6) 甲国においてたまたま出生した子はその常居所を（いまだ自身では行ったこともない）乙国にもちうる。その父母が乙国において常居所を有しているときは，乙国は通常子の生活の中心地とみられるからである。
7) たとえば，1980年9月10日の中国国籍法は，その3条において「中華人民共和国は中国国民には重国籍の身分を承認しない」と定め，イラン民法989条の規定は，イラン国籍を離脱しないかぎりイラン国民による外国国籍を承認しないとしている。
8) 水戸家審平成3・3・4家月45巻12号57頁。
9) 東京家審平成4・9・18家月45巻12号63頁は，日英国籍を有する子の本国法を日本法とする。
10) 横浜地判平成3・10・31家月44巻12号105頁は，夫については密接関係地をアリゾ

ナ州，妻についてはメリーランド州に求め，同一の本国法がないとして，同一常居所地法たる日本法を離婚に適用した。横浜地判平成10・5・29判タ1002号249頁もまた，日本在住の米国人夫と米国在住の中国人妻の離婚に伴う米国人子の親権の帰属について，米国には統一的な準国際私法がないとして，子の本国法をオハイオ州法に定め，（通則法32条に相当する）法例21条により父と子の同一本国法としてオハイオ州法を適用した。

11) そのような処理は，後述する転致を認めるのと同様の処理となろう。
12) 東京地判平成17・2・18判時1925号121頁は，来日前に婚姻生活が営まれた地はテキサス州であったことを理由にテキサス州を本国法としたものとみられる。
13) 2010年度において「韓国・朝鮮人」は26.5％であり，「中国人」は32.2％である。
14) 池原季雄『国際私法（総論）』（有斐閣，1973年）147頁。
15) 神戸地判平成14・5・28判例集未登載は（通則法38条3項に相当する）法例28条3項を類推適用し，当事者の本籍地やいずれかの政府への帰属意識等から総合的に判断すべきであるとして，弁論準備手続期日において，「原告らの相続の準拠法は，北朝鮮法である」と主張したことからすると，被相続人が北朝鮮法により密接な関係があることは明らかであるとする。
16) 「其当事者カ二箇以上ノ国籍ヲ有スルトキハ最後ニ取得シタル国籍ニ依リテ其本国法ヲ定ム。」
17) 前注15) 神戸地判平成14・5・28判例集未登載は，相続の準拠法を決定するについて，不統一法国として朝鮮を捉えている。神戸地判平成10・3・30判タ1007号280頁は，中国籍を有する者については，その本国法が中華人民共和国法か中華民国法かがさらに問題となるとし，出身地域が大陸か否か，親族や友人および取引先がいずれの地域に属しているかという点を考慮している。なお，これら2つの判決は法例の下での事案に関している。
18) いわゆる韓国・朝鮮人のすべてが二重国籍者であるというわけではないが，朝鮮民主主義人民共和国がいかなる範囲の者を「公民」としているかはかならずしも明らかではない。この点につき，青木清「北朝鮮公民の韓国国籍」名法227号827頁以下（2008年）を参照。
19) このような処理は国際私法に関するハーグ諸条約も採用している。たとえば，2000年1月13日ハーグの「成年者の国際的保護に関する条約」の47条は次のように定める。「本条約の対象とする事項につき人により適用される法秩序又は法規の集合が異なる国との関係において第3章の下で準拠法を特定する目的のためには，次の各号に掲げる規定による。a) それらの法律のうちいずれが適用されるかを特定する規定が当該国において行われているときは，特定された法律が適用される。b) 当該規定のないときは，成年者が最も密接に関連する法秩序又は法規の集合が適用される」。
20) （インドにはゾロアスター教徒に固有の相続法はないとして，一般法たる相続法（Indian Succession Act）を適用した）東京家審平成13・9・17家月54巻3号91頁の推論も同様とみられる。
21) 神戸家審平成6・7・27家月47巻5号60頁は，ヒンズー教徒たるインド人は日本国内の教会で結婚式を挙げるとともに，インド領事館でも結婚式を挙げ同領事館に婚姻届をしており，被相続人らの婚姻は「特別婚姻法（Special Marriage Act 1954）」の民事婚であるとする。インドの各種の宗教法の対象とならない婚姻関係が「特別婚姻法」の対象となるとみられる。
22) 實方正雄「共通法」末広厳太郎編『新法学全集第31巻 国際法Ⅲ』（日本評論社，1939年）35頁，36頁，山田三良「共通法案ニ就テ」法協36巻4号580頁（1918年）。
23) 東京地判平成2・12・7判時1424号84頁は，日本人妻とインドネシア人夫（イスラム教徒）との離婚が問題となり，離婚に伴う子（インドネシア国籍）にたいする親権者の指定を行った。（通則法32条に相当する）法例21条の子の本国法たるインドネシア法の適

用上，子には特定の宗教がないとして，同一の本国法がないとした。
24) 山田三良・前注22) 580頁。
25) 扶養義務の準拠法に関する法律7条についても同様である。直接指定に関する規定のありかたは，ハーグの諸条約においてもかならずしも統一的でない。1973年10月2日の「扶養義務の準拠法に関する条約」16条と同様に直接指定を定めているものとしては，1989年8月1日の「相続の準拠法に関する条約」20条，1978年3月14日の「夫婦財産制の準拠法に関する条約」19条，1996年10月19日の「親責任及び子の保護措置についての管轄権，準拠法，承認及び協力に関する条約」49条および2000年1月3日の「成年者の国際的保護に関する条約」47条がある。他方で，1978年3月14日の「婚姻の挙行及びその有効性の承認に関する条約」20条，1980年10月25日の「国際的な子の奪取の民事面に関する条約」32条および1993年5月29日の「国際養子縁組に関する子の保護と協力に関する条約」37条は人的不統一法国法が準拠法となる場合に直接指定を命じていない。
26) 共通法2条2項の規定は，台湾・朝鮮などの各地域の法の適用を定めるものであるが（溜池良夫『国際私法講義』（有斐閣，第3版，2005年）35頁），いわゆる本籍転属不自由の原則を前提としていたため，人的抵触を解決する規範としての側面を有していた（實方正雄・前注22) 31頁）。各地域の戸籍法規がそれぞれ独自に適用されるために，婚姻や養子縁組などの結果として生ずる本籍の移動つまり共同体への帰属を決定する基準が不明確となる事態が起こりえた。「一ノ地域ノ法令ニ依リ其ノ地域ノ家ニ入ル者ハ他ノ地域ノ家ヲ去ル」とする共通法3条1項の規定，いわゆる連絡規則はこういった事態の発生を回避しようとするものであったといえる。
27) 宇都宮家審平成19・7・20家月59巻12号106頁は，養子となるべきイラン人未成年者の宗教は特定できないとして，イランの規則に従い指定される法がないため，未成年者に最も密接な関係がある法として日本法を適用している。

〔参考文献〕

炏場準一「法例の改正規定と常居所基準説の論拠について」国際90巻2号113頁（1991年）
趙慶済「在日韓国人・朝鮮人の属人法に関する論争」立命312号499頁（2007年）
森田博志「地域的不統一法国の国籍を有する者の本国法の特定と同一本国法」千葉25巻3号1頁（2010年）

第4章 反　致

　日本の国際私法も外国の国際私法も，ともに，他の法秩序との連携を図ろうとしている。とはいえ，連携のありかたはそれぞれの国が決定する事柄である。このことを所与のものとして捉え，外国国際私法の採用する連携のありかたを考慮することが，実際的な観点または判決の国際的調和の観点から望ましい場合がある。そのような場合には，内国抵触規定による準拠法指定の趣旨をあえて貫徹することなく，外国裁判所の与えるであろう仮想の処理を考慮すべきである。仮想の処理が，外国の抵触規定から導かれる場合が"反致"であり，国際裁判管轄（と判決承認）に関する外国の法規から導かれる場合が"隠れた反致"と呼ばれる。

第1節　一般論

I　反致の概念と種類

　抵触規定によって指定される外国法が自国法の適用を欲することなく，他の法を準拠法として指定する場合，この指定のありかたを広義の反致という。外国の抵触規定が自国の実質法を全部または一部指定せず，他方で当該外国の抵触規定が他の国の法を全部または一部指定する場合である。

　＊通則法36条の規定は相続につき被相続人の本国法を指定する。次の①の場合には外国の抵触規定が全部，②の場合には外国の抵触規定が一部，日本法を指定する。
　①相続に関するペルーの抵触規定（ペルー民法2100条）は「相続は被相続人の最後の住所地（domicilio）の法による」と定めている。日本に居住していたペルー人を被相続人とする相続については，この規定によると，この者の住所地が日本にあるときには，日本法が全面的に指定される[1]。

②中国国際私法31条の規定は、動産相続については被相続人の常居所地法を、不動産相続については不動産所在地法を指定する。この規定によると、中華人民共和国に常居所を有する同国人が日本に不動産を残して死亡した場合には、当該不動産の相続についてのみ日本法が指定されることになる。

反致には、一般論としては、次のような形態がある。

1　狭義の反致

指定を受けた法秩序(B)が最初の法秩序(A)を指定すると仮想できる場合、この指定を考慮して最初の法秩序(A)の実質法を適用することを狭義の反致という。

2　転致（再致）

指定を受けた法秩序(B)が第三国法秩序(C)を指定すると仮想できる場合に、この指定を考慮して第三国法秩序(C)の実質法を適用することを転致(再致)という。

3　間接反致

転致の場合に、第三国法秩序(C)の抵触法が、指定を受け容れる代わりに、2番目の法秩序(B)に反致するか、4番目の法秩序または最初の法秩序(A)を指定すると仮想できることもある。この最後の（最初の法秩序(A)を指定する）場合を間接反致という。最初の法秩序(A)からみれば、結果的に狭義の反致が生ずるからである。

4　二重反致

指定を受けた外国法もその反致規定により自国法への狭義の反致を肯定していると仮想できる場合に、このことを考慮すると当該外国の実質法が指定される。この連結のありかたを二重反致という。

＊反致認否に関する比較法的概観

　反致という指定のありかたをすべての国の国際私法が是認しているわけではない。た

とえばギリシア民法32条の規定は反致を拒否している。さらに，中華人民共和国[2]，ペルー[3]，ブラジル[4]，スカンジナビア諸国，米国諸州およびカナダもまた反致を認めない。

これにたいして，多くの諸国では，反致を肯定すべきか否かではなく，いかなる場合に認めるべきかが問題とされている。イングランドの裁判所はいわゆるforeign court theoryを採用し，個々の事案において外国法を指定する際，当該外国の裁判所が判断するのと同じように判断しなければならないとの態度を，稀ではあるが，とることがある。本国法主義を採用している多くの大陸法の諸国は，様々な条件の下に狭義の反致を肯定しており，転致を許容する国もある。たとえば，オーストリア国際私法5条や（かなり限定された範囲ではあるが）スイス国際私法14条2項である。ドイツ国際私法も反致にたいして好意的である。さらに，1942年のイタリア国際私法は反致を拒否していたが，1995年の同国の国際私法は反致を肯定するようになった。

II　反致における指定の意味

　反致は，自国の抵触規定による指定の趣旨を外国抵触規定のために犠牲にすることを意味するわけではない。一定の場合に外国抵触規定を考慮せよと命ずるのはあくまでも法廷地の抵触規定である。

＊抵触規定は，抵触規定を含めて1つの法秩序全体を指定するものであり，それゆえ，あらゆる事案において反致も転致も認められるという説を総括指定説という。この説は理論的には維持できない。この説によれば，内国法への指定はみずからの抵触規定への指定という意味のない指定を認めることになり，他方で，外国法への指定の場合には，当該外国がみずから自国法を指定しないかぎり，あるいは当該外国の抵触規定が指定する第三国法が指定を受け容れないかぎり，かぎりなき循環に陥る。この指定の循環を解決するためには次の2つの方法がある。第1に，同一国の抵触規定は二度指定されることはないとして処理するという方法。第2に，すべての狭義の反致または間接反致を実質法への指定とみなすという方法である。しかし，これらの方法を用いると，総括指定の原則は首尾一貫しないものとなろう。

III　反致の実際的根拠

　反致を肯定する根拠としては，とりわけ，実際性への配慮と判決の国際的調

和をあげることができる。

1　狭義の反致における内国法の適用拡大

狭義の反致の承認は実際性の考慮からでている[5]。狭義の反致を肯定するとそれだけ，内国法の適用される機会が多くなる。その意味で内外国法の平等という価値には反することになる。けれども，狭義の反致の成立を肯定すれば，裁判所は熟知している内国法を適用することができる。さらに，中国のように本国たる外国の法が，自国とは別の国に居住する自国民の生活関係をあえて規律しようとはせず，むしろ常居所地国などの法に規律を委ねる意図を有している場合には，内国法の適用は外国法秩序の意図にも沿うことになろう。こういったことを背景として，外国法が自国法の適用をあえて要求しない場合，わざわざ外国の実質法を適用するまでもないとされるのである。

2　判決の国際的調和

反致は，一定の場合には，判決の国際的調和に結果する。

狭義の反致の場合，たとえば本国法が住所地法を指定し，住所地法が本国法を指定する場合には，双方の法秩序が反致について異なった態度をとることによってのみ，国際的調和が得られる。それゆえ，一方が反致を承認すれば，他方はこれを無視（するか二重反致を認めるか）しなければならない。これはパラドックスであり，それゆえ，国を問わず通用する一般理論を重視する論者にとって反致は容認しがたい法技術といえる。とはいえ，一貫した判決の国際的不調和に比べればまだマシというべきである。

＊なお，他者の態度を受け容れる理想的ともいえる方法は，イングランド裁判所が発展させた（しかし，めったに適用されることのない）foreign court theory である。この考え方によれば，裁判所はその抵触法規が指定した法の所属する国の裁判所が適用するのと同一の実質法を適用しなければならない。しかし，この解決方法は次の場合にのみ実行可能である。つまり，法廷地国の国際私法とは異なった連結基準を採用する国が foreign court theory を採用しない場合である。

第2節　通則法41条

　41条の規定は狭義の反致を認めている。狭義の反致や間接反致だけでなく転致をも含めて反致を肯定するのは手形法88条1項後段と小切手法76条1項後段の各規定である。以下の説明は通則法41条の規定にのみ関している。

I　「本国法による」

1　反致が認められる本国法の指定

　行為能力（4条），家族（24条から33条まで），後見（35条），相続（36条)[6]および遺言（37条)[7]の各規定が本国法を指定する場合，つまり，いわゆる属人法の資格で本国法が指定される場合に，反致が成立する可能性がある。

2　反致が認められない本国法の指定

(1)　43条
　43条の規定によると，41条の規定は扶養と遺言の方式には適用がない。いずれの事項もハーグ条約の規律する問題であるからである[8]。

(2)　41条ただし書
　25条から27条までの規定および32条の規定が「同一本国法」を指定する場合には，この同一本国法からの反致はないと41条ただし書は定めている。これらの規定は両性平等の要請に配慮して，前者については夫婦に共通する要素が，後者については父母に中立的な子という要素が連結基準とされている。そこで，（たとえば，1989年当時のブラジル国際私法のような）本国の国際私法規定が両性平等の要請に矛盾する（夫の住所地などの）連結基準によって日本法を指定しているときにこの指定を受け容れるならば，当該要請に沿った日本の連結政策が無視されることになる。この点が懸念されたために41条ただし書の規定が立法されている[9]。そうであるとすると，指定された外国の国際私法が両性平等の要請に沿った連結基準を採用している場合には，反致を否定

する理由はない。ただし書の規定の適用は，「本国法として指定された外国法が両性平等の原則に矛盾する連結基準を採用している場合」という不文の要件に服すると考えなければならない。

† このようにただし書の規定を縮小解釈すると，たとえばペルー民法2081条の規定は「別居及び離婚にたいする権利は夫婦の婚姻住所地（domicilio conyugal）の法による」としており，その連結基準は両性平等の要請に沿ったものとみられるから，日本に婚姻住所地を有するペルー人夫婦の離婚については反致が肯定されよう。「夫婦の身分関係は，共通の常居所地法による」とする中国国際私法23条の規定についても同様である。

(3) 指定の趣旨が本国の実質法である場合

当事者が特定の実質法の内容を念頭においているとみられる場合には，たとえその実質法が本国法上のものであっても反致は成立しない。7条の規定に従い契約の準拠法として当事者がいずれかの本国法を指定した場合や26条2項の規定により夫婦財産制の準拠法として夫婦がその国籍所属国法を指定した場合である。

(4) セーフガード条項（29条1項後段の子の本国法，31条1項後段の子の本国法）

これらの規定については，子の本国の実質法が定める規定の遵守がとくに必要とみられるから，反致は成立しない。

Ⅱ 「その国の法」

「その国の法」とは本国法たる外国法上の国際私法を意味する。しかし，外国の反致条項の解釈・適用は実際には困難である。考慮されるべきではない。それゆえ，二重反致と間接反致もない。通説と異なり，その適用が困難な公序条項も同様である。外国の裁判所がその国の公序を理由に日本法を適用しないとみられるにもかかわらず反致を肯定すると，判決の国際的調和は得られない。しかし，反致は判決の国際的調和の要請からのみ説明できるものではないことに留意すべきである。

Ⅲ 「日本法によるべきとき」

1 「日本法」

　外国の国際私法が日本法を指定している場合には，その指定が日本の抵触法を指定しているか実質法を指定しているかを問わず，日本の実質法が適用される。

　外国の抵触規定が内国の実質法だけを指定している場合には，内国法の適用という実際的な便宜が裁判所に与えられるだけでなく，判決の国際的調和という要請にも応えることができよう。中国，ブラジルおよびペルーは反致を否定しているので，日本の国際私法がその法を本国法の資格で適用する機会の多い外国法秩序との間には，判決の国際的調和を期待することができる。

　他方で，外国の抵触規定が内国の抵触規定をも指定の対象としている場合には，判決の国際的調和という要請を満たすことはできない。しかし，当該外国の国際私法が，本来，準拠法としての適格性を日本法に認めていることに留意しなければならない。さらに，次の4つの点において日本の実質法の適用を正当化できよう。すなわち，消極的には，①外国の国際私法が日本の実質法を指定しているか，それとも抵触法を指定しているかを判別することはかならずしもつねに容易ではなく，②外国の抵触規定が日本の抵触規定を指定する場合，この指定に日本の国際私法が忠実であるとすると，指定の循環に陥る。積極的には，③内国実質法の適用によって時として困難かつ時間のかかる外国法の調査をする必要がなくなり，その結果として得られる裁判の迅速化は当事者にとっても利益となる。④裁判所が知悉しない外国実質法の適用の場合に比べて，内国実質法の適用により適正な裁判が行われる機会が多くなる，という点である。

2 日本法の資格

　日本法の指定される資格は問われない。属人法として日本法が指定される必要はない。たとえば，相続について外国の国際私法が属人法として日本法を指定するか，財産所在地法として指定するかは問題ではない[10]。相続に関する本国の抵触規定が被相続人に準拠法の選択を許容し，被相続人が常居所地法たる日本法を選択したときも同様である[11]。

Ⅳ 選択的連結（24条3項，28条ないし30条，34条）と反致

　選択的連結を認める24条3項，28条から30条までの各規定および34条の規定との関係において反致を単純に肯定すると，次のような結果を招来する可能性がある。すなわち，指定されたすべての本国法からの反致により適用される日本法が法律関係の成立を否定すると，選択的連結という連結方法によりこれらの規定が法律関係の成立を助長しようとしているにもかかわらず，当該法律関係が成立しなくなるという結果である。「子の利益」などの実質法的価値を犠牲にしてまで，判決の国際的調和といった価値を実現すべきではあるまい。

＊24条3項などの規定と41条との関係については次の5つの解決方法を考えることができる。大別すると，反致を原則として肯定する方法とこれを原則として否定するものに分かれる。

【原則肯定】①反致を無条件に肯定する。②潜在的な準拠法の数が反致の結果として減少する場合には反致を否定する。③反致を肯定する結果として適用されるべき日本法が法律関係の成立を否定する場合には，指定を本国の実質法への指定とする。

【原則否定】④反致を全面的に否定し，選択的連結を採用する抵触規定はつねに実質法への指定とする。⑤④と同様に，選択的連結の場合には実質法への指定として理解するが，すべての実質法によって法律関係の成立が否定される場合には，反致を肯定する。

　①は身分関係の成立を促進しようとする選択的連結の趣旨に反する。たとえば，甲国人のカップルが甲国の駐日領事の面前で領事婚を挙行した場合，①によると，24条3項本文が指定する甲国の国際私法が挙行地法主義を採用していると，反致により日本法のみが適用されるため，日本の国際私法の観点からは，当該領事婚は有効に成立しないことになる。

　選択的連結を認める抵触規定は，潜在的準拠法の数を確保するために設けられたのではなく，一定の実質法的結果を確保するために定立されている。②はこの点を軽視するものである。たとえば，父の本国法たる甲国法は子の嫡出性を否定し，母の本国法たる乙国法は子の嫡出性を肯定しているが，乙国国際私法は子の常居所地法として日本法を指定しているとしよう。日本法が子の嫡出性を否定しているとすると，反致を肯定しても準拠法の数こそ減少しないが，子の嫡出性は否定される。

　選択的連結の選択肢は，子の利益に関する内国の独善的な価値判断に基づくことの

ないように配慮されている。その意味で、反致を媒介として選択肢として日本法を追加することを否定する④の解決の方向には理由があり、日本法を当然のごとく選択肢として加える③の処理には賛同しがたい。とはいえ、41条の規定も選択的連結につき反致を否定しているわけではなく、通則法は、遺言の方式の準拠法に関する法律2条の規定のように意味のある連結基準を網羅的にリストアップしているわけでもない。とくに、親子関係の成立につき子の常居所地という連結基準が通則法に欠けていることは留意されてよい。例外的に反致を肯定する⑤の処理により、親子関係の成立について日本法を子の常居所地法として適用する道を空けることが望ましいように思われる。

第3節　隠れた反致

Ⅰ　意　義

　本国法たる外国法が日本法をも含めておよそ他国の法を指定することなく、つねに自国の実質法を適用するけれども、その一方で他国の裁判所が事案をひとたび解決した場合にはその解決を尊重するという態度をとる場合もある。つまり、外国がある事項について自国法の適用範囲のみを定め、他の法秩序との連携のためには抵触法による指定ではなく、もっぱら他国裁判所の裁判の承認という方法をとることがある。
　このような態度を通則法5条・35条2項2号および6条の規定はとっている。6条1項の規定によると、生死不明者の日本国籍は日本の裁判所の国際裁判管轄権の基礎となる。その場合、日本の裁判所はつねに日本法を適用し、外国法を適用することはない。日本に住所を有する外国人についても同様である。このことは、日本に住所を有しない生死不明の外国人について日本の国際私法が無関心であることを意味しない。むしろ、6条1項の規定は、管轄権を有する外国の裁判所がその者について失踪宣告をしたときには、その失踪宣告を承認する用意があるとの態度をとっている。通常の双方的抵触規定は、内国法の適用されない事案にたいして一般的・抽象的な外国実質法規を指定し、これを適用することにより外国法秩序との連携を図ろうとする。これにたいして、内国法の適用範囲を管轄権の基礎によって画する6条1項のような規定は、内国法

の適用されない事案にたいして一般的・抽象的な外国実質法規を指定し適用するという方法ではなく、具体的・個別的な外国裁判の承認という方法により外国法秩序との連携を図ろうとするのである。

　管轄権の基礎によって自国実質法の適用範囲を画定する外国法を日本の抵触規定が本国法として指定する場合に、当該外国の管轄規定に従うと（間接）管轄権が日本に認められるとみられる場合に反致の成立を肯定できないか。これが隠れた反致として設定されてきた問題である。自州に管轄権のある場合に自州法のみを適用するという処理を行う米国諸州の法が本国法として指定されるときにとくに問題となる[12]。

＊米国のA州は、一般的に養子または養親のドミサイルが自州にある場合に養子縁組につき自州裁判所の管轄権を肯定し、管轄権が肯定されるときには養子縁組につねに自州の実質法を適用するとしよう。A州法が通則法31条の規定に従い準拠法となり、かつ、問題となっている養子が日本にドミサイルを有している場合に、養子縁組に日本法を適用できないかが問われるのである[13]。

　もし日本法への反致が肯定されると、外国の抵触規定ではなく管轄規定の中に日本法の指定の根拠があり、そのため隠れた反致と呼ばれるのである。

II　日本法の適用

　自国実質法の適用範囲を管轄権の範囲と一致させ、管轄権を有しない事案にたいしては事案の解決を他の国の裁判所の判断に委ねるとの態度を本国法たる外国法がとっている場合に、当該外国の定める管轄権の基礎が日本にあるときには日本法の適用に道を空けるべきであろう。そういった管轄権の基礎が日本にあれば、日本の裁判所による裁判は本国たる当該外国における承認を期待できる。その意味で判決の国際的調和という要請に矛盾しない。さらに、承認いかんの判断にあたって日本の裁判所が適用した準拠法いかんを外国が問うことはまずあるまい。そもそも当該外国の裁判所も（管轄権があるかぎり）自国法をもっぱら適用するのであるから、日本の裁判所による日本法の適用も当該外国の処理の趣旨に適合するといえなくもない。

　しかし、日本法の適用を肯定しうる状況があるとしても、次のような説明を

与えるべきではない。すなわち，"（当事者のドミサイルなど）特定の管轄権の基礎が自州内にあれば自州裁判所は養子縁組に自州法を適用する"という米国諸州の一方的抵触規定を"管轄権が当事者のドミサイルにより基礎づけられるかぎり，裁判所は養子縁組に法廷地法を適用する"[14]とか"養子縁組は当事者のドミサイルのある地の法による"などという双方的抵触規定として勝手に読み替え，この虚構ともいうべき双方的抵触規定からの反致により日本法が準拠法となる，といった説明である[15]。外国法の指定を想定していない通則法6条の規定を双方的に読み替え，失踪宣告は"法廷地法による"とか"不在者の住所地法又は本国法による"などという双方的抵触法規を導くことができないのと同様に，外国法を歪曲して解釈・適用すべきではない。本国法たる外国法が管轄権的アプローチをとり外国との連携を外国裁判の承認により図ろうとしているにもかかわらず，このアプローチを抵触法的アプローチの枠組みの中に押し込めて理解すべきではないのである[16]。

Ⅲ　日本法の適用条件

　通則法41条の規定は，管轄権的アプローチをとっている本国法たる外国法を対象としているわけではない。日本法を適用するために41条の規定に依拠することはできない。外国がこのような処理を与えている場合，日本法の適用を肯定するには，次の場合に日本法の適用を肯定する不文の法規の存在を認めなければならない。すなわち，日本の抵触規定の指定する本国法たる外国法が準拠法と管轄権とを結合させ，管轄権を有する自国裁判所にたいしてつねに自国実質法の適用を命じているときにおいて，当該外国法の観点からは日本の裁判所が国際裁判管轄権を有し，そのため，日本の裁判の承認が当該外国において期待できる場合である[17]。

　なお，承認が期待できるかぎりにおいて，当該外国法の管轄規定によると，日本の裁判所とならんで当該外国の裁判所もまた管轄権を有しうる場合であってもよい。

〔注〕
1) 死亡した日本人がペルーに住所（domicilio）を有しているときは，通則法36条の規定もペルーの抵触規定もそれぞれ自国の実質法を指定することになる。この状況を法の積極的抵触という。
2) 中国国際私法9条（「渉外民事関係に適用される外国法には当該外国の国際私法は含まれない」）。
3) ペルー民法2048条（「裁判官はペルー国際私法の規定により指定される国の実質法のみを適用しなければならない」）。
4) ブラジル民法16条（「前数条によれば外国法が適用されるべき場合，その外国法による他の法の指定を考慮することなく，その外国法の規定が適用されなければならない」）。
5) 反致を認めた判決として説明されてきた（19世紀にフランス破棄院が処理した）いわゆるForgo事件においては，フランス国際私法が指定するババリアの相続法ではなく，ババリアの国際私法が指定するフランスの法律が適用された（その結果，フランスの国庫に財産が帰属した）。
6) 最判平成6・3・8家月46巻8号59頁（日本に所在する中国人たる被相続人の不動産の相続については，中華人民共和国の継承法の規定が適用され反致される結果，結局，不動産所在地法である日本法が適用されるとした事案），神戸家審平成6・7・27家月47巻5号60頁（被相続人の本国法である「インド相続法」では動産相続については，被相続人の死亡時の住所地があった国の法律によるので日本の民法が相続準拠法となるとした事案）。
7) 東京地判平成3・12・20判タ792号207頁（ロシア人たる被相続人の遺言能力について，ロシア民法567条が相続関係および遺言につき被相続人および遺言作成者の住所地法を適用するとしているとして，遺言の成立および効力につき反致の成立を認め，日本法を適用した）。
8) もっとも，ハーグ条約に定められた指定がつねに反致を否定するわけではない。締約国と非締約国との間で判決の調和を得ようとすると，非締約国法からの反致の可能性は肯定されよう。1989年の相続条約4条，1996年の子の国際的保護条約21条2項を参照。
9) 25条などの規定に従い同一本国法による場合には，「当事者双方に共通する法律を厳選・精選しているので」反致が否定されたと説明する論者もいないではない（南敏文『改正法例の解説』（法曹会，1992年）206頁）。たしかに，個別的・具体的な事案における一切の諸事情を考慮して最も密接に関係する地の法を準拠法とする場合に，日本の国際私法の観点からみて，それ以上に最密接関係地はありえない。それゆえ，その地の国際私法規定を考慮する余地はなく，その地の実質法を適用すべきである。しかし，同一本国法がそのような個別的・具体的な事案における最密接関係地法を意味するわけではない。
10) 東京家審平成11・10・15家月52巻3号60頁は，被相続人がニュージーランド人である場合に，日本に所在する不動産の相続について財産所在地法たる日本法への反致を，東京家審平成13・9・17家月54巻3号91頁は，日本に所在する不動産の相続についてインド法から財産所在地法たる日本法への反致を，東京高判昭和63・10・5判タ703号215頁は，日本に所在する不動産の相続につきイングランド法から財産所在地法たる日本法への反致を肯定する。
11) 韓国国際私法49条2項は相続について法選択を許容し，被相続人はその常居所地法または不動産所在地法を相続準拠法として指定できる。
12) たとえば子の親権者指定につき，那覇家審平成3・4・1家月43巻10号44頁は，「ミシガン州のそれも含め米国抵触法理によれば，親権その他の子の監護に関する問題については…管轄権を有する裁判所が，その法廷地法を適用して裁判すべきものとされているところ，…子の利益・福祉に最も密接に関連するものとして日本に裁判管轄権が認められる

場合には，日本の裁判所が法廷地法に従って適切な裁判〔を〕すべきものとする，いわゆる隠れた反致を認めることができる」とする。また，離婚事件につき，名古屋家審昭和55・12・25家月34巻2号176頁は，「アメリカ合衆国の国際私法によれば…夫婦のいずれか一方の住所のある州（国）が管轄権を有するものとされ…訴の提起される住所のある州（国）の法が離婚の権利を判断するために適用される」として日本法への反致を肯定する。

13) 熊本家審昭和61・12・17家月39巻5号59頁は，「（ペンシルバニア）州が日本法に基づき適法に成立した養子縁組許可審判を承認すると考えられることなどに加えアメリカ合衆国諸州の国際私法原則によると，養子または養親の住所のある国が養子決定の管轄権を有し，その準拠法は法廷地法であるとされ…養子となるべき未成年者はペンシルバニア州法上熊本市内に住所を有し，ひいては日本に管轄権があり，法廷地法として日本法が適用されることになると考えることも可能であるから，法例29条の反致が成立する」とする。

14) 参照，前注12)那覇家審平成3・4・1家月43巻10号44頁。なお，中国国際私法27条の規定は，協議離婚ではない離婚については法廷地法を準拠法とする。しかし，当該規定にいわゆる「法廷地法」とは中華人民共和国法と解される。

15) たとえば，東京家審昭和61・9・17家月39巻1号157頁は，当事者の一方のオーストラリア国籍という離婚の管轄原因を当事者の一方の法廷地国国籍と読み替え，当事者の一方が日本国籍を有している事案において隠れた反致の成立を肯定する。

16) 青森家十和田支審平成20・3・28家月60巻12号63頁は，テネシー州法からの隠れた反致を肯定して，日本法に従い特別養子縁組の成立を認める。テネシー州法が日本の裁判所の形成する養子縁組を承認することを日本法の適用根拠とした点は妥当である。しかし，単一の準拠法として同州法から日本法の指定があるとの結論を導くために，テネシー州の定める養子縁組の管轄原因はすべて日本にあるとして日本が同州の観点からみて専属的な裁判管轄権を有すると言及するが，これは意味のない言及である。テネシー州法の管轄権的アプローチを抵触法的枠組みの中に押しこめて理解すべきではない。同州の定める管轄原因の1つが日本にあり，その結果として，日本の養子縁組は同州において承認されうるものであれば，日本法を適用すればよかったはずである。

17) この意味において，前注13)熊本家審昭和61・12・17家月39巻5号59頁を参照。

第5章　先決問題

Ⅰ　意　義

　抵触規定の法律要件は，しばしば，法律関係の存在を前提としている。たとえば，25条の「婚姻の効力」や27条の「離婚」は有効に成立した婚姻の存在を前提としている。そのような法律関係の存否は関連する抵触規定の指定する準拠法によって判断される。たとえば婚姻の成立いかんは24条の指定する準拠法により判断される。他方で，抵触規定の指定する準拠実質法が，その法律要件において，特定の法律関係の存在を前提としていることもある。たとえば，死亡した者の配偶者を相続人として定めている相続準拠法上の実質規定は，相続権を主張する者と死亡した者との間に婚姻関係が存在していたことを前提としている。国際私法において先決問題と呼称されてきた問題はこの種の前提問題であり，相続のような本問題に適用される準拠実質法との関係において生ずる。

＊日本人女Yと甲国人男Aが日本において甲国法の儀式に従い婚姻を挙行した。甲国法の下では有効に婚姻は成立している。しかし，日本法に従った婚姻の届出をしていない。このカップルはその後も日本において生活していたが，Aが死亡したので，日本に所在するAの土地所有権をYは相続人として相続しようとした。しかし，「Yは配偶者ではなく相続権を有しない」とAの兄Xは主張しているとする。この設例では，本問題である相続の準拠法は通則法36条の規定が指定する甲国法である。甲国の実質法が"配偶者"に相続権を認めているため，YがAの"配偶者"か否かつまりYとAの婚姻の成立いかんが先決問題として問われるのである。

Ⅱ　問題の所在

　先決問題に関する処理方法については，反致と異なり明文の規定がなく，

そもそも外国国際私法の採用する連繫のありかたを考慮すべきか否かが問われてきた。先決問題に適用されるべき抵触規定とはどの法秩序のものか。本問題を処理する法廷地の裁判所や戸籍管掌者からみた内国法秩序の抵触規定なのか、それとも、本問題の準拠法秩序の抵触規定なのかについては見解が分かれる。前者を肯定する見解は法廷地法説、後者を肯定する見解は準拠法説と呼ばれる。

> ＊上記の設例では、法廷地法説によると、婚姻の成立には通則法24条3項ただし書の規定が適用され、Y・Aの婚姻は成立していないことになる。他方で、甲国国際私法が「婚姻の方式は当事者の一方の本国法による」としていると、準拠法説に従えばY・Aの婚姻は成立していることになる。

なお、次の3つの条件が揃っているのでなければ、実際には、いずれの説によっても結果は異ならない。つまり、①本問題の準拠法が外国法であり、②先決問題につき法廷地抵触規定の指定する法とは異なる法の適用を当該外国の抵触規定が命じ、かつ、③各々の指定する実質法が内容的に異なる、という条件である。

準拠法説は次の2点を根拠とする。第1に、ある法秩序が準拠法として指定された場合、その実質法において用いられている法概念がいかなる内容をもつかは（抵触規定も含めた）当該の法秩序の規律に委ねるべきである。第2に、判決の国際的調和である。その法が本問題に適用される外国の裁判所は自国の抵触規定を適用するはずであるから、内国の裁判所もまた当該抵触規定を適用すれば当該外国の裁判所と同一の準拠法を適用することになる。

法廷地法説は次の2点を理由とする。第1に、判決の国内的調和である。内国において先決問題となった問題は、それが本問題として提起された場合と同じように判断されなければならない。たとえば、婚姻の成立それじたいが単独で問われるときには通則法24条の規定が適用される。そうであるとすれば、婚姻の成立が相続の先決問題として問われるときにも当該規定によるべきである。第2に、準拠法の適用が簡明で見通しのきくものとなる。

Ⅲ　先決問題の準拠法

1　原則としての法廷地法説

　法廷地法説が原則として妥当である。上記Ⅱの①から③までの条件がすべて揃っている場合にも，原則として，法廷地国際私法によるべきである。判決の国際的調和よりも判決の国内的調和を優先させなければならない。あるカップルは夫婦ではないのに，相続との関係にかぎって夫婦であるといった事態は奇妙なことであり，さらに，法の適用は簡明かつ見通しのきくものでなければならないからである[1]。

＊日本の裁判所が国際裁判管轄権を有する多くの場合において，管轄権の基礎たる被告の住所地は日本に存在する。相続が本問題であるときは，当事者や利害関係人は相続の開始地たる日本に常居所を有し，相続財産も日本に所在しよう。日本が法廷地となるかぎり，たとえ本問題の準拠法が外国法であっても，当事者や利害関係を有する第三者が容易に予見できるのは法廷地の抵触法である。とくに相続との関係では，日本の抵触法に基づいて作成されている公簿の記載が相続人に関する情報を提供する。こういった状況の存在が法廷地法説を原則として肯定すべき背景となっている。

2　例外としての準拠法説

　しかし，管轄権の基礎が日本にあるときにも，判決の国際的調和の要請に応えることが明白に求められるべき状況では，準拠法説によるべきである。判決の国内的調和の要請が判決の国際的調和のために後退すべき場合のあることは，失踪宣告に関する6条の規定から推測されよう。すなわち，失踪宣告は原則としてすべての法律関係につき人の死を擬制する（1項）。しかし，生死不明の者の主だった利害関係が日本にないときには外国裁判所に判断を委ねて，日本の失踪宣告の事項的な効力を限定する（2項）。判決の国際的調和のために，婚姻との関係では死亡し，相続との関係では生存しているといった状況の起こりうることを6条2項の規定は想定しているのである。

＊外国人夫婦が日本人の子を養子として日本において養子縁組をし，養子とともにその本国

に戻るという状況において，養子縁組の準拠法たる当該外国の実質法が夫婦であることを養親の資格としている場合には，カップルが婚姻しているか否かという先決問題は当該外国の抵触法によるべきである。養親子関係が営まれるべき当該外国において否定されるような養子縁組を日本の裁判所は，子の利益の観点から，成立させるべきではない。

＊＊子の氏という本問題の準拠法たる本国法によると，子の氏いかんが子の嫡出性という先決問題にかかっているときには，子が嫡出子か否かはその本国の抵触法によるべきであろう。親子関係の問題がどの国で問題となるかに従い，その氏も異なるといった処理を認めるべきではない。パスポートに表示される氏は国境を越えて尊重されなければならない。

〔注〕

1) 最判平成12・1・27民集54巻1号1頁。

第6章　準拠法適用上の諸問題

　一方的抵触規定は内国の実質法を，双方的抵触規定は（反致などの場合を除けば）内国のみならず外国の実質法を指定する。指定された外国法秩序の裁判所が適用すべき法規範が指定の対象となる。事案を直接規律する個別的な規定にとどまらない。指定された法秩序において通用している解釈原則や経過措置も指定の対象となる。

　各国の実質規定は，基本的に，（その国からみて）純国内的な状況を想定して立法されている。そういった実質規定を，当該規定が本来想定していない渉外的な事案に準拠法規として適用しようとすると，純国内的な事案では逢着しない問題に直面することがある。また，まとまりのある生活関係に相異なる法秩序に属する法規を適用すると，準拠法規相互の間に齟齬が生ずることもある。さらに，準拠法が外国法である場合には，その内容が確定できないという事態も生じうる。

I　置換（代用）

　一国の制度は，原則として，その国の国内において生起すべき生活関係を想定して設計されている。そのため，準拠すべき実質規定の法律要件などに該当する事実が外国において生起する場合，内国的な制度として設計されている制度を外国の制度に置き換えることができるか，という問題が提起されることがある。たとえば，準拠すべき日本の実質規定が法律行為の成立に公証人の関与を要求している場合に，notaire，Notar または notary などによる関与も日本の実質規定の要求する公証人の関与と同視できるかが問われる。この置換の問題は個々の実質規定の解釈問題である。基本的には，準拠実質規定がその趣旨からみて外国の制度に取って代わることを完全には否定していないかぎり，置換は肯定されるべきであろう[1]。

＊たとえば，検察官を相手方として死後認知の訴えを提起できる旨定める韓国民法864条の規定を適用して，子は日本の検察官を相手方として死後認知の訴えを提起できる。韓国民法864条にいわゆる検察官は韓国の公益を代表するとみられ，日本の検察官が韓国の公益を代表する理由は本来ないはずである。しかし，当該規定が子の利益を保護する機能をもつことから置換が肯定できよう。他方で，任意後見契約に関する法律3条の意味における公正証書は日本の公証人のみが作成できると考えられる。

II 適応問題

個々の法律問題に対応して個々の抵触規定が最も適切な準拠法を指定する。その結果，本来まとまりのある生活関係にたいして複数の法秩序に属する法規が適用されることになる。たとえば，契約の方式には甲国法が，その成立と効力には乙国法が適用されるという事態が生ずる。

＊自動車メーカーAは，提携している部品メーカーa1, a2…から部品の提供を受け，自動車メーカーBも同様に提携している部品メーカーb1, b2…から部品の提供を受けている。AやBが商品価値をもつ自動車を製造できるのは，みずから作成する統一的な設計図と仕様書に基づき，提携している部品メーカーに部品を発注するからである。今，自動車メーカーCが，ある部品についてはa1からA社製自動車用の部品を，他の部品についてはb2からB社製自動車用部品を，それぞれ世界で最良のものであるという理由だけで，発注したとする。国際私法による準拠法の指定はこのような自動車メーカーCの発注に喩えられよう。

個々の実質規定は体系性をもった1つの法秩序の構成部分である。そのために，抵触規定を立法する際には，実質法上の体系性に配慮しており，できるだけ適応問題が生じないようにしている。

＊31条の規定は，養子縁組の成立と効力の双方につき同一の準拠法を指定している。成立と効力を別個の準拠法に服させると，実親との断絶のない養子縁組を成立させたにもかかわらず，その効力の準拠法の下では断絶が生ずるという事態が発生しうる。15条および20条の定める連結方法もそのような配慮からでている。

しかし，国際私法は個々の法律問題に応じて適切な法を適用しようとする。そのために，各法律問題に適用される法秩序が有している体系的な一貫性は大なり小なり犠牲にされることになる。とはいえ，このような処理をしても多くの場合不都合は生じない。

* 中国法は少なくとも明文上は準正制度を有しないけれども，通則法30条の指定する日本法により子を準正子とし，相続準拠法である中国法上，相続人たる子として取り扱うことに不都合はあるまい。
** 不法行為の準拠法である甲国法が，生命侵害の場合の逸失利益の損害賠償請求権につきその相続性を肯定しているが，相続の準拠法である乙国法は当該請求権の相続性を否定し，乙国法は（扶養を受ける利益の喪失など）遺族に固有の損害賠償請求権を認めているとしよう。甲国において交通事故により死亡した乙国人Aの妻Bが加害者にたいして損害賠償請求権を有するか否かが問題となったとする。国際私法上，ある請求権が移転可能か否かは不法行為の準拠法により判断され，不法行為の準拠法が当該請求権の移転可能性を肯定した場合に誰が相続人となるかの問題は相続の準拠法による。甲国法の下で損害賠償請求権の相続性が肯定される結果，乙国法の下では（固有の請求権者であり，相続人ではない）BがAの損害賠償請求権の相続人となる[2]。

とはいえ，まとまりのある生活関係に複数の抵触規定を適用すると，個別的・具体的な事案において不満足な結果を招来することがある[3]。そのため，個々の事案において準拠法の齟齬をなんらかの方法で調整する必要性がでてくる。適応問題といわれる問題である。

* 前記の例のa1とb2の製造する各部品は，それじたいとしては最良の部品であるとしても，もともとAとBの自動車用部品であるために，相互の接合やその他の部品との接合に工夫を凝らさなければならないのと同様である。

さらに，まとまりのある法律関係相互の間に牽連関係がある場合にも調整の必要性が意識されよう。

* 古典的な例は，寡婦または寡夫の夫婦財産制上の権利と相続権である。たとえば，甲国法は生存配偶者に過小ともいえる相続権しか付与しないけれども，法定財産制を所得共

同制とし，他方で，乙国法は別産制を法定財産制としつつ，生存配偶者の相続分を2分の1としている。乙国法が夫婦財産制の準拠法であり，甲国法が相続準拠法であるとすると，生存配偶者はほとんど何も取得できないかもしれない。他方で，甲国法が夫婦財産制の準拠法であり，乙国法が相続準拠法であるとすると，生存配偶者は過分の財産を取得しえよう。しかし，このような結果は，甲国法も乙国法も望んでいないはずである。

解決の方法としては，個別的・具体的な事案ごとにいわばアドホックに解決する方法と本来1つの抵触規定が規律すべき法律問題にも他の抵触規定を適用する方法が考えられよう。

＊夫婦財産制と相続についていえば，いずれかの準拠法によることなく，個別的・具体的な事案における生存配偶者に適切な額の財産を付与するというのが前者の方法である。他方で，抵触法的に解決する方法としては，①異国籍の夫婦について夫と妻のいずれが先に死亡するかに従い結果が異なるべきではないとして，夫婦財産制の準拠法を相続にも適用する方法と②他の相続人の予見可能性にも配慮して，相続準拠法を夫婦財産制の問題にも適用するという方法が考えられる。

Ⅲ 外国法の確定

1890年の民訴法219条は「地方慣習法，商慣習及ヒ規約又ハ外国ノ現行法ハ之ヲ証ス可シ裁判所ハ当事者カ其証明ヲ為スト否トニ拘ハラス職権ヲ以テ必要ナル取調ヲ為スコトヲ得」と定めていた。このような明文の規定がなくとも，当事者の協力を求めながら，裁判所は職権で外国法を調査・適用しなければならない。1995年のイタリア国際私法14条や2004年のベルギー国際私法15条の規定がそうであるように，多くの諸国の採用する解決である。

＊内国裁判所は，抵触規定が準拠法として外国法を指定するときは，外国法を職権により適用しなければならない。しかし，外国法は，多くの場合，日本の裁判所にとって馴染みのあるものではない。事案の解決に必要な外国法規に関する情報を得ることはしばしば困難であり，時間と費用を要する。かりに外国法が日本法に相当する規定を有していても，日本の規定と同一の意味をもつと断じきれるわけではない[4]。制定法に関する情報が得られても，関連規定に関する判例上の展開をも含めた情報がなければ正確に外国

法を適用できまい。要するに、裁判所は日本法についてプロではあっても、外国法についてはアマといえなくもない。そのためか、外国法の解釈・適用を裁判所は避ける傾向があるようにみえる。また、外国法の調査は当事者にも費用と時間の観点から負担となりうるだけでなく、その適用結果についても確たる予測ができないおそれがある。

裁判の質や当事者の利益を考慮するならば、外国法によるべき場合にも当事者がその適用をあえて望まないときは法廷地法を適用する、という処理も考えられないではない。しかし、この処理にたいしては、当事者やその代理人もまた外国法に通暁しているわけではないのであるから、外国法の適用という負担はやはり裁判所が負わなければならない。また、抵触法による準拠法の指定は立法の結果なのであるから、これを裁判所としては尊重しなければならない、とも反論できよう。双方的な抵触規定もまた、法廷地法の適用を導くように工夫されていることに留意しなければならない。たとえば、反致を認める41条、(管轄原因たる住所と符合することの多い) 常居所を連結素とする各抵触規定、当事者の選択に基づき法廷地法の適用を許容する9条、16条および21条の規定である。

Ⅳ 外国法不明の場合の処理

1 原 則

事案に適用されるべき外国法に明文の規定がないことはかならずしも外国法の不明を意味しない。解釈により法規範を導き、これを事案に適用しなければならない[5]。もっとも、外国法に関する法律情報が断片的である場合には、日本の裁判所が正しく解釈を行えるか疑問とはなろう[6]。近隣諸国の法や近似法から推認しなければならないといった状況においては、躊躇することなく外国法の内容が確定できないとして処理すべきである[7]。なお、外国法が不明であるからといって請求を棄却すべきではないことは当然である[8]。

関連する規定の外国法の内容が確定できないときには、原則として法廷地法による[9]。いわば緊急事態ともいうべき状況において裁判所がとりうる法的に確実な処理であるからである。

＊裁判例の中にはしばしば条理に依拠するものがみられる。裁判例において言及される条理は、大別すると、相異なる3つの意味をもっているようにみえる。第1に、準拠法に

関する不十分な法律情報から事案の解決に必要な一般的・抽象的な法規範を当該準拠法の下で導くための根拠としての条理[10]。第2に、外国法の内容が確定できない場合に、実際には準拠法の選択をいわばやり直し、関連する法秩序の中からこれを選択することを正当化する根拠としての条理[11]。第3に、一般的・抽象的な法規範というよりは個別的・具体的な解決つまりアドホックな解決を正当化する根拠としての条理である[12]。第1の意味での条理は現実には日本法の観点から見た「事柄の性質」というほどの意味であり、第2の意味での条理は「最密接関連性」の言い換えであり、この意味での条理が援用された裁判例において日本法は空間的に最も適切な法であったといえる[13]。第3の意味での条理は現実には日本の実質法の観点からみた解決の具体的妥当性を意味するとみられる。これらいずれかの意味において条理に依拠した裁判例については、法廷地法としての日本法の適用が是認できたものと思われる。

2　段階的連結

段階的連結を採用する25条から27条までの規定や32条の規定が指定する外国法の内容が不明の場合も同様に処理しなければならない。たとえば、同一本国法たる外国法が不明である場合に、同一の常居所地法や「夫婦に最も密接な関係がある地の法」が適用されるわけではない。その祖国の法が不明であるからといって、祖国のない夫婦のために定立されている連結基準が当然に妥当するわけではない。さらに、外国法の内容が確定できないことが判明したときには、すでにかなりの時間が経過しているから、その解釈・適用が最も容易かつ確実にできる法廷地法によるべきである。

3　選択的連結

選択的連結の選択肢である潜在的な準拠法の1つが外国法であり、その内容が不明な場合には、他の選択肢となっている法による。法廷地法をただちに適用すべきではあるまい。法廷地法はあくまでも副次的にのみ適用されるべきものである。しかし、潜在的な準拠法がすべて外国法であり、かつ、それらの法の内容が不明という場合には、法廷地法によらざるをえまい。

Ⅴ　外国法の適用違背と上告

　抵触規定が外国法を準拠法として指定しているときに，これとは異なる法秩序を下級審が適用した場合には，当該抵触規定の適用違背となり，上告理由となりうる。他方で，抵触規定の指定する外国法を正しく準拠法としながら，その解釈・適用を下級審が誤った場合に上告可能か否かが問題となる。

＊準拠法の選択それじたいの誤りと正しく選択した外国法の適用の誤りとを截然と区別できない場合がある。指定される外国法にはその抵触規定も含まれる。外国抵触規定の適用を誤った結果として反致が肯定または否定されると，外国法の適用の誤りと通則法41条の適用の誤りが同時に発生することになる。

　比較法的にみると，外国法につき上告の可能性を否定する国は少なくない。主として各国の上告制度の沿革とその存在理由に起因するとみられる。日本法上，外国法の適用違背は上告理由と解されており，この解決が正しい[14]。

　第1に，法令解釈の統一という上告制度の存在理由は，外国法との関係においても妥当する。たとえば，特定の外国法を準拠法とする同一類型の事案は日本の各裁判所においてこれまでくり返し現れており，日本の下級審の判断が区々とならないように，関連する外国法の解釈・適用を統一することには十分な意義が認められる。

　第2に，抵触規定の指定の趣旨にも適合する。当事者その他の者の予見可能性を確保する抵触規定は，正しく解釈・適用された準拠法にたいする予見可能性でなければならない。また，選択的連結を認める抵触規定の定める選択肢が内国法か外国法かによって，異なった取扱いを認めるべきではない。

　第3に，外国法に関する法律情報を取得するための人的・物的資源を有しているのは上告審であることも付言できよう。

〔注〕
1) 高松家審平成6・1・13家月47巻12号47頁は，養子縁組の準拠法たるカナダ・ブリティッシュ・コロンビア州法が養子縁組の要件として要求する監督官による調査・報告は日本の家庭裁判所の調査官の調査・報告をもって代えることができるとする。
2) 名古屋地判平成15・12・26判時1854号63頁（中華航空の運行する旅客機が名古屋空港に着陸降下中に墜落した事故に関する事案）は，相続の準拠法は台湾法であり，台湾

の最高法院が「被害者の生命が侵害を受け消滅した時，その権利主体の能力も失われるので損害賠償請求権も成立しなくなる」としているとしても，不法行為の準拠法たる日本法により損害賠償請求権の成立が認められる以上，この請求権は，台湾において現に行われている法律の規定により相続性を有するとされているか否かにかかわらず，相続の対象となる，とする。

3) 正確には，1つの法律関係につき1つの国の法を指定する場合でも，当該国の法からの反致を肯定するときや，公序により準拠外国法の特定の法規が排斥されるときにも，同様の問題が発生する。

4) とくに，信義則や権利濫用などの一般条項についてはそうである。なお，最判平成20・3・18判時2006号77頁は，権利濫用に関する韓国民法2条2項の規定を解釈して，権利濫用を肯定した。

5) 岐阜家審平成6・3・9家月47巻11号80頁は，フィリピン法上，親権者たる母親が行方不明となり親権を行使することが不可能となった状況を想定した規定がないとし，準拠法の欠缺を認め，条理に基づき日本法を適用する。しかし，フィリピンの裁判所が同様な状況にたいしていかなる処理を与えるかを探求すべきであったと考えられる。

6) たとえば，東京家審昭和49・3・28家月26巻8号99頁（後見開始の原因の有無に関して中国法を推認した事案）。しかし，法律情報が限られていることは，事案に必要な一般的・抽象的法規範を導くことをかならずしも妨げるものではない。たとえば，名古屋地判昭和50・10・7下民集26巻9-12号910頁は，北朝鮮の憲法から同国法が不動産相続を禁止しているとの正しい推論をしている。また，広島地判昭和61・1・30家月38巻6号43頁は，ラオス人民民主共和国の離婚法は未整備であるとし，ラオス人たる当事者双方が同国を脱出したという事情をも考慮してラオス旧民法を代用法として適用している。ラオスの裁判所もまた，法の未整備の状態において，旧民法の規定に依拠せざるをえない状況があるときには，この解決が是認されよう。

7) 東京家審昭和49・12・27家月27巻10号71頁（親権に関する中国系マレーシア人に適用される中国慣習法を推認した事案）や名古屋家審昭和58・11・30家月36巻11号138頁（養子縁組に関する中国法が不明な場合に他の社会主義諸国の法制度を参酌して，一般的・抽象的法規範を導いた事案）。

8) 静岡地判昭和46・2・12下民集22巻1・2号160頁は，離婚に伴う財産分与請求については北朝鮮法が不明であるとして請求を棄却し，親権者の指定もしなかった。

9) 京都地判昭和62・9・30判時1275号107頁は，北朝鮮の相続に関する規定が不明であるとして法廷地法としての日本法を適用する。

10) ①札幌地判昭和59・6・26家月37巻7号65頁は，日本人妻とジンバブエ人夫との離婚につき，断片的にのみ判明しているジンバブエ法の規定から，不明の部分を条理によって補完し，同法が有責配偶者からの離婚請求を認めない破綻主義にたっていると推認する。②東京地判昭和62・8・28判時1278号97頁は，遺産分割に関する中華人民共和国の法制は明らかではないが，共同相続を認める以上遺産分割の合意も条理によって認められるとする。③神戸地判昭和58・3・30判時1092号114頁は，国際海上物品運送に関する損害の算定についてインド法の内容が不明であるとして，これを条理によって決定するとするが，日本の国際海上物品運送法および商法の解釈が条理の内容を構成するとする。④東京地判昭和41・1・13家月19巻1号43頁は，北朝鮮法の嫡出推定に関する規定の解釈論上の根拠として条理を援用する。⑤東京地判昭和37・10・25下民集13巻10号2146頁は，中国法の他の規定から条理により死後認知に関する処理を導く。

11) ①長野家審昭和57・3・12家月35巻1号105頁は，北朝鮮の相続法の内容が不明であるとして，財産所在地などの具体的な事情から条理にかなった法秩序を適用すべきであるとして日本民法を適用する。②大阪家審昭和54・3・26家月34巻2号160頁は，相続財

産管理人の選任につき相続準拠法たる中国法の内容が不明である場合に、条理によって相続財産の所在地でありかつ被相続人の死亡当時の最後の住所地でもあった日本の民法を類推適用する。③大阪地判昭和39・3・17判タ162号197頁は、認知に関する北朝鮮法が不明であるとして、風俗、伝統、習慣の最も近接した社会である韓国法を適用することが最も条理にかなうとする。④大阪家審昭和37・8・22家月15巻2号163頁も、③と同様に、養子縁組に関する北朝鮮法に代え、韓国法を適用する。

12) ①大阪地判昭和60・9・27判時1179号94頁は、北朝鮮法の内容は不明であるが、血縁的親子関係が存在しないにもかかわらず実親子関係の発生を認めることは条理上ありえないとする。②東京高判昭和56・7・13家月34巻9号72頁は、認知制度（とくに強制認知および死後認知の制度）の存否につき中国法の内容は不明であるが、自らの父を明らかにし自己の戸籍に父の記載を得て父子関係を明らかにすることは、その子にとって重大な利益を有することであり、そのための方法として本件認知の訴えを認めることは、条理にかなうとする。③京都家審昭和50・3・10家月27巻11号61頁は、養子縁組に関する中国法の内容は不明であるが、事案の養子縁組は未成年者の福祉の観点から条理に適合するとする。④静岡地判昭和46・2・12下民集22巻1・2号160頁は、離婚に関する北朝鮮法は不明ではあるが、離婚を認容することは条理にかなうとする。⑤甲府地判昭和51・10・29判時852号103頁は、離婚および子の監護者指定に関する北朝鮮法が不明であるとして、北朝鮮法の他の規定をも参酌しながら、条理に依拠する。

13) もっとも、参照、前注11)③大阪地判昭和39・3・17判タ162号197頁および前注11)④大阪家審昭和37・8・22家月15巻2号163頁。

14) 最判昭和56・7・2民集35巻5号881頁は、日本在住の大韓民国人を被相続人とする相続の準拠法たる韓国法として、原審が1979年改正後の韓国民法を適用して相続人および相続分を決定したのにたいして、同法附則の経過規定によれば旧法を適用すべきであり、判決に影響を及ぼすことが明らかな法令違背に当たる旨の上告を認容した。有責配偶者からの離婚請求に関する韓国の判例法につきその違反が問われた事案において、最判平成9・2・25家月49巻7号56頁は、当該離婚請求を認容した原審の判断を維持している。前注4)最判平成20・3・18判時2006号77頁は、韓国民法の規定や判例上、同国戸籍の記載の正確性につき例外が認められているとの前提の下に、父子の間に実親子同様の生活の実体があり、父が死亡しているため当該父子の養子縁組がもはや不可能であることを重視せず、さらに、子が受ける不利益、父の弟らが実親子関係を否定するにいたった動機などを十分検討することもしないで、父の弟らによる親子関係不存在確認を求めることは権利の濫用に当たらないとした原審の判断には、判決に影響を及ぼすことが明らかな法令違反があるとした。

〔参考文献〕

炊場準一「渉外事件における外国法の取り扱いについて」戸時626号1頁（2008年）

第7章　公　序

　通則法42条の規定はいわゆる公序則を表明している。扶養義務の準拠法に関する法律8条1項および遺言の方式の準拠法に関する法律8条の各規定も同様である。

　公序則は内国法の認める価値を国際的事案においても貫徹するための手段といえる。同様な機能をもつ法技術はほかにもある。これらの法技術と公序則との差異を認識した上で、公序則の発動要件を明らかにしなければならない。要件の把握の仕方は外国法排斥後の処理方法と緊密に結びついている。

第1節　内国法の価値を貫徹する法技術と公序

　公序則がなければ、外国法に適用可能性を認める抵触法は存在しないであろう。絶対に維持すべき内国法の価値は必要ならばかならず貫徹される。この点の保障があるからこそ、外国法に適用可能性が与えられている。公序は外国法秩序との連携に内在する制約である。もっとも、内国法上の価値は公序則によってのみ貫徹されるわけではない。また、公序則とは似て非なる法技術もある。

Ⅰ　一方的抵触規定

　抵触規定の事項概念に包摂される類型的な生活関係にたいして包括的に日本法が適用されるときには、外国法の適用の可能性はそもそもない。後見に関する5条・35条2項2号および失踪宣告に関する6条の規定がそうである。これらの事項との関係においては、国際裁判管轄権を日本の裁判所が有するかぎり、裁判所は内国法を適用する。そうすることが、措置の適正および実効性の観点ならびに法適用における実際性という観点から最も適切と考えられるからである。日本の裁判所が管轄権を有する事案との関連では、日本法以上に準拠

法として適切な外国法が存在するとは想定されていない。他方で，適切な準拠法としての外国法の存在が想定されているにもかかわらず，一方的抵触規定が定められることもある。24条3項ただし書（婚姻の方式）および27条ただし書（離婚）である。原則的に適用される抵触規定が双方的であるだけに，内国法の価値を貫徹する点においてこれらの規定は公序則に接近するといえよう。

II 国際的強行規定

　一方的抵触規定は，包括的であれ部分的であれ，事項に関連する日本の実質法規の総体を指定する。他方で，特定の日本の実質規定は抵触規定を媒介とすることなく国際的な事案にも強行的に適用される。こういった内国の国際的強行規定は固有の地域的適用範囲を有し，適用範囲に入る生活関係にたいしては，抵触規定の指定する準拠法が外国法であっても適用される。後述するように公序則の発動には"内国的関連性"が必要であるが，国際的強行規定のもつ適用範囲は一般化された内国的関連性としての側面を有することがある。

III 実質法的価値を志向する抵触規定

1 法定された実質法的結果

　抵触規定の中には特定の実質法的価値を尊重して，これを助長しようとするものがある。28条（嫡出親子関係の成立），29条（認知の成立），30条（準正）および扶養義務の準拠法に関する法律2条の規定がその典型例である。内国法秩序の価値の実現が問題となるとしても，この種の抵触規定が実現すべき（たとえば子の利益の確保といった）価値は，日本の実質法上のそれとは異なる。たとえば，28条の規定によると，母の本国法たる準拠法が子を嫡出子とするかぎり，父の本国法たる日本法が嫡出性を否定する場合でも，子は嫡出子とされる。他方で，この種の抵触規定は，関連する法秩序の実質規定を事前に参照することを命じ，抵触規定が特定する結果を実現しない外国法規を適用しないようにする。内国の実質法的価値の実現いかんが準拠法の適用・不適用を決定するという意味において，その役割は公序則の役割と重なるだけでなく[1]，外国法の内容的異常性を要件としないだけに，公序則よりも広く内国の価値を実

現する手段となりうる。とはいえ、これらの抵触規定があるからといって公序則が不要となるわけではない。

* 28条の規定する父母の本国法たる外国法がともに日本に常居所を有する子の嫡出性を否定するかまたは嫡出否認を許容しない場合、当該外国法の適用を公序則により排斥する余地は依然として残されている[2]。
** この種の抵触規定は、特定された法的結果との関連においてのみ、準拠法となるべき実質法の不適用を命ずる。扶養義務の準拠法に関する法律2条の規定は、扶養請求の可否との関連についてこそ実質法的に方向づけられているが、扶養料の多寡などに関する問題についてはそうではない。これらの問題との関連では公序則が発動する可能性はやはり残るのである[3]。

2 当事者の意思に基づく実質法的結果

実質法上の価値の実現いかんを当事者の意思にかからしめる抵触規定も存在する。11条および12条の規定である。これらの抵触規定によると、契約準拠法が外国法ではあっても、内国に消費者の常居所が存在するかまたは内国において労務が提供される場合には、消費者または労働者はそれぞれ内国の強行規定の与える保護を期待することができる（11条1項、12条1項）。消費者または労働者が選択する内国の強行規定が保護を与えるかぎり、消費者または労働者に不利益となる外国法の適用結果を公序則に従い排斥する必要はなくなるし、内容的に異常とまでいえない外国法も適用されない[4]。もっとも、11条1項および12条1項の規定が適用されうるとしても、公序則たる42条の規定の適用の余地がなくなるわけではない。

Ⅳ 例外条項

スイス国際私法15条1項の規定はすべての法律関係に妥当する一般的な例外条項を定め、客観的に連結されるべき法があっても、「…事案が他の法とより密接に関係することが諸般の事情から明らかなときは、例外的に適用されない」とする。韓国国際私法8条1項も同趣旨の規定と解される。通則法はこのような一般的例外条項を有しない。もっとも、その15条および20条において

特別の例外条項が設けられている。たとえば，20条の規定は，一般的不法行為，生産物責任または名誉・信用毀損との関連では，客観的な連結基準により特定できる地があっても，当事者の共通常居所地や当事者間における契約関係の存在といった事情に照らして「より密接に関係する地」がほかにあれば，この地の法を準拠法とすることを命ずる。

例外条項と公序則とは区別されなければならない。第1に，前者は準拠法を特定する段階で機能するものであり，後者は特定された準拠法を適用する段階で機能する。第2に，前者では事案と特定の地との空間的な関連性が問われ，後者では指定された法のもたらす実質法的な結果の当否が問われる。すなわち，外国法の適用結果が日本の観点から不都合なものであっても，不都合の原因が外国法の内容の異常性にある場合には公序則によることができるが，問題となっている外国法が内容的に異常ではなく，むしろ（たとえば，抵触規定が時間の推移とともに適切に機能しなくなり）当事者に予見を期待できない法などが準拠法とされた点にあるときには公序則にはよりえない[5]。

＊もっとも，両者の境界線はそれほどはっきりとしたものではない。

第1に，裁判所は事案を最終的に満足のゆく形で解決しなければならない。そのために，15条や20条の適用上より密接な関係がある他の地を探求する段階において実質法的な観点が入り込む余地は否定できない。

第2に，後述するように内国的関連性の存在を公序則発動の要件とすると，内国がより密接な関係がある他の地として評価され，抵触規定による連結じたいが公序則の枠組みの中で修正されていると説明される可能性がある。1989年の法例改正前においては，「国際的な私法交通の実情に適しなくなっている」抵触規定につき，その適用がもたらす不当な解決を回避するために公序が利用されているとの指摘があった[6]。将来において通則法上の抵触規定が制度疲労を示し始めたときには，15条や20条の規定を例示として捉えた上で，不文の一般的例外条項の存在が解釈論上唱えられるかもしれない。

第2節　公序則発動の要件

公序則は，抵触規定の指定する外国法の適用結果を対象としながら，外国法が内国の観点からみて異常な内容を有しかつ内国との関係性がある場合に発動する。

1 公序則の対象

　公序に反するか否かという判断の対象は個別的・具体的な事案における準拠外国法の適用結果である。適用結果に不都合がなければ，公序則は発動しない。換言すれば，公序は外国の実質法規そのものつまり一般的・抽象的な法規を対象として，これを弾劾するものではない。離婚を禁止するフィリピン法は日本の観点から耐えがたいか否かではなく，妻Xが求めている夫Yとの離婚をフィリピン法に従い拒否することが耐えがたいか否かが問われ，耐えがたいと判断される場合にのみ公序則は発動する。内容的に異常な外国法規であったとしても，その適用が個別的な事案において日本の公序に矛盾する結果をもたらすわけではかならずしもないからである[7]。

＊幼児婚を許容する外国の法規は日本の観点からみて異常ではあるけれども，当該外国法をともに本国法とする20歳の者の婚姻の成立を拒否する理由はあるまい。また，具体的な事案における夫婦の婚姻関係が破綻し，妻も婚姻の解消に同意している場合には，準拠外国法が婚姻を解消する権利を夫にのみ与えているとしても，これを適用して婚姻の解消を認めることに不都合はあるまい。

2 外国法の内容的異常性

　外国法の内容的異常性は公序則発動の要件である。外国法の適用結果だけから反公序性を判定することはかならずしもできない。

＊甲国人夫Hが甲国人妻Wにたいして婚姻解消の意思表示をしたとしよう。甲国法が男子専権離婚を認めているときには，甲国法の適用結果は「Hのみの意思表示によりHとWの婚姻関係は解消する」ということになる。しかし，少なくとも法の下の平等という観点からみて，この適用結果それじたいに異常な点はない。異常とみられるのは，甲国法が「Wのみの意思表示によりHとWの婚姻関係は解消する」という処理の可能性を認めない点にある。つまり，「夫の意思表示によって離婚は可能ではあるが，妻の意思表示によっては離婚は不可能である」という甲国法の一般的・抽象的な内容が法の下の平等という原則に抵触するために，公序則が発動するのである。

さらに，外国法の内容的異常性を問わないと，公序則と一般的例外条項との区別が曖昧となる。個別的・具体的な事案において内国が最も密接に関連する地であっても，外国法が内容的に異常でないかぎり，公序則を用いて内国法の適用を導くことはできない[8]。外国法に内容的異常性がないにもかかわらず外国法の適用結果が不当とみられるのは，たとえば当該外国法の予見を当事者に期待できないにもかかわらず，これを準拠法として指定する抵触規定そのものに起因する。このような不都合を解決する手段として（通則法15条・20条の規定を一般化する）一般的例外条項の存在を解釈論上肯定することも考えられないではない。しかし，通則法の制定に際して，このような一般的例外条項は否定されたのである。なお，かつて死後認知との関連で経験された不都合は[9]，現在では，通則法29条の規定する選択的連結により除去されたとみられる。

いかなる場合に外国法の内容が異常といえるかを一般的に示すことはできない。外国法規の空間的要素の異常性が問われることもある[10]。

外国法の内容的異常性という要件が実務上とくに困難を惹起するとは思われない。日本の実質規定とは異なった結果をもたらす外国の規定であっても，同じ内容の法令を違憲のそしりを受けることなく日本の立法者が定立できるときは，反公序性の判定を受けることはないであろう[11]。外国の規定と日本の関連規定との間の相違が技術的なものにとどまるときは，とくにそうである[12]。もっとも，憲法上の規定がつねに反公序性判定の基準を提供するわけではない[13]。なお，イスラム法系の諸国は養子縁組制度を一般的に否定するが，そのような諸国の態度を児童の権利に関する条約20条および21条の規定の下で日本が容認している以上，内容的に異常とはいえまい[14]。

3 内国的関連性

公序則を発動するには，事案と内国との間に関連性がなければならない[15]。およそ世界において生起するあらゆる生活関係に強行されるべき内国の価値なるものは，通常，観念しがたいからである。内国との関連性が何かは，個別的・具体的な事案との関係において強行されるべき実質法的価値いかんによるといえる。婚姻の自由という価値との関連では，将来の時点における内国との関連性が意味をもちうる。たとえば，フィリピン人夫婦の離婚についても，両当事者が今後も日本において生活を継続することが予想される場合と近い将来に本

国に帰国する場合とでは、公序則の発動いかんにつき判断が異なるであろう。他方で、内国の価値が普遍性をもつとみられる場合には、内国的関連性は希薄なもので足りるかもしれない。たとえば、異なった人種間の婚姻を禁止していたかつての南アフリカ共和国法の適用が問題となるような場合である[16]。

第3節　公序則発動の効果

すでに述べたように、準拠法たる外国法を具体的・個別的な事案に適用した結果が公序則の対象となる。たとえば、婚姻当事者の宗教の相違を婚姻障碍とする甲国の法規を適用した結果、キリスト教徒の男Xとイスラム教徒の女Yとの婚姻を宗教の相違を理由として無効とすることが反公序性判定の対象となる。適用結果が公序に反すると判断される場合、外国規定の適用は排斥される。これが通則法42条の定める効果である。

外国法の適用が排斥されるのは、当該外国法規の適用結果が個別的・具体的な事案との関連において法廷地法たる日本法が絶対に譲れないものとして与える解決と矛盾するためである。たとえば、"宗教の相違を理由としてX・Yの婚姻を無効とすべきではない"という具体的な法規が絶対に譲れないため、この具体的法規と矛盾する結果を導く外国法規が適用されないのである。

通則法42条の規定は、外国の関連規定を排斥した後の処理を明示していない。

1　他の抵触規定と結合して得られる解決

他の抵触規定と結合して、事案が解決される場合がある。未成年の被後見人などの本国法によると「後見等が開始する原因がある場合」にもかかわらず「日本における後見等を行う者がいないとき」は、後見人などの選任などの審判について日本法が適用される（35条2項1号）。未成年の被後見人などの本国法が（男性にたいしてのみ後見人としての資格を付与するなど）平等原則に反する基準に従い後見人を法定し、法定された後見人が個別的・具体的な事案においても適格性を有しないと判断される場合には、公序則が発動しよう。35条2項1号の意味における「日本における後見等を行う者がいないとき」に該当するとして、日本法によることになる。

2　外国規定の排斥のみによる解決

　外国規定の適用を排斥するだけで，事案が解決される場合もある。たとえば，イスラム教徒の女と他の宗教に属する男との婚姻を禁ずる外国の規定を排斥すれば，当該外国が定める他の婚姻要件が充足されているかぎり，婚姻の有効な成立を認めることができる[17]。もっとも，このように関連規定を無視した適用は，正確には，"外国法の適用"とはいいえまい。たとえば，イスラム教徒の女と他の宗教に属する男との婚姻を禁ずる法規を欠いたエジプト法なるものは存在しないからである。しかし，このような処理は適応問題との関連でもみられることである。

3　法廷地法による解決

　法廷地の抵触規定が解決を提供しない場合や外国法の内部で処理が行いえないときには，原則として法廷地国たる日本の実質法が適用される。

(1)　外国法の排斥が二者択一的な解決を含意する場合

　外国法の適用の排斥が，請求または抗弁を認容しまたはしりぞけるという具体的な処理の形をとることがある。

　たとえば，"YにたいするXの離婚の請求は認容されるべきである"との具体的法規が強行されると，"YにたいするXの離婚請求を禁ずる"との結果を導くフィリピン法は排斥される。この具体的法規は法廷地法秩序の生み出す法規であることに疑いはない。しかし，扶養義務の準拠法に関する法律8条2項の規定を除き，こうした具体的法規を生み出すことのできる（渉外的事案に対応した）明文の実質規定はない。たとえば，"宗教の相違を理由としてX・Yの婚姻を無効とすべきではない"との具体的法規は，日本国憲法13条（幸福追求権），14条1項（法の下の平等），20条1項（信教の自由）および24条1項（婚姻の自由）の各規定の下で効力を有している不文の一般的・抽象的法規から導出される，といいうるにとどまる。法廷地の民商法の規定を本来の趣旨通りに適用して与えられたものではない[18]。しかし，判断基準の透明性と確実性の観点からは，裁判所が最終的に準拠すべき実質規定は，具体的法規を生み出した法秩序つまり法廷地実質法の中において特定されなければならない。扶養料

や慰謝料の算定など裁判所に量的な判断が求められるときも同様である[19]。

＊法例33条（および1989年の改正前の法例30条）の規定に関する解釈論は扶養義務の準拠法に関する法律に十分に注意を払ってはいなかったようにみえる。この法律は，判断基準の法的確実性の観点から準拠法規の特定を要請するとみられる。離婚当事者間の扶養を除く扶養についてその2条2項の規定は，扶養義務者の常居所地法と当事者の共通本国法がともに扶養義務を否定する場合，公序則による解決に問題を委ねることなく，端的に日本法を最終的な準拠法としている。そして，日本法は扶養義務の存否のみならず扶養料の算定基準などをも規律する（同法6条）。他方で，常居所地法または共通本国法が扶養請求権こそ肯定はするが，不十分な扶養料しか認めない場合，公序則が発動する（同法8条1項）。公序則が発動するか否かで，扶養料の算定基準などにつき法的確実性に区別を設ける合理的な理由はない。公序則が発動する場合にも日本の実質規定がその趣旨通りに適用されなければならない。離婚した当事者間の扶養義務に適用されるべき離婚準拠法の適用が公序に反する場合も同様である。

さらに，離婚当事者間の扶養義務を定めた判決の変更を後日求められた裁判所にとっても離婚に適用された実質規定の特定は重要である。当該裁判所は，離婚裁判所が適用した法と同一の法に基づいてのみ，判決の変更をすることができるからである（同法4条）。変更を求められる裁判所が日本ではなく外国の裁判所となる可能性にも留意しなければならない[20]。

(2) 外国法の排斥が二者択一的な解決を含意しない場合

外国法の排斥を導く具体的法規が事案の解決を含意しない場合がある。通則法32条の指定する子の本国法の下では離婚に際して父のみが親権者とされ，個別的・具体的な事案におけるその適用結果が公序に反するとしよう。しかし，"父Fを子Cの単独親権者とすべきではない"との具体的法規を強行しても，そのことによって誰が親権者となるかという問題までもが解決されるわけではない。

この具体的法規に矛盾しない解決として，たとえば「母Mを単独親権者とする」あるいは「父Fと母Mを離婚後も共同親権者とする」という解決を採用することが可能である。たしかに，法廷地実質法を適用すれば，この具体的法規と矛盾しない解決は保障されている。とはいえ，外国法の排斥が二者択一的な解決を含意する場合に比べて法廷地実質法を適用する必然性はない。その

ために，第三国法の適用可能性に道を空けることも考えられなくはないのである。

そこで，次の不文の法規を通則法の解釈論として認めうるか，という問題が提起されよう。すなわち，「通則法42条の規定により外国法が適用できない場合，同一の抵触規定が副次的な連結基準を定めているときは，その連結基準により指定される法による」との法規である。この問題設定は，32条の規定との関連において現実的な意味をもつ。つまり，子の本国法たる外国法の適用が公序によって排斥されたときは，子の常居所地法によるべきか，である[21]。否定的に解したい。親子間の法律関係との関連においては，公序則の発動に必要な内国的関連性は内国における子の常居所によって構成されるとみられるため，子の常居所地法の資格で第三国法が適用されるという状況を想定しがたいからである。国際的強行規定たる児童福祉法もまた子の日本における居住などをその適用条件としていることに留意しなければならない。

〔注〕

1) 事実，1989年の法例改正まで公序則発動の当否が論議された死後認知に関する事案は，（通則法29条がその内容を継承した）法例18条の規定により子の本国法たる日本法を適用することで解決可能となった。
2) 大津家審平成12・1・17家月52巻7号101頁。
3) 扶養義務の準拠法に関する法律8条1項および遺言の方式の準拠法に関する法律8条。
4) 東京地判昭和44・5・14下民集20巻5・6号342頁は，労働契約をなんらの理由もなしに解約できるとするニューヨーク州法の適用の反公序性を否定している。この事案と同様の事案が通則法の下で発生した場合，労働者は日本の労働法の適用を主張できよう。しかし，日本法のいわゆる解雇権の濫用に該当するとはみられがたい。
5) 参照，最判昭和50・6・27家月28巻4号83頁。
6) 池原季雄『国際私法（総論）』（有斐閣，1973年）264-265頁。
7) 東京地判平成17・2・18判時1925号121頁は，完全な破綻主義を認めるテキサス州法の適用結果は，原告が婚姻関係の破綻に相応の責任を負うとしても，公序に反しないとする。
8) たとえば，養子縁組に養親の嫡出子の同意を要求するフィリピン法上の規定は内容的に異常とはいえないとみられるが，水戸家土浦支審平成11・2・15家月51巻7号93頁はフィリピン家族法188条の規定を排斥している。
9) 参照，前注5) 最判昭和50・6・27家月28巻4号83頁。
10) 最判平成14・9・26民集56巻7号1551頁（特許権侵害行為が米国の領域内で行われるかぎり米国の領域外で積極的誘導を行った者も責任を負うとする米国特許法271条b項の規定の適用は公序に反するとした事案）は，属地主義という日本の特許法秩序の基本理念と相いれないとする。
11) たとえば，「相続分や遺留分割合に日本民法を適用した場合との間で差異が発生することは，法が当然に予想し是認しているところであり」，嫡出子と非嫡出子の法定相続分

を同一割合とする中華民国民法は，内容的に異常ではないが（東京地判平成4・6・26家月45巻8号90頁），離婚に際して財産分与を認めない中華民国民法は内容的に異常である（東京高判平成12・7・12家月53巻5号174頁）。また，前注2）大津家審平成12・1・17家月52巻7号101頁は，嫡出否認を認めないブラジル法の適用を公序に反するとする。
12) たとえば，死後認知の訴えの出訴期間を認知者の死亡を知った日から1年に限定する韓国民法旧864条と日本民法787条（参照，前注5）最判昭和50・6・27家月28巻4号83頁）。さらに，相続放棄の期間を，被相続人が（ドイツからみて）外国にのみ最後の住所を有していたときまたは相続人が右期間の開始時に外国に滞在していたときには6か月とするドイツ民法1944条3項の規定と日本民法915条1項（東京高決昭和62・10・29家月40巻2号190頁）。
13) 前注10) 最判平成14・9・26民集56巻7号1551頁。また，岡山地判平成12・1・25交民集33巻1号157頁は，損害賠償の請求主体，損害賠償の対象範囲およびその方法は不法行為制度の根幹にかかわるとして，被害者だけでなくその父母にたいしても固有の慰謝料請求権を認めていないサウスダコタ州法の適用は公序に反するとした。
14) 東京家審平成15・3・25判例集未登載は，パキスタンに養子縁組法が存しないことをもって，日本の公序に反するとはいえないとする。他方で，宇都宮家審平成19・7・20家月59巻12号106頁は，養子縁組を許容しないイラン法の適用を排斥する。
15) （テキサス州法の適用は公序に反しないとした）前注7) 東京地判平成17・2・18判時1925号121頁は，当事者の日本での居住期間は3年ほどであり，現在は当事者双方ともに日本に居住していないなどの事情に言及し，原告と被告の日本との結び付きははなはだ希薄であるとする。
16) 参照，日本人と南アフリカ共和国人との婚姻につき，裁判所による判断を待つことなく婚姻の届出を受理できるとする民事局長回答（昭和48年11月17日付け民2第8601号）。
17) 東京地判平成3・3・29家月45巻3号67頁は，仏教徒たる日本人女とイスラム教徒たるエジプト人男との婚姻を公序を理由に排斥している。もっとも，エジプト法の禁じているのは，イスラム教徒の女と非イスラム教徒の男の婚姻であるから，公序を援用するまでもなかったはずである。
18) 池原季雄・前注6) 262頁。
19) 最判昭和59・7・20民集38巻8号1051頁は離婚配偶者間の財産分与について，日本民法768条の規定を適用する。
20) この法律は，1973年ハーグの「扶養義務の準拠法に関する条約」を国内法化したものであり，扶養義務の準拠法に関する法律4条に相当する条約8条は，「…離婚に適用された法律は，その離婚が宣告され又は承認された締約国において，離婚した配偶者の間の扶養義務及びその扶養義務に関する決定の変更を規律する」と定めている。
21) （通則法32条に相当する）法例21条の規定につき，肯定したのは東京地判平成2・11・28判時1384号71頁。

〔参考文献〕

山内惟介『国際公序法の研究——抵触法的考察』（中央大学出版部，2001年）

第2編

各 論

第1章 自然人

　自然人の権利能力について通則法は明文の規定を欠いている。また，人の性別の取扱いや氏の準拠法の決定も解釈に委ねられている。これらの事項は属人法により規律される。年齢に基づく行為能力の制限にも基本的に属人法が適用される。他方で，通則法は，失踪宣告および後見の開始などについては抵触法的アプローチではなく管轄権から問題にアプローチしようとする。後見人の選任などについては，これら2つのアプローチが混在している。

第1節　権利能力および人の同一性

　権利能力および時間的・空間的に連続する人の同一性に関する諸問題については属人法によるとの不文の法規があると解される。原則として，問題となっている人の本国法がそれらの問題に適用される。

I　権利能力

　自然人の一般的権利能力に適用される法を決定する明文の抵触規定は通則法

にはない。今日では，奴隷制や民事死などの制度を想定する必要はなく，かりにこの種の制度を有する外国法が準拠法となっても，その適用は公序に反するとして排斥されるであろうからである。一般的権利能力の始期と終期に関する規律は原則として人の本国法による。

なお，個々の法律問題の準拠法が特定の問題に固有の法的地位を定めていることがある。一般的権利能力の準拠法は，このような法的地位に適用される準拠法とは区別されなければならない。

＊相続人としての法的地位などに適用される準拠法が，法的地位の取得のために一般的権利能力の存在を要件としていない場合には，一般的権利能力の準拠法いかんは問われない。たとえば，相続準拠法が一般的権利能力を有しない胎児にも相続能力を肯定しているときには，一般的権利能力いかんは問われない。

＊＊甲国人女が（乙国人たる父の国籍を取得した）子を出生して2時間後に死亡し，子も出生後24時間を経過する前に死亡したとしよう。子は母の相続人としての法的地位をもつかという子の相続能力の有無は相続準拠法である母の本国法つまり甲国法による（36条）。他方で，子が権利能力を有するか否かは乙国法による。乙国法が出産の完了をもって権利能力の始期としていると子は相続人となる。相続準拠法たる甲国法の下では出生後24時間が経過してはじめて権利義務の主体となりうるとされていても，このことは無関係である。

＊＊＊異国籍の夫婦が同一の危難に遭遇した場合，夫を被相続人とする相続には36条の規定が指定する夫の本国法が妻の相続能力いかんの問題に適用される。しかし，この準拠法により妻が相続人としての法的地位を有するとはされていても，妻の本国法が同時死亡を推定し，その一般的権利能力を否定しているときは，妻は夫の財産を相続できない。

Ⅱ 性 別

男女いずれの性に属するかに従い，婚姻や養子縁組との関係において私法上の権利義務につき異なる取扱いを受けることがある。性別の変更に関する要件につき通則法は規定していないが，「性同一性障害者の性別の取扱いの特例に関する法律」は原則として日本国籍を有する者を対象としていると解される。なお，本国法に従い男性（女性）となった者と男性（女性）が締結しようとし

ている婚姻類似の関係は，24条にいわゆる婚姻には該当しない。この規定の婚姻は異性間の関係を前提としているからである。

Ⅲ　氏

人の氏を決定する準拠法は何か。準拠法とされた法の下で確定される氏を日本の戸籍にいかに反映させるかが問われてきた。

＊各国の実質法上，氏は次のような機能を有しているとみられる。
(1)　家族との関連における機能

　　各国の実質法上，氏は様々な機能をもっている。血縁集団を標示する機能を重視する法秩序では婚姻により氏は変更しないはずであり，家族共同体の名称という機能を重視する法秩序では夫婦は婚姻により共通の氏をもつことになろう。さらに，嫡出子か否かに従い子の称すべき氏が異なる法制度を有する国では，氏は親子関係の種類を識別させる役割をもつといえよう。

　　しかし，氏はたんに家族関係との関連において機能するだけではない。
(2)　個人の呼称としての機能
(イ)　私法上における個人の同一性確定機能

　　氏は，個人を特定し，自己と他者とを識別する機能つまり個人を同定する機能を有している。氏は自我の形成に重要な役割を有しているため，同じく個人を同定する手段ではあっても，住民登録番号などとは同視できない。さらに，手紙による通信における氏の使用が示すように，氏のもつ同定機能は社会環境への適合手段でもある。一定年齢以上の子をもつ父母による氏の変更にはその子の同意を要求する実質規定（たとえば，フランス民法61条の3）は，人格および環境との関連におけるこういった個人の同定機能を確保しようとするものといえる。
(ロ)　公法上における個人の同定機能

　　個人としての同定機能は，課税その他行政との関連においても意味をもっている。

1　準拠法の決定

氏は私法的法律関係に限っても複数の機能をもちうる。各機能からは相異なる連結基準が導かれうる。個人の同定機能の観点からは時間的・空間的に氏の

連続性を確保することが価値を有するから，この価値に適合する連結基準が導かれよう。これにたいして，家族共同体を表象する機能が重視されると，家族関係の変動に伴い氏の準拠法も変更されなければなるまい。

氏のもつ機能のいずれが重視されるべきかは空間的に（そして時間的にも）異なりうるものである。とはいえ，各法秩序において氏のもつ機能いかんにかかわらず，氏を決定する準拠法は問題となっている者の本国法によるべきである。本人の意思に基づく氏の変更の場合だけでなく親子関係や婚姻関係などの身分関係の変動に伴う氏の変更についても同様である。以下に述べる2点は準拠法決定につき重要な意味をもっていると考えられるからである。

(1) 法的確実性

氏は確実に決定されなければならない。そのため，婚姻による氏の変更の問題を婚姻の効力という事項概念に包摂させるべきではない。通則法25条の「夫婦に最も密接な関係がある地」という基準は，その決定に法的確実性が要求される氏の問題には適切でない。子の氏についても同様である。32条の指定する子の本国法に従い子の氏を決定する場合にも，子の氏は父または母の氏と一致するとの前提にたつかぎり，父または母の氏がまず特定されなければならない。そうすると，異国籍の夫婦から出生した子については，まず25条に従って婚姻による父母の氏の変更いかんを明らかにする必要があるため，子の出生した当時における父母の「最も密接な関係がある地」を探求せざるをえなくなる。

(2) 同一性確定のための証明

上に述べたように，氏の実質法上における機能は国により異なりうる。しかし，その公法上または私法上の法的地位を公示するものであれ，家族共同体や血縁集団への帰属を公示するものであれ，氏を特定するには問題となっている人の属する国の機関が作成する公簿を究極的には拠り所とせざるをえない。もちろん，国によっては，たとえば家族共同体への帰属がその国の公簿に十分に反映していないこともある[1]。とはいえ，最終的に依拠することができるのは本国の機関が作成する公簿であり，パスポートに表示される人の氏はこの公簿上の表示に基づいている。それゆえ，人の同一性を確定するという観点からは，本国の機関が作成する公簿において表示されるべき氏を日本の国際私法の

観点からもその者の氏としなければなるまい[2]。

* 本国法の中にはその国の国際私法も含まれなければならない。その結果として，本国の国際私法が（婚姻による氏の変更に婚姻の効力の準拠法を適用するために）日本の国際私法が指定する法とは異なる法を適用していても，本国の公簿において表示された氏と同一の氏を日本の国際私法の観点からも氏としなければならないと考えられる。（参照，第1編第5章）

2　戸籍と抵触法の関係

　氏の準拠法いかんの問題は戸籍における表示との関係において議論されてきた。学説は2つの立場に大別することができる。なお，いずれの説によっても，人の属する国の公簿において氏がいかに表記されるかという表記の問題はその国の法によるとする点で相違はない。たとえば，英国人夫「Smith」と婚姻した日本人の妻は日本の戸籍上「スミス」と表示される。

* 氏が「家」の呼称であった時代にあっては，氏の準拠法と戸籍との関係を問うことに実益はなかった。たとえば，外国人と日本人が婚姻する場合には，1898年制定当時の法例14条は，「婚姻ノ効力ハ夫ノ本国法ニ依ル」「外国人カ女戸主ト入夫婚姻ヲ為シ又ハ日本人ノ婿養子ト為リタル場合ニ於テハ婚姻ノ効力ハ日本ノ法律ニ依ル」とし，1899年の国籍法5条の規定は，「日本人ノ妻ト為リタルトキ」または「日本人ノ入夫ト為リタルトキ」外国人には日本の国籍を付与していた。さらに，準拠法となるべき日本法のドでは外国人が戸主となることは認められていなかった[3]。夫または女戸主の本国法が日本法であるかぎり，「家」に入るか否かという婚姻の効力の問題には日本法が準拠法となるように仕組まれており，その日本法はそれぞれ妻または入夫の本国法でもあった。かくして，「家」は日本人のみにより構成されており，そのような家に従い戸籍が編製されていたからである。

　通則法上，夫が日本人である場合に，①夫婦とその子によって構成される「家族の法律」なるものは観念されていない。国籍法の上でも，②夫が日本人の場合に，妻と子はかならずしも日本人ではない。このように，実体法上の家制度は純国内的な家族関係において廃されただけでなく，渉外的家族関係においてもこれを維持する仕組みにはなっていない。しかし，戸籍は日本人についてのみ編製され，かつ，氏は戸籍を識別する基

準としての機能をもっている。

　第1の立場は，およそ戸籍制度は親族間における親族・相続法上の身分関係を明らかにして，実体法上の法律関係の実際的運用に寄与すべきものであるとの前提の下に，準拠法の下における法律関係を戸籍に反映させるべきであるとの立場である。この立場は，基準となるべき準拠法いかんについて，①法律関係が身分関係の変動の結果生ずる場合には，当該身分関係の効力を規律する準拠法によるとする説と②問題を人格権のそれと性質決定して人の本国法に求める説とに分かれる。もっとも，戸籍実務は，技術的な困難を理由に，氏の決定を準拠法にはかからしめてはいない。たとえば，民法750条の規定は日本人夫婦についてのみ適用され，外国人と婚姻した日本人の氏は（民法750条の規定の適用がない結果として）婚姻によって変わらないとされている。このような戸籍実務を所与のものとして受け止め，それとの整合を図るとすると，①説は「氏は婚姻の効力の準拠法による。ただし，準拠法いかんにかかわらず外国人と婚姻した日本人の氏は変更しない」と表現できよう。

　第2の立場は，実体法上の身分関係いかんは戸籍上の氏には直結しないとの前提にたつ。むしろ，日本民法750条などの規定は戸籍法上の関連規定とともに当然に適用され，婚姻の効力の準拠法や本国法の規律いかんは，戸籍上の氏にただちに連動しないとされる。しかし，戸籍法が公法としての性質を有するとしても，その本国法たる外国法の下において人の氏がいかに処理されているかを無視してよいものではない。国籍法においても，日本国籍の取得いかんはたとえば親子関係の成立いかんに依存している。また，氏は国家の構成要素たる国民を識別する基準ではあるとしても，氏は住民登録番号とは異なる同一性確定機能を有しており，本国法たる外国法が関係性を失うものではない。「氏の決定は人の本国法による」との不文の法規の下に，外国法を考慮して，戸籍上の氏の表示を決定することは可能であろう。

＊戸籍法107条2項，3項および4項の規定は，外国人と婚姻した者などがその氏を配偶者の称している氏などに家裁の許可なく届出により変更することを認めている。上の不文の法規の下において，準拠法たる日本法の下で外国人配偶者の本国法は考慮されていると説明できようか。

第 2 節　失踪宣告

　　死亡つまり権利能力の終了は多様な法領域とくに家族法および相続法において法律効果を発生させる。人の生死に関する不確実性を法的に減ずるかまたは除去する方法について，諸国の実質法のありかたは一様ではない。大別すると，（英米法のように）相続や婚姻といった個々の法律問題ごとに死亡を推定または確定する法制度とすべての法律関係との関連において裁判所その他の機関の宣告により一律に死亡を推定または確定しようとする法制度に区別される。

　　このような実質法のありかたを反映して，諸国の国際私法も 2 つのグループに分かれる。不在者の死亡いかんを統一的に処理する規定を原則として有しない国とすべての法律関係との関連において統一的に死亡を推定または確定する処理を与える国である。後者のグループに属する国際私法ではかならず自国裁判所の国際裁判管轄権の有無が問題となる。

　　通則法 6 条の規定もまた後者のグループに属する立法である。この規定は，外国法秩序との連携を意識しながら，不在者の利害関係の中心地が日本である場合（1 項）とその利害関係の中心地が外国にある（可能性のある）場合（2 項）とを区別する。前者の場合には，不在者の死亡をすべての法律関係との関連において確定し，後者の場合には日本と関連性をもつ法律関係または日本に所在する財産との関連においてのみ死亡を確定する。不在者の利害関係の中心地が外国にある場合において死亡の効果が限定されるのは，不在者の主たる利害関係のある外国の裁判所のとる措置との抵触が懸念されるからである。

I　国際裁判管轄

　　通則法 6 条の規定は，1 項と 2 項において，失踪宣告につき日本の裁判所の管轄権を定めている。1 項と 2 項の各規定が定める管轄は，失踪宣告の効力が一般的か特定的かに従い区別されている。

1　一般的な効力をもつ失踪宣告の管轄（6 条 1 項）

　　日本の裁判所の管轄権は，①不在者の日本国籍または②外国人である不在者

の日本における住所に基礎づけられる。日本国籍および日本における住所の有無は，不在者の生存が確認できる最後の時点を基準とする。これらを管轄原因とする日本の裁判所による失踪宣告の効力は一般的つまりすべての法律関係に及ぶ。

　不在者が日本人であるときは，その最後の住所地が外国にあるときにも，本国の機関として日本の裁判所が失踪宣告の管轄権を有する。外国人についても，その住所が日本にあるときは，身分関係および財産関係を日本において確定する必要があるために，管轄権が肯定されるのである。

2　効力の特定された失踪宣告の管轄（6条2項）

　不在者が日本の国籍をもたず，かつ，日本に住所も有していないときであっても，日本に財産があるときは日本の裁判所は管轄権を有する。また，不在者に関する法律関係が日本に関連するときも同様である。これらの管轄権に基づく日本の裁判所による失踪宣告の効力は特定的である。すなわち，財産所在地を管轄権の基礎とする日本の裁判所の失踪宣告は当該財産についてのみ効力を有し，問題となっている法律関係と日本との関係性を管轄権の基礎として宣告される失踪宣告は，当該法律関係との関連においてのみ効力を有する。

*次のように，2項の規定の下で，日本の裁判所は失踪宣告の管轄権を有する。
　①外国人が日本に財産を残したまま，その本国に帰国した後，その生死が不明となったときは，当該外国人の相続人の債権者は日本の裁判所に失踪宣告を申立てることができる。
　②その本国に帰国した外国人たる不在者が日本法を準拠法とする生命保険契約を締結していた場合，保険契約の準拠法が日本法であることを理由に保険金受取人は失踪宣告の申立てを日本の裁判所にすることができる。

Ⅱ　準拠法

1　準拠法の決定

　失踪宣告はその要件および効力につき日本法による。管轄権と準拠法の並行

の原則が採用されている。

2　準拠法の適用

　日本の裁判所による失踪宣告の効力は不在者の死亡とその時点の確定にあり，それ以上のものではない。不在者の死亡による婚姻の解消は離婚の準拠法（27条）の類推適用により[4]，相続の開始いかんは相続の準拠法（36条）による。これらの問題については，それぞれの抵触規定の連結基準が，失踪宣告の準拠法たる日本法よりも利害関係者の予見可能性からみて適切とみられるからである。

　日本法が適用される結果，1項の定める管轄権に基づく失踪宣告によりすべての法律関係との関連において不在者の死亡が擬制される。2項の定める管轄権に基づき失踪が宣告されたときは，日本にある財産との関連または日本に関係のある法律関係との関連においてのみ不在者の死亡が擬制される。

第3節　行為能力

　成年者の行為能力は，後見開始の審判など裁判所その他の機関による措置があってはじめて制限され，後見人の選任などの措置によりその能力が補充される。未成年者についても国家機関による能力制限・補充の措置がとられることがある。しかし，一般的に未成年者については出生の時点において機関による措置を待つことなく行為能力は制限されており，制限された能力は，原則として父母が法定代理人とされることにより，法律上当然に補充される。

　成年者であれ未成年者であれ，後見開始の審判など裁判所その他の機関による能力制限と補充が問題となるときには，裁判所の国際裁判管轄権いかんがまず問われる（5条）。他方で，法律上当然に生ずる未成年者の行為能力の制限とその補充はどの国の法に従うべきか，つまり準拠法いかんが問題となる。

I　成年年齢（4条1項）

　中国も含め，多くの国は成年年齢を18年としている。多数のアフリカおよ

び南米の諸国は21年である[5]。未成年者の行為能力の程度を年齢に応じて区別する国もあり，また，（取引行為が日常生活に必要なものか否かといった）財産的法律行為の種類によって区別する国もある。

1 準拠法の決定

(1) 本国法（1項）

1項の規定は，成年年齢に関する諸問題につき問題となっている者の本国法を指定する。1898年の法例制定当時から変わらない。

未成年者の保護は，抵触法においても第一次的に重要な価値として認められなければならない。そのために，能力いかんが問われている者が連結主体とされ，国籍が連結素とされている。国境を越えて移動してもその本国の与える保護を継続させる趣旨である。さらに，保護が与えられる年齢の上限いかんにつき，本人およびその法定代理人が最も容易に予見できるのは本人の本国の定める基準と考えることができる。他方で，（パスポートなどの提示を求めることにより）相手方も未成年者の本国法を知りうるから，相手方の予見可能性がまったく無視されているというわけではない。

＊一定の国際的強行規定は，1項の規定とは別個独立に適用される。日本の労働基準法56条以下の未成年保護に関する規定は，未成年者が外国人であっても，（その本国法によれば未成年であるか否かを問わず）日本において労務が提供されているかぎり強行的に適用されよう。

(2) 基準時

法律行為の準拠法の下で行為能力が要求される時点が基準となる。通常は，問題となっている行為の行われた時点が基準とされよう。

＊18歳の中国人が日本法を準拠法として契約を締結した後に日本国籍を取得しても，その者の行為能力は中国法によるから，契約は取り消しえない[6]。

2　準拠法の適用

(1)　行為能力の要否・有無

　行為能力が法律行為のために必要か否かという問題は個々の法律行為の準拠法による。契約ならば契約の準拠法に，物権行為ならば物権の準拠法によることになる。法律行為の準拠法が行為能力を要求している場合に，当該法律行為を何歳になれば単独で行いうるか，何歳まで父母などの同意を必要とするかは，問題となっている者の本国法による。なお，法律行為の準拠法に従うと（未成年者がもっぱら受益者になるとして）未成年者もまた単独でなしうる行為であるとしても，その本国法によると同意権者の同意が必要とされている場合には，未成年者保護の観点から同意権者の同意が必要とされよう。逆に，法律行為の準拠法が完全な行為能力を要求していても，未成年者の本国法の下では法定代理人が一定の財産の処分を未成年者に許容しているかぎり，当該財産に関する法律行為については，未成年者の法律行為は有効とみられる。

(2)　不法行為能力

　不法行為能力は不法行為の準拠法による（17条以下）。不法行為の被害者にたいして加害者の本国法の予見を期待すべきではないからである。不法行為能力には，認知能力や遺言能力などとともに，4条の規定は適用されない。

(3)　婚姻による成年擬制

　未成年者が婚姻する場合，父母その他の法定代理人または裁判所は，未成年者が十分に成熟したと判断するからこそ婚姻に同意したはずである。また，婚姻それじたいが未成年者の成熟度を加速しよう。こういった成熟度に力点をおく実質法上の成年擬制の趣旨は，「婚姻の効力」よりも「行為能力」という事項に親和的である。なによりも，婚姻の効力に関する25条の規定する「夫婦に最も密接な関係がある地」という連結基準は法律行為の相手方の予見しがたい連結基準であるから，このような基準によって行為能力の有無を判定すべきではあるまい。婚姻による成年擬制は未成年者の本国法によるべきである。

(4)　身分的法律行為に関する行為能力

　婚姻適齢は24条1項の規定の中核的問題である。夫婦財産契約については

夫婦財産制の準拠法による[7]。未成年者による任意認知については，これを容易にする実質法もあれば逆に慎重な態度をとる実質法もある。そういった特別の規定の適用可能性については認知の準拠法による（29条）。養子縁組に必要な能力も養子縁組の準拠法による（31条）。

(5) 手形行為能力・小切手行為能力

手形行為能力および小切手行為能力は，それぞれ，手形法88条1項および小切手法76条1項の各規定による。

3　行為能力の欠缺

行為能力が欠缺していた場合の法律効果も4条1項の規定が指定する本国法による。行為能力の要件と欠缺の場合に発生する法律効果とは分離できないからである。かくして，本国法が以下の問題に適用されることになる。すなわち，①未成年者は法律行為を取り消しうるか，②取り消しうるとすれば，取消しの意思表示のみによって取り消すことができるか，③誰が取消しの意思表示を行うことができるか，④未成年者の相手方は催告をすることができるか，といった問題である。

行為能力の制限によって法律行為が完全には効力を有しない場合に派生する諸問題（たとえば契約の取消し後の処理は）原則として法律行為それじたいの準拠法による。債権契約から発生した不当利得の問題は，不当利得の準拠法が契約の準拠法に附従的に連結されるときには，契約準拠法と同一の法によることになろう（15条）。さらに，物権行為が効力を有しない場合には，そのことから生ずる未成年者の物権的な請求権もまた原則として所在地法による（13条）。

4　法定代理人

誰が未成年者の法定代理人か，法定代理人がいかなる権限を有しているかは，それぞれ，親子間の法律関係の準拠法（32条）と後見などの準拠法（35条）による。

Ⅱ　取引保護（4条2項および3項）

1　4条2項

(1)　趣　旨

　成年年齢に関する実質法は，未成年者の保護と取引の保護という2つの要請を調整しようとする。通則法は，未成年者の本国法を適用することにより前者の要請に主として応えながら（1項），後者の要請にも配慮している（2項）。すなわち，未成年者の本国たる外国の行為能力に関する規定の調査を相手方に期待することが現実的とはいえず，未成年者としてもその本国法の保護を期待すべきではないとみられる場合に，相手方にとって法律情報へのアクセスが容易な行為地法の規律を優先している。法律行為の当事者にたいして法律情報の容易な取得を確保しようとする点において，行為地を連結素とする方式や代理に関する抵触法規と趣旨を同じくしている。

> ＊20歳の外国人が普通預金の口座を開設する場合，日本の銀行などの金融機関はこの者を成年者として扱えばよい。通則法の下では，その者の本国法の調査を金融機関に求めることは現実的ではないと考えられている。

　2項の規定によると，内国であれ外国であれ，同一の国に当事者が所在するときにされた法律行為については，その本国法によれば問題となっている者が行為能力につき制限を受けている場合でも，行為地法によれば行為能力を有しているかぎり，その者は能力者とみなされる[8]。そのかぎりで4条1項が指定する本国法の下での未成年者の保護は貫徹されず，取引の安全という実質法上の価値が優先する。

(2)　要　件

イ　法律行為

　隔地的法律行為は取引保護の対象とはされていない。当事者が国境を越えて取引をする場合には，相手方としても自己が居住する地の法の適用を期待すべきではないからである。他方で，当事者が同一国に所在するかぎりインターネット取引も対象となる。法律行為には単独行為も含まれる。法律行為の準拠

法によれば贈与は単独行為とされていても，贈与者たる制限能力者は年齢を理由にこれを取り消すことはできない。なお，契約当事者による準拠法の選択（7条，9条，16条，21条）それじたいも法律行為であるから，法選択の合意にも2項の規定は適用される。

　ロ　当事者

制限能力者は当然のことながら自然人であるけれども，相手方は自然人に限定されない。その本国法によれば制限能力者であることの相手方における知・不知およびこの点に関する相手方の過失の有無は問われない。相手方の認識いかんを推し量る基準を何に求めるかの問題が残るからである[9]。

＊相手方の知・不知が不問とされるために，海外旅行中の日本人間で外貨のやりとりが行われた場合，その一方が18歳であっても，たまたま滞在していた外国において成年者であれば，この者は契約の取消しを主張できないことになる。

　八　基準時

行為能力者としてみなされるか否かは法律行為の当時を基準とする。この時点における当事者の予見可能性が問われるからである。

法律行為の当時とは，法律行為の準拠法の下で法律行為が完成した時点をかならずしも意味しない。2項の規定する取引保護の趣旨からすれば，法律行為の完成のために必要なすべての意思表示のあった時点において同一国に両当事者が現在しなければならない。

＊その本国法では未成年とされている者が契約の申込みの通知をその本国で発した後に来日し，日本に滞在中に承諾者が承諾の通知を発したという場合には，日本法が契約準拠法であっても，2項の適用はない。このような場合に，相手方を保護する理由はないからである。

(3)　効　果

行為地法の定める法律効果が実現されるのではなく，一律に能力者と擬制される。

日本の成年年齢は諸外国のそれに比べて高いため，内国での取引につき2項の適用が問題となる場合はきわめて限られていよう。むしろ，日本人が外国に

おいて法律行為をするケースが想定されうるが，そのような例が頻繁に生ずるとも思われない。

＊ヨーロッパの観光地において日本人観光客を相手に土産物店を経営している日本人が19歳の日本人旅行客に土産物を売ったような場合には，（18年を成年年齢とする）契約締結地法のゆえに，この契約を日本人未成年者は日本では取り消すことができないことになる。

また，行為地法に基づき成年者として擬制されるかぎり，未成年者の本国法によれば婚姻後も引き続き制限能力者とされていても，相手方は契約の有効性を主張することができる。

2　類推適用

4条2項の規定は，未成年者のための法定代理権の欠缺との関連において類推適用されよう。

＊成年後見人の選任に関する外国裁判所の措置は民訴法118条の類推適用により承認されるべきである。この処理は（外国人にも利用可能な）後見登記に反映されてしかるべきである。登記が可能であるとすると，4条2項というよりはむしろ26条3項および4項の規定が類推適用されよう。

3　4条3項

3項の規定は法例3条3項の規定を踏襲し，親族法または相続法の規定によるべき法律行為との関係では2項の規定の適用はないとしている。そのような法領域における法律行為は（行為地からみて）純国内的な取引とは原則として関係がないからである。同様に，行為地とは異なる国に所在する不動産に関する法律行為についても2項の取引保護の規定は適用されず，1項の原則に戻る。不動産取引の重要性を考慮すると，行為地国が同時に不動産所在地国である場合にも，問題となっている者の本国法の調査を相手方に期待してよいかもしれない。しかし，3項の規定は（行為地からみて）外国に所在する不動産の取引

についてのみ取引保護の適用除外としている。

＊日本の公証人法26条は「行為能力ノ制限ニ因リテ取消スコトヲ得ヘキ法律行為ニ付証書ヲ作成スルコトヲ得ス」としているが，通則法4条2項の規定があるために，日本に所在する不動産については外国人当事者の本国法を日本の公証人は調査しなくてよいことになる。しかし，不動産が外国に所在する場合には，3項の規定の下で調査義務が発生することになる。かくして，英国に所在する不動産につき18歳の日本人が日本において処分の意思表示を行う場合には，所在地法たる外国法によれば当該の者は成年者であったとしても，1項の規定の原則に戻り日本法が適用され，この処分は取消しうることになる。

第4節　後　見

　未成年者については，法律上当然につまり裁判所その他の機関による措置を待つことなくその行為能力は制限される。制限された能力の補充は，通常，親権者により行われ，誰が親権を有するかは親子間の法律関係を規律する準拠法による（32条）。親権者により能力が補充されえない状況においては後見人がその任にあたる。後見人による能力補充に関する問題は35条の規定による。35条の規定は，遺言による後見人の指定のほかに，裁判所による後見人の選任などの問題を射程に入れている。

　他方で，成年者については，裁判所その他の機関によってのみ能力が制限されうる（5条）。未成年者であっても措置によって能力制限が行われる場合がある（5条）。成年者であれ未成年者であれ，措置による能力制限があると，裁判所による後見人の選任などの措置によって能力補充が行われる（35条）。

I　措置による能力制限

　年齢を理由としない行為能力の制限とその能力補充のための措置については成年者が主として問題となる。以下では，成年後見を中心として，その管轄と準拠法について述べる。外国法秩序との連携を図る際には，次の5点に留意しなければならない。

①保護の対象となる成年者に最も近い位置にある国が適切かつ実効的な保護措置をとることができる。②実効的な保護は，管轄ある機関がその所属国法を適用してはじめて達成できる。③未成年者である子と異なり，成年者を保護しようと意欲する者の出現をそれほど期待することはできない。そのために，成年者保護については，複数国が競合して管轄権を行使するという事態よりも，どの国も管轄権を行使しないという事態に配慮しなければならない。つまり，管轄権の積極的抵触ではなく消極的抵触の発生を懸念しなければならない。④多くの成年者は，要保護状態に陥る前に大なり小なり財産を蓄積している。⑤成年者の自己決定をなんらかの形で国際的な状況でも尊重すべきである，という点である。

Ⅱ　後見開始の審判など（5条）

国際裁判管轄権を有するかぎり，日本の裁判所は日本法を適用して後見開始の審判などをすることができる。その意味において，5条の規定は，管轄権と準拠法との並行を定めている。後見に関する処理は保佐および補助にもあてはまる。

1　国際裁判管轄

通則法5条の規定は，3つの管轄権の基礎を列挙している。被後見人の日本にある住所，被後見人の日本国籍および被後見人の日本にある居所である。

(1)　日本にある住所

本人の住所が日本にあるときは，日本人であれ外国人であれ，日本の裁判所は管轄権を有する。住所地国は本人に最も近い位置にある。そのため，成年者がおかれている状況の把握や保護の必要性の判断そして迅速な対応という観点からみて最も適切であるからである。上述①の観点から説明できるものであり，通則法5条の規定もこの基礎を日本国籍という基礎に先行して掲げている[10]。後述するように，被後見人となった者の能力を補充するための後見人の選任その他の措置も成年者の住所地国において行われる。

(2) 日本国籍

外国に居住している日本人については，日本に居所すら有していなくても，日本国籍に基づき日本の裁判所は後見開始の審判などを行うことができる。

＊法例4条および5条の規定は，多数説によれば，本国の管轄権を当然の前提としていると解されていた。しかし，外国に住所を有している本人にとって本国はいわば遠い位置にあり，国籍という基準は上記Ⅰの①の点と矛盾しよう。本国管轄のもつこういった難点はかなり前から認識され，その妥当性が疑問視されていた[11]。この点の指摘は，たしかに，真実の一側面をついている。とはいえ，次の理由から本国の管轄権を排斥することはできない。

成年者の保護との関係では，次の3点を無視できない。第1に，上記Ⅰの④の点を考慮しなければならない。すなわち，本国には本人の財産が所在していることが予想され，この財産をめぐって後見開始などの措置が問題となりうる。第2に，上記Ⅰの③の点にも配慮しなければならない。成年後見については管轄権の積極的抵触というよりも消極的抵触の発生を懸念しなければならない。本人の保護の任にあたろうとする近親者などはしばしば本国に居住することが予想されるから，管轄権との関連においても保護の任にあたろうとする者の意欲を削がないようにすべきである[12]。第3に，日本にある財産の管理処分につき本人の住所地国たる外国において選任された後見人の権限が日本において承認される保障はない，という点である。

(3) 日本にある居所

財産所在地は管轄権の基礎とはされていない。上記Ⅰの④の観点から直接に管轄権の基礎を導くとすれば，日本における財産の所在が管轄権の基礎となるはずである。しかし，その財産こそ日本に所在してはいるが，日本に居所すらも有していない外国人について日本の裁判所が適切な判断を行うことは困難であろう。さらに，上記Ⅰの④の観点に忠実に管轄権の基礎を導くとすれば，日本の裁判所の管轄権は日本に所在する財産に関する事項についてのみ及び，本人の身上に関する事項にまで及んではならないはずである。しかし，これら2つの事項はかならずしも截然と区別できない。さらに，日本に居所すら有しない外国人は日本以外の国とくにその住所地国において保護措置を受ける可能性

があることにも配慮しなければならない。こういった理由から，通則法5条の規定は，日本における財産の有無ではなく，居所の有無を管轄権の決定基準としている[13]。とはいえ，日本にある外国人の居所という要件は，多くの場合，財産所在地の管轄を含意するとみられる。

2　準拠法

　日本の裁判所が管轄権を有するかぎり，日本法が後見開始の原因および効力に適用される。この処理は，保護の実効性という上記Ⅰの②の観点から説明されよう。

　管轄権所属国と準拠法所属国との一致を認めれば，最も馴染み深い法を裁判所は適用でき，適正かつ迅速に本人を保護することができる。この観点からは，管轄ある裁判所の属する国の法つまり日本法が準拠法としての適格性を有している。また，後見開始の審判という能力制限措置と後見人選任などの能力補充措置とは分離できない関係にあり，これらの措置は単一の法に服すべきものである。本人が日本に住所を有しているときには，日本法は，後見が開始した後に後見人による保護が行われる地の法としての意味をもっている。上記Ⅰの②の観点は外国に住所を有している日本人との関係においても日本法の適用を導く。本国たる日本は財産の所在地や後見人の居住地としばしば一致するとみられるからである。

　本人が外国人であっても，（法例4条1項が規定していたように）後見開始の原因につき本国法たる外国法が適用されることはない。第1に，日本の近隣諸国の多くは日本法の補助に該当する制度を有していないとみられる。日本民法15条の意味における「事理を弁識する能力が不十分」な外国人が欲する場合に，（日本人の利用できる）補助という保護措置を利用できるようにしなければならない。第2に，補助にかぎらず法定後見開始の原因に外国人の本国法を適用する理由はない。本人の要保護状態に適合する措置を外国人たる本人が希望するかぎり，本国法たる外国法が知らない事由に基づいて当該外国人の行為能力を制限しても，その結果はけっして不当ではないからである。

Ⅲ 後 見（35条）

1 国際裁判管轄

　行為能力を制限されている者の能力補充は，裁判所による措置を待つまでもなく，当然に定まることがある。たとえば，未成年者の後見人が遺言により指定される場合である。他方で，能力補充のために後見人の選任などの措置が必要な場合もある。通則法35条の規定は後見人などの選任のための管轄権について定めていない。成年後見については，後見開始という能力制限措置と当該措置により制限された本人の能力補充措置とは結合して捉えられるべきであり，双方の措置の管轄権は同一のものでなければならない。したがって，5条の規定が類推適用される。

＊「事理を弁識する能力を欠く常況にある」ことおよび「事理を弁識する能力が著しく不十分である」ことは，それぞれ，後見開始の審判および保佐開始の審判を正当化する理由である。後見開始の審判があれば，財産行為全般について行為能力の制限と他人への代理権・取消し権の付与または同意権付与による能力補充の必要性が発生する。「制限」と「補充」の結合関係は，補助の場合，より顕著である。「事理を弁識する能力が不十分である」ことは，補助開始の審判の対象者を限定しても，それだけでは補助開始の審判を正当化する理由とはならない。（本人X所有の甲不動産の売却についてYに代理権を付与しなければならない状況にあるといった）代理権付与または同意権付与の審判とともにしなければ，そもそも補助開始の審判をすることはできない（民法15条3項）。このように，能力制限と能力補充の必要性とは不可分に結びついているため，補助開始・後見開始・保佐開始の審判をした日本の裁判所が後見人などを選任する管轄権を有しなければならない。

　未成年後見についても，少なくとも上記Ⅰの①の視座があてはまる。5条の規定を類推して管轄権の基礎が肯定されるべきである。被後見人の日本国籍も管轄権の基礎となる。

＊日本人たる子の住所地たる外国において父母が交通事故で死亡し，日本にいる祖母が後見人となる状況を想定すれば，本国の管轄権を認めなければならない。

2　準拠法

　後見開始の審判などの能力制限措置を前提とすることなく，後見人の指定や選任が問題となるときは，被後見人の本国法による（35条1項）。たとえば，遺言による未成年者の後見人の指定や裁判所による未成年後見人の選任である。ただし，被後見人の本国法たる外国法上，後見が開始する原因があっても日本において後見の事務を行う者がいないときは，日本法に従って後見人を選任するなど必要な措置をとらなければならない（35条2項1号）。

　他方で，能力制限措置を前提とする場合，能力補充のためにとられるべき措置は制限措置の準拠法と同一の法によるべきである。このことを35条2項2号の規定は直截に表明している。日本人について後見開始の審判などがあった場合も同様である。35条1項の「本国法」とは，（日本に住所を有すると否とを問わず）日本人たる被後見人との関係では，5条の規定の下で管轄権の基礎となる日本国籍が指示する法を意味する。

　外国人が後見開始の審判を受けたときは，35条2項2号の規定により日本法による。

　　＊外国人の本国法に従えば配偶者に後見開始があると他方配偶者が法律上当然に後見人となるとされていても，そのような外国の実質規定は適用されない。ただし，日本法に従った後見人の選任にあたってその本国たる外国の規定を考慮し，他方配偶者を後見人とすることは妨げられない。

　　　なお，日本の裁判所が後見人を選任した場合には，成年被後見人の居住用不動産の処分に関する日本民法859条の3の規定が適用される。

Ⅳ　任意後見

　本人の判断能力が不十分な状態になった後に（も）受任者が代理権を行使できるとする法制度を有する国は少なくない。上記Ⅰの⑤の観点に立脚した任意後見制度を採用する国も少なくない。とはいえ，任意後見制度の内容は諸国において一様ではない。国際私法の観点からは，任意後見に関する制度は2種類に分けられよう。第1に，本人の意思確認のために委任契約に一定の方式を要求しながらも，その規律を私的自治の枠組みの中にとどめようとするもの。第

2に，後見人の解任の可能性をはじめとして任意代理人にたいする公的機関の監督を制度の中に組み込み，その意味で法定代理に近いものである。日本の「任意後見契約に関する法律」(以下,「法律」という。)の規律はこの第2の範疇に分類できよう。

この範疇に属する任意後見に関しては，受任者や任意後見人を監督する裁判所の管轄権が問題となる。

1　国際裁判管轄

法定後見の管轄権に関する規律したがって通則法5条および35条の規定の趣旨が基本的にここでも妥当する。もっとも，本人が事前に準備した保護の仕組みという任意後見の制度的な特徴が勘案されなければならないであろう。

(1)　本人の住所
本人の住所地が管轄権の基礎であることに異論はあるまい[14]。

(2)　本人の居所
法定後見の開始につき本人の居所という管轄権の基礎が肯定されるのであれば，任意後見についてもこれを肯定すべきかと思われる。任意後見という保護方法が事前に本人によって日本において準備されたという事実がこの管轄権の基礎を補強しよう[15]。

(3)　受任者の住所
本人の日本国籍が管轄権の基礎として意味をもつか，疑問なしとしない。法定後見につき国籍という管轄権の基礎が正当化されるのは，とくに，保護の任にあたろうと意欲する近親者の住所が日本にあることに基づく。受任者の日本にある住所を端的に管轄権の基礎とすれば足りよう。このことは上記Ⅰの⑤の観点からも是認できると思われる。

2　準拠法

裁判所による任意後見人の監督が制度の必須的要素であるため，任意代理人

の代理権の存否，内容，変更，消滅の問題は裁判所の属する国の法によることになる。通則法5条および35条の規定の類推適用により，日本法による[16]。ここで問題となっている範疇の任意後見は私的自治の枠組みでは捉えきれないために，本人の自己決定の尊重というⅠの⑤の観点は，いわゆる実質法的指定はともかく，抵触法の平面においては当事者自治という形では反映しない[17]。

　任意後見契約の方式には通則法10条の規定の適用はない。ここで問題となる方式は本人保護のシステムと緊密に結びついているからであり，法律2条1号の定義する任意後見契約であるかぎり，効力発生要件たる任意後見監督人の選任のためには日本法の定める公正証書によることは義務的とみられる（法律3条）。なお，任意後見監督人選任前の解除の合意についても公証人の認証する書面によることが義務づけられる（法律9条1項）。

Ⅴ　外国機関による措置の承認

1　公示と外国機関による措置の承認

　法例の下では，"日本において禁治産者として公示された者のみを禁治産者とする"という処理が多数説のとるものであった。成年後見制度の導入に伴い，補助・保佐・後見開始は戸籍ではなく成年後見登記によって公示されることになった。それでは，"日本で登記された者のみを制限能力者とする"という処理を通則法の解釈としてとるべきか。この処理には賛同できない。登記事項証明書の請求権者は本人，後見人，4親等内の親族など一定の者に限定され（後見登記等に関する法律10条1項および2項），本人と取引をしようとする相手方には請求権がない。取引の安全を犠牲にしてもプライバシー保護が図られている。このように取引の安全という要請が後退していることを考慮すれば，公示方法のないことをもって外国の保護措置の承認を拒否することは正当化できないと考えられるからである。日本に居住する成年者にたいして本国たる外国の裁判所が禁治産を宣告し，その近親者を後見人として任命した場合に，日本の裁判所による後見開始および後見人選任の審判をあらためて求めないかぎり，当該後見人は日本において代理権を行使できない，とする理由はあるまい。

　民訴法118条の規定を類推適用して，日本においても外国の保護措置を自動承認すべきものと考えたい。その場合には，管轄権と公序の要件だけが問題と

なる。聴聞を受ける機会が成年者に保障されていたか否かは同条の3号要件たる公序則の適用の中で判定されよう。

2 自動承認と取引の安全

　もっとも，成年後見登記制度の下での登記は日本人だけでなく外国人にも利用できるものであるから，外国人と法律関係に入る相手方としては日本の後見登記等に関する法律に基づいた登記事項証明書の記載を信ずるはずである。外国の保護措置を日本の後見登記に反映させる手段がないとすれば，登記事項証明書を信頼する相手方を保護するための処理が必要となる。通則法26条3項および4項を類推して次の法規が解釈論上肯定されるべきかと思われる。すなわち，「日本における法律行為又は日本に所在する財産については，日本において承認されるべき外国の措置により能力の制限を受けているという理由だけでは，その者は善意の第三者に対抗することができない」という法規と「日本の法律によれば成年者の代理人としての資格を有すべき者は，日本における法律行為又は日本に所在する財産については，承認されるべき外国の措置によれば前者が代理人としての資格を有しないという理由だけでは，善意の第三者に対抗することはできない」という法規である。

〔注〕
1)　日本の戸籍実務上は，民法750条の規定は日本人間の婚姻にのみ適用され，民法810条本文の規定も日本人間の養子縁組にのみ適用される。
2)　千葉家市川出審平成8・5・23家月48巻10号170頁は，本国法たる韓国の戸籍法113条1項の規定に従い韓国家庭法院の権限を代行して，韓国人の氏名を変更した。
3)　この趣旨を定める明文の規定はなかったが，当時の民法964条は，戸主の日本国籍喪失をもって家督相続開始の原因としていた。
4)　配偶者の再婚の可能性の観点からは，婚姻の効力に関する25条よりも27条の規定によるべきであろう。
5)　ヨーロッパにおいても，オーストリアは19歳，リヒテンシュタインとアイスランドは20歳，モナコは21歳である。
6)　中国国際私法12条の規定によると，人の行為能力は常居所地法によるとされているから，問題となっている中国人が日本に常居所を有するときには，日本法への反致が成立しよう。
7)　チリ民法136条および137条が定める妻の行為能力の制限の問題は4条の規定に定める行為能力の準拠法によるが，このような規定は多くの場合公序に反するとして適用されないであろう。
8)　法例3条2項の規定は，後者の要請を抵触法の平面に反映させ，日本における法律行

為にかぎって取引を保護しようとしていた。19世紀のフランスの判例（いわゆるLizardi判決）およびその後の学説に強く影響されたものである。

　通則法4条2項の規定は、法例3条2項の内国取引保護に関する規定を単純に双方化したものではない。若年の外国人と日本で取引を行おうとする者が当該外国人の行為能力に疑念を抱いた場合でも、行為地法たる日本法の定める成年年齢だけに依拠すればよく、外国法に配慮しなくとも事後に法律行為が取り消されることはない。これを保障するのが法例3条2項の規定であった。未成年者の相手方が行為地法を唯一の基準とすることができたのは、行為地国たる日本が同時に法例3条2項の規定をもつ法廷地国（国際私法所属国）でもあったからである。他方で、通則法の下では、行為地たる外国の国際私法が法例3条2項に相当する規定を有していることは要件とされていない。

9）　同じく取引保護を目的としていても、登記の可能な事項が知・不知の基準を提供する夫婦財産制については、相手方の認識を要件とすることができる（26条3項）。他方で、手形法88条2項および小切手法76条2項も、通則法4条2項と同様に、相手方の主観的要素を要件としていない。これは、手形行為および小切手行為においては相手方だけでなく第三者も想定されなければならないからである。

10）　土地管轄について、家事事件手続法117条、128条、136条。

11）　折茂豊『国際私法（各論）』（有斐閣、新版、1972年）30頁。

12）　住所地国たる外国が、日本の老人福祉法32条、知的障害者福祉法27条の3、精神保健及び精神障害者福祉に関する法律51条の11の2に相当する規定を有しているとはかぎらない。もちろん、外国に住所を有する日本人にたいして当該外国が保護措置をとる可能性は否定できない。日本国籍を管轄の原因として肯定すると、管轄権の積極的抵触という事態が発生しうる。もっとも、この点の不都合は強調されるべきではない。子をめぐる紛争と異なり、同一の成年者につき住所地国と本国とがともに管轄権を行使するという事態は実際にはあまり生じないとみられるからである。ただし、日本国籍を管轄原因として管轄権を行使する日本の裁判所は、住所地国機関が過去においてとった措置あるいは当該機関における事案の係属が知られている場合には、これを考慮して措置の当否を判断すべきであろう。

13）　土地管轄について、家事事件手続法4条。

14）　土地管轄について、家事事件手続法217条。

15）　たとえば、日本に住所を有する外国人が日本所在の財産管理につき子を受任者とする任意後見契約を日本において登記し、その後受任者たる子とともに当該外国に移動した場合に任意後見監督人の選任ができないとすると、日本法の下における保護方法を事前に決定する本人の意思に沿わないことになろう。もし当該外国への住所の移転に伴い日本法の下での将来の保護を放棄するのであれば契約を解除できたと考えることができるからである。

16）　任意後見監督人の選任は、機能的には、法定後見における後見監督人の選任に相当するだけではない。法定後見開始の審判や法定後見人の選任の審判さらには補助人・保佐人への代理権付与の審判の役割をおびる。

17）　本人と受任者が指定した外国法に任意後見契約が服することは妨げられない。しかし、登記された任意後見契約があると法定後見の開始は原則として阻止される（任意後見契約に関する法律10条1項）。このような任意後見契約の優先的効力は、準拠法を指定する当事者の意思によって左右されるべきではない。換言すれば、当事者が日本法を任意後見契約の準拠法として選択したか否かにかかわらず、肯定されなければならない。それゆえ、そのような外国法の指定はいわゆる実質法的指定と考えられよう。

〔参考文献〕
■権利能力・行為能力
野村美明「外国人の権利能力」谷口知平・石田喜久夫編『新版注釈民法(1)総則(1)通則・人』（有斐閣，改訂版，2002年）263頁
北澤安紀「能力，親族，総則」ジュリ1292号50頁（2005年）
南敏文「渉外事件における成年年齢」戸時604号2頁（2006年）
河野俊行「法適用通則法における自然人の能力」ジュリ1325号40頁（2006年）
青木清「能力」民商135巻6号915頁（2007年）
大村芳昭「国際私法の現代化をめぐる考察：能力・親族・総則を中心に」国際私法8号105頁（2007年）
高畑洋文「抵触法における自然人の権利能力——民法三条二項の抵触法的位置づけに関する一考察」九法95号97頁（2007年）
■性別
林貴美「国際私法的観点からみた性同一性障害の性別の問題」同法60巻7号4165頁（2009年）
■氏
西谷祐子「渉外戸籍をめぐる基本的課題」ジュリ1232号145頁（2002年）
南敏文「渉外的身分関係と氏」戸時652号2頁（2010年）
■失踪宣告
海老沢美広「渉外失踪宣告の効力」戸時602号2頁（2006年）
■後見
横山潤「新成年後見制度と国際私法」一法1巻2号330頁（2002年）
横山潤「渉外的成年後見の申立てをめぐる問題」若林昌子＝床谷文雄編『新家族法実務大系(2)親族(Ⅱ)——親子・後見』（新日本法規，2008年）691頁

第2章　法人その他の団体

I　法人の従属法

　法人に関する諸問題に適用される法を法人の従属法という。法人の従属法を決定する方法には設立準拠法主義と本拠地法主義がある。

1　意義と特徴

(1)　設立準拠法主義

　問題となっている法人が設立に際して準拠した法を従属法とするのが，設立準拠法主義である。設立準拠法主義は次の3つの特徴をもっている。第1に，いずれの地の法に従い法人を設立するかを発起人などは自由に選ぶことができ，法人の業務統括という客観的な関連性がない国においても法人を設立することができる。そのために，その地に本拠が置かれなくとも，設立されるべき法人に最も適合した会社法などを有する国の法に準拠して法人を設立することができる。その意味では，契約に最も適合する（が契約と客観的な関連性を有しない）法の選択を許容する当事者自治の原則と比肩できる側面を有している。第2に，法人の業務統括地が他の国に移動しても，このことは準拠法の変更を惹起しない。ある国で設立された法人の権利能力や有限責任は，他の国においても，そのようなものとして尊重される。第3に，一国の領域に業務統括地を有する法人のすべてが同一の国の法に服するわけではなく，一国の中に相異なる法を従属法とする法人が存在しうる。

(2)　本拠地法主義

　法人の従属法を決定するもう1つの考え方は本拠地法主義と呼ばれるものである。本拠地ということによって何を理解すべきかは本拠地法主義を採用するとみられる諸国においても一致しているとはかならずしもいえない。とはい

え，この考え方に従うと，発起人などは法人の本拠を置くべき地の法に従ってのみ法人を設立することができる。設立にあたって準拠すべき法が従属法として適用されるという意味では設立準拠法主義と異なるものではない。しかし，理念的に純粋な本拠地法主義は次の3点を含意している。第1に，設立準拠法は業務統括という客観的な関連性がある地の法であり，その意味で客観的な連結によっている。第2に，本拠地法主義は準拠法の変更を伴う。法人の本拠地つまり業務統括地が他の国に移動すると，新たな本拠地の法が従属法として適用される。第3に，一国の領域に業務統括地を有するすべての法人は本拠地国という同一の国の法に服する。当該国の領域においてその業務が統括されている各法人が相異なる法秩序の規律に服するということはない。

2　両主義の利点と難点

日本の会社法上の持分会社などを別にすれば法人は有限責任とされるから，法人と法律関係に入る第三者の利益に配慮しなければならない。取引地は，通常，法人の業務統括地であるとの前提にたつと，第三者が容易に法律情報を入手できる地は法人の本拠地ということになろう。その意味で，本拠地法主義は会社債権者など第三者の利益に配慮した連結方法といえよう。しかし，この連結方法によると国境を越えた法的安定性を確保できない。ある国において会社が設立されたとしても，法人格の同一性を保持しながら，当該会社はその業務統括地を他の国に移動させることはできない。新本拠地法が株式会社の設立に登記を要求している場合には，登記がないと権利能力を喪失するか，せいぜい持分会社などとして取り扱われることになる。つまり，本拠地の国境を越えた移動は自動的に法人格の否定や組織変更を招来する。

II　準拠法の決定

通則法は法人の従属法につき明文の規定を有していない[1]。従属法が何かは解釈による。民法37条1項1号および会社法933条2項1号の規定は，それぞれ登記事項として「外国法人の設立の準拠法」および「外国会社の設立の準拠法」を掲げているけれども，これらの規定などからただちに設立準拠法主義が採用されているとみることはできない。本拠地法主義の下でも外国法人（会

社）が設立に際して準拠した法は存在するからである。とはいえ，法例の時代において通説であった設立準拠法主義が現在でも通用しているとみるべきであろう[2]。内国における第三者の保護は国際的強行規定たる会社法821条などの規定により確保されているとみられるからである。

　大多数の法人については設立に際して登記が必要とされる。原則として，定款上の主たる事務所または営業所の所在地において登記されるから，設立準拠法は定款上の主たる事務所または営業所のある地の法ということができよう。登記が設立の要件とはされない法人（たとえば，日本の合名会社に類似するドイツのoffene Handelsgesellschaft）との関係においては，団体としての組織が存在している地の法が設立準拠法ということになろう。設立過程にある会社については，従属法とされるべき地の法つまり将来の時点において登記されるべき地の法が基準となる。

III　準拠法の適用

1　法人の権利能力の有無にかかわる事項

(1)　設立，組織変更および消滅

　従属法は法人の設立に関する諸問題に適用される。設立の方式の問題には通則法10条の規定の適用はなく，もっぱら設立準拠法による。公証人による認証など設立に関する方式の遵守は多くの場合法人の登記要件でもあるからである。

　株式会社から持分会社への組織変更や会社の解散原因，清算手続も従属法の適用範囲に入る。

(2)　権利能力

　問題となっている団体が権利能力を有するか否かは従属法による。従属法たる外国法が認めない権利能力が行為地において肯定されるときには，相手方の保護のために通則法4条2項の規定が類推適用されよう。

(3)　不法行為能力

　その機関が職務を遂行する上で第三者に与えた損害につき法人が責任を負う

か否かという問題は，従属法ではなく不法行為の準拠法による（会社法429条1項など）。被害者の損害の填補という観点からは，通則法17条および20条の規定が想定する使用者責任と異なった連結を採用すべき理由はないからである。したがって，一般法人法78条の規定は不法行為準拠法として適用される[3]。

2　法人の内部組織

　法人の内部組織に関する事項も従属法による。定款の作成と変更，株式の種類は従属法による。機関とその構成，選任，機関の権利と義務，機関相互の関係も同様である。法人にたいする機関の責任の問題も従属法に服し，機関の解任にも従属法が適用される。

＊①子会社が親会社の株式を取得できるか否かは（会社法135条1項），親会社の構成員となる者の資格制限の問題であり，親会社の内部組織の問題として親会社の従属法による。②法人が別の法人の取締役となりうるかといった機関の資格制限や，代表権のある機関の行為が法人を拘束するかといういわゆる・法・人・の・行・為・能・力・の問題は組織の問題に含まれる[4]。代表権の制限を従属法が定めているときには，この制限は肯定される。しかし，・日・本・に・お・け・る・継・続・的・な・取・引・と・の・関・連・に・お・い・て・外・国・会・社・の・代・表・者・に・加・え・ら・れ・た・制・限・は，善意の第三者には対抗できない（会社法817条3項）。③議決権拘束契約などの株主間契約の対会社との関係における効果は従属法による。他方で，その債権的効果は契約準拠法による。

3　法人格否認の法理

　法人格否認の法理の準拠法というものはない。すべての法秩序において存在するとみられる権利濫用の禁止や信義則などの一般原則は，債権や物権といった個々の法領域を横断して肯定されよう。
　法人と法律関係に入る相手方を当該法律関係の下で保護すべきか否かが問われるときには，法律関係の当事者いかんについて相手方の予見可能性を確保するために当該法律関係の準拠法による。契約関係ならば契約準拠法に[5]，不法行為ならば不法行為準拠法による[6]。また，物権については第三者の予見可能性にも配慮しなければならない。たとえば法的には法人とその社員との取引で

あっても，経済的には両者が同一の者である場合に権利取得者が善意取得するか否かといった問題は物権の準拠法による。

他方で，第三者にたいする社員の責任を画一的に処理すべき問題との関連では従属法が適用されよう。債務が外国法に服する場合にも，社員の責任には従属法が適用されなければならない。さもなければ，法人とその社員との関係の規律が複数の準拠法に服することになり，国際的な企業活動と国際的に活動する企業の社員の地位が見通しのきかないものとなろう。さらに，従属法を適用すると，特定の法人にたいするすべての債権者が，単一の準拠法の下で，等しく取り扱われることになる。

Ⅳ　いわゆる外人法

設立準拠法が外国法であり，従属法として適用されるべき場合にも日本の一定の実質規定は国際的強行規定としてかならず適用される。

1　民法35条

(1)　1項

民法35条1項の規定によると，「国，国の行政区画及び外国会社」は法律上当然にその成立が認許つまり承認される[7]。しかし，それ以外の団体は，「法律又は条約により認許された外国法人」を除いて，日本においてはその成立は承認されない。

> ＊この規定はおそらく19世紀中葉のフランスやベルギーにおいて流布していた次のような考え方に鼓吹されたものと推測される。すなわち，およそ団体の法人格は一国の公的機関の行為により創設されうる。法人格を創設する公的機関の権限は（外国裁判所の裁判権のように）その国の領域に限定され，法人格も（外国判決と同様に）その国の領域においてのみ効力を有する。その効力の内国への拡張つまり法人格の承認は相互主義ベースつまり自国法人の法人格を外国もまた承認するという相互の保証があってはじめて可能である。条約などにより相互の保証が確保されていないかぎり，社会的には同一の団体ではあっても内国において法人格を有するためには，内国において新たに法人格が創設されなければならないとの考え方である[8]。外国会社が除かれたのは，立法当時

においてすでに横浜などの外国人居留地において外国会社との取引が日常的に行われていたという現実を無視できなかったことに由来するとみられる。

しかし，民法35条1項の規定を文言に忠実に理解すると，内国の債権者の利益を損ないかねない。外国法人を債務者とし，他の外国法人を債権者とする債権が当該外国において発生したとしよう。この債権を内国法人が譲受した場合に，債務者たる外国法人は内国の観点からみて法人格を有しないから内国の譲受人は内国裁判所において債権を回収できなくなるおそれがある。外国の団体に法人格を否定することがなんらかの意味をもちうるのは，当該団体が日本において継続して活動を行う場合であり，1項の規定の趣旨はそのように限定して理解されなければならない。換言すれば，法人として権利義務の主体となりうることじたいを1項の規定は否定するものではないと解さなければならない。

(2) 2項

民法35条2項の規定によると，設立準拠法の下では法人格を有する外国法人であっても，日本法の同種の法人と同一の範囲の権利能力しか有しない。そのため，従属法たる外国法の認める権利能力が否定されることがある。しかし，外国法の認める権利能力の規制も，1項の規定と同様に，外国法人が日本において継続して取引を行う場合に限定されるべきである。

なお，外国法人は，鉱業法などの規定により権利の享有が制限されることがある。

2 会社法上の「外国会社」

外国会社の法人格は日本法においても法律上自動的に承認される（民法35条）。会社法の適用については次の2点のみを指摘したい。

(1) 一般的処理

会社法は，その2条1号および2号において，「会社」と「外国会社」とを区別している。「会社」は日本法に準拠して設立された株式会社などを意味するが，「外国会社」は外国法に準拠して設立された団体であって，当該外国法上

法人格を有するか否かを問わず，日本法の「会社」と同種または類似の団体を指すものとされている。この意味での「外国会社」をも対象とした個々の規定が，設立準拠法を外国法とする団体に適用される仕組みとなっている。それらの実質規定は国際的強行規定として，外国法が従属法であっても適用される。

(2) 擬似外国会社（会社法821条）

なお，日本に本店を置くかまたは日本において事業を行うことを主たる目的とする「外国会社」は，日本において取引を継続してすることができず（会社法821条1項），取引をした者は相手方に対し「外国会社」と連帯して債務弁済の責任を負うとされている（同条2項）。本拠地法主義が実現しようとする会社債権者などの保護を，内国取引との関係において図ろうとするものである[9]。

〔注〕
1) 比較法的には，これまで，英国，米国諸州，北欧諸国，イタリア，オランダおよびスイスが設立準拠法主義を，他のヨーロッパ大陸の諸国とくにドイツおよびフランスが本拠地法主義に依ってきた。
2) 参照，最判昭和50・7・15民集29巻6号1061頁。
3) 大阪地判平成2・12・6判タ760号246頁は，日本法人の代表者がすでに被害者に売却されていた自動車をドイツにおいて横領した事案において，法例11条の規定に従い不法行為地法としてのドイツ法を適用して法人に損害賠償責任を認めた。通則法の下では，原告・被告とも日本に常居所・事業所を有すると認められるから，20条の規定に従い日本法による可能性がある。
4) 前注2）最判昭和50・7・15民集29巻6号1061頁（会社が契約上の権利義務を設立後に取得するか否かは，会社債権者や株式引受人の利益を考慮して決定されるべきものであり，従属法によるとして，ニューヨーク州を適用した事案），東京地判平成4・1・28判時1437号122頁（カリフォルニア州会社のCEOの権限につき従属法たるカリフォルニア州法を適用した事案）。
5) 東京地判平成10・3・30判時1658号117頁は，法人格否認の法理に基づき，売買契約に基づく請求を，別個の法人格であることを理由として，被告は拒むことはできないとした。日本法を適用しているが，同時に，信義則ないし権利の濫用の一般条項を有する契約準拠法たるフランス法の下においてもこのことは認められるとする。東京高判平成14・1・30判時1797号27頁は，契約準拠法たる日本法に従い，被告の法人格は（日本の証券取引規制を免れるために設立された）実体のない外国法人にすぎないとして，契約上の責任を肯定する。
6) 東京地判平成13・9・28判タ1140号227頁では，愛媛県沖において発生したホンジュラス船籍の衝突・沈没事故により行方不明となり失踪宣告を受けた韓国籍乗務員らの遺族による損害賠償請求が問題となった。船舶の所有者はホンジュラス法人であるが，実質的には日本人が経営する個人会社であり，裁判所は，日本法により法人の責任を認めた上で，その法人格を否認して，日本人にも同様の責任を認めた。
7) 東京高判平成12・2・3判時1709号43頁は，ドイツ法に基づいて設立された会社は改

正前民法36条により当然に日本における法人格が承認されるとする。
8) さらに，宗教法人については，梅謙次郎「外国法人ニ就テ」志林46号57頁（1903年）によると，外国の宗教法人があまりに布教に熱心であると，日本の公益を害するような行為をするおそれがあることなどが懸念されたようである。
9) 会社法821条1項の規定は，改正前の商法482条（「日本ニ本店ヲ設ケ又ハ日本ニ於テ営業ヲ為スヲ以テ主タル目的トスル会社ハ外国ニ於テ設立スルモノト雖モ日本ニ於テ設立スル会社ト同一ノ規定ニ従フコトヲ要ス」）を改めたものである。この規定は，商法中の一定の規定が国際的強行規定であるとの前提の下に，その適用の条件を定める規定であった。この規定については国際的強行規定の中に設立に関する規定が含まれるか否かについて論争があったところ，現行の会社法821条1項の規定は，継続取引の禁止という実質法的な法律効果を定めることにより，この論争に終止符を打った。なお，改正前商法482条の規定は1882年のイタリア商法234条4項の規定に沿って立法されたものであったが（山田三良「商法第二百五十八条に就いて」法協21巻5号664頁（1903年）），このイタリア商法の規定は（「本店がイタリアにあるか又は団体の事業の主たる目的がイタリアにある場合には，イタリア法による」との）現在のイタリア国際私法25条1項ただし書の規定となっている。

〔参考文献〕

■法人

河野俊行「会社の従属法の決定基準——本拠地主義・設立準拠法主義」ジュリ1175号2頁（2000年）

藤田友敬「会社の従属法の適用範囲」ジュリ1175号9頁（2000年）

佐野寛「国際企業活動と法」国際法学会編『日本と国際法の100年(7)国際取引』（三省堂，2001年）167頁

江頭憲治郎「商法規定の国際的適用関係」国際私法2号136頁（2001年）

神作裕之「会社法総則・疑似外国会社」ジュリ1295号134頁（2005年）

山内惟介「法人の従属法とその適用範囲——欧州諸立法の比較検討とその立法論への示唆」国際私法2号117頁（2001年）

江頭憲治郎「法人格否認の法理の準拠法」田村諄之輔先生古稀記念『企業結合法の現代的課題と展開』（商事法務，2002年）581頁

石黒一憲「国際企業法上の諸問題——商法学と抵触法学との対話」落合誠一先生還暦記念『商事法への提言』（商事法務，2004年）

田中美穂『外国籍企業の法的規制と責任』（大阪大学出版会，2005年）

奥田安弘「新会社法における外国会社の法的地位」中央ロー3巻2号33頁（2007年）

高杉直「国際私法における法人」国際106巻2号125頁（2007年）

横溝大「法人に関する抵触法的考察——法人の従属法か外国法人格の承認か」民商135巻6号1045頁（2007年）

相澤哲「外国会社」江頭憲治郎ほか編『会社法大系(1)会社法制・会社概論・設立』（青林書院，2008年）44頁

江頭憲治郎「『外国会社』とは何か——持株会社に相当するものの場合」早法83巻4号1頁（2008年）

神前禎「法人の設立準拠法とその適用範囲・外国会社規制」須網隆夫＝道垣内正人編『国際ビジネスと法』（日本評論社，2009年）97頁

第3章　法律行為

抵触法上，法律行為についてはその実質と方式とが区別され，方式の準拠法については，法律行為の種類に応じて10条および34条において定められている。代理については明文の規定がなく，解釈に委ねられている。

第1節　法律行為の方式

法律行為の成立の問題でありながら，他の成立要件とは異なり，方式については特別の連結方法が定められている。つまり，"場所は行為を支配する"（locus regit actum）との原則が，法律行為の準拠法とくに契約の実質を規律する準拠法と併存する選択肢として，ほぼ全世界において通用しているといわれている。通則法も，その10条1項，2項（3項，4項）および34条において，実質法上の方式自由の原則を抵触法の平面に投影させている。なお，遺言については遺言の方式の準拠法に関する法律が，手形・小切手については手形法89条1項および小切手法78条1項が，方式につきそれぞれ特則を定めている。

I　方式の意義

実質法上，証拠方法を確保するだけでなく，法律行為の存在それじたいとその内容を明確にするためにあるいは第三者による認識の可能性を確保するために，（たとえば，書面，自署または証人もしくは機関の関与といった）特定の方式が要求されることがある。さらに，不当な影響から自由な意思形成を確保することや軽率な法律行為から当事者を保護するという目的からも，書面によることや自署が要求される。

法律行為の構成要素である意思表示を外部的に表象するものが方式といえる。けれども，実質法上，方式が履践されないと法律行為の拘束力が否定され

るかまたは弱められるという意味において法律行為の形式と実質とは牽連関係にたつ。そのために，法律行為の方式と実質との境界線は抵触法上かならずしもはっきりとしていない。通則法上，方式については行為地が連結素の1つとされていること，選択的連結という方法が採用されていることそして消費者契約には特則がおかれていることに留意して，ある法律要件が方式か否かを性質決定しなければならない。また，法律行為の実質を規律する準拠法秩序の下では成立が否定され，そのために成立を肯定することが当該法秩序との間で判決の国際的不調和を導くとしてもなお，その有効な成立を政策的に維持すべきかという視点も重要である。

Ⅱ 連結政策

方式の問題には，法律行為の実質に適用される準拠法と行為地法が準拠法となりうる。

1 行為地法

(1) "場所は行為を支配する"(2項)

法律行為の内容との自然の結びつきに鑑みれば，法律行為の成立に適用されるべき準拠法が方式にも適用されるべきである。これが通則法10条1項の規定の趣旨である。他方で，その2項の規定は，方式の準拠法として行為地法を選択肢として掲げている。方式に関するかぎり，当事者は行為地において通用している方式に依拠できる。行為地を連結素とすることの理由は次の3点に求められよう。第1に，行為地において利用できる法律情報へのアクセスは当事者にとり容易であるとみられるから，それだけ方式の履践が促進される。第2に，しっかりとした法律情報に基づくかぎり，方式違反を理由に法律行為の成立が事後に否定される可能性は低くなる。そして第3に，契約との関係では，通則法8条1項が定める「最も密接な関係がある地」という基準の含意する法的不確実性も回避することができる，という点である。

(2) 隔地者の意思表示 (3項)

意思表示の通知の発信地とその到達地が異なる場合を想定して，3項の規定

は発信地を行為地としている。日本民法は到達主義を原則としているけれども、通則法10条3項が基準としているのは発信地である。到達地が遠隔の地にあるときには、その方式規定に関する情報を得がたいことがあるため、到達地を基準とすることはむしろ法律行為の成立を妨げよう。法律情報へのアクセスの容易さとその結果としての方式の履践の促進という点から発信地が基準とされている。

(3) 代理人の法律行為

代理人による法律行為は、本人ではなく、代理人を基準としてその行為地を決定する。

2 選択的連結

(1) 趣　旨

法律行為の実質的要件と形式的要件との自然の結びつきからすれば、前者を規律する法が方式につき準拠法としての適格性を有していることは否定できない。上に述べたように、行為地を連結素とすることそれじたいが法律行為の成立を促進するけれども、通則法はさらに法律行為の準拠法と行為地法とを選択的関係におき、法律行為が有効となる可能性をいっそう高めようとしている。

他方で、選択的連結は方式に関する実質規定の保護機能を弱めることを含意する。選択的連結の背後には、実質法における方式自由の原則にかなりな程度に高い価値を与える政策的な判断があると考えるべきであろう。しかし、7条1項の規定はいわゆる分割指定（部分指定）を妨げるものではないが、方式についてのみ準拠法を指定することは許されない。この意味で、選択的連結は当事者自治という原則の限界を画している。さらに、類型的に方式規定の保護機能が重視されるべき法律行為については選択的連結に制約を加えるべきであろう。消費者契約には、消費者保護のための特則がおかれている（11条2項および3項）。

(2) 適　用

準拠法となりうる法秩序が定めるすべての方式の履践がない場合にのみ、法律行為は方式につき有効に成立しないことになる。選択肢の1つである法秩序

が法律行為に弱い効力しか認めず（たとえば，民法550条），他の法が完全な効力を肯定するときは，後者の法が適用される。仮定的に適用される複数の法規がいずれも消極的な法律効果しか発生させない場合には，消極的な法律効果のうちより弱い消極的効果を定める法が適用される。たとえば，契約を無効とする法規ではなく，取り消しうるとする法規が適用される。さらに，瑕疵の治癒を認めない法規ではなく，これを認める法規が適用される。法律行為の成立をできうるかぎり肯定することが選択的連結の趣旨に適合するからである。

Ⅲ　契約の方式

4項のいわゆる「契約」は，7条以下の規定する「法律行為」と基本的に異なるものではない[1]。もっとも，夫婦財産契約など親族関係に関する方式は34条の規定による。

1　隔地的契約（10条4項）

契約の方式につき（1項の規定に付加して）2項の規定が適用されるのは，契約当事者がともに同一の地に所在している場合に限られる。当事者が相異なる地にいるときには（1項の規定に付加して）4項の規定による。

当事者の申込みと承諾という意思表示がそれぞれ別個に問われるのではなく，4項の規定は契約の方式について単一の地を特定している。その意味で3項の規定の適用は排斥される。契約に関する方式規定は，（当事者双方の署名を要求するなど）多くの場合，個々の意思表示ではなく意思表示を全体として対象とするからである。4項の規定によると，契約当事者双方が契約締結時において物理的に所在している各々の地の法つまり申込地法と承諾地法がともに契約全体の方式の準拠法として選択肢となる。

＊日本の甲大学の教授がフランスの大学に留学している間に甲大学のサーバーを利用して，ニューヨークのソフト会社からアンティウイルスソフトを注文したとする。契約準拠法がニューヨーク州法であるとすると，方式には（契約準拠法または承諾地法としての）ニューヨーク州法と（申込地法としての）フランス法が適用可能である（ただし，11条3項の規定の適用可能性は残る）。

当事者の一方のみの意思表示につき特定の方式が要求されている場合も同様である。

* 申込地法が保証契約の保証人の意思表示については電子的手段による方法を排斥しているとしても、承諾地法がこの方法を許容している場合には、方式につき保証契約は有効に成立する。

選択的連結の結果、契約については方式準拠法の選択肢は3つあることになり、契約に関しては、方式規定の保護機能は抵触法ではそれほど重視されていない。国際契約を締結する者は、当該契約の方式の有効性がその所在する地の法に従ってのみ判断されると期待してはならないのである。

2　契約準拠法の変更と方式（10条1項かっこ書）

当事者は、9条の規定に従い、7条または8条の規定により定まる契約準拠法を変更することができる。しかし、契約の方式の準拠法は契約準拠法の変更によっては影響を受けない。方式についてはそれまでの準拠法に従った法的評価が維持される。すなわち、新準拠法が旧準拠法と比べてより厳格な方式要件を定めているとしても、契約の有効な成立が事後になって方式上の瑕疵を理由に否定されることはない。他方で、旧準拠法の下で契約が方式上有効に成立していないときは、新準拠法が旧準拠法に比べて緩やかな方式要件を定めているときであっても、準拠法の変更のみによっては方式上の瑕疵が治癒されることはない。

* 甲国に居住するAが同じく甲国に居住するBにたいして乙国に所在する動産につき贈与を書面により約束した。8条の規定により契約の準拠法となる甲国法は贈与契約につき公正証書を求めており、他方で、乙国法はたんなる書面で足りるとしているとしよう。乙国法を事後にA・Bが契約準拠法として指定した場合、当該贈与契約の準拠法は乙国法となる。しかし、方式との関連では甲国法が依然として契約準拠法である。乙国法の事後における指定によっても、贈与が方式につき有効となることはない。

　1項かっこ書の定める処理は、選択的連結という方法を用いて契約を有効化しようとする政策には適合しない。この政策に忠実に立法論を述べれば、旧準拠法の下で無効で

あった方式が新準拠法の下で有効であるときには，変更後の法を適用すべきことになろう。たしかに，この立法論には次の2つの問題点がある。第1に，当事者による準拠法の選択という法律行為は，管轄合意や夫婦財産制の準拠法の選択とは異なり，無方式でよい。旧準拠法の下で意思表示を表象する外形が確認できないとして無効とされた契約が，準拠法の変更という無方式の法律行為により，そのような外形がないまま有効とされてよいのか。第2に，10条の規定を設けることによって通則法は，7条の一般規定にたいして選択的連結という特則を方式につき設けている。このことは，10条の規定は方式という問題について当事者による準拠法の部分指定を否定していることを意味している。そのかぎりで方式規定のもつ保護機能を完全に無視してはいないのである。部分指定に匹敵する上に述べた立法論的処理は7条と10条の趣旨にはたして適合するのか，という疑問である。他方で，契約締結時に法選択をしなかった当事者が準拠法を明確にするために事後に法選択をする場合でも，方式については依然として客観的に連結される準拠法を適用するとする10条1項かっこ書の規律は，そういった当事者の期待を裏切ることになるかもしれない。

Ⅳ 物権その他の権利を設定・処分する法律行為（10条5項）

　物権その他排他的な効力を有する権利の得喪については，所在地法以外の法の適用は原則として意味がない。そのため，行為地法ではなく所在地法が適用される。

　5項の対象は，直接に物権を設定・処分する行為つまり物権行為である。所在地法によると債権契約のみで物権的効果も生ずる場合には，債権契約の方式については1項および4項の規定により，物権行為としての側面については5項の規定によることになる。

＊売主Aと買主Bがフランスにおいてフランス法を契約準拠法として，ドイツに所在する土地の売買契約を公正証書によることなく締結したとする。債権契約としての売買契約については1項および2項の規定が指定する法としてフランス法が適用される。他方で，所在地法たるドイツ法によると，土地所有権の物権的合意には公正証書が必要とされるので，この土地の所有権はBには移転しないことになる。

V　親族関係に関する方式（34条）

　34条の規定によると，25条から33条までの規定が対象としている親族関係に関する法律行為についても，一般的な法律行為の方式につき10条1項および2項が定めるのと同様の連結が定められている。つまり，法律行為の成立の準拠法と行為地法が選択的に適用される。法律情報への容易なアクセスを当事者に確保し，かつ，その成立を妨げないようにすべき問題が，34条の「方式」に分類されよう[2]。逆に，法律行為の実質を規律する準拠法秩序との間において判決の国際的調和の実現が重要とみられる問題については，国境を越えた身分関係の法的安定性のゆえに，これを方式として性質決定すべきではない。

＊協議離婚の許容性は離婚の方法の問題として27条の規定により指定される準拠法による。当該準拠法が協議離婚を許容しているとして，離婚の意思表示がいかに外形上表示されるかという問題が34条の「方式」に分類される。たとえば，協議離婚を許容する中華人民共和国婚姻法31条の規定は通則法27条の規定により中国法が指定される場合に適用される。他方で，協議離婚を登録するために制定されている「婚姻登記条例」10条の規定は（中国からみて）外国の機関による登録を想定していない。しかし，離婚準拠法たる中国法の下で許容されるべき協議離婚につき，日本では「婚姻登記条例」の下での登録が不可能であるからといって，日本における離婚の成立を妨げるべきではない。それゆえ，34条に従い行為地たる日本の戸籍法に従った離婚の届出が許容される。

　韓国もまた協議離婚を許容しているといわれる。しかし，韓国民法836条の規定によると，協議離婚をする当事者は，離婚届出をする前に同国家庭法院による離婚意思の確認を受けなければならない。この確認がなければ離婚届は受理されない。さらに，当該規定は（韓国からみて）外国における離婚をも想定している。この確認がなければ，日本における離婚は韓国の観点から成立していないとみられる[3]。日本法の下で離婚届不受理の申出がないことをもって韓国法上の裁判所による離婚意思の確認があったとみることはできない。離婚意思の確認は通則法34条にいわゆる方式ではなく，27条の規定により包摂される離婚の方法とみるべきである[4]。したがって，27条の規定に従い韓国法が準拠法となるときには，日本の裁判所は韓国家庭法院に代行して，離婚意思の確認を行わなければなるまい。

　なお，婚姻の方式もまたそのような法律行為の方式の1つではあるけれど

も，これには34条ではなく24条2項および3項の規定が適用される。34条の規定は，夫婦財産契約，認知または認知もしくは養子縁組にたいする子などの承諾・同意などについて，適用されよう[5]。

なお，34条の規定は隔地的な法律行為について明文では何も規律していない。しかし，10条3項および4項の規定の（類推）適用を禁ずる趣旨ではない。

＊異国籍のカップルが互いにその本国に所在しながら婚約をするときには，10条4項の規定が類推されよう。

第2節　代　理

代理人が相手方にたいしてした法律行為の効果を本人に帰せしめる制度は各国の実質法が有している。実質法の相違から生ずる法の抵触を解決する国際私法条約としては，1978年3月14日ハーグの「代理の準拠法に関する条約」がある。しかし，この条約が発効している国は少数にとどまっている。

通則法上，法定代理については明文の規定があるけれども，任意代理に関する明文の規定はなく，解釈によっている。以下の説明は任意代理にのみ関している。なお，法人が法律行為によりある者に代理権を付与した場合，当該行為の効果の法人への帰属いかんはここで検討すべき問題であるのにたいして，法人の機関である代表者の法律行為の効果が法人に帰属するか否かは法人の従属法つまり設立準拠法の問題である。

I　準拠法の決定

任意代理は固有の連結に服する。代理人・本人間の（委任契約などの）法律関係や本人と相手方間の法律関係の準拠法とは異なる準拠法に服する。さらに，代理行為つまり代理人と相手方との法律関係の準拠法によるわけでもない。

1　当事者による準拠法の指定

代理の準拠法の決定を当事者自治に委ねるとしても，本人，相手方および

代理人という三者の利益が問題となるため，限定された範囲でのみ許容されよう。本人，代理人および相手方のすべてが準拠法について合意している場合に，この準拠法を排斥する理由はあるまい。また，本人および代理人が法選択を相手方に示し，これを相手方が拒否しなかった場合も同様とみられる。

＊しかし，相手方保護という観点からは黙示の法選択が許容されるべきか問題であろう。代理人が相手方に提示した代理権授与の文書に特定の法秩序において代理を意味する術語（たとえば，fondé de pouvoir（フランス民法1995条））が用いられているとしても，そのことから相手方が代理の準拠法について合意したとはみられがたい。

2　客観的な連結

(1)　連結の考え方

通則法4条2項および26条3項の各規定と同様に，相手方保護または一般的な取引保護という観点は代理についても無視できない。原則として，代理権授与のいかんおよびその範囲を決定するにつき，相手方は関与していない。このことを抵触法の平面において考慮すると，代理に関する規律につき相手方が容易かつ確実に依拠できるとみられる地の法つまり代理行為地法によるべきことになろう。たしかに，本人は代理行為地をかならずしもつねに予見しているわけではないが，代理制度を利用してみずからの活動の範囲を拡張しようとしたのは本人であり，代理人を選んだのも本人である。そのため，準拠法の予見可能性について，本人の利益を相手方のそれとの比較において，後退させてもやむをえまい。他方で，代理人はいずれの地において代理権を行使すべきかを知っているのであるから，その地の法の下での自己の代理権の範囲と効力いかんを予見できると期待できよう。

(2)　代理行為地

本人にその効果が帰属すべき意思表示を代理人がした地または本人にその効果が帰属する意思表示を代理人が相手方から受けた地が基準となる。隔地的行為の場合には，代理人が意思表示をしたかまたは意思表示を受けた地である。表見代理または他の権利の外観に基づく代理権は，権利の外観が表示された地の法による。

想定されていた行為地と現実の行為地とが異なる場合には，取引保護の要請が優先するため，現実の行為地法による。

なお，代理人が事業所を有しているときは事業所所在地法により，代理人がその事業所所在地とは異なる地において代理行為をした場合にも事業所所在地法による，との処理も考えられないではない。

(3) 取引所などでの行為と競売

取引所での行為および競売についての代理権については，取引所の所在地または競売地の法による。代理人がインターネットを介して行為または競売を行う場合でも，そうである。その場合，基準となるのは，取引所または競売を組織している地の法である。

Ⅱ　準拠法の適用

代理の準拠法は，代理権の成立から消滅にいたるまでの代理に直接に関係するすべての問題に適用される。かくして，"本人（相手方）が相手方（本人）にたいして義務を負うか否か"に関するすべての問題がカバーされる。とはいえ，代理行為の準拠法つまり代理人と相手方間の法律関係の準拠法との限界確定は微妙である。特定の問題が代理行為の本質的な問題にかかわるときは代理行為の準拠法によるべきである。他方で，代理行為の準拠法は代理人と相手方との法選択に服しうるという点にも配慮しなければならない。自由な法選択の結果として本人の利益を害する事態が発生しないように性質決定されなければならない。

1　代理の準拠法

(1)　代理権授与行為

代理権が有効に授与されたか否か，とくに単独行為により代理権を授与できるか否かは代理の準拠法による。

(2)　制限能力者

能力の制限を受けている者が代理人となりうるか否かも代理の準拠法によ

る。4条2項の規定の趣旨からこの連結は導かれる。他方で，代理人が制限能力者であるか否かは4条または5条の規定による。

(3) 代理権の内容と範囲

代理の内容と範囲に関する以下の諸問題は原則として代理の準拠法による。①代理権授与という法律行為の解釈，②自己契約または双方代理の許容性，③復代理人の選任の可否，④共同代理の場合の代理権の範囲，⑤代理権踰越の効果[6]，⑥本人の死亡，倒産または能力制限の結果としての代理権の消滅いかんである。

無権代理人みずからの責任に関する問題も代理の準拠法による。代理行為の準拠法ではない。代理行為が契約であるときに認められる自由な法選択は本人の利益を侵害するおそれがあるからである。本人の追認の可否とその効果についても同様と解したい。

2　代理行為の準拠法

(1) 顕名主義

代理人の行為が代理行為として成立するには相手方にその旨が示される必要があるか（顕名主義の要件）は代理の準拠法ではなく代理行為の準拠法による。法律行為の当事者の特定は法律行為の本質的な問題にかかわるからである。

(2) 法律行為の一身専属性

問題となっている法律行為が代理を許容するか否か，たとえば代理人による婚姻は可能かといった問題は(24条1項など)個々の法律行為の準拠法による。

(3) 意思の瑕疵その他の主観的事情

錯誤などの意思の欠缺や善意・悪意が代理行為にいかなる影響を及ぼすかも代理行為の準拠法による。

3　方　式

代理権授与の方式は10条の規定による。授権行為地法または代理の準拠法

の定める方式要件を満たせばよいことになる。

〔注〕
1) 福岡高判平成10・5・29判時1690号80頁は，大連市中級人民法院において日本法人と中国法人との間に成立した「民事調解」の方式とこれを前提にその後に締結された合意（和解契約）の方式の双方につき行為地法として中国法を適用した。
2) 東京地判平成12・2・23家月53巻5号180頁。
3) 2004年3月17日大法院戸籍例規322号によれば，当事者双方が在日韓国大使館・領事部において協議離婚を申告し，その後に，家庭法院による離婚意思の確認を受けなければ，韓国においては離婚の成立は認められないとされている。
4) 韓国国際私法に関する学説として，石光現『2001年改正　韓国の国際私法』（神奈川大学法学研究所，2009年）200頁。
5) 津地四日市支判平成9・10・28判タ971号213頁は，日本人夫婦が韓国において同国の方式に従い届け出た成年者たる韓国人を養子とする養子縁組は，韓国の戸籍事務管掌者により受理された以上，戸籍法41条の定める報告的届出がなくとも有効に成立しているとする。高松高判平成5・10・18判タ834号215頁は，中華人民共和国婚姻法24条（現31条）は「男女双方が自ら離婚を希望する場合は離婚を許可する。双方は婚姻登記機関に出頭して離婚を申請しなければならない。婚姻登記機関は，双方が確実に自ら希望しかつ子女と財産の問題を適切に処理していることが調査により明確となった場合は離婚証を発給しなければならない」と規定しているが，この規定は離婚の方式を定めるにすぎないとして，離婚の方式は行為地法たる日本法に従い高松市長への離婚届出によって充足されているとする。
6) 代理人の不法行為の結果として本人が責任を負うか否かは不法行為の準拠法による。

〔参考文献〕
青木清「平成18年国際私法改正——契約および方式に関する準拠法」国際私法8号2頁（2007年）

第4章 物　権

Ⅰ　所在地法

　13条1項および2項の規定は，それぞれ，物権の種類・内容および物権変動につき所在地法によるとの原則を表明している。

1　連結素としての所在地の意味

　土地に関するかぎり，この原則は諸国の国際私法においてもまず例外なく採用されているといってよい。動産については稀に所有者の属人法によるとの原則をとる国もないではないが[1]，動産・不動産を問わず多くの国は目的物の所在地を連結素としている。その意味では，13条の規定は判決の国際的調和に沿った規定となっている。

　一般論として所在地を連結素とする理由は次の3点に求められよう。

(1)　第三者の予見可能性
イ　物権の排他的性質

　物権の排他的性質に応えるために実質法では公示制度が用意されている。抵触法の平面では当事者だけでなく第三者もまた確実に予見できる要素が連結素として求められる。当事者間に存在するあらゆる事情が債権準拠法を決定するために考慮されうるのとは対照的に，第三者のうかがい知れない諸事情を考慮することは，物権の性質上，原則としてできない。

ロ　物権法定主義

　権利の存在と内容は債権者などに周知のものでなければならない。実質法の平面での物権法定主義の背後にある政策は，抵触法の平面では誰からみても明白に予見できる準拠法の適用を要求する。たとえば，内国債権者などが予見できない地の法の定める担保物権を日本に所在する物に設定することができると

すると，所在地国たる日本の取引の安全を損ないかねない。

(2) 法廷地法の適用

自国の領域を構成する土地について自国裁判所の専属管轄を肯定する国は少なくない。専属管轄ではなくとも，不動産の所在地は特別の管轄原因とされることがある（民訴法3条の3第11号）。そのため，不動産に関するかぎり所在地法は同時に法廷地法を意味することが多い。さらに，登記機関に自国法以外の法を適用することは原則として期待できない（民訴法3条の5第2項）。

(3) 所在地国の公益

各国の領域に所在する自然資源の利用権はしばしば物権として構成されるが，そのような利用権は自由な商品交換のルールに従うというよりはむしろ国家の管理に服している。

* 日本法上，鉱業権は物権とはされているものの，権利者は原則として日本人または日本法人に限定され，鉱業権の設定には経済産業局長の許可が必要である（鉱業法12条，17条，21条）。

2　連結素としての所在地の限界

所在地法によるとの原則は古くから多くの国で採用されてはいるが，次の限界がある。

(1) 所在地に法が通用していない場合

物の所在する空間に国家の主権が及んでいることが，所在地を連結素とすることの前提となっている。公海上の船舶もしくは公海の上空を通過する航空機またはそれら船舶・航空機の貨物についてはこの連結は機能しない。

(2) 文化財

交換価値をもちうるものとして諸国がひとしく認めている物に関するかぎり，所在地法の適用は首肯できる結果を導く。これにたいして，特定国がその交換価値を制限または否定している物，たとえば一国の国宝などの文化財につ

いては，かならずしもつねに首肯できる解決を所在地法の適用は導かない。

(3) 輸送機など

国境を越えることが性質上想定できる物については，所在地が偶然に定まる可能性が高いだけにそれほど満足のゆく解決を提供できない。輸送機などである。

(4) 所在地が確定できない物

所在地の連結素としての適格性は，物の所在地が誰の目から見ても容易に認識できる点にある。盗品の故買などがいずれかの国において人知れず行われたときには，その地が確定できないことがあろう。このような場合には，連結素としての所在地の適格性は疑わしくなる。

Ⅱ 物権の種類・内容・効力（13条1項）

1 準拠法の決定

13条1項の規定によれば，「物権及びその他の登記をすべき権利」は目的物の所在地法による。つまり，物権の種類・内容・効力など物権の存在に関する諸問題は所在地法による。動産・不動産を問わない。日本法の知らない外国法上の権利が13条1項の意味における物権に該当するか否かは，所在地が連結素とされていることの意味を考慮して決せられる。つまり，問題となっている権利が（当事者間のみならず）第三者にたいしても主張することのできる性質を有するか否か，そして第三者の利益に影響する権利か否かという観点から判断される。

2 準拠法の適用

(1) 物権の種類

物権準拠法は，所有権，共有および用益物権や約定・法定担保物権の種類を決定する。占有に関する諸問題も物権準拠法による。

(2) 物権の内容・効力

物権の内容・効力は物権準拠法による。すなわち，物権の排他的効力や物権の優先的効力に関する問題に適用される。

特定の物の所有権が譲渡可能か否かも所在地法による。たとえば，ある国が特定の美術品を国宝とし，その譲渡を禁止していても，日本において発見された当該美術品の所有権の譲渡可能性は原則として日本法によることになる。

(3) 準拠法の変更

物権の種類・内容・効力など物権の存在に関する諸問題は所在地法によるとの13条1項の規定は，動産が国境を移動した場合，何を意味するか。多数の国は物権法定主義を採用し，物権の種類・内容・効力を法定している。その規律のありかたは国によって異なる。そのために，新所在地法は旧所在地法の定める物権の種類を知らないかもしれない。旧所在地法と新所在地法がともに特定の権利を物権としているときにも，各々の法が異なった内容や効力を与えていることもあろう。さらに，物権を第三者に主張するために必要な公示方法が新所在地法では利用できないという事態も生じよう。

たとえば，外国に所在していた動産につき当該外国法の下で特定の物権が有効に取得された後，目的物が日本または第三国に持ち込まれた場合，日本法または第三国法の下でもこの権利は権利として尊重されなければならない。13条2項の規定はこのことを命じている。しかし，新所在地法たる日本法または第三国法は，当該の権利が日本法または第三国法の認める種類の物権に相当するか否かの問題を規律する。かくして，旧所在地法の下で成立した物権（"ownership"）は，新所在地法の物権（"所有権"）に置き換えることができるかぎりにおいて，権利として認められるのである。置き換えが可能か否かは個々の実質法の解釈問題である。

(4) 物権的請求権

所有物返還請求権などの物権的請求権も，13条1項の規定に従い，侵害のあった時点における所在地法による。物権の侵害は不法行為や不当利得に基づく請求権を発生させるが，不法行為に関する抵触規定に従い（20条），これらの請求権は所在地法と同一の法に附従的に連結されよう。というのは，これらの請求権は例外なく物権にその基礎を有し，統一的な処理を必要とするからで

ある。

Ⅲ　物権変動（13条2項）

1　準拠法の決定

13条2項の規定によれば、物権変動は「原因たる事実の完成した当時」の所在地法による。国境を越える可能性がある動産については、所在地法は物権変動の要件が完成した時点を基準として定められる[2]。

物権変動が法律行為に基づくか否かを問わない。相異なる国で相次いで複数の物権が成立したとみられる場合には、物権の排他性のゆえにいずれかを優先させなければならない。国境を越えて世界的に通用する対抗要件なるものはないため、時間的に先行し、対抗力を有する物権が優先する仕組みとなっている。この場合、物権変動の要件が完成した時点の所在地法によるとは、その所在地法の下で成立した物権が日本の国際私法の観点からは優先するとの意味をもっている。

2　準拠法の適用

(1)　継続的事実に基づく物権変動

旧所在地法の下では物権得喪の原因となる事実（たとえば、取得時効に必要な期間の経過）が完成しない間に動産が国境を越えて移動し、新所在地法の下で完成すると、新所在地法に従い物権変動が生ずる。旧所在地法の下で生起した事実たとえば期間の経過を新所在地法がいかに評価するかは新所在地の実質法の解釈の問題である。新所在地の実質法が旧所在地国たる外国において生起した（期間の経過などの）事実を斟酌することはありうる。そのため、旧所在地法の下では完成していなかった物権の得喪を構成する事実が新所在地法によって（取得時効の期間が短く定められているために）すでに完成していたということも起こりうる。

＊甲国法の下で時効取得に必要な期間は10年であり、乙国法の下で時効取得に必要な期間は8年の場合において、甲国で動産を9年間占有した後に占有者が乙国に移動した場合、

乙国の領域に入った瞬間に，乙国法に従って取得時効が成立するかは乙国法の解釈問題である。

(2) 法律行為による物権変動
イ 契約準拠法と物権準拠法

動産所有権など物権の生存者間における移転は物権法と債権法に跨る問題である。国際私法上は，他の者への所有権その他の物権の移転義務の発生原因となる（債権契約などの）法律行為と物権それじたいを移転する法律行為とを区別しなければならない。前者には契約準拠法などの原因行為の準拠法が適用され，後者には所在地法が適用される。

ドイツ民法のように物権行為の独自性を肯定し，厳格に債権行為と物権行為とを分けている国にとってはこのような抵触法上の処理は当然ということになろう。しかし，フランス法や日本法のようにその実質法が契約上の１つの合意によって物権の移転を肯定する国の国際私法においても，（7条以下の規定と13条の規定との関係から）通則法の解釈論として，この区別を認めなければならない。ある事実が所有権の移転などの物権的効果を有するか否かは物権準拠法つまり所在地法による。たとえば，日本に所在する動産の売買契約の場合，当該債権契約の準拠法が引渡しなどの物権行為を要求していても，このことは所有権の移転という物権的な効果の関係では斟酌されない。

＊国際物品売買契約に関する国際連合条約（CISG）

　CISGは物権の移転それじたいを規律しない。それゆえ，所有権が売主から買主に移転したか否かの問題は通則法13条2項の規定による。所在地法が物品の引渡しを所有権移転の要件としているときには，条約30条および31条の規定に従った行為を売主はしなければならない。さらに，所在地法が物権的合意を要求している場合には，条約30条の規定に従い，売主はその趣旨の意思表示をしなければならない。

＊＊動産譲渡登記

　動産及び債権の譲渡の対抗要件に関する民法の特例等に関する法律に基づく譲渡登記をもって民法178条にいわゆる引渡しがあったものとみなす同法3条1項の規定は，日本に目的物が所在する場合に適用される。

＊＊＊国際取引

　継続的な事実に基づく物権変動の場合と同様に，法律行為に基づく物権変動について

も，旧所在地法と新所在地法のうち物権変動の原因を構成する事実の完成を時間的に先に認める法が準拠法となる。なお，取得時効の場合と同様に，旧所在地において生起した事実を新所在地法が考慮できるか否かは新所在地の実質法の解釈問題である。

【例1　意思主義をとる国が輸出国であり，形式主義をとる国が輸入国である場合】

　日本のメーカーがその製造する機械をドイツの会社に売却する契約を締結するとする。契約準拠法に従い契約が有効に成立した場合，引渡しを待つまでもなく，所有権は契約の時点において移転する。特定物ではなく種類物の売買であっても同様である。特定化は発送の時点において日本において生じており，遅くともその時点において所有権は移転しているからである。輸出国が意思主義をとるかぎり，物権変動は輸出国法に従って生じる。

【例2　形式主義をとる国が輸出国である場合（1）】

　ドイツのメーカーがその製造する機械をフランスの会社に売却する契約を締結するとする。ドイツからフランスに機械が送られ，フランス人買主が占有を開始する前に，ストラスブールにおいて売主の債権者が当該機械を差し押さえたとしよう。ドイツ民法の要求する引渡しが欠けているため，所有権はドイツ法の下では移転していない。機械がフランスの領域に達した後は，フランス法による。フランス民法によれば特定物の売買は契約締結時に移転するはずであるが，契約締結の時点において機械はいまだドイツに所在していた。そこで，所有権の移転にはフランス法が要求するすべての事実がフランスの領域内において生起しなければならないとすると，契約の時点では所有権は買主に移転していないことになる。フランスの領域に達した後に（新）契約を締結してはじめてフランス人買主は所有権を取得する。この契約のないかぎり，所有権は移転しない。

【例3　形式主義をとる国が輸出国である場合（2）】

　スイスの会社がドイツの買主に機械を売却したとする。スイス法もドイツ法と同様に所有権移転に引渡しを要求する。しかし，スイス法では物権的合意と債権的合意とを1つの合意で行いうるとされている。他方で，ドイツ法では債権的合意に加えて別個に物権的合意が必要とされる。もっとも，売買契約締結の時点における所有権移転の合意のほかに，ドイツ国境内に機械が入った後にドイツ法に従った物権的合意を行う必要はない。ドイツ国際私法43条3項の規定によると，外国からドイツに到達した物について，その権利がいまだ取得されていない場合，「ドイツにおける当該物権の取得については外国において生起した事実はドイツにおいて当該事実が生起したものとして考慮されなければならない」とされているからである。

ロ　方　式

直接に物権を設定・処分する行為つまり物権行為の方式については，10条5項の規定に従い，所在地法による。

Ⅳ　明文の規定のない物権関係

1　運送中の物（res in transitu）

運送の途次にある物つまり通過地点にすぎない国または公海上に所在する物についての法律行為による物権の得喪については，明文の規定はおかれていない。日本だけでなく多くの国においても，そういった事態は頻繁に発生するわけではないからである。運送中の物については，所在地への連結は（確定できないので）不可能であるか，確定できたとしても（偶然に定まるので）少なくとも無意味である[3]。仕向地国法によるべきであろうか[4]。

2　輸送機

輸送機については，所在地が偶然に定まるかまたはいずれの国の領域にも属さない可能性がかなりな程度あるために，所在地という連結素とは別の連結素が選択されなければならない。移動中の物と異なり，輸送機は本国とでもいうべき地をもちうる。通常，その地において登録され，それゆえ国際私法にとって意味のある関連性がその地との間で存在する[5]。たとえば，登録された航空機にたいする権利は登録国法が準拠法となろう。もっとも，船舶先取特権についての見解は分かれている。

なお，自動車については，（日本では道路運送車両法による登録が済み）運行の用に供する状態にあるときには「利用の本拠地法」に，（登録がなく）運行の用に供しえない状態のときには自動車が物理的に所在している地の法による，とされている[6]。

3　盗品など

類型的に第三者の利害がかかわらない状況たとえば海外において日本の団体

旅行客が同じパック旅行に参加している他の旅行客に観光バスの中で携帯品を売ったような状況では，所在地法たる外国法ではなく（誰からみても認識可能な）旅行の出発地の法が適用されるべきであろうか。

さらに，盗難にあった物につき保険金を支払った保険会社に当該物の所有権が移転したか否かについては，盗品の所在地が確定できないことも多いであろう[7]。このような場合にも所在地法によるべきではなく，保険会社の事業所所在地法によるべきものと思われる。

4 外国国家による国有化など

国家が私有財産を一般的かつ大規模に強制取得するにせよ（国有化），個別の私有財産を強制取得するにせよ（収用），強制取得行為による物権の変動については13条2項の規定は適用されない。

国有化・収用は現実に財貨が所在している国によって実行されることが多いために，物権準拠法たる所在地法の適用として国家による強制取得が説明されることがあった。しかし，第1に，物権準拠法と国有化法とはかならずしも一致するわけではないことに留意すべきである[8]。

* 「自動車に関する物権はその登録地法による」という抵触規定を甲国が有していたとしよう[9]。乙国において登録されている自動車の車体に麻薬を隠してＡが車両を甲国に持ち込んだところ，甲国の機関による捜索を受け，当該車両が甲国により没収された場合に，Ａの所有権の喪失は乙国法によるわけではない。

そもそも抵触規定が解決すべき問題ではない。国家による国有化や収用の権限を付与する外国の法律を日本の裁判所が適用するという事態を観念しがたいからである。外国国家の強制取得行為の承認だけが問題となる。

* 甲国が「Ｘの財産を即時に収用する」という法律を制定した場合，この具体的な内容の法規を承認するか否かが問われる。かつてのカナダ諸州の議会が「ＸとＹを離婚する」とう法律を制定した場合に，民訴法118条の規定の適用による承認が問題になるのと同様である。

〔注〕
1) たとえば,ブラジル民法8条1項。
2) たとえば,即時取得による所有権の移転は占有取得時。自動車について,最判平成14・10・29民集56巻8号1964頁。
3) 他方で,通過地点にある国において当該物を差し押さえたり,通過地点の国の法によれば法定担保権が帰属する第三者との関係では,所在地は連結素となりえよう。
4) 明示的に,スイス国際私法101条。
5) 松山地判平成6・11・8判時1549号109頁は,ペンシルバニア州に所有者名義で登録されているヨットを占有者からイタリアで購入して日本に持ち帰ったことが所有権侵害による不法行為になるか否かが問われた事案において,法例10条(通則法13条)の所在地法とは登録地法(旗国法)を意味するとしている。
6) 前注2)最判平成14・10・29民集56巻8号1964頁は,ドイツで登録されイタリアで盗まれた自動車につき保険契約に従ってその所有権を代位取得したと主張するドイツの保険会社が,当該自動車がアラブ首長国連邦から日本に輸入され,転々譲渡された後にこれを占有使用している者にたいしてした引渡請求について,当該自動車の物理的な所在地の法である日本法により中間取得者の即時取得を認めた。
7) 盗難にあった自動車の所有権の保険代位に基づく所有権移転は,どの地に自動車が所在していた時に生じたか不明である。参照,前注2)最判平成14・10・29民集56巻8号1964頁。
8) 東京高判昭和28・9・11高民集6巻11号702頁。
9) 参照,東京高判平成12・2・3判時1709号43頁。

〔参考文献〕

森田博志「物権準拠法の決定と適用範囲に関する問題提起――『原因事実完成当時』を中心に」国際私法8号86頁(2007年)
西谷祐子「物権準拠法をめぐる課題と展望」民商136巻2号202頁(2007年)
藤澤尚江「動産約定担保と抵触規則」国際私法11号126頁(2010年)

第5章　債　権

第1節　契約債権

　契約債権の準拠法はまず当事者の法選択により定まる。当事者が明示的にも黙示的にも法選択をしなかった場合，客観的な基準に従い個別的・具体的に準拠法を特定しなければならない。

Ⅰ　当事者自治の原則（7条）

　通則法7条の規定は当事者自治の原則を表明し，契約準拠法の指定を当事者に許容している。この原則は，超国家的法源および国家的法源において広く認められている。日本の国際私法は，契約を中核とした法律行為につきこの原則を肯定してきた。

> ＊なお，1989年に改正された法例は夫婦財産制についても夫婦に法選択を一定範囲で認め，通則法は，これに加えて，法定債権についても事後的な法選択を当事者に許容している。

　法定債権を発生させる「事実」（14条以下）との識別を図るために，7条の規定は「法律行為」という文言を用いている。14条以下の規定との対比において「法律行為」という事項概念が決定される。自己が義務を負うべき相手方を選択する自由と義務負担の任意性という2つの要素が7条の「法律行為」概念のメルクマールである。これらの要素を具有する権利義務関係であるからこそ，事後的にではなくその関係の発生の時点において当事者の権利義務を測定する基準を定める法秩序を自由に当事者は合意することができるのである。契

約に関する諸問題がその中核を構成する。(法秩序によっては，実質法上，単独行為とされる) 贈与もこれらの特徴を有するために，抵触法上，「法律行為」に分類される。これらの要素のいずれかを欠く権利義務関係は 14 条以下の規定による。

＊贈与者と受贈者が 7 条の規定に従い特定の法を準拠法として合意し，その準拠法が問題となっている贈与を単独行為としているということも起こりうる。また，18 条の規定が指定する準拠法によれば生産物責任が契約責任として構成されているとしても，このことは抵触法上の性質決定に影響しない。生産物責任における加害者は相手方つまり被害者を選択する自由を有していたわけではかならずしもないからである。

1　当事者自治の原則の機能と根拠

(1)　機能 (実質法的指定との区別)

選択された法は，契約において合意された権利義務の内容を測定する尺度を当事者にたいして提供すると同時に，契約に関連して当事者間に紛争が生じたときに紛争解決の基準を提供する。

他の抵触規定による指定と同様に，当事者が指定した法秩序の任意規定だけでなく強行規定も適用される。ただし，消費者契約 (11 条) および労働契約 (12 条) については特則がおかれている。さらに，法廷地国の国際的強行規定に分類される法規の適用はつねに留保され，他方で，外国の国際的強行規定も一定範囲で適用されるかまたは考慮されうる。

いわゆる"実質法的指定"(materiellrechtliche Verweisung, incorporation) とは区別されなければならない。この当事者の行為は，契約を規律する準拠法がすでに定まっていることを前提として，その準拠法の強行規定が許容する範囲内つまり準拠実質法が認める法律行為 (契約) 自由の原則の枠組みの中で，他の法秩序の規定と同一内容の規範を契約内容とするものである。この場合の指定行為は簡略化された契約内容の合意を意味する。

当事者が特定の法または規定を契約の中で言及している場合，それが抵触法的指定か実質法的指定かを判定することはかならずしも容易ではない。けれども，次の点に両者の差異が認められる。抵触法的指定はつねに実定法への指定を意味するために，指定された法秩序において契約締結後に関連規定の改正が

行われた場合には（経過規定に従いつつ）新法が適用されうる，という点である。

(2) 政　策

　実質法上の契約自由の原則に対応して，通則法7条の規定は当事者の意思を第一次的な基準として準拠法を決定しようとする。契約はそもそも当事者の意思に従い成立するということだけでなく，国際取引の必要性に当事者自治の原則は応える。というのは，①契約関係に最も適切な法を知っているのはほかでもない当事者自身であり，当事者間に存する個別的な事情に適合する準拠法を指定できると同時に，②当事者は準拠法を予見することができるからである。さらに，③諸国の契約法上の強行規定は（親族法など）他の法分野のそれと比較すると互いに似通っており，かつ，契約法の多くの規定は任意規定である。そのため，客観的には疑問の余地なく関連性を有している法とは異なる法を当事者が選択したとしても極端な不都合は生じない，という点も指摘できよう。また，④おそらくどの国の国際私法も当事者自治を肯定しているとみられるから，判決の国際的調和という点からもこの原則は望ましいのである。

2　明示的な法選択

(1)　契約関係の渉外性

　当事者の常居所や事業所が異なった国にある場合や物，役務，支払いが国境を越えて生ずる場合には，当事者自治は異論なく妥当する。しかし，契約関係のこういった渉外性は当事者による法選択の要件ではない。契約関係のすべての要素が日本を指示していても当事者は外国法を指定でき，その一方で，契約関係を構成する諸要素が特定の外国に集中している場合にも当事者は当該外国法とは異なる法秩序（たとえば，日本法）を指定することができる。

＊日本の企業がある製品を購入しようとする。海外から入札の申込みが殺到し，それらの会社は，関連する製品について米国のA州法が最も先進的な法を有していることから，販売戦略上，A州法を準拠法とした契約の申込みをしたとする。自社製品を売ろうとしている日本の会社もA州法を準拠法として申込みをし，結果として，この日本の会社との間で売買契約が締結された場合，この契約は純日本的な契約ではあるが，準拠法をA州法としない理由はない。

(2) 選択の対象となる規範

　法なき契約つまり特定の法秩序を前提とすることのない契約は当事者の権利義務の法的基礎としては認められない。さらに，国家法のみが選択の対象となる。7条にいわゆる「選択した地の法」とは特定の国の領域において通用している法を意味している。その法の中には国際的な法源に属するものも含まれる。

> ＊日本に営業所を有する会社がその製造する物品をロンドンに営業所を有する買主に売却した。しかし，買主の注文どおりのものではなかったために，日本の裁判所に買主は訴えを提起した。準拠法の指定はないため，後述する特徴的給付を推定の基準として日本の裁判所は日本法を準拠法とするであろう。英国は「国際物品売買契約に関する国際連合条約」の締約国ではないが，同条約が適用されうる（同条約1条1項b号）。

　いわゆるレックス・メルカトリア（lex mercatoria）[1]と呼ばれる規範や私的な国際団体が作成したモデルルール[2]は，当事者自治の対象とはなりえない。これらが事案を解決するために必要な規範を有している保障はなく，準拠法の選択が不要となるとはいえないからである。

> ＊たとえば，「ユニドロワ国際商事契約原則」（Unidroit Principles of International Commercial Contracts）は債権の消滅時効について明文の規定をおいていない。

(3) 選択の範囲

　選択の対象となる法秩序に量的な制限はない。準拠法を選択する際に契約当事者は次の点などに配慮するとみられ，そういった点の配慮を無視する理由はないからである。①法廷地法が適用されれば，適正かつ迅速な裁判を期待することができる。②一方当事者の常居所地法や事業所所在地法の選択は，法律情報へのアクセスの観点から，その当事者に有利に働く。この点に関する公平を図るべく中立の法を選択する利益を当事者は有している。③一定の法秩序は特定の分野において発達した実質法規を有している。④相互に関連する複数の契約を同一の準拠法に服させると簡明な処理を期待できる，という点である。

(4) 選択の態様

イ　複数の準拠法の選択（分割または部分指定（dépeçage））

　行為能力と方式は別個に連結される。行為能力は4条および5条の各規定による。契約の方式の準拠法は（3項，5項を除く）10条の規定により定まる。

　これらの問題を別にすれば，契約の成立と効力について，当事者は，契約の各部分につきそれぞれ異なった法を指定することができる。たとえば，契約から発生する損害賠償請求につき，事後において，契約の効力に適用される法とは別の法を合意することができる。ただし，（契約の実質は甲国法により，方式については乙国法によるというように）方式を分離して，これに準拠法を指定することは許されない。方式は10条の定める選択的連結により指定される準拠法による。

　外観上1つの契約のようにみえても国際私法の観点からは複数の契約とみることもできる場合に，当事者は，国際私法の観点からは1つの契約かそれとも複数の契約かという問題に煩わされることなく，複数の法を準拠法として指定できる。この点に分割指定の実際的な有用性があると思われる。

＊たとえば，工作機械を引き渡す合意だけでなく，これを設置した後に試運転をし，買主の従業員を訓練し，生産品の販売計画に助力をするなどといった役務提供の合意が1つの文書で合意された場合に，売買契約と役務提供契約という2つの契約が締結されたと国際私法の観点から構成する必要はかならずしもなく，各部分につき相異なる準拠法が適用される1つの契約が締結されたと捉えることもできる。

　その一方で，厳密な意味での分割指定つまり国際私法上1つの契約の各部分につき準拠法の指定を行うことも排斥されない[3]。しかし，当事者が特定の事項との関連についてのみ法を選択している場合（たとえば，"契約の解釈については甲国のA州法による"との合意がある場合）には，特段の意思を示す事情でもないかぎり，契約の他の部分につき後述する黙示的な法選択が認められる可能性がある。

　分割指定のためには契約の各部分が分割可能でなければならないであろう。つまり解決できない矛盾に陥ることなく，相異なる法に服することのできる契約の各部分への指定でなければならない。解釈などによっても矛盾が解決できないような法選択であれば，意味不明のものとして7条（9条）の意味での法

選択は存在しないとの結果に逢着する可能性がある。その場合には，後述する客観的連結によって準拠法を定めることになる。

> ＊国際売買契約における債務不履行の効果に適用される準拠法が，売主と買主それぞれの事業所所在地法に服する場合には，矛盾が生じうる。当事者が2つの法を指定している場合には，矛盾を回避すべく，意思解釈により，たとえばそのうちの1つを抵触法的指定とみ，他の指定をこの抵触法的指定と組み合わされた実質法的指定とみるといった操作も考えられよう。

　ロ　準拠法の凍結

　私人と国家との契約については，準拠法をあたかも凍結するような指定が行われることがある。契約の時点で通用していた契約準拠法上の法規を，事後における当該法秩序における法改正や裁判所による新たな法解釈にかかわらず，適用するとの合意である。抵触法的な指定によって法秩序をこのような意味において凍結することが肯定されるべきか，それとも，立法や判例による法の発展に従い変化する生きた法つまり実定法のみが選択されうるか，という点は議論のあるところである。いわゆる国家契約（State Contract）つまり国家と私人との間の契約において，契約の一方当事者たる国家の法が契約準拠法とされている場合に，準拠法凍結条項は許容されると考える論者は少なくないようである。この条項により，契約当事者たる国家が一方的に法の内容に変更を加えても，相手方たる私人が依拠していた内容の法規が契約を規律し続け，その意味で私人が保護されうるからである。

　日本の国際私法上，このような準拠法の凍結は許容されないとすれば，凍結する条項を無視し，通常の抵触法的な意味での準拠法の指定があったものとみなければならないであろう。

(5) 浮動的法選択

　条件つき法選択条項も肯定されるべきである。たとえば，将来において被告となる当事者の住所地の法によるというように，契約締結の当時においては準拠法を特定しない法選択をすることも可能である。この場合の準拠法指定は紛争が生じた場合の解決基準を提供するだけの機能を有している。このような指定があった場合，契約締結の時点から特定の地の法が確定する時点まで契約を

規律するのは客観的連結（8条）に従い決定される法である。

(6) 事後の法選択（9条）
イ 意味
　原則として，当事者は契約締結時に準拠法を指定しなければならない（7条）。しかし，契約締結後において法を選択することは妨げられない。事後の法選択は，事前に（とくに契約締結時に）行われた法選択を変更する法選択と（契約締結時には客観的連結により定まる準拠法に服していた契約につき）契約締結後はじめて行われる法選択の双方を含む。

ロ 必要性と要件
　契約締結後になって別の法が当事者の契約関係にとって都合のよいことが判明するかもしれない。あるいは，法廷地国となった国の法を準拠法として選択することによって外国法の調査に要する費用と時間を節約することもできる。さらに，紛争が発生してはじめて準拠法選択の必要性を認識することもあろう。また，契約締結の段階では準拠法選択の可能性を当事者がそもそも認識していなかった場合もある。いずれの場合においても事後の法選択は許される。そうすることによって，既存の契約を消滅させ，ついで，別の法の下で新たな契約を締結するという手間を当事者は省くことができる。

　事後の法選択は，契約締結時に行われるべき法選択とその要件において同一である。後述する黙示的な選択も可能である。

　訴え提起後に法選択が行われる可能性は高い[4]。もともと選択されていた外国法に代えて，当事者は訴訟手続中に法廷地法を契約準拠法として明示的に選択することができるのである。他方で，当事者が法廷地法を前提として訴訟行為をしているとしても，そのことのみをもって（後述する）法廷地法の黙示的な選択があったと裁判所は安易に認めるべきではあるまい。事実審の口頭弁論終結時まで準拠法の変更は可能である。

ハ 遡及効の有無
　事後の法選択が遡及するかそれとも将来的にのみ効力をもつかは，当事者の意思により決定される。一般的には，事後の法選択は契約締結時まで遡及するという処理が当事者の意思に合致するであろう。通常，複数の法が時間的に相前後して1つの契約に適用されることにたいして，当事者は利益を有しないとみられるからである。

二　第三者の権利の留保（ただし書）

なお，契約準拠法の事後の変更は第三者の不利益には働かない。たとえば，第三者のためにする契約の第三者や保証契約における保証人の権利は尊重される。第三者または保証人はみずからが関与しないかぎりその法的地位を害されるべきではない，との実質法的な配慮が働いている。事後の法選択が従前の契約準拠法と比較して第三者の法的地位を悪化させ，第三者がこれにたいして異議を唱える場合には[5]，事後における法選択の効力は当事者間の関係に限定され，第三者と当事者との関係には従前の契約準拠法が引き続き適用されることになる。

(7)　法選択じたいの有効性

契約と法選択の合意とは，同一の文書中に表明されていても，相互に独立した法律行為である。有効に選択された準拠法の下で契約本体が無効という事態も生じうる。それでは，法選択という法律行為の成立と効力を規律する法は何か。たとえば，インターネット取引においてクリックオン契約中に法選択条項があった場合，"確定"ボタンをクリックすると事業者の指定する準拠法を選択したことになるか。通則法はこの問題を解釈に委ねている。解決方法は2つある。

第1に，法廷地の国際私法じたい（結局は，類推適用されるべき法廷地実質法）がその有効性を決するという方法であり，法例の時代における多数説の唱える処理であった。法例の中にはこの点について明文の規定がないため，民法の規定を類推し，法選択が詐欺や錯誤に基づいて行われた場合には，それぞれ，取消しや無効という効果を与えるという処理が示唆されていた。第2のものは，法選択の有効性もまた当事者の指定した法によるという方法である。

＊この第2の方法によると，たとえば，甲国法を準拠法とする条項を含む売買契約をXとYが締結し，後日，Yは法選択をも含めて売買契約全体が錯誤に基づき無効であると主張するとすると，甲国法が当該契約本体の有効性いかんの問題のみならず甲国法の選択じたいの有効性の問題にも適用される。

多数の国の国際私法が第2の方法を採用すると，それらの国の間においては，どの国が法廷地国となっても法選択の有効性には契約準拠法とされた法が

適用される。その意味において，判決の国際的調和にこの方法は資するといえよう。さらに，準拠法の合意が同一の契約の中で行われた場合には，他の合意との自然の結びつきもこの方法の1つの根拠となりうる。

＊もっとも，このような処理にも問題がないではない。甲国に常居所を有するAが乙国に常居所を有するBにたいして申込みの通知を発し，申込みに際して，甲国法を契約準拠法とする旨の意思表示を行い，Bはこの申込みにたいしてなんらの応答もしなかったとする。契約準拠法たる甲国法が申込みを受けた者の沈黙を承諾とみなしているとすると，甲国法が契約準拠法となる。しかし，A・B間に甲国法を準拠法とする継続的な取引がある場合などは別として，Bが常居所を有する（それゆえ，Bにとって予見しやすい）乙国法が申込みを受けた者の沈黙を承諾とはみなしていないとすると，甲国法を契約準拠法とすることはBにとって不測の事態となろう。

(8) 法選択の方式
書面によることなどの方式の履践は準拠法の選択との関連では不要である。管轄合意や夫婦財産制の準拠法の指定とは異なる。契約準拠法の下において問題となっている種類の契約には書面が要求されていても，準拠法を指定する意思表示にはそういった方式が要求されるわけではない。

3　黙示的な法選択

準拠法が明示的に指定されなければただちに8条の規定が適用され，客観的な基準に基づき準拠法が定まるわけではない。準拠法を指定する当事者の意思が認められるかぎり，黙示的な法選択も許容される。

(1) 黙示的な合意の認定
次の3点は，黙示的な法選択の広範囲な認定を抑止する方向に働く。
イ　管轄原因としての債務履行地
契約準拠法いかんは国際裁判管轄の基礎としての債務履行地の決定に影響する（民訴法3条の3第1号）。当事者が契約の中で債務履行地を定めていないときには，明示的または黙示的に当事者が指定した契約準拠法がこれを定めるからである。管轄権の有無を判断する段階において，当事者の意思に仮託して

（通則法8条1項にいわゆる）「最も密接な関係がある地」に匹敵するような事情の審査を裁判所は行うべきではあるまい[6]。

ロ　法的確実性と透明性の確保

黙示意思の探求には法的不確実性が伴う。黙示意思の徴憑として考慮すべき個々の事情の範囲および個々の事情のもつ価値を一般的に特定することは困難であるからである。

*日本で契約交渉が行われ、通貨を日本円とし、日本語の契約書が作成されたという事情から日本の事業者の強い立場を推認した上で、準拠法の選択についてもこの事業者の意思が貫徹されたはずであるという仮定に基づき日本法の黙示的選択を認定すべきではない。そういった事情は、8条1項の「最も密接な関係がある地」を判定する場合に考慮されるべきである。

さらに、裁判所の判断の透明性という観点からも黙示意思の認定には慎重さが求められる。たとえば、当事者の意思に仮託しながら、他の国に関連する事情を無視し、特定国とくに日本に関連するありとあらゆる事情をかき集めることにより準拠法を当該国法とするといった操作を日本の裁判所は行うべきではあるまい。なによりも、8条の規定により特定される準拠法とは異なる準拠法が黙示の選択により定まる場合にのみ、黙示的な準拠法の選択が実際的な意味をもつことに留意しなければならない[7]。

*当事者の現実の意思と仮定的な意思との区別が指摘されることがある。しかし、両者の区別はかならずしも明確に行えるわけではない。「このような事情があればAとBはX法を指定したといえる」（現実の意思が認められる）場合と「このような事情があればおよそ合理的なビジネスマンならばX法を指定したはずである」という（仮定的な意思しかない）場合との区別は、AとBがともにビジネスマンであるとすると、微妙である。さらに、当事者に現実の意思がない場合にも黙示の意思が肯定できる場合がある。たとえば、当事者双方とも甲国法を準拠法としてそれまで取引を行っていたが、当事者の一方の契約事務担当者が新入社員であり外国語にも習熟していなかったために、相手方の「準拠法はいつもどおりで」という電話での意思表示を理解できなかった場合、準拠法の合意は厳密には存在しない。しかし、後述するように、従前の取引において準拠法とされてきた法が存在しているときに、当該の契約についてもこれを準拠法としない理由

はない[8]。当事者の一方に準拠法を選択する現実の意思がなかったとしても，（契約担当者の選任ミスといった）マイナス要因が当該当事者にあるときには準拠法の合意は肯定できるはずである。

他方で，現実の意思は黙示的法選択の枠組みの中でのみ斟酌され，仮定的な意思を推認させる客観的要素は8条の規定の枠組みの中でのみ斟酌される，といえるわけでもない。仮定的な意思にとどまるとして黙示的な法選択を認めず，その結果8条の定める客観的連結による場合にも，この規定のいわゆる「最も密接な関係がある地」を指示する要素の中には当事者の予見可能性も含まれうるからである。

ハ　9条と8条

9条の規定に従い，当事者はいつでも準拠法を選択または変更することができる。準拠法に関する黙示的な合意の存否が問われるのは，準拠法いかんにより紛争解決の結果が異なるなど，当事者の利害が対立するために当事者双方が準拠法をあえて事後に合意しようとはしない状況が存在する場合であろう。それだけに，契約準拠法の決定の根拠を当事者のした黙示の合意に求めることには裁判所としてもおのずと慎重たらざるをえまい。黙示的な合意を認定するには，8条の「最も密接な関係がある地」の探求を無意味にするような事情が存在していなければなるまい。

(2)　黙示的な合意の徴憑

当事者が特定の法のみを念頭においており，準拠法をあえて明示的に指定はしないであろうとみられる状況が存在する[9]。こういった状況を別にすると，黙示の法選択を原則として肯定できる事情としては以下のものをあげることができよう。

イ　国際裁判管轄の合意

黙示的法選択にとってとくに意味のあるのは専属的裁判管轄の合意である。原則として，合意された裁判所の所在する地の法の合意が導かれる。管轄ある裁判所は自国法を最も適切に適用することができるとの期待を，多くの場合，当事者はもっていると考えることができるからである。

なお，管轄の合意が契約の締結後になってはじめて行われた場合には，7条の「法律行為の当時に選択した地の法」という要件は満たされない。また，たとえば，付加的な管轄合意や被告となった当事者の住所地国が管轄権を有する

という管轄合意からは，当然のことながら，黙示の法選択を導くことはできない。

　ロ　仲裁条項

　特定の地を仲裁地とする合意から，この地の法に準拠した紛争の解決を導くことができる。ただし，仲裁廷が仲裁地の法を適用することが前提となる[10]。もっとも，このような前提が成立する場合でも，仲裁地の法を当事者が適切と判断したからではなく，仲裁地が当事者の地理的近接性の観点から選ばれる場合のあることにも留意しなければなるまい。

　ハ　手続中における当事者の行為

　当事者が法選択の可能性を認識しながら訴訟手続中に一致して特定の法秩序とくに法廷地法の適用を前提として訴訟活動をしている場合には，このことから，黙示的な法選択を導くことができよう。契約締結後における最初の法選択であるか準拠法の変更であるかを問わない[11]。

　ニ　特定法秩序の参照

　契約は特定の法により解釈されるとの合意があった場合，解釈のみを当該法秩序に服させ，契約に関するその他の点は客観的連結によるとの意思を当事者がもっていたとは考えにくい。むしろ，契約全体につき黙示的な指定があったとみられよう。また，当事者が特定の法秩序の個別的な規定に言及している場合（たとえば，「甲国民法…条以下の意味における…」といった場合）にも，このことは黙示的な法選択を含意している可能性がある。特定国の法の下で締結された労働協約を前提として，労働契約が締結されている場合も同様である[12]。

　他方で，契約上で言及されている法規を当事者が遵守せざるをえない場合には，当該法規の言及は契約準拠法の決定には原則として意味をもたない。たとえば，売買契約における輸入国の関税法への言及である。

　法律上の術語を使用した条項は特定の法の指定を意味する。とくに，特定の法概念や特定の法秩序に固有の条項が用いられている場合はそうである。他方で，国際取引において慣習的に用いられている約款上の術語から準拠法をただちに導くことはできまい。

＊契約上使用されている特定国の言語や通貨は，しばしば，法例7条との関係で黙示意思を推定させる徴憑としての意味を与えられていた。しかし，言語や通貨は，多くの場合，決定的な意味をもたないであろう。

ホ　契約慣行

　一連の契約が締結されており，先行する契約が特定の法に服していると，当事者間に存在する事情に変更がないかぎり，それ以後に締結された契約が同一の法に服すると多くの場合に推論できよう。あるいは，個別契約が基本契約の枠組みの中で締結されている場合や特定の業界において特定国の法を準拠法とすることが一般的である場合も同様である[13]。

II　客観的連結（8条）

　明示的にも黙示的にも当事者が契約準拠法を選択しなかった場合には，客観的な基準により準拠法が決定される。

1　「最も密接な関係がある地」（1項）

　8条1項の規定は契約締結地などの硬直した客観的基準ではなく，最も密接な関係がある地という個別的な事案に対応できる基準を提供している[14]。

2　概　念

　「最も密接な関係がある地」の法とは何か。これを8条の規定は明らかにしていない[15]。最も密接な関係がある地の法とはいっても，契約については，空間的な観点から密接関連性が問われるわけではなく，むしろ，最も強い関連性のある法秩序が問題となる。

　なお，契約の各部分を異なった法秩序に客観的に連結する可能性は（当事者による分割指定の場合と同様に）排斥されない。契約の各部分との関連において決定的な事情を求め，評価しなければならない。

3　推定（2項および3項）との関係

　2項の規定する特徴的給付という推定がそもそも働かない（交換などの）契約との関連では，文字通り最も密接な関係がある地の法が探求される。

　2項および3項の推定により特定される法秩序とは異なる法秩序が1項の

「最も密接な関係がある地の法」として適用されるときは，その法は2項または3項の規定により推定される法秩序に比べてより密接な関係がある地の法を意味する。その意味では，8条1項の規定は，法定債権に関する15条および20条に類似した機能をもつことになる。

4　考慮されるべき事情

　最密接関連性を示す徴憑を探求する場合，とりわけ契約の特性や当事者の関係が意味をもつ。客観的連結が問題となっている以上，これらの事情は（7条の規定に従った黙示の法選択と異なり）当事者の意思との関連性を示す必要はないが，当事者の意思に関する事情も排斥されるわけではない。

5　時　点

　最密接関連性は8条1項の規定によれば契約締結時を基準として判断される。契約締結後の事情は考慮の対象とはならない。当事者の一方的な行動による準拠法の操作は排斥されなければならないからである。

6　2項または3項の推定

　8条2項または3項の規定は，1項の意味での最密接関係地法を具体化しようとする。3項の規定によれば，不動産を目的物とする契約には1項の意味での最密接関係地法は不動産所在地法と推定される。これ以外の契約について，2項の規定は特徴的給付を基準として最密接関係地法を推定する。

(1)　推定の合理性
　契約準拠法を客観的基準によって決定する場合，物権準拠法とは異なり，準拠法の特定につき第三者の目を意識する必要性は原則としてない。契約当事者間に存在するあらゆる要素を考慮して準拠法を特定することができる。それゆえ，8条1項の「最も密接な関係がある地」のみを基準とするということも考えられないではない。しかし，準拠法決定に影響する要素の範囲と個々の要素のもつ重みを一般的に特定することは不可能であるため，法的に確実な処理を

期待することが困難となる。さらに，裁判所が最終的に最も密接な関係がある地の法を確定するまで当事者は準拠法を知りえない。また，契約に関連する複数国の裁判所がそれぞれ最も密接な関係がある地の法として相異なる法を選択する可能性もある。8条2項・3項の推定規定は，法的確実性，当事者の予見可能性および判決の国際的調和の要請に応えようとするものである。他方で，契約締結地や履行地といった契約類型に関わりのない要素が無視されているわけではなく，これらの要素については推定を覆すより密接な関係がある地の法の存否を判断する枠組みの中で考慮することができる。このようにして，8条の規定は具体的妥当性にも配慮している。

(2) 特徴的給付（2項）
イ 趣 旨

2項の規定は，民法が典型契約に関する定めをおいているように，個々の契約類型に対応する基準に依拠した推定を定めている。契約類型に応じた推定が働けば，類型的に同一の社会的機能をもち，同様な利益の展開が予想されるすべて契約が同じ抵触法的処理に服することになる。特徴的給付の特定が困難な契約類型はたしかに存在するが，（当事者の力関係など）契約にかかわる外部的事情いかんにかかわらず，契約内容それじたいから準拠法を推定することが可能となる。さらに，特徴的給付を行うべき者の常居所地や事業所の所在地は契約締結の前においても知ることのできる地である。その意味で，準拠法を特定する上で法的確実性と予見可能性がもたらされよう。また，特徴的給付という基準は諸国の国際私法によって採用される傾向にあるので，判決の国際的調和という観点からも望ましい[16]。

特徴的給付を行う者は，多くの場合，事業者である。特徴的給付を基準とした推定に基づき準拠法が決定されると，結果として，事業者の締結する契約はその事業所の所在する地の法に従い判断されることになる。そのため，どの国から来た顧客との間であれ，すべての契約が（法選択のないかぎりそして法選択がなくとも）原則として同一の法秩序に服することになる。

＊生産物を多数の国において販売する事業者は，どの国からの買主との取引であっても，自国法に依拠することができる。また，給付が医療行為という役務の提供である場合，医師は自国法に従い医療行為をすればよい。

他方で，特徴的給付という基準は，顧客が消費者の場合には，消費者にとり馴染みのない法の適用を導く可能性がある。そのため，通則法はこの点に配慮して消費者の常居所地法の適用を確保している（11条）。
　ロ　特徴的給付の意味
　通則法は（いくつかの外国の国際私法とは異なり）個々の契約類型を列挙していない。しかし，ある契約類型を他の契約類型と識別させる給付を特徴的な給付とする点において，基本的にこれら外国国際私法の処理と異なるものではない。金銭給付と非金銭給付とが対価の関係にたつ場合，契約関係は，非金銭給付を行うべき当事者の給付によって特徴づけられよう。

　＊物や権利の移転が問題となる契約においては，移転が特徴的給付を構成する。たとえば，動産売買では動産の引渡しである[17]。使用を許す契約については，使用を許す当事者の行為が契約を類型的に特徴づける。たとえば，動産の賃貸借やリース契約である。請負や委任，寄託など役務の提供を内容とする契約にとり特徴的なのは役務の給付である[18]。

　当事者がともに金銭の提供を行う場合には，契約を特徴づける給付と当該給付にたいする対価としての給付を区別し，前者を基準とすることになる。一方当事者の給付義務が金銭給付と非金銭給付によって複合的に構成される場合には，義務の内容を精査しなければならない。なお，贈与など一方のみが義務を負う契約との関連では債務者のみが特徴的給付を行うことになる。
　ハ　推定される法
　特徴的給付に該当する行為の行われるべき場所を基準にして推定が働くわけではない。たとえば，運送契約につき（運送人の本拠地ではなく）運送人の行為を基準にすると，この基準は運送の開始地と終了地双方の関連性を含意するために，一義的に法秩序を特定することができない。最も密接な関係がある地として推定されるのは，給付を行う当事者の常居所地または事業所所在地である。
　その結果，法律情報の質と量の観点から当事者の間に不均衡が生ずる。とはいえ，特徴的給付を行うべき者が（その対価として金銭給付を行う）相手方に比べて複雑かつ多数の規制に服している場合には，この点は甘受されよう。特徴的給付を行うべき当事者がその常居所地や事業所所在地において給付を行うべきときは，とくにその妥当性が認められる[19]。そうではない場合にも，これらの地は一定の安定性を有し，かつ，容易に確定することができるという利

点がある。なお，インターネット取引についても常居所地または事業所所在地が基準となる。

(3) 不動産に関する契約（3項）

不動産に関する債権的法律行為との関連において所在地は，次の２つの意味で重要な役割を演ずる。不動産の定着性は予見可能性という要請に応える。さらに，（方式，登記および土地取引に関する規定の遵守の下に）所在地国において給付が行われるため，13条の規定により適用される物権準拠法と同一の法が適用されうる[20]。

(4) 推定が働かない場合

とくに２項の規定に従った推定が働かないときは，１項の規定する最密接関連性がただちに問題となる。たとえば，交換のように類型的に特徴的給付を特定できない契約や特徴的給付から単一の法秩序を特定できない場合である[21]。個別的・具体的な事案における諸要素から準拠法を特定することになる。すべての要素が唯一の法秩序を指示しているときは，当該法秩序の適用を導くであろう。相異なる法秩序を示すときは，各要素のもつ価値が衡量されなければならない。裁判管轄の合意や仲裁の合意などは，まず，黙示的な法選択との関連で考慮されるべきものである。さらに，特定法秩序の規定や制度の参照も同様である。契約の交渉や契約に際して使用された言語は，それじたいでは多くの場合，契約義務の内容や範囲について何も語るものではない。また，契約の締結地はほんのわずかな意味しかない。というのは，締結地はしばしばかりそめのものとして決まることが多いからである。

＊契約締結地としてハワイが選択されたのは，契約締結式の後に開催されるべき懇親ゴルフコンペに最適なゴルフコースが同地にあったから，という場合を考えよ。

(5) 推定が覆される場合

とくに２項の規定する推定に基づき法秩序が特定されるときには，これよりも密接な関係をもつ法秩序が存在する可能性はかなり高いかもしれない。推定を覆し，１項の規定に従い契約準拠法が定まる場合，すでに述べたように，１項の規定は例外条項に類似する役割をもつ。とりわけ，①一定類型の契約との

関連では特徴的給付者の本拠地という一般的な基準が妥当しない場合や[22]、②（たとえば，当事者の共通常居所などの）諸要素が個別的・具体的な契約との関係で特定の地に集積している場合には，推定が覆される可能性がある[23]。さらに，③（たとえば，複数の契約の統一的処理が必要とされるなどの）契約の外部的事情が準拠法の特定にとり重要な場合も同様である[24]。むろん，3項の規定する推定を覆す可能性もつねに残されている[25]。

Ⅲ　消費者契約（11条）

1　特則の必要性

事業者と事業者との間の契約（B2B契約）については，7条以下の規定する連絡方法に従って準拠法が決定される。他方，事業者と消費者との契約（B2C契約）においてこの連結方法を貫くと，次の3つの意味において消費者の保護に欠ける結果を招来するおそれがある。

(1)　準拠法選択における情報・交渉能力の非対称性

消費者の多くは，契約準拠法の決定につき当事者に法選択が許されていること，したがって外国法が契約関係に適用されうることじたいに思いいたらないであろう。

＊ある有名な米国のネット通販サイトから商品をインターネットを通じて購入する場合，米国ワシントン州法を日本の消費者は準拠法として合意したことになる。

かりに消費者がこのことを知っていても，情報・交渉能力の非対称性のために，選択された法が事業者にのみ都合のよいものとなる可能性は否定できない。その意味で，B2C契約における法選択の自由は，現実には，事業者にとっての自由を意味するといえよう。

(2)　特徴的給付

消費者契約につき8条の規定を適用すると，「最も密接な関係がある地」の法として事業者の事業所所在地法が推定される。B2C契約において特徴的給

付を行うのは，通常，事業者とみられるからである。事業者による準拠法の指定がなくとも，事業者にとっては馴染みがあるが，消費者にとっては法律情報取得の容易でない法が準拠法となる可能性が高い。

(3) 方　式

さらに，選択的連結を定める契約の方式に関する抵触規定は，契約の成立を促進こそすれ，自由な意思形成の確保や軽率な契約締結にたいする保護にたいする消費者の利益にかならずしも応えるものではない。

2　国際私法上における消費者保護

このようにB2B契約を想定する一般的な抵触規定をB2C契約にもそのまま適用すると，消費者の保護に欠けるおそれがある。そのため，11条の規定は，他の国の法が準拠法として指定された場合に消費者は自己の常居所地において通用している保護規定を，契約の本体および方式の双方につき，特定し，その適用を求めることができるとしている。さらに，準拠法の指定がない場合にはつねに契約の本体および方式につき消費者の常居所地法が適用される。

＊日本に常居所を有する消費者が外国の事業者からインターネットを介して有体物を購入する場合やインターネット上で音楽データをダウンロードすることによって購入する場合，当該消費者は日本において日本の消費者保護に関する法規の適用を期待することができる。

さらに，この規律のありかたは，消費者契約から発生する紛争についての国際裁判管轄に関する規定とセットとして捉えるべきである。民訴法3条の4第1項の規定によれば消費者の住所が国際裁判管轄の基礎として肯定されているため，消費者は自己のホームグラウンドにおいて，その隣人が受けるのと同じ実体法上の保護を期待することができるのである。

11条の規定は，実質法における消費者保護を国際私法の平面において投影させようとする。日本の消費者契約法2条の定義する消費者および事業者は，通則法11条の規定する消費者および事業者に基本的に対応している。そのため，中古車の個人間における売買契約などは，11条の規定の想定する消費者

契約とはならない。

(1) 法選択がない場合（2項）

当事者（現実には事業者）が契約の準拠法を指定しなかった場合，契約の準拠法は消費者の常居所地法となる。8条の特則である。特徴的給付の推定に基づく最密接関係地法の探求は行われない。かくして，消費者に馴染み深い法の適用がつねに確保されることになる。

(2) 法選択がある場合（1項）

当事者が契約準拠法を指定すると，当該準拠法が契約の成立・効力に適用される（7条，9条）。しかし，契約準拠法が消費者の常居所地法ではない場合つまり消費者からみて契約準拠法が外国法である場合には，その常居所地法の強行規定を消費者が特定し，適用を欲するかぎり，裁判所はそのような強行規定を適用しなければならない。

> ＊消費者が日本に常居所を有しているかぎり，消費者契約法や（民法95条と結合する）電子消費者契約及び電子承諾通知に関する民法の特例に関する法律の強行規定を消費者が特定し，その適用を欲する意思を事業者に表示すればこれらの規定が適用される[26]。

消費者による強行規定の特定が必要とされるかぎりにおいて，契約準拠法と消費者の常居所地法との間の"有利性の比較"は，裁判所ではなく消費者が行わなければならない。むろん，外国法が準拠法である場合には，42条の公序則が適用されうる。

なお，消費者契約であっても黙示的な準拠法の指定の可能性が排除されるわけではない。しかし，黙示的な法選択との関係においてしばしば言及される"現実の意思"の必要性は消費者契約について強く妥当する。消費者の多くは準拠法選択の可能性それじたいを知らないはずであり，それゆえにこそ11条の規定が設けられているからである。

(3) 方　式

イ　法選択がない場合（5項）

契約準拠法の選択がない場合，消費者契約の方式にはつねに消費者の常居所地法が適用される。

ロ　法選択がある場合（3項，4項）

選択された契約準拠法が（消費者の常居所地国からみて）外国の法律であっても，成立と効力に関する問題と同様に，方式についても消費者がその常居所地法の強行規定による特定の保護を欲するかぎりにおいてその保護が認められる（3項）。

選択された契約準拠法が消費者の常居所地法であるときは，消費者が欲するかぎり，その常居所地法がもっぱら適用される（4項）。行為地法（10条2項）および申込地法・承諾地法（同条4項）の適用は排斥される。

＊ある日本のネット通販サイトが日本法を準拠法としてしているとする。このサイトから日本に常居所を有する消費者が商品を購入するときは，外国旅行中に注文しても，消費者が日本法の適用を主張するときには，方式には（申込地法ではなく）日本法のみが適用される。

3　事業者の利益との調整（6項）

6項の規定は事業者の利益に配慮している。

(1)　事業者の不知・誤認（3号，4号）

とくにインターネット取引では，相手方たる顧客を事業者は物理的に認識できない。顧客がみずからの常居所地を偽ったり，割安に商品を入手する目的のために消費者ではないことを装い，事業者を誤信させることもあろう。事業者が消費者の常居所地を過失なく知らなかった場合または事業者が相手方を消費者ではないと過失なく誤認した場合には，問題となっている契約はB2Bの契約と同様に取り扱われる（3号，4号）。その結果，契約準拠法の指定がなかった場合には，物や役務を提供する（つまり特徴的給付を行う）事業者の事業所所在地法の適用の可能性が高くなり（8条），他方で，準拠法の指定があれば指定された法が準拠法となる（7条）。

(2) 能動的消費者（1号，2号）

さらに，消費者の常居所地法の適用が可能なのは，常居所地の消費者保護法が与える保護を消費者が期待していると想定できる状況に限定される。消費者があえてその常居所地を離れ，国境を越えて契約を締結したり（1号），履行を受けるという状況には適用されない（2号）。このような能動的な消費者もまたB2Bの契約の当事者のように取り扱われる。

＊たとえば，買い物ツアーに参加し，ミラノで靴を購入する日本の消費者（1号）や海外のテーマパークで遊ぶ日本の消費者（2号）は日本法による保護を受けることができない。

つまり，事業者の本拠地である外国において契約を締結する日本の消費者や事業者の本拠地である外国において履行のすべてを受ける日本の消費者は日本の消費者保護法をスーツケースに詰めていくことはできない。

なお，物理的に国境を越える消費者が能動的消費者であり，ネットサーフィンという行為は消費者を能動的消費者とするわけではない。さらに，日本の自宅において消費者が外国のサイトを通じて音楽データをダウンロードする場合，履行を外国の事業者の事業所所在地で受けたことにはならない。

(3) 勧誘（1号ただし書，2号ただし書）

ただし，能動的消費者による契約の締結や履行が事業者からの「勧誘」を受けた結果である場合，消費者はB2C契約の当事者とされ，上述した国際私法上の保護を受けることができる（1号ただし書および2号ただし書）。古くからある（ダイレクトメールなどの）宣伝・広告活動は勧誘である。消費者が電子メールにより海外の事業者から個別に通知を受けた場合も同様である。その一方において，事業者がインターネット上のサイトを立ち上げ，消費者がアクセスできる状態をたんに創出したにすぎないときは，勧誘とはならないといわれている。しかし，世界のどこからでもアクセス可能なサイトを立ち上げるかぎり，事業者としてはそれに伴うリスクつまり個々の国の消費者保護法の適用可能性を予見しなければなるまい。この処理にとくに不都合があるわけではない。事業者としては，法律情報の乏しい国に常居所を有する消費者とは直接に取引をしなければよいのである。

(4) 消費者保護と強行規定

法廷地の国際的強行規定は、以上の規定とは別個独立に適用される。

＊「特定商取引に関する法律」の一定の規定がそのような強行規定の例とみられる。金融商品の販売等に関する法律や貸金業法などいわゆる業法系の法律に含まれる規定もまた、事業者への実効的規制の観点から固有の適用範囲をもつものと考えられ、上記の消費者保護規定とは別個独立に適用されよう。

Ⅳ　労働契約（12条）

12条の規定は、国際的な状況における労働者と使用者との間の関係を包括的に規律しようとするものではない。個別的労働契約つまり労働者が使用者にたいしてその指揮命令に服しながら労務を提供し、その対価として報酬を得る契約を対象とする。労働者が従属しかつ指示に拘束される有償の活動をするかぎり、労働者の行為が製造か役務提供かといった行為の種類は問われない。パートタイムかフルタイムかも無関係である。他方で、使用者による指示の拘束性の存否が労働契約か否かの基準となるから、経済的にも社会的にも他人の指示に服することなくなされる役務の提供は委任契約などとして性質決定され、12条ではなく、7条から9条までの規定による。

情報・交渉能力の非対称性という観点からは、労働者は、消費者契約における消費者と同視できる立場にあるということができる。そのために、通則法はこれら2つの契約につき類似の法技術を用いている。労働者が使用者を相手方として訴えを提起するときには、労務提供地は国際裁判管轄の管轄原因でもあるために（民訴法3条の4第2項）、労務提供地法は原則として法廷地法を意味しよう。消費者と同様に、労働者もまた最も救済を求めやすい地においてその地の法の保護を受けることができるのである。

他方で、使用者の指示拘束性という点だけでなく、労働契約は次の2点において消費者契約と異なる側面を有している。労務提供とその対価の支払いが継続的にくり返されるという意味での継続性と労働者が企業組織に編入されて他の労働者とともに働くという集団性（組織性）である。労務提供地が最密接関係地として推定されるのは労働契約の継続性と集団性という側面を反映している。なお、労働契約の成立を方式面において促進することは労働者の不利益に

つながるとはかならずしもいえない。そのために，消費者契約と異なり，労働契約の方式については特則がおかれていない。

1 法選択がある場合

(1) 明示的な法選択

労働者と使用者は労働契約の準拠法を，当事者自治の原則（7条または9条）に従い，指定することができる。かつては，内国において労務提供が行われる場合に外国法の指定の効力を否定する見解もあった[27]。しかし，こういった見解は，外国法もまた労働者保護規定を有していることを無視するものである。また，労務提供地への硬直した連結は労働関係の多様性や時間的・場所的な状況の変化に対応するものでもない。なによりも，労働者が法選択にたいして利益を有する場合もあるのである[28]。

＊「海外駐在者」つまり外国にある事業場（支店や事業所）において平常勤務する者と「海外出向者」つまり子会社や外国の提携会社において勤務する労働者の労務提供地は外国にある。当事者が日本法を指定すれば，これらの者の契約関係には日本法が適用される[29]。

量的制限はない。つまり選択された法秩序と客観的な関連性が存在する必要はない。それゆえ，中立の法の選択も可能である。

(2) 黙示的な法選択

法選択は黙示的にも行われうる。黙示的な法選択がないときは3項の規定により「最も密接な関係がある地」として労務提供地が推定される。労務提供地は可変的な要素である。つまり，労務提供地が移動すると契約準拠法も変更する。一定期間に限って海外に勤務する労働者については，このような準拠法の変更を当事者双方とも望まないかもしれない。そういった当事者の現実の意思が認定できる場合[30]，とくに特定の法の下に成立している労働協約がある場合には，黙示的な法選択を肯定すべきであろう。他方で，現地採用の労働者については，労働契約の集団性からすると，労務提供地からみて外国の法を準拠法とすることを当事者双方が望んでいるとはかならずしもいえないであろう。

(3) 事後的な法選択

法選択は事後とくに訴訟中に行うことも可能である。

(4) 分割指定

分割指定も可能である。たとえば，解雇の問題に限定して準拠法を合意することもできよう。

2 法選択がない場合（3項）

消費者契約については，「最も密接な関係がある地」を探求することなく，消費者の常居所地法が一律に適用される。他方で，労働関係の重心をすべての労働契約につき一律に特定することはできない。3項の規定によると，一般的な契約と同様に，最も密接な関係がある地が個別的・具体的な事案ごとに探求されなければならないとされ，同時に，特徴的給付が行われる地である労務提供地が労働契約と最も密接な関係がある地と推定されている[31]。

労務提供地は当事者双方にとって予見可能な地である。さらに，労働契約の継続性と集団性からも正当化できよう。労務の提供とこれにたいする賃金支払いという関係が一定期間にわたって特定の地においてくり返され（継続性），共同就労の地において通用する公法的規制を含めた統一的法規に服しているからである（集団性）[32]。かくして，労働者は，同一の事業場で継続して就労するかぎり，職場の同僚が享受する保護と同一の保護を期待できる仕組みとなっている。労務提供地が変われば，最も密接な関係がある地として推定される地も変更する。

* 外国企業の内国にある支店において労働者が労務を給付している場合には，法選択がないと，外国にある本社が労働者を雇い入れたとしても，内国法が適用されることになろう[33]。

労務提供地が一義的に定まらない場合には，雇い入れ地が最密接関係地として推定される（2項かっこ書）。同一の事業者によって雇用された者は原則として同一の保護を期待できる。同一の使用者が相異なる地においてそれぞれ異なった労働者と契約を締結すると労働者ごとにその保護のありかたが異なるという事態は，労働契約の集団性という観点からみて適当ではない。また，使用

者に都合のよい法の行われている地において使用者が雇い入れをした場合に，その地の法を適用すべきではあるまい。「雇い入れ地」とは契約締結地ではなく，使用者の人事管理地と解されよう。

＊日本法人に雇用された日本人職員が発展途上にある数か国の灌漑施設整備のためにそれらの国で労務提供を行い，日本には居住せず，数か月単位で移動しているとしよう。その労働関係の最密接関係地は，法選択がない場合，事業者の人事管理部門が所在する日本と推定されよう。

3　法選択と労働者保護（1項）

(1)　有利性

　消費者保護に関する規定と同様に，当事者（多くの場合，現実には使用者）が労働契約の準拠法を選択していても，客観的に定まる強行規定の適用可能性が認められている。つまり，最密接関係地法の（賃金，休暇，解雇などに関する）強行規定を労働者が特定してその適用を欲する意思を使用者にたいして表示するという条件の下に，裁判所は当該強行規定を適用する。最密接関係地法による保護の選択が労働者に許容されているという意味において労働者保護が図られている。しかし，労働者がこの選択をするためには，契約準拠法の与える保護と最密接関係地法の与える保護のいずれがみずからに有利か，という比較の作業を労働者自身が行わなければならない。契約準拠法が労働者を保護する強行規定を有していないかまたは最密接関係地法の強行規定と比較して不利な強行規定しか有していないときは，最密接関係地法の適用を労働者は主張しよう[34]。その一方で，最密接関係地法と同等かまたはそれよりも厚い保護を契約準拠法が労働者に与えるときには，契約準拠法によればよい。選択された法が日本法であるときも，最密接関係地法たる外国法のより有利な強行規定の適用を労働者は期待することができる。むろん，外国法が準拠法である場合には，42条の公序則が適用されうる。

＊契約準拠法たる甲という法秩序では緩やかな解雇制限を定めるが最低賃金額は高く保障されており，労務提供地たる乙という法秩序では厳格に解雇が制限されているが最低賃金額は低いとする。労働者Xが甲国法の下で高額の賃金を享受している場合に，乙国法

の解雇制限を利用できるとすると，いわば「いいとこ取り」になる。このような結果は甲国法も乙国法も想定していない事態といえる。

しかし，この解決が不当というわけではない。準拠法を指定しなければ最も密接な関係がある地の法として適用される労務提供地の法の内容は使用者にとって予測可能なはずである。さらに，労務提供地を指定したのはそもそも使用者自身であり，労働者はその指揮命令に服したにすぎない。労務提供地たる乙国の解雇制限の適用を使用者は甘受しなければならない。使用者があえて労務提供地法とは異なる法を準拠法として合意した場合には，そのような合意は労働者に有利に働くように取り扱わなければならないのである[35]。

(2) 国際的強行規定

なお，労働者がその適用を主張できる強行規定は，基本的に当事者の利害関係の調整を目的とする強行規定である。日本の強行規定の中には，その公益性のゆえに，労働者の意思表示を待つことなく裁判所が職権により適用すべき強行規定が存在する。これらの法規は，法規の趣旨と目的から定まる固有の適用範囲に入る契約にたいして，12条の規定を媒介とすることなく，当然に適用される[36]。

＊未成年者の労働契約に関する日本の労働基準法58条の規定は国際的強行規定である。その2項によれば，労働契約が未成年者に不利であると行政官庁が認める場合にはこれを解除することができる，とする。

V　準拠法の適用

消費者契約および労働契約を含めて，契約に適用される準拠法は契約の成立と効力に関するほぼすべての問題に適用される。そうすることによって，複数の法秩序間における矛盾および（矛盾を解決するための）適応の問題を回避することができる。当事者には分割指定が許されているけれども，特段の事情のないかぎり，単一の準拠法が適用されることになろう。なお，履行の態様については履行地法の規律が所与のものとして考慮される。また，国際的強行規定は契約準拠法とは別個独立に連結される。

1 契約の成立

　契約の成立に関する諸問題には契約の準拠法が適用される。契約準拠法の適用の結果，契約の有効な成立が否定されても，準拠法の合意の効力までもが否定されるわけではない。契約の無効・取消しの効果の問題も契約準拠法による。無効な契約または取り消された契約の巻き戻しに関する問題にも（不当利得の準拠法につき契約準拠法への附従的な連結を認める15条の規定を媒介として）契約準拠法と同一の法が多くの場合に適用されよう。

　契約準備交渉の段階で生起する多様な権利義務関係に関する諸問題つまり契約締結上の過失の問題のうち，特定類型に属する諸問題には契約準拠法となるべき法と同一の法が適用される可能性が高いであろう（20条）。同一の契約から発生するすべての請求権をできるかぎり統一的に処理することが望ましいからである。すなわち，契約に関する説明・情報提供義務違反から生ずる問題や交渉破棄類型の契約締結上の過失の問題には，事実上または将来の契約の準拠法が考慮されるであろう。他方で，契約交渉の際に一方の当事者が相手方の生命・身体・健康・財産などの完全性利益を侵害する類型（保護義務違反事例）については，契約準拠法はそれほどの意味をもたないとみられる。

2 契約の効力

　誰にたいして，何を，いかにして，いつ，どこで給付すべきかという，契約から発生する当事者の権利義務関係は契約準拠法による。当事者の権利義務関係を明らかにするために必要な契約の解釈も同様である。

＊ただし，準拠法の選択がそもそも存在していたか否かは，法廷地の抵触規定（7条，9条）の解釈・適用により解決されるべき問題である。たとえば，当事者が「米国法による」との合意をしたが，一方はニューヨーク州法を，他方がカリフォルニア州法を意図していた場合には，法選択がないものとして客観的連結（8条）によることになろう。

＊＊外国語で表現された個々の文言の意味を当該外国法に基づき明らかにすることは排斥されない。たとえば，日本法が適用されるべき契約の文言が英語で表記されている場合に，個々の文言の意味はイングランド法に従って理解することができる。しかしこの場合でも，信義則を含む解釈の諸原則は契約準拠法たる日本法による。

本来の債務だけでなく債務不履行から発生する損害賠償などの法律効果も契約準拠法による。特定の契約について商法や商慣習が適用されるか否かも契約準拠法による。当事者がその本国法において商人であるか否かは問題ではない。

　契約準拠法は弁済期と（取立債務か持参債務かという）弁済の場所を決定する。いかに履行するかという問題も同様である。このように、いつ、どこで、いかに履行するかは契約準拠法が規律すべき問題ではあるが、"履行の態様"と呼ばれる問題との関連では、現実に弁済が行われる地の規律が所与のものとして、つまり（契約準拠法を大前提とする）法的三段論法の小前提を構成する要素として"考慮"されなければならない。弁済期との関連ではビジネスアワーとか休日に関する規定が考慮される。しかし、合意された弁済の時点が弁済の場所において休日に該当する場合に、その結果として弁済期が延長されるか否か、あるいは、外国において労務を提供する者が、その外国において労働が禁止されている特定日に休んだ場合、このことが有給休暇として取り扱われるか否かといった問題は契約準拠法の問題である。さらに、目的物の検査・瑕疵通知義務、保管義務との関連で債権者がとるべき具体的措置についても、（港湾における検査官の職務権限など）関連する地の規定が所与のものとして考慮されなければならない。他方で、為替管理法その他の経済政策立法が契約の運命に及ぼす影響は履行の態様の問題ではなく、国際的強行規定の適用・考慮の問題として取り扱われる。

　なお、債務者に弁済通貨の代替を許容する民法403条などの与える規律は履行の態様の問題ではない。契約準拠法により規律されるべき問題である。

Ⅵ　国際的強行規定

1　概　観

先に述べたように、契約関係に介入する法規の中には、抵触規定による指定いかんにかかわらず国際的な事案に強行されるべきものがある。

＊日本の会社の従業員Yが甲国に出張し、独自の判断で甲国公務員Xにたいして、甲国の公共事業の受注のために金品の供与を約束したとしよう。XがYにたいしてこの約束の

履行を求め日本の裁判所に訴えを提起した場合，不正競争防止法18条の規定に違反する契約は日本の民法90条の公序良俗違反の契約として無効であるとすると，当該契約は無効となろう。公序良俗に違反しないとしても，日本の裁判所は不正競争防止法18条に違反してその履行をYに強制することはできない。

　国際的強行規定は（児童福祉法など）家族法の領域にもみられるが，その介入が頻繁にみられたのは契約法の分野であった。当事者自治の原則により準拠法が定まるために，国際的強行規定を定立した国と契約関係が場所的に関連しているにもかかわらず，契約準拠法が別の国の法となる頻度が相対的に高いからである。国際的強行規定は，（たとえば無効や差止請求権[37]といった）私法上の法律効果をもつだけでなく，その禁止という法的評価じたいが私人間の法律関係に影響する。

2　内国の国際的強行規定

　内国の国際的強行規定はその適用範囲に入る契約関係にかならず適用される。個々の法律または規定がその適用範囲を定めていることが，法的確実性の観点からは望ましい。しかし，多くの場合に，そのような定めはおかれていない[38]。個々の法律または規定の目的からその適用範囲は定まることになろう。

　国際的強行規定は公益性をもつ法規である。もっとも，公益性がただちに規定に国際的強行性を付与するわけではない。同じく社会政策的な目的をもつ強行規定であっても，それが私人間の利害関係の調整を目的とする法規については，民法上の強行規定と同様に，通常の抵触規定を介してのみ事案に適用される，という点である。この点で問題となるのは，消費者保護に関する法規や労働者保護に関する法規との限界確定である。（11条1項，3項または12条1項の規定に従い）消費者または労働者による特定を待ってはじめて適用することのできる強行規定と国際的強行規定つまり裁判所が職権により適用すべき強行規定とは区別されなければならない。

3　外国の国際的強行規定

　次の2つの設例を用いて，問題点と解決方法を示したい。

【設例1】甲国人Aが甲国の銀行Yの東京支店に日本法を準拠法とする預金債権を有していたが，甲国政府はAの当該債権の譲渡を禁止していた。その後，AはXに当該債権を譲渡し，XはY銀行にたいして当該預金の支払いを求めた[39]。

【設例2】米国人Xが日本からカリフォルニア州までその家財道具を日本の運送業者に運送させ，日本の保険会社Yとの間で日本法を準拠法とする貨物海上保険契約を締結した。家財道具の中のペルシア絨毯が紛失したので，XはYに保険金の支払いを求めたが，Yは，イラン製絨毯の米国への輸入は米国のイラン取引規制により禁止されており，保険契約は非保険利益を欠き，公序良俗違反の契約で無効であると主張して，保険金の支払いを拒否した[40]。

内国の機関がその公権力を用いて外国の国際的強行規定を直接に実行することは問題となりえない。たとえば，外国の機関に代わって日本の裁判所が当該外国の輸出許可を与えることはできない。私法上の請求権との関連において外国の国際的強行規定の命ずる禁止を法規範として尊重するか否かが問題となる。

＊【設例1】では甲国政府の処分禁止を法規範として評価して，債権の準拠法たる日本法の下で認められている債権の譲渡可能性を否定すべきか，【設例2】では米国のイラン取引規制を法規範として評価し，保険契約の準拠法たる日本法の下で被保険利益を欠くものとして取り扱うべきかが問われる。

このような意味での法的評価が問題となるとしても，内国のそれとは異なった処理を外国の国際的強行規定は受ける。

外国の国際的強行規定に関する処理方法は次の2つに大別される。

(1) 契約準拠法説

契約準拠法説によると，外国の国際的強行規定は当該外国法が法選択または客観的連結により契約準拠法である場合に，そしてその場合にのみ，（公序則の留保の下に）適用されなければならない。換言すれば，契約準拠法に属しない外国の国際的強行規定は法規範としては適用されない。

しかし，この見解によっても，第三国法つまり契約準拠法でも法廷地法でもない法秩序の国際的強行規定がまったく無視されるわけではない。次のような形で契約準拠法の枠組みの中でその実質規定の小前提を構成する要素として

"考慮"されうる。

イ　公序良俗違反（民法90条）

外国の国際的強行規定の違反が契約準拠法の（日本民法90条などの）公序良俗に違反すると評価できるときには，契約は無効とされる可能性がある。

＊【設例2】の事案において東京地判平成10・5・13は[41]，契約準拠法たる日本民法90条の枠組みの中で米国の関連規定を考慮して保険契約を無効とした。「保険契約の有効性を認めれば，結果的に違法な行為を助長することになるだけでなく，保険者において保険金を支払う必要が生じることになり，積極的に違法な行為を作出することになるのであって，本件保険契約は，被保険利益を欠き，それじたい公序良俗に反するものとして無効と解すべきであるし，少なくとも保険者において刑事訴追を受ける可能性のある保険金の支払いを請求できないと考えるべきである」，と。

ロ　履行障碍

外国の国際的強行規定が履行の障碍となる事実を構成する場合には，当該規定は契約準拠法の枠組みの中で考慮されうる。国際的強行規定の禁止という法的評価そのものではなく，国際的強行規定が第三国において強行される結果として第三国における船積みや送金が不能となる事実あるいは履行に該当する行為にたいして第三国の機関が課すであろう刑事的・行政的制裁の可能性が履行障碍の原因となりうる，と構成されるのである。

(2)　特別連結論

外国の国際的強行規定は，契約準拠法とは別個独立に，"適用"されるべきであるとする説もある。この構成では，国際的強行規定の禁止という法的評価そのものが，一定の条件の下に，内国においても法規範として評価される。基本的に，a) 当事者の予見可能性を確保し，かつ，外国国家の要求する過度な適用意図を抑制するために，問題となっている外国と事案との間に密接な関連性のあること，b) 外国国家の追求する利益を内国裁判所が実現するために，当該利益が内国法秩序においても受容可能であることが要件とされる。

＊たとえば，【設例1】では，譲渡された債権の準拠法が甲国法であり，かくして当事者も甲国の行政命令を予見すべきであったか否か（aの要件），甲国の行政命令を考慮すべき

国際的合意のようなものが日本と甲国との間にあったか否か（bの要件）。【設例2】では、米国の規定につき当事者に予見を期待できるだけの関連性が事案と米国との間にあったか否か（aの要件）、この規定が国連安全保障理事会の拘束力のある決議などに基づくものであったか否かといった点（bの要件）が問われよう。

(3) 私　見
イ　適用か考慮か

契約準拠法説は、次の2点を念頭におくと理解しやすい。第1に、債務者の居住地国など第三国の国際的強行規定の適用を主張する当事者は、しばしば、（純日本的な事案において行政的な取締法規に依拠し、契約の無効を主張する当事者と同様に）自己の約束を後になって履行しない不誠実な当事者であることが多く、（「約束は守られなければならない」との実質法的な価値判断を前提としながら）そういった当事者が依拠する第三国の法規は裁判所としてもできるだけ無視したいという点。第2に、契約準拠法に所属しないという理由以外に不適用の理由を裁判所はわざわざ示す必要がないという点である。

しかし、信義則に反して契約の効力を否定するためとはいえ当事者が援用する第三国の強行規定を、内国裁判所が尊重すべき可能性を完全に否定することはできない。たとえば、外国の文化財保護法に違反する契約の効力を否定することは、日本も批准している「文化財の不法な輸入、輸出及び所有権移転を禁止し及び防止する手段に関する条約」に沿った解決といえるであろう。そして、日本の観点から尊重に値する文化財保護法か否かは、当該法律が契約準拠法に属するか否かという問題とは無関係のはずである。また、契約準拠法説に従っても、第三国の国際的強行規定は考慮されうるのであり、その枠組みの中で密接関連性や外国強行規定の受容可能性は結局のところ判定されなければならない。密接関連性がなければ事実上の履行不能は認めにくいし、また、契約が契約準拠法上の公序良俗に違反するか否かは外国の規定の内容が受容可能か否かに依存しているからである。構成の点において、特別連結論が妥当といわなければならない。

＊もっとも、どの法秩序の観点からみて受容可能か、という点で両説は異なっている。契約準拠法説では契約準拠法の観点から、特別連結論では内国法秩序の観点からの受容可能性が問われる。たとえば、政治的・経済的理由から甲国を脱出する甲国人を援助する

団体Xが隣国の乙国経由で日本に甲国人Yを脱出させたとする。日本においてXが必要経費の支払いをYに求めたところ、この契約は甲国の出入国管理法違反を目的とするものであり、契約準拠法たる乙国法の公序良俗に違反するとYが主張したとする。国外への移動の自由を認めない甲国の禁止の受容可能性は、契約準拠法説では乙国法の観点から、特別連結論では日本法の観点とくに憲法22条の観点から判断されよう。

＊＊契約準拠法説に従うかそれとも特別連結論に従うかによってはっきりとした差がでるのは、国際的強行規定が為替管理法の場合である。金銭債権は極端な種類債権であるため（たとえば、ある国が合衆国ドルの自国からの送金を禁止していても、合衆国ドルはいずれかの国で入手できようから）事実の問題として履行が不能となることはなく、履行不能が生ずるか否かは為替管理法の適用いかんつまりその禁止を法規として評価するか否かにかかっているからである。もっとも、為替管理法の適用いかんは、現在では、国際通貨基金協定8条2項b号が定めている[42]。

ロ　契約準拠法上の国際的強行規定

特別連結論の下では、国際的強行規定は、それが契約準拠法に属する規定であるとの理由で適用されることはない。国際的強行規定は契約準拠法の指定とは異なる理由から指定されるからである。当事者がたとえば中立の法として選んだ法が国際的強行規定を含んでいるからといって、これを適用する理由はない。国際的強行規定は通則法7条の規定をはじめとする通常の抵触規定とは別個独立に適用される。もっとも、当事者が契約準拠法として選択した法は予見可能性の観点から密接関連性の要件を満たしやすいとはいいうるであろう。また、（【説例1】において譲渡債権の準拠法が甲国法であった場合のように）譲渡債権の準拠法所属国の禁止法規についてもそのような予見可能性を肯定することができるであろう。

八　国際的強行規定の適用

外国の国際的強行規定を適用すると、その禁止などの法的評価がそのようなものとして尊重される。禁止が私法的な効果をもつ場合には、この効果は契約準拠法上も尊重されなければならない。たとえば、外国の禁止が"void"という効果をもつ場合には、契約準拠法たる日本法上も契約は"無効"とされよう。無効となった後の契約の巻き戻しに関連する諸問題も契約準拠法によることになる。

〔注〕

1) 国際商業会議所（International Chamber of Commerce）が作成する「信用状統一規則」、「手形取立規則」、「インコタームズ」および「複合運送統一規則」など。
2) たとえば、私法統一国際協会（Institut international pour unification de droit privé）が作成した Unidroit Principles of International Commercial Contracts。
3) 東京地判平成14・2・26判例集未登載（古美術の売買を業とする日本人が、その所有するモネの絵画が英国において横領されたため、貨物保険契約に基づき、日本の保険会社に保険金の支払いを求めた事案）は、保証証書中に英国法準拠条項が存在するとしても、保険者の填補責任と保険金決済については英国法により、告知義務など契約の成立に関する問題については日本法によるとした。
4) 東京地判平成10・5・27判時1668号89頁は、日本法人の製造する化学製品をドイツ法人に医薬品の原料として供給することを目的とする契約について、法例7条2項の行為地法としてドイツ法によるとした。この事案では、被告も立証責任の問題をも含めて準拠法をドイツ法とすることに同意していた。
5) たとえば、主たる債務の準拠法たる甲国法では一定事由の発生により遅延利息が停止するのにたいして、事後に選択された乙国法では遅延利息は停止しない場合。
6) 法例の下で、管轄原因としての債務履行地を契約準拠法に従い特定しようとしたものとして、たとえば、①東京地判平成10・3・19判タ997号286頁がある。現在では、日本および米国は「国際物品売買契約に関する国際連合条約」の締約国であるので、当該事案と同一の事件が発生したならば、同条約の31条の規定が適用され、売主の営業所所在地たるカリフォルニア州が債務履行地となり、日本の国際裁判管轄権は否定されることになろう。ただし、当該事案の契約が同条約の3条の規定により"売買"と性質決定されなければならない。同様に、②東京地判平成5・4・23判時1489号134頁の事案では、日本法人Xがその所有する株券を米国法人であるYに寄託していたところ、米国裁判所の差押命令によってYが右株券の所持を失い、Xへの返還が不可能になったため、Xが寄託契約の債務不履行に基づく損害賠償をYに求めた。行為地が米国であるために契約準拠法は日本法ではないとし、持参債務を基準とすることができないとして日本の国際裁判管轄権を否定した。
7) 東京地判平成10・3・30判時1658号117頁は、フランスのホテルチェーンの株式売買契約につき、契約締結地、ホテルの従属法、契約書の作成者、代金の通貨および準拠した取引慣行がフランスを指示していること、そして、フランス大蔵省の許可を売買の条件としていることからフランス法によるとの黙示意思を推認している。通則法の下では、8条2項の規定に従い売主の常居所地法を準拠法として推定し、この推定を覆す事情がないと推論すればよいことになる。
8) 「国際物品売買契約に関する国際連合条約」の8条の規定を参照。
9) 最判平成18・10・17民集60巻8号2853頁は、日本法人とその従業員として日本において勤務する日本人とが、後者の職務発明について日本で締結した（複数の外国において特許権を受ける権利の譲渡にかかわる）譲渡契約につき、黙示的な日本法の選択があったとした。さらに、大阪地判平成7・5・23判時1554号91頁は、カリフォルニア州法人の学校法人が経営する大学の日本校での教育についての債務不履行の準拠法につき黙示的な法選択があったとして日本法を適用した。
10) 最判平成9・9・4民集51巻8号3657頁は、ニューヨーク州法人と日本法人との仲裁契約において仲裁地（ニューヨーク）が特定されているとした。もっとも、この事案では仲裁契約じたいの準拠法が問題となった。
11) 東京地判平成3・8・27判時1425号100頁は、当事者が英国法の適用を前提とする供

述をしていることなどをもって，英国法を準拠法とする黙示の意思を有していたものと推認する。
12) 東京地判平成9・10・1労民集48巻5・6号457頁は，日本人乗務員とルフトハンザとの雇用契約はドイツ労働法上の労働協約に依拠しているとする。東京地判昭和57・5・31下民集33巻5-8号875頁，34巻5-8号751頁は，欧州共同体委員会と日本人との雇用契約につき，当該契約に適用される同委員会駐日代表部の就業規則は現地職員との紛争およびその就業条件は職務遂行地の法によるとの欧州共同体委員会規定に従い作成されたものであるとして，労務給付地としての日本法によっている。
13) 東京地判昭和52・5・30判時880号79頁は，輸入貨物の保険を日本の保険会社が引き受ける場合には，請求のないかぎり英文保険証券の発行を省略するのが慣行であり，保険者の填補責任については英国の法と事実たる慣習によるとの約款が英文保険証券にはあり，当事者もこの約款に従う意思があったとする。
14) 法例7条2項の規定は，当事者による準拠法の指定がないときには，デフォルト・ルールとして行為地法つまり契約締結地法を契約準拠法として定めていた。通則法が適用されたならば8条2項の推定に基づき「最密接関係地」とされたであろう地が契約締結地であるときには，裁判所は，黙示意思の探求という労をあえてとることなく，行為地法を契約準拠法とする傾向があったように観察される。たとえば，大阪地判平成2・12・6判タ760号246頁（ドイツ法人から日本人が購入したドイツに所在する自動車の売買に関する事案），東京地判昭和60・7・15判時1211号120頁（国際航空運送契約上のイタリア法人たる運送人から委託を受けた他の運送人による貨物の運送中にイタリアで発生した盗難事故に関して，イタリア法人たる荷送人とイタリア法人たる運送人との契約につき契約締結地法たるイタリア法を契約準拠法とした事案），大阪地判昭和58・9・30下民集34巻9-12号960頁（インド銀行とインド人との当座勘定取引契約について，銀行の大阪支店との契約は日本法により，香港支店との契約は英国法によるとした事案），東京地判昭和55・9・29判時999号113頁（売主たる日本会社と買主たる米国会社との間で日本において締結された売買契約に契約締結地法たる日本法を適用した事案）。

こういった傾向は，8条の規定との関連だけでなく，12条2項の推定に基づいて説明可能な裁判例にもみられた。たとえば東京高判昭和57・7・19判時1051号149頁（米国法人たる航空会社の1つの営業所におけるストライキによって予定飛行便の運行が不可能となったため，他の営業所の労働者に休業を命じた結果として生じた不就労期間中の休業手当の支払請求を認容した事案）。
15) 契約の各部分に異なった法秩序が客観的に連結される可能性は——当事者による部分指定の場合と同様に——否定されない。
16) たとえば，中国国際私法41条。
17) 前注11）東京地判平成3・8・27判時1425号100頁の事案が通則法の下で発生したとすれば，売主たる美術商の事業所所在地たる英国の法律が準拠法として推定される。法例の下で黙示意思を推認するために判旨が言及する，勘定貨幣がポンドであり，引渡し地が英国であるなどといった事情は推定を補強するための要素となる。
18) 東京高判平成18・10・24判タ1243号131頁は，東京地判平成17・6・17判タ1243号136頁の次の判断を維持した。つまり，韓国法人と日本人が韓国で締結した日本における会社設立等に関する委任契約について，契約の締結じたいは韓国で行われたとはいえ，日本法人の設立および日本での事業開始などを目的としており，受任者の現実の活動も日本で行われていたとして，法例7条の下で日本法を準拠法とする黙示の意思を肯定した。通則法の下では，受任者の常居所地法たる日本法が8条2項の下で最も密接な関係がある地の法として推定されよう。
19) 最判昭和53・4・20民集32巻3号616頁は，タイ銀行東京支店と中国人との定期預金

契約は，東京支店が日本国内において行う一般の銀行取引と同様に定型的・画一的に行われる附合契約の性質を有し，かつ，外国銀行が日本に支店等を設けて営業を営むためには主務大臣の免許を受けなければならず，その場合にのみ営業所は銀行とみなされることなどから，当事者は本件定期預金契約上の債権に関する準拠法として東京支店所在地法である日本法を黙示的に指定したものとした。また，東京地判平成5・1・29判時1444号41頁は，ネバダ州のカジノにおける賭博を目的とした日本人とカジノ経営者との契約につき，当該契約は同州の規制に服するとする。

20) 大阪高判昭和44・8・5高民集22巻4号543頁は，インドネシアの組合を借主とし，日本の会社を貸主とする日本所在の不動産の賃貸借契約は日本法によるとする。前橋地桐生支判昭和37・4・9下民集13巻4号695頁は，日本人（売主）と韓国人（買主）との間の日本所在の不動産に関する売買契約は日本法によるとする。

21) たとえば，複数の請負人が相異なる国に事業所を有する場合，契約を分割して連結することはできうるかぎり避けなければならないとすると，1項の規定に従い最も密接な関係がある地を探求すべきことになろう。

22) たとえば，訴え取下げ契約につき訴えを取り下げるべき当事者の常居所地は多くの場合に意味をもつまい。参照，東京地判昭和55・6・13判時984号102頁（日本の会社が韓国の会社を被告として日本の裁判所に提起した損害賠償等請求の訴えにつき，当事者が締結した訴え取下げ契約は，その義務履行地たる日本における訴訟法上の効果の発生を目的とするものであるとして，日本法を準拠法とする黙示意思を推認した）。

23) 神戸地判昭和58・3・30判時1092号114頁は，インド法人たる運送会社によりインドから日本まで海上運送された貨物について日本法人の間で締結された保険契約は，契約当事者がいずれも日本法人であるので日本法によるとした。

24) なお，主たる債務の準拠法と保証債務の準拠法との間にこのような関係があるとはかならずしもいえまい。ちなみに，東京地判平成8・2・7判時1589号86頁の事案では，フランスの銀行とフランスの会社との主たる貸付契約は明示的にフランス法を準拠法とし，当該フランスの銀行と日本の会社との保証契約は日本法を明示的に準拠法とするものであった。

25) たとえば，日本に事業所を有する事業者と日本に常居所を有する者とがハワイに所在する別荘の賃貸借契約を締結する場合，3項の規定の下でハワイ州法の適用を導く推定は覆される可能性があろう。

26) この意思表示を条件として常居所地法上の特定の強行規定が適用される。この主張は，裁判上または裁判外を問わず行うことができる。消費者が訴訟手続においてこのような主張を行う場合には，常居所地法上の強行規定を特定し，その適用のための攻撃防御方法を主張・立証しなければならない。

27) 折茂豊『当事者自治の原則』（創文社，1970年）179頁。

28) 東京地判平成2・9・11労民集41巻5号707頁（労働者派遣事業を目的とする使用者にたいして，カタールに派遣された日本人労働者が現地での時間外労働と休日労働につき時間外手当の支払いを求めた事案）は，準拠法の問題に触れることなく労働基準法37条の規定を適用している。

29) 労働者災害補償保険法は別個独立に連結される（参照，同法33条7号）。

30) 東京地判昭和43・12・14判時548号97頁，大阪高判昭和55・3・28判時967号121頁および東京地判平成11・3・16判自766号53頁は，いずれも日本法の適用を前提としながら，出向元たる日本の事業者にたいして出向期間中の未払い賃金の支払いを命じている。

31) なお，国内使用者により一時的に海外に派遣される者で，海外での短期的な商談，アフターサービスのための一時的な出張については，労務提供地は日本である。同様に，日本の建設会社が施工する海外の工事現場に労働者を派遣する場合でも，工事現場が独立し

32) 米国ジョージア州港湾当局の極東代表部による日本人労働者の解雇に関する東京地判平成18・5・18労判919号92頁は，法例の下で，労務給付地が日本であることのほかに，契約締結の経緯や職務内容，極東代表部を日本の厚生年金保険，健康保険，雇用保険および労災保険の適用事業所としていたことなどの事情を考慮して，黙示的な日本法の選択を肯定する。通則法の下では，こうした事情の考慮は，推定を補強する事実としてのみ意味をもつ。

33) 東京地決昭和63・12・5労民集39巻6号658頁は，英国法人と同社の東京事務所代表者たる英国人との間で締結された雇用契約の成立および効力に関する準拠法につき，(英国法によれば，1週間前に解雇を予告するかまたは1週間分の賃金相当の予告手当を支払うことにより解雇しうることとされているにもかかわらず) 同社が日本の労働基準法に規定する30日分の賃金相当の予告手当を支払って解雇の意思表示を行っていることなどの点から，労働契約の準拠法として日本法を選択する黙示意思を推認した。通則法の下では，労務提供地法たる日本法が準拠法として推定されることになろう。

34) 東京地判平成16・2・24判時1853号38頁は，法例の適用を前提に，特許法35条3項の規定を国際的強行規定として捉えている。通則法の下では，職務発明にかかる特許を受ける権利の承継の対価請求という労使間の権利義務に関する当該規定は，12条のいわゆる強行規定というべきであろう。

35) 東京地判昭和44・5・14下民集20巻5・6号342頁は，法例の下で，ニュージャージー州法人と米国人労働者との間の雇用契約の準拠法をニューヨーク州法とした上で，労務提供地が日本であっても当然には日本の強行法規が適用されるものではないとして，具体的事情を考慮して当事者間の解雇が公序に反しないとした。同一の事案が通則法の下で生ずれば，労務提供地法たる日本の労働基準法の適用が可能となるが，おそらく現行の日本法の下でも，解雇は有効となるであろう。純国内的な事案においても，企業内にない人材を求め，職種・地位を特定して外部の人材銀行などを経由して上級管理職を採用するような場合に，当該の被用者が期待した能力を発揮しなかった場合に解雇しても，解雇権の濫用には当たらないとする判決例があるからである（東京高判昭和59・3・30労民集35巻2号140頁および東京地決昭和62・8・24判時1251号133頁）。

36) 東京地決昭和40・4・26労民集16巻2号308頁（カリフォルニア州法人に雇用されて日本で労務を提供する米国人労働者の解雇に関する事案）は，契約準拠法をカリフォルニア州法としながら，日本の「労働組合法7条1号にうかがわれる公序に反し」解雇を無効とする。通則法の下でも，労働組合法7条1号の規定は国際的強行規定として直接的に適用されるであろう。

37) 東京地判平成19・8・28判時1991号89頁は，韓国会社と日本会社とのシリコンウェハーの販売代理契約の準拠法は韓国法であるが，「独占禁止法（24条）は強行法規であるから，準拠法の合意にかかわらず，本件に適用される」とする。

38) 各種事業者の事業活動を規制することを主たる目的とする日本のいわゆる業法系の法律は，基本的に，事業所の内国における所在をその適用範囲にしているとみられる。他方で，内国における事業活動のみが立法者の念頭にあるため，空間的な適用範囲を明示する規定はおかれないのが普通である。そのため，規定の文言からすると空間的にはあらゆる事業活動が射程に入っているかの印象を与える。けれども，渉外的な事業活動が想定されうるときは，この点を明確にする規定が設けられることがある。たとえば，特定商取引に関する法律26条1項2号である。

39) 東京地判昭和42・7・11判タ210号206頁は，「(債権の準拠法たる) 我が民法においては，債権は譲渡性を有するのが原則であるところ，右原則を韓国財務長官の行政命令によって，制限することを許す法律上の根拠はない」とする。

40) 東京高判平成12・2・9判時1749号157頁。裁判所は、絨毯は麻薬や武器などの物品それじたいに問題がある通常の禁制品とは異なり、契約を無効としてまで取り締まりを徹底する必要があるかは疑問であるとした。さらに、貨物の到着地の法律違反を認めれば、密輸を助長し国際間の協調と平和を求める日本の公序が保たれないとの主張にたいしては、家財道具の輸送につき保険契約を有効にしたからといって一般的に密輸を助長することにはならないとし、契約の効力を維持した。
41) 東京地判平成10・5・13判時1676号129頁。
42) 「いずれかの加盟国の通貨に関する為替契約で、この協定の規定に合致して存続し又は設定されるその加盟国の為替管理に関する規制に違反するものは、いずれの加盟国の領域においても強制力を有しない」とする。

〔参考文献〕

■契約一般
櫻田嘉章「契約の準拠法」国際私法2号1頁（2001年）
中西康「契約に関する国際私法の現代化」ジュリ1292号25頁（2005年）
中野俊一郎「国際私法の現代化に関する要綱中間試案と国際取引——国際私法の将来像と準拠法選択の自由（上）（下）」JCA52巻8号2頁、9号2頁（2006年）
佐藤やよひ「契約——法適用通則法適用にあたっての問題点」ジュリ1325号47頁（2006年）
青木清「平成18年国際私法改正——契約および方式に関する準拠法」国際私法8号2頁（2007年）
多喜寛『国家契約の法理論』（中央大学出版部、2007年）
森下哲朗「国際私法改正と契約準拠法」国際私法8号20頁（2007年）
中村秀雄「『準拠法不定』条項——準拠法の決定を先送りにする国際商取引契約書の条項を手がかりに『準拠法の変更』を考える」国際私法8号130頁（2007年）
佐野寛「法適用通則法における契約準拠法の決定」民商136巻1号1頁（2007年）
早川吉尚「通則法における契約準拠法」国際私法9号2頁（2008年）
森下哲朗「国際商取引における非国家法の機能と運用」国際107巻1号15頁（2008年）
北澤安紀「国際契約の準拠法」須網隆夫＝道垣内正人編『ビジネス法務大系Ⅳ国際ビジネスと法』（日本評論社、2009年）119頁
■消費者契約
西谷祐子「消費者契約及び労働契約の準拠法と絶対的強行法規の適用問題」国際私法9号29頁（2008年）
■労働契約
村上愛「法の適用に関する通則法12条と労働契約の準拠法」一法7巻2号309頁（2008年）
村上愛「法の適用に関する通則法12条と労働法規の抵触法的処理——『法例』から『法の適用に関する通則法』へ」国際私法11号149頁（2010年）

第2節　法定債権（不法行為, 不当利得, 事務管理）

I　不法行為

1　不法行為準拠法の決定

　法例11条1項の規定は「原因たる事実の発生地」を連結素とし，不法行為については不法行為地法主義によっていた。通則法も，隔地的な不法行為を想定しながら，この原則を維持している。他方で，通則法は，生産物責任および名誉・信用毀損につき特則を設け，さらに，いわゆる例外条項によって連結を柔軟化しようとしている。なによりも，不法行為について一定の条件の下で当事者による法選択を肯定している。これら準拠法の決定方法は過失責任にも無過失責任にも適用される。22条の規定は法例11条2項および3項の文言を踏襲している。

(1)　客観的連結の諸要素

　不法行為制度は，（過失責任であれ無過失責任であれ）加害者に非難可能性があった場合に加害者に損害を負担させることにより，当事者間に公平な損害負担を図ろうとする。被害者と加害者間の公平は，国際私法上，準拠法の予測可能性についての公平を要請し，通則法の採用する処理もこの要請に応えようとしている。

　次の5つの地が不法行為と関連する。準備行為地，行動地，被害者の管理開始地，結果発生地および損害発生地である。これらの地の中で，連結素としての資格が与えられているのは，行動地（17条，18条），被害者による管理開始地としての引渡し地（18条）および結果発生地（17条，19条）である。他方で，例外条項の枠組みの中で考慮されるべき要素としてはともかく，準備行為地と損害発生地には準拠法を決定する連結素としての資格は与えられていない。

　次の設例によって不法行為に関連する要素を説明したい。

　　【設例】　YがA国において書簡をしたため，B国において投函した。C国に常居所を有するXがこれを自宅で受領したが，出張直前であったためその場で開封せず，開封し

たのは出張先のD国のホテルの部屋であった。書簡の内容はXの精神状態を不安定にするものであった。航空機の乗り継ぎ地であるE国において体調が著しく悪化し，E国の病院に収容された。

イ　準備行為地

被害者の予見可能性を尊重しなければならないため，準備行為の行われた地（【設例】のA国）は，一般的に，連結素としての適格性を有しない。

＊A国においてYが弾丸を装填した後にB国に赴き，B国側から国境を接したC国にいるXを銃撃した場合，YがA国において弾丸を装填したことを被害者Xは予見できないであろう。

＊＊生産物責任との関連において，製品の研究・開発はA国で行われ，人件費の安いB国の工場で製造，C国で販売された場合に，A国とB国は準備行為地に該当する。メディアによる名誉毀損についても，記者が記事をA国で執筆し，人件費の安いB国で印刷が行われ，C国で頒布された場合，A国とB国は準備行為地に該当する。あるいは，加害者がブログ用の記事をA国において作成したが未投稿原稿として保存し，B国において投稿した場合，A国は準備行為地にすぎない。

ロ　損害発生地

損害発生地は法益侵害に起因する損害が現実に発生した地であり（【設例】のE国），法益侵害のあった地としての結果発生地とは区別される。たしかに，損害発生地は損害賠償の観点からは一定の意味をもっている。

＊日本人の団体がカナダにスキーツアーに行き，同国のスキー場においてこの団体に参加していたスキー客Yが他の参加者Xと接触事故を起こしたとする。帰国後，被害者Xが日本の病院で治療を受けた場合，損害発生地つまり治療費の支払いなどの経済的損失が発生した地は日本である[1]。

けれども，被害者の損害がどの地において現実に発生するか（どの地で発症し，病院に搬送されるかなど）を加害者はかならずしも予見できない。このことに加えて，現実にはいまだ発生していない損害を予防する不作為請求について損害の発生地はかならずしも妥当しない。そのため，損害の発生地は連結基準

としては採用されていない。

* 台北（行動地）で購入した食品が腐っており，これをソウル（結果発生地）で食した後に日本（損害発生地）の病院で治療を受けた場合には，原則として，日本法に従い不法行為に基づく損害賠償請求をすることはできない。
** 交通事故に遭遇した人が死亡した結果，その遺族が葬儀費用を支払い，扶養請求権を喪失するという経済的な損失をこうむっても，親族や扶養権利者の常居所地におけるそのような損害の発生は不法行為の準拠法の決定には原則として関連しない。

八　結果発生地

結果発生地は，侵害があった時点において直接に法益が所在していた地（【設例】のD国）である。損害の填補という不法行為制度の機能はこの連結素に親和的である。過失責任のみならず（注意義務いかんが問題とならない）無過失責任の連結も説明しやすいといわれることがある。しかし，多くの場合，結果発生地を加害者は多くの場合に予見することができるから，結果発生地を連結素とすることは不法行為制度の抑止的機能と矛盾するものではない。もっとも，結果発生地は加害者（だけでなく被害者）にとって偶然に定まる可能性がないわけではない。

二　行動地

加害者が不法行為に該当する行為（作為・不作為）をした時点において所在していた地（【設例】のB国）を行動地という。注意義務の基準に関する情報にアクセスしやすいのは行動地のそれであるため，行動地は主として損害賠償の責めを負うべき加害者に標準を合わせた基準といわれている。不法行為の抑止的な機能を重視する連結といえよう。結果発生地と比較すると行動地の確定は相対的に容易ではあるが，その反面，加害者（とくに事業者）が不法行為責任を負わないように行動地を選択できるという難点がある。

* 商品としてのニュースを国際的に報道しようとするメディアは，名誉毀損につき緩やかな規制をしている国または州に事業所を設ければよい。

不法行為制度の力点が損害の填補に移行したことに呼応して，行動地には副次的にのみ連結素としての地位が通則法上与えられている。

なお，行動地という連結素は無過失責任にも妥当する。たしかに，この連結素は，潜在的加害者が注意義務の基準に関する情報にアクセスしやすいという意味において，過失責任に親和的である。しかし，無過失責任においては，注意義務違反こそ問題とならないけれども，加害者に責任を負わせるには危険物の稼働と法益侵害との間に一定の相関関係が要求される[2]。そのような相関関係についての予見可能性は無過失責任を負うべき潜在的加害者にも与えられなければならない。工場など土地に固定された施設については現実の稼働地が，動産については法益侵害の時点における所在地が行動地となるとみられる。

ホ　被害者の管理開始地

　被害者の管理開始地は，法益侵害の可能性を被害者がコントロールできるようになった地をいう（【設例】のC国）。この要素を，そのようなものとして連結素の形で通則法は明示していない。多くの場合，結果発生地とは別個にそのような要素を観念しにくいからである（国境を越えて銃弾が発射された場合に，銃弾が体に命中した地において被害者の法益侵害はすでに発生している）。しかし，18条が規定する生産物の引渡し地はこの要素を生産物責任との関係において表明しており，一般的不法行為においても当事者の予見可能性という観点から意味をもっている。

(2)　一般的不法行為（17条）

イ　原則的な連結素としての結果発生地

　通則法17条の規定は結果発生地を原則的な連結素としている。実質法における不法行為制度の機能は，潜在的な加害者の行動の抑止から損害の填補にその機能の重点を移しているといわれている。結果発生地という基準はこのような不法行為制度の機能を抵触法の平面に反映させたものといいうるかもしれない。結果発生地法を準拠法とすることによって，被害者はその所在する地の法が認める損害の填補を期待することができるからである。むろん，すでに述べたように，結果発生地法の適用は不法行為の抑止的機能と矛盾するわけではない。結果発生地法を準拠法とすることは，外国において損害を発生させる可能性のある行動をとろうとする者は，結果発生地たる外国の法規に適合するように行動しなければならないことを意味するからである。

ロ　副次的な連結素としての行動地

　結果発生地の適用が当事者にとって不測の事態となることもある。問題と

なっている地における結果の発生がとくに加害者にとって予見を期待できない状況においては，結果発生地法は準拠法として適切さを欠く。そのため，通則法は，結果発生地における「結果の発生が通常予見することのできない」ときには行動地法が適用されるとしている。結果発生地法の適用が一般的に相当とはみられない場合，両当事者にとり予見可能な法は，多くの場合，行動地法とみられるからである。

> ＊甲国のサッカーチームが日本のチームと日本において試合をしていたところ，競技場において両国のチームのサポーターが乱闘し，この模様が複数国においてテレビ中継された。乙国においてこの模様をテレビ観戦していたXはショックを受け，乙国の病院に入院した。乱闘は大会運営者である日本法人Yの過失に基づくものであった場合，準拠法は行動地法である日本法である。

(3) 生産物責任（18条）

生産物責任は，通則法上，不法行為の一種として捉えられている（22条）。生産物責任との関連では，加害者たる生産業者などと被害者の予見可能性をともに保証する連結素が望ましい。生産業者は，その事業所所在地または想定された流通経路にある地の法を基準にして，生産・輸出によって生ずるリスクの計算をするであろう。他方で，被害者は，生産物の生産地法またはその取得地法の定める基準に依拠しながら品質と保護のレベルを期待しているといえる。

> ＊日本の製造業者Yは甲国をその製品の販売網としているが，その隣国の乙国には輸出していない。乙国に常居所を有するXが甲国に常居所を有する友人AからY製の製品を中古品として譲り受けた。この製品に欠陥があったため乙国においてXは傷害を負った。Yの観点からすると日本法または甲国法の適用が望ましい。他方で，日本法または甲国法の適用はXにとってもやむを得ない。

生産物責任に関する通則法18条の規定は，引渡し地を第一次的な連結素としながら，引渡し地での引渡しが通常予見できない場合に，生産業者などの事業所所在地を副次的な連結基準としている。

> ＊事業所所在地は17条の意味での行動地を生産物責任に即して表現した連結素と評価で

きよう。引渡し地法の適用が一般的に相当とはみられない場合，両当事者にとり予見可能な法は，多くの場合，生産者の事業所所在地法とみられる。生産業者の事業所所在地を行動地として捉え，かつ，結果発生地法が不満足な解決しかもたらさない事案には20条の例外条項が適用されるとすると，かりに18条の規定がなくとも，17条の規定の解釈・適用によって同様な解決をもたらすことができよう。とはいえ，生産物責任との関連では，被害者の管理開始地を引渡し地として一般的に想定でき，この地は，当事者双方の予見可能性の観点からは（偶然に定まる可能性が相対的に高い）結果発生地よりも適切な地といえる。一般的な不法行為との関連では被害者による管理開始地は結果発生地と同一の地であることが多く，一致しない場合には例外条項の枠組みの中でのみ考慮すれば十分であるのにたいして，生産物責任との関連ではむしろ結果発生地が例外条項の枠組みの中で考慮されることになる。

なお，生産業者と被害者とが直接の契約当事者である場合には契約の準拠法によることになる（7条，11条）。

イ　引渡し地

引渡し地とは，被害者の身体または財産が生産物に内在する潜在的な危険にさらされた地を意味する。

* 服用を継続し，一定量を超えると副作用の生ずる甲国の製薬会社Yの解熱剤を甲国においてXが購入した。乙国において服用を開始し，丙国において当該量を超えたために発症した。製薬会社Yの責任は甲国法による。
** 「引渡し」には，（欠陥のある）製造物や（毒性のある農薬の付着した果物のような）一次産品それじたいの引渡しだけではなく，（誤訳など）瑕疵のある使用説明書の添付された製造物の引渡しも含まれる。

a　連結素としての適格性

引渡し地という連結素は他の連結素に比べて利点を有している。

第1に，多くの場合，被害者はその常居所地国において生産物を取得するとみられる。この場合，引渡し地という連結素は被害者に馴染みのある法の適用を導く。他方で，その地の法が定める保護を被害者に与えることは，外国において製品を販売する生産業者およびその保険者にとっても想定外のことではあるまい。第2に，その常居所地国とは別の国に被害者が赴いて生産物を取得し

た場合，被害者としては，生産業者の責任が引渡し地の法によって判断されるべきことを甘受しなければなるまい。かりに，当該外国の保護のレベルが自己の常居所地国のそれよりも低いとしても，当該外国の市場に参加する他の者と同等の保護に満足しなければならないといえるであろう。

> ＊外国では同一の製品が自己の常居所地国よりも安価に購入できるため，被害者は当該外国で製品を購入するかもしれない。価格には生産物責任をカバーする保険料が反映しているとすると，生産物責任の重くない外国で製品を被害者が取得し，これを生産物責任に厳格な態度をとる自己の常居所地国に持ち帰った場合，常居所地法の適用は，低い対価にもかかわらず，他の取得者に比べて高い保護が被害者に与えられることを意味しよう。逆に，厳しい生産物責任法をもつ国において被害者が高額で製品を取得した場合，生産物責任につきより緩やかな態度をとっている常居所地法の適用は，高額な対価を支払ったにもかかわらず被害者から価格に見合う保護を奪うことになろう。

第3に，生産物の安全性という目的は事業者を名宛て人とする公法上の規制と結合して確保されている。民事責任の連結を考える場合にも，引渡し地の公法上の規制との関連性を無視することはできない。

b 意 義 生産業者または（OEMの提供先などの）生産業者等と被害者とを結びつける地としての引渡し地は，かならずしもつねに（所有権が移転する地を意味する）取得地ではない。生産物の流通過程の中に被害者が関与するかぎりにおいて，（たとえば，レンタカーを借りた地など）被害者に利用が委ねられた地も引渡し地に含まれるとみられる。

ロ　被害者

18条の意味における被害者はかならずしも流通過程において生産物の引渡しを受けた者に限定されない。引渡しを受けた者が法律上保護すべき義務を負っている者も18条の意味での被害者となりうる。たとえば，父母により薬の投与を受けた子や使用者の指揮命令に服する労働者である。

他方で，被害者が生産物の引渡しを受けていないときは17条の規定による。（欠陥のある自動車が引き起こした事故に巻き込まれた者など）バイスタンダー（bystander）といわれる者がそうである。

ハ　生産業者の（主たる）事業所所在地

被害者が商品の引渡しを受けたが，その引渡し地が商品流通過程の中には

なかった場合に，引渡し地法を適用することは事業者の予測に反するといえよう。18条ただし書は，「生産物の引渡しが通常予見することができないものであったときは，生産業者等の主たる事業所の所在地の法」によるとしている。この場合の事業所所在地とは，一般的な不法行為の行動地に該当するものと考えられるから，（製品の安全基準や輸出およびマーケティングに関する判断が行われるべき）企業活動の統括が現実に行われる地を意味する。

＊甲国に主たる事業所を有するY社の解熱剤を乙国で購入したAが丙国においてその子Xに与え，Xは解熱剤の副作用で発症した。Y社は同一の解熱剤を丙国においては販売していないとすると，Yの責任は甲国法による。

事業所所在地法は事業者ごとに決定される。したがって，たとえば生産業者と輸入者の責任が相異なる準拠法に服するという事態も生じうる。

(4)　名誉または信用毀損（19条）

通則法19条の規定は名誉・信用毀損に基づく不法行為責任の準拠法を定めている[3]。人の社会的評価を低下させる行為としての名誉・信用毀損については，社会を基準にして準拠法が決定される。典型的な救済方法は損害賠償および差止め請求である。

一般的不法行為に関する17条の規定する行動地および結果発生地は，名誉・信用毀損については連結素としてかならずしも適切ではない。

第1に，報道機関の立場からすると行動地こそが連結素として望ましい。名誉・信用毀損について寛大な地あるいは表現の自由を最大限に保障する地の法の適用がその利益に適うからである。けれどもその反面，他の国に住む被害者の利益は犠牲にされよう[4]。第2に，名誉・信用毀損における結果発生地は，物や身体・生命のように被害者が物理的に関連している地ではなく，通常，被害者がその隣人とともに住む社会環境のある地を意味する。そうすると，結果発生地というよりは被害者の常居所地がより適切な連結基準といえる[5]。第3に，とくに国際的な著名人については，結果発生地はそういった社会環境のある地ではなく，人が問題となっている情報にアクセスできるすべての地を意味する。その場合には，（甲国で発生した損害は甲国法に，乙国で発生した損害は乙国法にというように）個々の結果発生地法をそれぞれの地において発生し

た結果に限定して適用しながら，各地の不法行為法を寄せ集めていわばモザイク的に適用するという処理も考えられないではない。しかし，損害を個々の結果発生地ごとに分断して評価するという処理が現実的な解決をもたらすかは疑問としなければならない。

　結果が複数国において発生する場合にも1つの準拠法による統一的な処理が望ましい。そのためには，法益を1つの地に特定しなければならない。通則法19条の規定は被害者の常居所地またはその主たる事業所所在地に法益を位置づけている。たしかに，個人が他の人と有している関係はその常居所地において最も強く影響を受ける。また，常居所地法への連結は被害者の利益だけでなく，影響を受ける社会の利益にも適合するといえよう[6]。

　19条の規定は保護されるべき法益を被害者の常居所地に位置づけるため，結果発生地が偶然に定まることはない。17条ただし書のように，通常予見できない結果の発生を想定して副次的に行動地法を適用する必要はない。もっとも，報道機関が自国の放送コードなどを遵守しているか否かは，準拠法たる被害者の常居所地の実質法の中で（たとえば，過失の認定との関連で）考慮されうる。そのかぎりで，報道機関の表現の自由に配慮が与えられよう。

＊メディアによる報道を商品として捉えると，生産物責任における引渡し地に該当するのは頒布地つまり商品としての報道が行われる地ということになろう。しかし，この地は独立した連結素とはされていない。リスク計算についてのメディアの利益は，生産業者とは異なり，原則として配慮されていない。外国に常居所を有する被害者の名誉・信用を毀損する者は，当該外国の社会と被害者が有する関係に干渉するのであるから，報道にかかわる事業者はその外国の法律を予見して報道しなければならない。したがって，たとえば雑誌の販路に被害者の常居所地が入っていないとしても，報道機関は当該国の法に従いリスクを計算しなければならないことになる。

(5) 例外条項（20条）

　不法行為の準拠法は，それまでいかなる関係にもなかった被害者と加害者との間の1回限りの権利義務関係に適用できるように仕組まれている。一般的不法行為，生産物責任および名誉・信用毀損に関する抵触規定は，それぞれ，そういった当事者の権利義務関係を想定しながら，予見可能性の観点から，当事者双方にとり公平な連結基準を提供するものとなっている。しかし，すでに特

定の法律関係にある当事者が被害者と加害者となる場合も存しよう。そのような既存の法律関係がなくとも，連結基準の指示する地とは別の地と当事者がともにより強い結び付きをもっていることもある。こういった点に配慮して，例外条項が設けられている。20条の規定は，被害者と加害者との共通常居所地法および当事者間の契約関係の準拠法を例示しながら「密接な関係がある他の地の法」の適用を認めている。

　なお，本条は，原則として適用されるべき地の法が存在することを前提としている。しかし，結果の発生や行動が公海上で生起した場合にも「密接な関係がある地の法」があるときには，類推適用されるべきであろう[7]。

　イ　共通常居所地

　加害者と被害者がともに同一の国に常居所を有しており，不法行為地が一時的なつながり以上の意味をもたない場合には，不法行為地よりも共通常居所地の法が当事者双方にとり強い関連性を有している[8]。すなわち，常居所地において被害者は経済的損失を受けるとみられるから，損害の填補の局面では被害者の常居所地は重要な意味をもっている。損害発生地という要素それじたいは独立した連結素ではないけれども，まったく無意味なものとされているわけではなく，被害者の常居所地と一致するかぎりにおいて例外条項の枠組みの中で考慮することができる。他方で，加害者としても以前から常居所地法に従ってその行為を律してきていたはずであるから，この法の行為規範に従ってその行動を評価することが適当といえる。

　とくに日本人の海外旅行との関連で生ずる不法行為については，共通常居所地法の適用は実際的な観点からも望ましい[9]。というのは，当事者は，多くの場合，外国で生じた事故の後にその常居所のある日本に戻るのであるから，日本法の下で損害賠償請求にかかわる諸問題が処理されうるからである。たとえば，日本人旅行者が他の日本人旅行者に負うべき不法行為責任は日本に事業所を有する海外旅行傷害保険の保険者により日本法に従い処理されよう。

　共通常居所があればつねにその地の法が適用されるわけではない。共通常居所地法はあくまでも「密接な関係がある他の地の法」の存否を判断する上で考慮すべき要素にすぎない。

＊日本人の大学生2人が夏期休暇を利用して米国のA州をレンタカーで旅行中，運転していた学生の過失で自動車事故に遭い，他の学生が死亡したとしよう。死亡した学生の父

母が損害賠償を日本において加害者たる学生に求めた場合に、共通常居所地たる日本が最も密接な関係があるとはかならずしもいえない。加害者たる学生がレンタカーを借りる際にA州の法の下で責任保険に入っており、A州法の認める責任のみがこの保険によってカバーされる可能性があるからである。そのような場合には、むしろ、A州法が準拠法となる可能性がある。

＊＊南フランスで休暇中の日本人タレントのヌード写真を日本人旅行客が撮影し、この写真が当地のタウン誌に掲載された場合、加害者と被害者の共通常居所地法たる日本法の適用はないかもしれない。

なお、常居所地が共通であるか否かを確定する時点は不法行為の時点である。後日における当事者の常居所地の変更はこの確定に影響しない。不法行為に基づく請求権の運命に常居所の変更が影響することを、通常、当事者は計算に入れていないからである。

なお、不法行為地法とは異なる共通常居所地法が準拠法となっても、（道路交通法などの）行為の準則は共通常居所地の実質法の枠組みの中で、注意義務の基準を判断する際に考慮することができる。

ロ　附従的な連結

20条の規定は契約準拠法を「密接な関係がある他の地の法」の例として掲げている[10]。しかし、不法行為の準拠法を附従的に連結することが正当と認められる法律関係は契約関係に限定されるわけではない[11]。

附従的な連結により、法律関係の総体を統一的に1つの法秩序に服させ、まとまりのある法律関係を相異なる法秩序に送致しないようにすることができる。牽連関係にある複数の法律問題に単一の法を適用することにより準拠法の適応という操作を回避できる。たとえば、子にたいする父母の懲戒権の行使に適用される親子間の法律関係の準拠法と不法行為の準拠法との不一致からくる不都合を回避できる。さらに、困難な性質決定の問題を回避できる。たとえば、配偶者の他方配偶者にたいする損害賠償請求が家族法上のものか不法行為上のものかといった問題である。とくに、（運送、労働、売買、医療などの）契約当事者の一方が他方にたいして有する請求権が不法行為上のものとも契約上のものとも構成できる場合、請求権の競合の問題を附従的な連結は回避できる。競合する法の1つが請求権競合を許容し、他の法秩序が（フランス法のように）契約上の請求権のみを認める場合に、とくに意味がある。

なお，既存の法律関係の準拠法と同一の法への附従的な連結を認める際には次の4点に留意しなければならない。

　a　附従の相当性　　損害の発生が加害者と被害者との間に存在する法律関係から派生する義務の違反の結果である場合に，不法行為の準拠法は契約準拠法などに附従して決定される可能性が高いといえるであろう。しかし，既存の法律関係から派生する義務違反があった場合にのみ，契約その他の法律関係の準拠法と同一の法が「密接な関係がある他の地の法」となるわけではない。換言すれば，侵害された法益を特別に保護すべき義務が法律関係から生ずる場合にのみ，附従的な連結が肯定されるわけではない。（すべての人に求められる）一般的な注意義務と（法律関係の当事者にたいしてとくに求められる）特別の保護義務との限界確定という性質決定の問題を回避する点にも，附従的な連結を肯定する理由の1つがあるからである。

　＊自動車を運転していた夫の過失により同乗していた妻が傷害を負った場合に，夫の不法行為責任は婚姻の効力の準拠法と同一の法に附従的に連結される可能性がある。しかし，同乗している者の安全を確保しながら自動車を運転する義務をドライバーはすべての同乗者に負っているといえる。同乗者が妻であるから負っているわけではない。

　既存の法律関係の準拠法が「密接な関係がある他の地の法」といいうるか否かは，既存の法律関係の展開中に行われた行為と結果の発生との間に相当な因果関係が存在するか否かにかかっている。法律関係となんらかの関連性があるというだけでは不十分である。

　＊運送人が企業に貨物を引き渡したが，その際に運送人の従業員が夜間侵入してこの貨物を盗むべく倉庫の鍵をはずしておいたという場合には，運送契約の準拠法によるべきではない。運送契約がなければこのようなことは起こらないけれども，契約から通常生ずる損害ではないからである。

　b　当事者の同一性　　契約その他の法律関係が加害者と被害者との間に存在する場合にのみ当該法律関係の準拠法が「密接な関係がある他の地の法」となりうる。たとえば加害者が関与していない法律関係への附従的な連結は加害者の抵触法上の利益を無視することになる。

＊火災によって損傷を負った船舶の所有者が船舶の属具である消化器の製造者にたいして生産物責任に基づき損害賠償を請求する場合，この請求権は船舶所有者と造船者との請負契約の準拠法と同じ法に附従的に連結されるわけではない。当事者の同一性を欠くからである。

c 複数の被害者 なお，被害者が複数いる場合には，個々の被害者と加害者との関係が別個の準拠法に服するという事態も生ずる。たとえば，夫婦とその友人が自動車に同乗し，夫婦のうちの一方の運転ミスにより交通事故が発生した場合，被害者たる他方配偶者の損害賠償請求権は婚姻の効力の準拠法に服するが，他の被害者の損害賠償請求権は不法行為地法に服するといったことも生じよう。

d 基準時 原因たる事実の発生した時点が基準となる。

(6) 事後の法選択（21条）

不法行為が発生した後，不法行為の準拠法を当事者は指定することができる。当事者が準拠法を選択すると，例外条項による連結も含めておよそ客観的に連結されるべき不法行為の準拠法は適用されないことになる。

イ 当事者自治の合理性

公海上における不法行為との関連では，当事者自治は窮余の一策としての側面をもっている[12]。

しかし，当事者自治は，たんなる窮余の策としてのみ意味をもっているわけではない。不法行為においても当事者はその損害賠償請求権を処分することができる。実質法上において私的自治の原則が妥当する場合，抵触法上の当事者自治を否定する理由は原則としてない。たしかに，抵触法上の当事者自治によると強行規定の適用いかんも当事者の意思に委ねられることになる。けれども，被害者と加害者の情報・交渉能力に格差がある可能性のある場合はともかく，個別的・具体的な事情に最も適合する準拠法を当事者は選択するものと期待できる。さらに，準拠法を当事者が指定できれば予見可能性が確保されよう。準拠法が特定されれば紛争の結果を当事者が予測し，和解にいたることも期待できるのである。

ロ 法選択の時点

事前の法選択は許容されない。不法行為法においても情報・交渉能力におい

て当事者が隔絶しているという事態は予想できるからである。もっとも、被害者と加害者の間に契約関係があった場合には、「密接な関係がある他の地の法」の探求の枠組みの中で契約準拠法に附従的に連結されうる。そのため、事前の法選択を許容するのと、多くの場合、異ならない結果になるとみられる。

事後の法選択であるかぎり、口頭弁論終結時まで可能である。法選択は原則として原因たる事実の発生した時点に遡及する。

ハ　黙示的な法選択

黙示的な法選択も可能である。たとえば、被害者と責任保険の保険者が保険者の事業所所在地法に従って損害の塡補を交渉しているなどの事情がある場合には、この法の事後的な選択があったと認められる可能性が高いであろう。

訴訟中において法廷地法の黙示的選択が肯定されれば、手続も迅速化し、外国法の調査という労をとる必要がなくなり、法の適正な適用にたいする当事者の利益にもなる。しかし、法廷地法の黙示的選択というためには、当事者が法選択の可能性を認識していることが条件となる。

ニ　選択の範囲

選択の範囲は限定されない。実質法上、不法行為上の請求は当事者の自由な処分が可能である以上、抵触法上も法選択の範囲に限定はない。

ホ　法選択の方式

方式は自由である。

ヘ　第三者の権利（ただし書）

法選択が第三者の権利を害する場合には、法選択は第三者の利益を悪化させない。第三者の負担となる合意の禁止という実質法上の考慮から導かれる。当事者自治による規律は当事者の関係にのみ限定され、第三者への効果は、客観的に連結される法秩序に服することになる。

＊責任保険に加入している加害者と被害者が事故の発生した後（高額な損害賠償額を定める）甲国法を準拠法として選択したとしても、保険者は事故の発生した乙国の法の下での損害賠償を前提として保険金の支払いを行えばよい。

他方で、不法行為準拠法の選択は、20条の規定に従い附従的に連結される契約準拠法じたいの選択とは区別されなければならない。附従的な連結により契約準拠法と同一の法が不法行為に適用される場合には、第三者にたいして不

法行為上の請求権を主張できるか否かは契約準拠法となっている法が決定する。契約準拠法を事後に変更するときは，事後の法選択に関する9条の規定の制約を受ける。

第三者としては次の者を想定することができよう。他人の行為について責任を負うべき者（使用者，責任保険の保険者）および被害者に損害が発生したことを契機として義務を負い，加害者にたいして損害賠償請求権を有する者（たとえば損害保険の保険者）である。

(7) 特別留保条項（22条）

通則法22条の規定は法例11条2項および3項の文言を踏襲している。これら法例の規定は，不法行為地を連結素とする1項の規定を前提としながら，次のような配慮に基づいて定立されていた。すなわち，外国における不法行為にたいして内国不法行為法は無関心ではない。内国からみれば損害賠償が不要と判断される範囲において，問題となる行為は本来自由な行為のはずである。潜在的加害者にたいして内国不法行為法の与える行動の自由は，外国が不法行為地であっても保障されなければならない，というものである[13]。通則法22条の規定も基本的にこの趣旨に沿って解釈されよう。

イ　意　義

22条の規定は次の2点を定めている。

第1に，外国法が不法行為の成立を肯定している場合でも，日本法がこれを否定する場合には，日本法に基づき請求は否定され，第2に，日本法が不法行為の成立を肯定しても，（損害賠償の方法や額など）その効果は日本法が許容する範囲においてのみ認められる，という点である[14]。

＊日本の報道機関が外国に常居所を有する者につき報道をし，常居所地法たる外国法によると当該報道の内容が名誉毀損に該当するとしても，日本法によると名誉毀損には該当しないときは，日本の報道機関は不法行為責任を負わない。日本法の下でも名誉毀損に該当する場合に，日本法が損害賠償額の上限を画し，原状回復の方法についても日本法の定める方法とは異なる方法は許容されない。

ロ　22条と42条

法例11条2項および3項の規定は一般的公序条項の特則であり，特別留保

条項と呼ばれてきた。通則法22条の規定もまた42条の特則としての意味を有している。たしかに，22条の規定がなくても一般的な公序則を表明する42条の規定に従い，個別的・具体的な事案において日本法の適用を導きうる。しかし，一般的公序条項による外国法の排斥は，（"YはXの求める方法による謝罪をすべきではない"などという）具体的な法規範が強行される結果であり，この具体的な法規範を生み出すのは（憲法19条の規定する「良心の自由」に基づくとはいえ）一般的・抽象的に識別できる強行規定そのものではない。そのため，42条の規定のみによっては行動の自由の範囲についての予見可能性が確実に潜在的加害者に与えられるわけではない。22条の規定もまた内国の具体的な法規範の強行を命じ，そのかぎりで当該法規範と相容れない範囲において外国法の適用は排斥される。しかし，22条の規定は，そのような具体的な法規範が特定の（民法723条のような）一般的・抽象的法規範から生み出されうることを認め，潜在的加害者にたいして許容される行動の自由の範囲をより明確なものとしているのである。

八　22条と内国的関連性

42条の規定と同様に，22条の規定は内国的関連性の要件を明文化していない。しかし，日本民法709条以下の規定などがおよそ世界において生起するあらゆる不法行為に強行されるとは観念しがたい。

> ＊米国の特定の州において生起した米国人を当事者とする生産物責任につき，その州法を適用して高額な損害賠償を日本の裁判所が認容しても，日本の不法行為制度に混乱が生ずるわけではあるまい。

42条の規定につき内国的関連性という要件が解釈により導かれているのと同様に，22条の規定の適用にも内国的関連性の存在が要件となる。通則法22条の規定が法例11条2項および3項の規定の趣旨を継承するものであるかぎり，潜在的な加害者の行動の基準を内国法が与えていた場合に限定されよう。20条のいわゆる「密接な関係がある他の地の法」の資格で外国法が適用される場合には，内国的関連性という要件を欠くことが多いと考えられる。当事者が21条の規定に基づき事後に不法行為の準拠法として外国法を選択した場合も，同様である。

2 準拠法の適用

不法行為準拠法はとくに次の諸問題に適用される。不法行為能力，責任要件，損害賠償の種類と方法，損害賠償請求権者，第三者の責任および請求権の消滅時効である。

(1) 責任の要件
イ 不法行為能力
加害者の不法行為能力は17条以下の規定による。4条や5条の問題ではない。実質法においても不法行為能力は行為能力とは別の問題として規律されている。なによりも，被害者には相手方たる加害者を選択する可能性がないことを前提としなければならないからである。

＊日本の領域で自動車を無免許運転する者の不法行為能力が運転者の本国法に従い異なるなどという事態は奇妙であろう。

ロ 他の責任要件
違法性阻却事由の存否も不法行為準拠法による。父母の懲戒権の行使が違法性阻却事由となるか否かといった問題は，20条の規定に従い，32条の規定する親子間の法律関係の準拠法と同一の法によることが多いであろう。

故意・過失の要否や因果関係に関する問題も不法行為準拠法による。

(2) 使用者責任など
他人の行為のもたらした損害について副次的・保証的な責任を負う者は誰か，という問題も17条以下の規定により定まる準拠法による。

なお，未成年者たる子または被後見人などの行為により父母または後見人などの監督義務者が責任を負うか否か，監督義務の範囲いかんといった問題は，17条以下の規定により定まる不法行為準拠法による。他方で，誰が加害者の監督義務者かという問題は32条または35条の規定による。

法人のいわゆる不法行為能力の問題つまりその機関がその職務を遂行する上で第三者に与えた損害につき法人が責任を負うか否という問題は，法人の従属法ではなく17条以下の規定による。一般法人法78条や会社法429条1項の規

定は日本法が不法行為準拠法である場合に適用される。ただし、法人の機関に固有の義務違反（たとえば、会社法429条2項の列挙する行為）については、義務の準拠法と責任の準拠法とは同一であるべきであるから、20条の規定の「密接な関係がある他の地」の法として従属法と同一の法が適用されることが多いであろう。

(3) 損害賠償
イ　損害の範囲など
いかなる範囲の損害について加害者が責任を負うかは17条以下の規定による。金銭賠償など損害賠償の方法や差止め請求の可否も不法行為準拠法による。
ロ　請求権者の範囲
不法行為により損害賠償請求権を有するのは誰かという問題も不法行為準拠法による。被害者と（被害者により扶養を受けていた）損害賠償請求権者との間に（親族関係など）一定の法律関係の存在が要求されているときは、この法律関係の存否は先決問題となる。
ハ　損害賠償額の算定
不法行為準拠法は損害賠償額の算定方法に適用される[15]。

(4) 不法行為債権の譲渡可能性
不法行為に基づき発生した債権が一身専属的か否かの問題は不法行為準拠法による。他方で、生命侵害を受けた被害者の遺族が相続人か否かは相続の先決問題となる。

(5) 消滅時効
消滅時効に関する問題つまりその起算点や中断事由・効果は不法行為準拠法による。

3　知的財産権の侵害

知的財産権の侵害は通則法17条以下の規定などにいわゆる「不法行為」の問題ではない。それゆえ、22条の規定の適用もない。知的財産権の侵害があった場合、登録国法などの実質法を離れて、抵触法上「不法行為地」（17条）や

「(共通常居所地などの)密接な関係がある他の地」(20条)を探求するのは無用な操作でさえある[16]。「権利侵害」があったか否かは，登録国法などが特定の行為を侵害行為と評価してはじめて判明し，登録国法などと一致しない「密接な関係がある他の地」の法の適用は請求の棄却に結果するだけであるからである。

特許権のような産業財産権だけでなく著作権をも含めた知的財産権については，特定国との関係における保護だけが裁判所に提起される。侵害行為の有無の判定および侵害行為がもたらす法律効果いかんの問題は保護が求められている国の法によるとの不文の法規の存在が肯定されなければならない。

*各国の知的財産法は属地的な適用範囲を有しているわけではない。属地的に限定されるのは，知的財産権の効力の及ぶ範囲である。もっとも，知的財産権の属地的効力はけっして厳格なものではない。空間的に縮小することもあれば，拡大することもある。日本の特許法69条2項1号の規定は前者の例であり，日本の領域に一時的に所在する物には日本の特許権は及ばない。逆に，最判平成14年9月26日で問題となった米国特許法271条(b)項の規定は後者の例である[17]。知的財産権の効力は絶対的な意味で属地的なものとして理解されるべきではないにせよ，過度に効力範囲を及ぼす外国法の適用については，公序(42条)に反するものとして排斥することができよう[18]。

II 不当利得

1 準拠法の決定

不当利得についても事後における法選択が可能であり，法選択のない場合には原則として，「原因となる事実が発生した地の法」が準拠法とされる。不当利得にも例外条項の適用がある。

(1) 不当利得地 (14条)

加工，附合または混和から発生する不当利得については，不当利得地と(物権の連結素たる)物の所在地とが多くの場合一致するとみられるので，不当利得地を連結素とする理由がある。

＊米国人画家Yが旅行先の日本において友人Xの所有する画布を自己のものと誤信し，これに絵を描いたとする。この絵画の価格は画布よりも高額であるとすると，絵画は通則法13条2項の規定に従い所在地法たる日本法によりYの所有に帰す（民法246条1項ただし書，2項）。画布の所有権を失ったXは不当利得地法たる日本法に従い償金を請求することができる（民法248条）。

無権利者による物権の処分についても所在地法＝不当利得地法という図式があてはまる。

＊X所有の絵画を預かっていた甲国に居住するYが，Xの承諾なしに，この絵画を甲国においてTに売却し，引き渡した。Tの即時取得が甲国法の下で成立したとすると，即時取得が成立した時点における甲国の法律が不当利得の準拠法となる。

不法行為地に行動地と結果発生地があるように，不当利得についても行動地と結果発生地が異なるという事態が生じうる。加害者の非難可能性は不法行為との関連では無視できない。そのために，不法行為においては，行動地が副次的な連結素となっている。けれども，この点の配慮は不当利得との関連ではそれほど重要ではない。また，不法行為に基づく請求権と競合して不当利得に基づく請求権が主張される可能性を考慮すると，不法行為と平仄を合わせて不当利得地を理解すべきであろう。隔地的な不当利得については，結果発生地を基準とすべきである。利得者にのみ馴染み深い法が適用されるという事態も生じうるが，当該利得が利得者の意思とは無関係に発生する可能性のあることを考慮すれば，やむをえないというべきかもしれない。

＊誤って口座番号を入力したことにより，自己の口座ではなく他人の口座に金銭を振り込んだ場合には，利得者の居住地が結果発生地となろう。

(2) 例外条項（15条）
イ 既存の法律関係

いわゆる給付不当利得に該当する場合には，通常，当事者の法律関係を規律する準拠法と同一の法が，例外条項の枠組みの中で適用されることになろう。

a 表見的な原因のある場合

＊甲国の売主Xと乙国の買主Yが売買契約を締結し，それぞれ債務の履行をしたが，この売買契約は無効であった。この場合，Yが給付した代金をXは不当利得しており，他方でYはXが給付した目的物を不当利得しているから，各々が不当利得返還請求権を有している。

給付不当利得から生ずる請求権は相互に無関係なものではなく，表見的に成立した売買契約などをいわば巻き戻して原状回復を実現するためのものである。この種の機能をもつ不当利得については，契約関係の巻き戻しを実現するために機能する他の法技術（解除や損害賠償）と同一の準拠法に服させるべきであり，給付不当利得を別個の準拠法に服させるべきではない。それゆえ，多くの場合，例外条項の定める最密接関係地法として契約準拠法と同一の法によることになろう。

契約関係だけでなく扶養や相続なども給付不当利得が問題となる法律関係に入る可能性がある。扶養義務の準拠法や相続の準拠法が例外条項の枠組みの中で斟酌されることになろう。

b 非債弁済　狭義の非債弁済の場合つまり給付者が"法律上の原因"の不存在を知りつつあえて給付をする場合には，その債務の準拠法と同一の法が例外条項の枠組みの中で不当利得の準拠法とされよう。

＊パリに住む友人Tのために日本人Xがパリの家主Yに賃貸料を支払った。しかし，YとTとの賃貸借契約は無効であることを知っていた。XによるYにたいする不当利得請求権が肯定されるか否かは当該賃貸借契約の準拠法と同一の法による。

c 複数当事者の関係（債権譲渡の場合）　債権譲渡における債務者と譲受人との関係は譲渡の対象となった債権の準拠法による（23条）。両者の間の法律関係はこの準拠法によるので，不当利得の問題もこの法と同一の法に附従的に連結されることになろう。

＊日本の事業者Xは韓国の事業者Yにたいして日本法を準拠法とする売買契約から発生した売掛代金債権を有していた。Xはこの債権を日本人Tに譲渡した。Yは譲受人Tに代金を支払ったが，後日，X・Y間の売買契約がXの詐欺によるものであるとして，Yは

これを取り消した。Yは日本法に基づきTにたいして不当利得に基づく返還請求をすることができよう。

　ロ　共通常居所地

　不当利得の当事者の利得発生時点における共通常居所地は「より密接な関係がある他の地の法」という枠組みの中でつねに考慮されよう。もっとも，当事者に給付利得の関係がある場合には，共通常居所地法ではなく当事者間の法律関係の準拠法と同一の法が，多くの場合，最密接関係地法とされよう。

(3)　事後の法選択（16条）

　事後的に当事者は準拠法を選択できる。すべての法が選択の対象となりうる。とはいえ，実際には，法廷地法の選択が多いであろう。黙示的な法選択も許容される。しかし，当事者の現実の意思に基づくものでなければならない。第三者の法的地位が法選択によって悪化することはない。

2　準拠法の適用

　不当利得の成立および効力に関する諸問題に適用される。

Ⅲ　事務管理

1　準拠法の決定

　国際私法上，事務管理に関する事案は稀にしか生じないとみられる。14条の規定は，不当利得と同様に，「原因となる事実が発生した地」を連結素としている。

(1)　事務管理地（14条）

　事務管理者と本人の請求権は原則として事務管理地の法による。事務管理地は当事者の予見可能性の観点から中立であるという利点に支えられている。たとえば，スイスの山岳地帯において遭難した人を救助した人が費用の償還を請求する場合，この請求権はスイス法による。この例が示すように，簡明な連結

素であることも事務管理地のもつ利点である。もっとも，事務管理者の行動地と結果発生地とが異なる場合も考えられないではない。

> ＊日本に常居所を有する甲がハワイにコンドミニアムを有し，その隣のコンドミニアムをニューヨークに常居所を有する米国人乙が所有していたとする。乙のコンドミニアムからの水漏れを知った甲が乙のために水道工事を日本からハワイの業者に電話で委託した場合，日本が行動地であり，ハワイが結果発生地となる。

当事者の予見可能性の中立性という観点からは，原則として，結果発生地法によるべきである。物にたいして処理が行われた場合には（物権の連結素たる）物の所在地とも結果発生地は一致しよう。もっとも，15条の例外条項による処理はつねに留保される。

(2) 例外条項（15条）

イ 共通常居所地

事務管理者と本人がともに事務管理地国とは異なる国に常居所を有している場合には，共通常居所地法が適用される可能性がある。スイスにおいて遭難した者と救助者がともに日本に常居所を有している登山家であった場合には，スイス法ではなく日本法が準拠法として適切かもしれない。

ロ 公海上における海難救助

公海上における海難救助には事務管理地は意味をもたない。解決方法につき様々な見解があるが，その意味はそれほど大きくない。締約国船舶がかかわっている場合には，1910年の海難救助条約が適用されるだけでなく，実務上，仲裁条項を伴う海難救助契約が締結されることが多いとみられるからである。

ハ その他の場合

他人に代わってした債務の弁済に該当する場合には，事務管理者の償還請求については例外条項を適用して，当該債務の準拠法が考慮されうる。

> ＊日本に住むフランス人の姪Yのために，Yが知らない間に，フランス人叔父TがＸ日本人の家主Xに賃貸料を支払った。TはYにたいして賃貸料相当額の請求をすることができるか。
> 　第三者による弁済により当該債務が消滅するか否かという問題は当該債務の準拠法が

規律することが多いであろう。たとえば,【設例】においてTの支払いをYが望んでいない場合には,Tは日本民法474条2項の「利害関係を有しない第三者」であるため,YがXに負っている債務は消滅しない。（TもまたYの債権者であるなど「利害関係を有する第三者」に該当し）債務の準拠法が第三者による弁済を有効な弁済とするときは,弁済者たる第三者と債務者との間の清算の関係には債権者と債務者との間の法律関係の準拠法がより密接な関係がある他の地の法となる可能性が高いと思われる。不法行為に基づく債務が弁済された場合には不法行為準拠法と,扶養義務の場合には扶養義務の準拠法と同一の法に附従的に連結されよう。このように処理することによっても,第三者の利益が害されるとまではいえないであろう。債権者と債務者との既存の法律関係に関与したのは第三者であるからである。

管理者と本人との間に存在する契約関係の枠組みの中で事務管理が生ずる場合がある。たとえば,受任者が委任の範囲を超えて処理した場合や受寄者が目的物につき寄託者のために処理をした場合などである。これらの場合には,委任契約や寄託契約の準拠法と同一の法によることが多いであろう。契約準拠法が適用されるべき問題と事務管理の準拠法が適用されるべき問題との限界画定という困難な問題の発生を回避することができると思われる。

(3) 事後の法選択（16条）

事務管理の後にたとえば訴訟中において当事者には準拠法を合意することが認められている。黙示的法選択も許容される。事後の法選択により第三者の法的地位が悪化することはない。

2　準拠法の適用

事務管理の成立要件,管理者の個々の請求権の内容と範囲に関する諸問題は事務管理の準拠法による。

〔注〕
1) 参照,千葉地判平成9・7・24判時1639号86頁。
2) 日本の「原子力損害の賠償に関する法律」は「原子炉の運転等の際,当該原子炉の運転等により原子力損害を与えたとき」に,「当該原子炉の運転等に係る原子力事業者」が

賠償責任を負う，と定める。
3) 参照，東京地判平成1・8・28判時1338号121頁（日本の出版社が日本において編集出版し，カリフォルニア州で販売した雑誌により同州においてその名誉を毀損されたとして，米国人が米国の裁判所に損害賠償等を求める訴えを提起したのに対抗して，出版社が米国人を被告として右損害賠償債務の不存在確認を求めた事案），東京地判平成4・9・30判時1483号79頁（家族を日本に残しマレーシアとシンガポールで活躍していた日本人騎手が，スポーツ紙により虚偽の事実を報道され，日本だけでなくマレーシアとシンガポールのマスコミ，競馬関係者の間にも周知のところとなった結果，名誉・信用を毀損された事案において，日本法に従い慰謝料および謝罪広告掲載請求を認容した事案）。
4) 法益侵害を惹起する行為が外部的にも認識できる地を行動地として捉えると，行動地は，手紙による名誉・信用毀損については投函地を，印刷物によるものについては出版社の本拠地を，ラジオ・テレビによるものについては報道の統括地ということになろう。さらに，パパラッチによる盗撮のような他人のプライバシー侵害そのものについての責任は撮影地が行動地となるとみられる。
5) もっとも，イタリアのチームに所属する日本人のサッカー選手につき名誉毀損的報道を日本の報道機関が行った場合など，有名人の常居所は名誉毀損につきかならずしも有意味ではない。常居所地がイタリアにあるとしても，日本がより密接に関係している可能性があるからである。
6) 東京地判平成16・5・31判時1936号140頁（中国人をモデルとした小説の日本人執筆者と日本の出版者を被告として名誉毀損に基づく損害賠償を中国人相続人が求めた事案）は，法例11条1項の規定を適用し，小説の印刷地が日本であり，小説が日本語で書かれ，日本で頒布されたことによる日本における名誉の毀損が問題となっていることに照らして，日本法を不法行為地法として適用した。通則法の下では，原則として被害者の常居所地法たる中国法が準拠法となるであろう。
7) 東京高判平成13・10・1判時1771号118頁は，法例11条の適用を前提としながら，「不法行為の準拠法は，法例11条1項により，原因事実発生地すなわち不法行為地の法律と定められているところ，本件は，マノリス号がエクアドル共和国から公海を経て日本へ航行した際に起きた事件であるが，本件貨物は日本を仕向地とするものであること及び日本の領海内において損害が発見されたことから，日本が不法行為地であり，その準拠法は，日本法である」としている。しかし，通則法の下では，運送契約の準拠法と同一の法によるべき事案であったとみられる。
8) 大阪地判平成2・12・6判タ760号246頁（ドイツの会社から日本人が購入した自動車を他の日本人が横取りしたことに基づく損害賠償請求につき法例11条に従い不法行為地法たるドイツ法を適用した事案）は，原告・被告すべて日本に常居所を有しているとみられるので，通則法の下では日本法によることになるとみられる。
9) 参照，前注1）千葉地判平成9・7・24判時1639号86頁。横浜地判平成5・9・2交民集26巻5号1151頁は，準拠法の確定に触れることなく，ニュージーランドにおける社員旅行中に発生した自動車同乗事故により傷害を負った従業員が経営者と運転者に対してした損害賠償請求につき，日本法を適用した。前掲千葉地判平成9・7・24判時1639号86頁の事案と同種の事案については共通常居所地法たる日本法を「密接な関係がある他の地」の法として適用することができよう。大阪高判平成10・1・20判タ1019号177頁は，カリフォルニア州に出張中に，取引先の同じく出張中の日本人の運転する自動車に同乗し，自動車事故で傷害を受けた日本人からの日本人運転者とその雇主の損害賠償責任につき，法例11条1項の規定に従い不法行為地法たるカリフォルニア州法を適用している。通則法の下では，共通常居所地法として日本法が適用されうるとみられる。
10) 東京高判平成18・10・24判タ1243号131頁（韓国法人と日本人が韓国で締結した日

本における会社設立等に関する委任契約の一方的な解除が不法行為に当たるとして損害賠償を求めた事案）は法例が施行されていた当時の事案であるが，通則法の下では，8条の規定に従い受任者の常居所地法たる日本法を契約準拠法として確定し，日本法に附従的に連結できたとみられる。

11）名古屋地判平成11・11・24判時1728号58頁は，遺棄に基づく婚姻関係の破綻を理由として日本人夫が米国人妻にたいして提起した慰謝料請求について「慰謝料請求の準拠法は，離婚に伴う財産的給付の一環をなすもので離婚の効力に関するものであり離婚の準拠法に従うものとして法例16条により，あるいは，不法行為の原因たる事実が発生したのは我が国であるから法例11条1項により，日本国民法である」とする。通則法の下では，婚姻の効力の準拠法としての日本法に附従的に連結されえよう。

12）大韓航空機撃墜事件と呼ばれる東京地判平成9・7・16判時1619号17頁は，法例の下で，それほど説得的ではない理由により日本法を適用している。（判旨の指摘しているように）不法行為の成立要件・効力につき日本法も韓国法もほぼ同一内容であるならば，事後的な法選択が可能であったであろう。もっとも，仙台高判平成6・9・19高民集47巻3号173頁（公海上での日本船籍の船舶と韓国船籍の船舶との衝突事故について，公海上における船舶衝突の場合の不法行為につき加害船舶と被害船舶の双方の旗国法を重畳的に適用するとした事案）のように，準拠法のいかんにより結果が異なる場合には，準拠法の合意を期待することはできない。

13）山田三良「国際私法上ニ於ケル不法行為」内外論叢1巻4号67頁（1902年）。

14）東京地判平成10・5・27判時1668号89頁（日本法人の製造した化学製品の供給を受けドイツで医薬品を製造販売したドイツ法人が，当該化学物質を原因とする疾病の発生により，ドイツにおける製品回収，販売許可停止等による損害を被ったとして損害賠償を請求した事案）は，不法行為地法たるドイツ法による不法行為の要件の充足に加えて，日本法による不法行為の要件を満たすことを原告は主張・立証する必要があるとする。

15）不法残留のパキスタン人の労災事故における使用者の代表者の不法行為に基づく損害賠償請求につき，最判平成9・1・28民集51巻1号78頁は，日本法を適用しながら，予測される日本での就労可能期間ないし滞在可能期間内における逸失利益はわが国での収入等を基礎とし，その後の期間における逸失利益は将来における出国先（多くは母国）での収入等を基礎とするのが合理的であるとする。

16）最判平成14・10・29民集56巻8号1964頁は，登録国法に服する差止めおよび廃棄請求とは別個に，特許権の侵害行為に基づく損害賠償請求権については（通則法17条に相当する）法例11条の規定に従い，不法行為地法として米国法を適用した。

17）直接侵害行為が米国の領域内で行われるかぎり，米国の領域外における積極的誘導も侵害行為とされる。

18）前注16）最判平成14・9・26民集56巻7号1439頁。

〔参考文献〕

西谷祐子「不法行為」ジュリ1292号35頁（2005年）

中西康「不法行為の扱いについて」ひろば59巻9号34頁（2006年）

高杉直「法適用通則法における不法行為の準拠法——22条の制限的な解釈論」ジュリ1325号55頁（2006年）

奥田安弘「法の適用に関する通則法の不法行為準拠法に関する規定」国際私法8号40頁（2007年）

植松真生「新国際私法における不法行為——法の適用に関する通則法17条，18条および19条の規定に焦点をあてて」国際私法8号65頁（2007年）

中野俊一郎「法適用通則法における不法行為の準拠法について」民商135巻6号931頁

(2007年)

中西康「法適用通則法における不法行為——解釈論上の若干の問題について」国際私法9号68頁（2008年）

不破茂『不法行為準拠法と実質法の役割』（成文堂，2009年）

西谷祐子「不法行為の準拠法」須網隆夫＝道垣内正人編『国際ビジネスと法』（日本評論社，2009年）143頁

第3節　債権法上の諸問題

I　債権譲渡

以下の説明は指名債権の譲渡の準拠法に関している。

なお，「電子記録債権法」の関連規定は，同法2条2項にいわゆる電子債権記録機関により記録された債権について適用される。

1　法律行為による債権譲渡

債権譲渡に関する問題は，譲渡人と譲受人だけでなく債務者や譲渡人の債権者という第三者を含む複数のプレイヤーが関与する。これらすべてのプレイヤーが容易かつ確実に予見でき，取引の安全，判決の国際的調和そして判決の執行における実際性といった理由からも正当化できる法秩序が準拠法として望ましい。しかし，不動産物権における所在地に該当する連結基準に相当するものを債権譲渡との関連においては見いだしがたい。

債権譲渡をめぐる法律関係は次の4点を区別しなければならない。第1に，譲渡人と譲受人との債権的な権利義務関係，第2に，譲渡人と譲受人との準物権的な権利義務関係，第3に，債権譲渡が債務者との関係でもつ効力，第4に，譲渡人の債権者あるいは（二重譲渡における）譲受人などの第三者との関係において債権譲渡がもつ効力である。通則法23条の規定は，明文上，第3および第4の問題だけを対象としている。

(1)　譲渡人と譲受人との債権的な権利義務関係（原因行為）

譲渡人と譲受人との間の債権関係は原因行為の準拠法による。原因行為が売

買や贈与であれば通則法7条以下の規定により定まる準拠法による。この準拠法が，債権の存在や債務者の支払能力についての譲渡人の責任さらには債権の譲渡不能である場合の譲渡人の責任を規律する。

(2) 債権譲渡の準物権的側面

この点は明文で規律されていない。日本の民法上では特段の準物権行為は必要ではなく，債権譲渡の無因性も問題とならない。しかし，準物権的側面を抵触法上無視したり，この側面に原因行為の準拠法を適用すべきではない。次の2つの理由から，この側面には譲渡債権の準拠法が適用されるべきであろう。

第1に，債権の有効な移転があったか否かについて債務者は利害関係を有している。むろん，債権譲渡の効力に疑念を抱く債務者は，債権譲渡の効力が別の法に服するとしても，23条の規定があるため譲渡債権の準拠法に依拠してみずからの利益を擁護することはできる。しかし，債権譲渡の効力もまた譲渡債権の準拠法によるとすれば，債権の運命に関する債務者の予測はそれだけ容易となるはずである。

第2に，23条の規定は，譲渡人の債権者などの第三者との関係において譲渡債権の準拠法の適用を命ずるため，もし譲渡人と譲受人の内部関係にたいして原因行為の準拠法を適用すると，この内部関係と第三者との関係とが異なった準拠法に服し，不統一な処理が行われることになる。

＊内部関係では債権譲渡は有因であるが，第三者との関係では無因であるという事態の発生は避けられなければならない。同一の債権が二重に譲渡され，最初の譲渡は内部関係の準拠法（甲国法）の下で無効であるが，2番目の譲受人との関係では（乙国法上）有効であるとすると，最初の譲受人は債権の保有者ではなく，さらに，2番目の譲受人も債権の保有者ではないことになる。なぜならば，2番目の譲受人との関係では最初の譲受人が（乙国法上）債権の保有者であり，譲渡人は譲渡権限を有していないからである。

たしかに，準物権的側面にも原因行為の準拠法を適用すると，複数の債権が債権譲渡の対象となっていても，譲渡されるべきすべての債権について同一の準拠法が適用され，かくして，債権の流動化という政策にはより適合的な解決が得られよう。これにたいして，譲渡人と譲受人との関係においても個々の譲渡債権の準拠法によるとすると，譲渡人と譲受人にとり望ましい債権譲渡制度を有する法の適用機会がそれだけ抑制されることになる。もっとも，債権の流動化という政策を推し進めれば，譲渡人の債権者など第

三者との関係においても譲渡人と譲受人との間の原因行為の準拠法によらなければならないはずである。しかし、この準拠法を譲渡人の債権者はかならずしも知りえないであろう。たとえば、日本の会社甲（譲渡人）が他の日本の会社乙（債務者）に債権を有していたところ、甲が外国の会社丙（譲受人）に当該債権を譲渡した場合、甲の債権者丁は甲・丙間の売買契約の準拠法をかならずしも予見できないとみられるからである[1]。

さらに、債務者にたいして債権譲渡を対抗するには譲渡債権の準拠法の適用が債務者保護のために絶対に動かしえないとすると、債権の流動化という観点からは原因行為の準拠法による処理は不徹底なものであるとの印象を免れない。

イ　処分行為の効力

譲渡債権の準拠法が、いかにして債権が移転されるかを定める。譲渡それじたいが強行規定違反や公序良俗違反のゆえに無効か否か、さらには、意思の瑕疵により取り消しうるか否かという問題も決定する。債権譲渡が行われたかそれとも相手方に取り立て権限を付与したにすぎないのかという意思解釈の問題も同様である。さらに、債権とともに保証や抵当権もまた移転するか否かという問題も決定する。もっとも、保証人の保護のためには、保証契約の準拠法がそういった移転の要件として累積的に適用されなければならないであろう。

ロ　債権譲渡の有因性・無因性

債権譲渡が有因か無因かの問題には当該譲渡債権の準拠法が適用される。それゆえ、原因行為の無効が債権譲渡に影響するか否か、いかに影響するかも債権準拠法によることになる。

＊譲渡債権の準拠法が無因主義をとるドイツ法であるときには、当該債権を対象とする売買契約が（フランス法のように）有因主義をとる準拠法の下で無効であっても、債権譲渡は原則として有効である。移転の原因を欠く債権の返還は原因行為の準拠法による。逆の場合、（無効な）債権的法律行為の準拠法がドイツ法のように無因性を認め、処分行為の準拠法が有因性を認める場合には、いかなる問題も発生しない。債権譲渡の準物権的側面はフランス法に従うため、売買契約の準拠法たるドイツ法の下で売買契約が有効である場合にのみ、債権は移転する。売買契約が無効であるときには、債権は移転しない。

(3) 債務者その他の第三者との関係

イ　債権の可譲渡性

債権の準拠法はその譲渡可能性の問題に適用される。とくに、契約による譲渡禁止の許容性およびその制限は債権の準拠法による。譲渡債権が労働者の賃金債権、保険金請求権、慰謝料請求権、扶養請求権などである場合に、譲渡可能性が問題となろう。なお、条件つき債権や将来債権がいかなる要件の下に譲渡できるかという債権の特定性の問題は、債務者の地位に影響するかぎりにおいて23条の規定によることになる。

ロ　債権の内容

債権額、満期日、弁済の場所および時効など、債権の内容に関する諸問題は債権の準拠法による。債務者保護の観点から債権の内容は債権譲渡の後も債権準拠法が規律しなければならない。

譲受人が譲渡人に支払った金額と同一の金額を譲受人に支払うことにより債務者は免責されるか否か、という問題も債権の準拠法によるべきであろう。

ハ　債務者との関係における債権譲渡の効力

債権譲渡を債務者に対抗するには債務者への通知が必要か否かも債権準拠法による。債務者の保護が必要であるから、この問題を選択的連結（10条）に服する方式の問題と性質決定してはならない。動産及び債権の譲渡の対抗要件に関する民法の特例等に関する法律4条2項および3項の規定は、日本法が債権準拠法の場合に適用される。

なお、訴訟係属後における債権譲渡が手続上いかなる効果をもつかは法廷地法の問題である。

ニ　債務者の給付による弁済としての効果

債務者の給付が免責的効果を有するか否かの問題も債権準拠法による。この問題は、とくに、債務者が旧債権者に給付を行った場合に意味をもつ。

ホ　債務者以外の第三者にたいする譲渡の効力の連結方法

この問題を解決する方法としては、立法に際して次の4つの選択肢がありえた。①譲渡人と譲受人との間の債権的法律行為（原因行為）の準拠法、②譲渡債権の準拠法、③譲渡人の常居所地法、④債務者の常居所地法（住所地法）である。①の方法の問題点はすでに指摘した。

＊債務者の常居所地（住所地法）と債権者の常居所地法は採用されなかった。

(a) 債務者の常居所地法（住所地法）

通則法は法例12条の規定を踏襲しなかった。債務者の住所地法はフランスの学説・判例において現在でも支持者がないではない。これは，おそらく，フランス民法1690条の規定を背景としているためと思われる。この規定によれば，債務者の本拠地において執達吏による債権譲渡の送達が行われるからである。この点は別にして，債務者の住所地法によることの根拠としては，①（債務者は債権譲渡に関する情報源であるため）その住所地法が適用資格をもつこと，さらに，②債務者の住所地はすべての関係者が知りうるものであり，かくして最大限の予見可能性を与え，譲渡が連続しても唯一のしかも安定した基準を提供できることをあげることができる。

しかし，①日本の債権譲渡特例法が示すように，債務者の住所地は債権譲渡の情報を提供する場所とはかなずしもいえず，②債務者以外の第三者は債務者の住所地法を現実にはかならずしもつねに知りえない，という問題がある。

(b) 譲渡人の常居所地法

譲渡人の常居所地への連結には次の利点がある。第1に，「国際取引における債権譲渡に関する国際連合条約」の解決との相対的な親和性であり，通則法制定当時，この条約は広く受容されることが見込まれていた。第2に，集合的に債権が譲渡されるときにも一括して単一の準拠法に服させることができる。第3に，譲渡人の常居所地法は第三者にとっても比較的予見が容易な法である。第4に，事前に準拠法を確定することもできる。しかし，この連結の問題点は，第三者にたいする効力の問題が他の問題と切り離されて別個に連結される可能性があること，つまり，債権それじたいの準拠法とは異なる準拠法に服するという点にある。

通則法は，譲渡債権の準拠法をこの問題にも適用する。そうすることにより，（債権譲渡に利害関係を有するすべての者にとり行為規範となりうる）債権準拠法との乖離がなくなる。さらに，およそ第三者の地位にあるすべての者との関係において統一的に判断することができるという利点が認められるからである。

＊譲渡債権の準拠法は，債務者との関係のみならず，譲渡が他の第三者とくに譲渡人の債権者にいかなる要件の下に対抗できるかという問題にも適用される。債権が二重に譲渡された場合，時間的に先行する譲渡が優先するとの原則は一般的に通用するけれども，いかなる時点を基準にするかについて諸国の実質法は一致しない[2]。

(譲渡人の債権者)

　売買契約の売主たる日本の会社甲（譲渡人）が買主たる外国の会社乙（債務者）に売掛代金債権を有していたところ，甲が日本の会社丙（譲受人）に当該債権を譲渡した場合に，甲の債権者丁は甲・乙間の売買契約の準拠法をかならずしも知らないであろう。とはいえ，丁としては，乙つまり外国の会社を債務者とする債権が外国法を準拠法としている可能性に配慮しなければならないといえるかもしれない。さらに，特徴的給付を基準にすると，譲渡債権（設例では，売主甲が買主乙にたいして有する売掛代金債権）の準拠法は譲渡人の常居所地法と一致することが多いのではないかとみられる。

(二重譲渡の場合の譲受人)

　売買契約の売主たる日本の会社甲（譲渡人）が買主たる日本の会社乙（債務者）に売掛代金債権を有しており，その売買契約の準拠法はA国法であったとする。甲は日本の会社丙（1番目の譲受人）にこの債権を譲渡し，その後，A国の会社丁（2番目の譲受人）にも当該債権を譲渡した。日本の会社丙は日本法に従った対抗要件を具備していても，債権準拠法たるA国法の定める対抗要件を丁が具備していると，丙は丁にたいして新債権者としての地位を主張できなくなるかもしれない。この場合にも，譲渡債権の準拠法がA国法であることから，丙としては，日本法の定める対抗要件を具備しているだけでは不十分であると想定しなければならないであろう。

2　法律上の債権移転

通則法は法律上の債権移転については明文の規定を設けていない。

(1)　原因行為の準拠法と債権準拠法

債権が法律上当然に他の者に移転するか否か，移転するとすればその範囲いかんといった問題は旧債権者と新債権者との原因行為の準拠法によって規律される。

＊保険者が被害者に保険金を支払った場合，加害者にたいして被害者が有する債権の保険者への移転は保険契約の準拠法による。損害賠償請求権の準拠法によるのではない。また，保証契約の場合には，保証契約の準拠法によるのであって，主たる債務の準拠法によるのではない。

法律上の債権移転は原因行為の当然の帰結としての意味をもち，他方で，移転すべき債権の準拠法の適用にたいする債務者の利益は後退する。

　まず，法律行為による債権譲渡と法律上の債権移転とでは，原因行為の準拠法の役割が異なる。譲渡人（被害者，債権者）が債権法的な義務を負っていたから生ずるのではない。新債権者（保険者，保証人）が旧債権者（被害者，債権者）にたいして負っていた債務の履行の効果として，法律上，債権が移転するのである。（移転の対象たる）債権の準拠法の適用にたいする債務者の抵触法上の利益もまた後退しなければならない。法律上の債権移転が問題となるときには，旧債権者との関係において（免責などに関する）債務者が有する利益というよりも，本来副次的にのみ責任を負うはずであった新債権者の権利の確保が優先される。抵触法上も，新債権者が負っていた義務を規律する準拠法を優先しなければならない。

(2)　債権準拠法
イ　債権の内容

　もっとも，債権準拠法は債権の内容に関する問題に適用される。原因行為の準拠法に従い発生する法律上の債権移転は債権の内容を変更するものであってはならない。新債権者との関係においても債権の内容は債権準拠法によることになる。したがって，不法行為準拠法たる外国法の下で発生した債権が通則法22条の規定に従い制限を受ける場合，この制限は新債権者（たとえば保険者）との関係においても維持されることになる。債権に付着する抗弁権についても同様である。

ロ　債権の可譲渡性

　債権の可譲渡性に適用されるべき法については2つの準拠法が候補となりうる。債権準拠法と原因行為の準拠法である。たとえば，不法行為準拠法が慰謝料請求権の可譲渡性を否定しているが，保険契約の準拠法がこれを肯定している場合などにおいて，いずれの法を適用するかに従い結果が異なろう。法律上の債権移転にたいして債務者を保護する必要性は，弁済をした（保険者などの）新債権者の利益ほど重視されるべきではないと考えれば，原因関係の準拠法によることになろう。他方で，法律行為による債権譲渡の場合と法律上の債権移転の場合とで利益状況は，（保証契約の場合がそうであるように）債務者が関与しない点では同一であり，いずれの場合にも債務者の法的地位を悪化させる

べきではないと考えれば，債権の準拠法を可譲渡性の問題に適用することになろう。

II 相殺

相殺は，自己の債権と相打ちにする形で自己の債務を消滅させる制度である。自働債権と受働債権とが同一の準拠法に服する場合，相殺はこの準拠法による[3]。

1 受働債権の準拠法

両債権が相異なる準拠法に服する場合，弁済によることなく債権者は債権を喪失することに鑑み，債権者の利益の観点から，受働債権の準拠法の適用が導かれる。受働債権を発生させた法律関係の準拠法が相殺の要件と効果を定める。かくして，賃金債権など特定の債権に関する相殺禁止の問題，弁済期の来ていない債権，時効により消滅した債権または抗弁権のついた債権を自働債権または受働債権とすることができるか否かという問題にも適用される。また，消滅の時点についても同様である。

2 自働債権の準拠法

他方で，自働債権の準拠法は，この債権が有効に成立しているか否か，債権額いかん，弁済期が到来しているか，時効により消滅していないか，抗弁権が付着していないか，そして誰に帰属しているかという問題に適用される。

III 消滅時効

消滅時効も債権の準拠法による。

契約当事者が事後に準拠法を変更すると，原則として，新準拠法は遡及的に適用されよう。そのため，新準拠法の下では時効が完成しないとすると，旧準拠法によればすでに完成していた時効も完成していないことになる。なお，事後的法選択は第三者の法的地位を悪化させない（9条）。第三者のためにする契

約から発生する第三者の債権の時効期間が準拠法の変更により短縮されるときには，第三者は旧準拠法の適用を主張することができる。

〔注〕
1) もっとも，債権を譲渡するか否かは譲渡人の自由であり，本来，準拠法いかんを知る必要は譲渡人の債権者にはそもそもないと割り切ることができれば話は別であるが。
2) ドイツ民法398条によれば，処分行為の行われた時点が基準となるけれども，フランス法系の多くの諸国では譲渡を債務者に最初に通知した譲受人が債権を取得するものとされている（ベルギー民法1690条3項，イタリア民法1265条，ポルトガル民法584条）。英国法もこれと同じ基準によっている。他方で，スペイン法では，誰が譲渡を公正証書によって最初に作成したかによっている（スペイン民法1218条）。
3) 相殺権の行使については，基本的に，実質法上3つの処理が存在するといわれている。第1に，相殺適状の時点で法律上当然に相殺の効果の発生を認めるもの（フランスおよびイタリア）。第2に，訴訟外における意思表示によっても相殺の効果が発生し，その効果は相殺適状の時点に遡及するもの（ドイツ）。第3に，相殺を訴訟上の制度とし，原則として判決があってはじめて効果をもつとするものである（イングランド）。

〔参考文献〕
元永和彦「国際的な相殺に関する諸問題(1)〜(6完)」法協113巻5号783頁，6号871頁，7号1007頁，8号1164頁，9号1265頁，10号1393頁（1996年）
北澤安紀「債権譲渡についての留意点」ひろば59巻9号45頁（2006年）
横溝大「債権譲渡」ジュリ1325号62頁（2006年）
河野俊行「債権譲渡」民商136巻2号179頁（2007年）
森田博志「債権譲渡の対第三者効力の準拠法をめぐる論証と学説理解の難しさ」千葉25巻3号27頁（2010年）

第6章 親　族

第1節　婚姻の成立

　婚姻の成立いかんは次の場合に問題となる。すなわち，これから当事者が婚姻しようとする場合と過去に成立したと主張されている婚姻がはたして有効に成立していたか否かが事後に問われる場合である。前者の場合には，婚姻の挙行に関与すべき機関はどの国の法に従って婚姻成立の要件を判断すべきかという問題に直面し，後者の場合には，しばしば子の嫡出性や相続などの前提問題として，裁判所は婚姻成立の準拠法を探求することになる。

I　婚姻の実質的成立要件

　通則法24条1項は，婚姻の実質的成立要件について，「婚姻の成立は，各当事者につき，その本国法による」とし，いわゆる配分的適用という連結方法を採用している[1]。婚姻という紐帯が形成される前に当事者がそれぞれ属している国の法の定める要件を遵守することが求められる。婚姻が成立すれば種々の義務を当事者が負担することになるために，各当事者のいわば保護者として各本国法が振る舞うともいえよう。
　国籍を連結素としたのは，婚姻挙行の任にある機関にたいして各当事者の同一性と（すでに婚姻しているか否かなど）各当事者の身分関係を比較的容易に証明できるのはその本国の機関であることとも関連する。
　婚姻の実質的成立要件には，婚姻の方式を除くすべての婚姻の成立要件に関する法律問題が包摂される。とくに，婚姻適齢，（未成年者などの婚姻のように）一定のカテゴリーに属する者にたいする婚姻の制限，（異なった宗教に属する者との婚姻禁止などのように）一定のカテゴリーに属する者との婚姻の制

限[2]，近親婚の禁止，重婚の禁止，再婚禁止期間[3]，性別を変更した者と変更前の性に属する相手方との婚姻の可否，当事者の意思などである。

＊当事者が異性であることは24条の規律する婚姻の要件ではない。いわゆる同性婚はそもそも通則法にいわゆる「婚姻」には包摂されないからである。通則法は25条から27条までの規定において当事者の同一常居所地を連結基準としている。この連結基準は，国籍の異なるカップルの権利義務関係がその同一常居所地の社会に制度として認められていることを前提としてはじめて意味をもつ。たとえば，ともに同一の性に属するオランダ人と日本人のカップルが日本に常居所を有するとすると，このカップルの権利義務関係（たとえば，その法定財産制）は同一常居所地法たる日本法によることになる。しかし，日本法は，多くの外国法と同様に，同性婚カップルの権利義務関係を定める法規を有していないのである。その「効力」につき法の欠缺が生ずる当事者の関係の「成立」は認められない。同一の性に属する者の関係は「婚姻」に包摂されないが，たとえば当事者間における不法行為の問題について20条にいわゆる「より密接に関係がある他の地の法」として当事者がその身分関係を登録した国の法を適用する可能性は認められよう。

1　準拠法の決定

(1)　配分的適用

一般的に，準拠法が配分的に適用されると，同一の法律効果を発生させる個々の法律要件が二分され，配分された法律要件がそれぞれの準拠法によって判断される。配分的適用の意味は，いわゆる一面的婚姻障碍と双面的婚姻障碍の位置づけの仕方に従い，学説上異なって理解されている。

＊配分的適用は，（29条1項後段および31条1項後段において採用されている）累積的適用という連結方法とは区別されなければならない。準拠法が累積的に適用されると，法律要件が二分されず，（任意認知または養子縁組にたいする子の承諾などの）同一の法律要件に準拠法の双方が適用される。婚姻の実質的成立要件について両当事者の本国法が累積的に適用されると，夫（妻）となるべき者はその本国法だけでなく妻（夫）となるべき者の本国法の要件をも充足しなければならない（女子学生Bは「Aさんと結婚していい？」と自分の父母に聞くだけでなく，Aの父母にたいしても「Aさんと結婚した

いのですが…？」と伺いをたてなければならず，Aの父母が「否」といえば，結婚はできないことになる）。

####　イ　抵触法説

ここで抵触法説と呼ぶ見解によると，夫および妻の各本国法に送致すべき各要件を抵触法の平面において分類し，各本国法は送致された要件だけに適用される。一面的婚姻障碍つまり夫または妻の本国法のいずれかが適用される要件と双面的婚姻障碍つまり夫と妻の双方の本国法が適用される要件が抵触法の平面で分類される。一般的に婚姻適齢は一面的婚姻障碍に，近親婚の禁止や重婚の禁止は双面的婚姻障碍とされている。再婚禁止期間については見解が分かれる[4]。

＊韓国人女Xは離婚後2か月して日本人男Yと婚姻しようとしている。X・Yは日本において婚姻することができるか。韓国民法は再婚禁止期間の定めを有しない。抵触法説によると，およそ再婚禁止期間が妻の一面的婚姻障碍と性質決定されるならば婚姻することができ，双面的婚姻障碍ならば日本民法733条の規定により婚姻できないことになる。

####　ロ　実質法説

その一方で，夫となるべき者はその本国法の定める婚姻要件だけを，妻となるべき者はその本国法の定める婚姻要件だけを充足すれば婚姻が成立する，という意味において配分的適用という連結方法を理解する見解もある（各当事者の本国法をその父母に例えるならば，「同じサークルのAさんと結婚していい？」と女子学生Bは自分の父母だけに聞けばよい）。各本国の実質法は，①（たとえば，離婚直後という）"特定の状況にある"自国民は，婚姻できるか，そして②自国民は，（離婚直後という）"特定の状況にある"相手方と婚姻できるか，という2つの問題を規律することができる。実質法が現実に①（または②）のみを規律する場合には，関連する婚姻要件は一面的婚姻障碍とされ，①と②双方の問題を規律する場合には双面的婚姻障碍とされる。つまり，この説では，ある要件が一面的婚姻障碍か双面的婚姻障碍かは抵触法上の問題ではなく，各当事者の本国の実質法の解釈問題ということになる（女子学生Bの親は，Aにむかって「まだ大学生のあなたに娘はやりません」とはいえない。累積的適用ではないからである。しかし，自分の娘Bにむかって①"まだ学生の"あなたには結婚を許し

ません」といいうるし，②「"まだ学生の"Ａ君とは結婚させません」ともいいうる)。

＊上の再婚禁止期間の例では，日本民法733条の規定の解釈問題ということになる。

(2) 24条1項

日本民法の定める婚姻障碍の趣旨から抵触法上の個々の婚姻障碍の趣旨を推し測ることができるのであれば，抵触法説には理由がある。しかし，そのような推論が可能であるとは考えにくい。第1に，いかなる相手方と自国民が婚姻できるかという問題は自国法の定める個々の要件の強行性の程度に依存する。そのため，強行性の程度を個々の実質規定を無視して特定することは困難である。たとえば，再婚禁止期間の制度をすでに形骸化させている国はこの制度を双面的婚姻障碍とはしないであろう。第2に，本国法による"保護"という観念が配分的適用という連結方法には内在している。このことは抵触法説においてもかわりはない。たとえば，重婚の禁止は，すでに婚姻関係にある者の本国法にのみ配分すべき要件ではなく，相手方の本国法にも送致されるべき双面的婚姻障碍とされている。そういった者との婚姻から発生する不利益から相手方を保護しようとするためである。しかし，保護という観念は重婚の禁止にのみ固有のものではない。論者が一致して一面的婚姻障碍とする婚姻適齢についても，未熟な者との婚姻により生ずる不利益から自国民を保護する要件と考えることもできるからである[5]。その意味で，一面的か双面的かを判断する基準に十分な根拠があるとはみられない。

実質法説の意味における配分的適用は累積的適用と実質的に異ならず，国際的な婚姻が困難になるといわれることがある。しかし，婚姻の成立が困難になるか否かは準拠法とされる各本国の実質法の態度いかんに依存している。

2 準拠法の適用

(1) 婚姻障碍の分類と婚姻要件具備証明書

実質法説によると，ある実質規定の要件が一面的婚姻障碍を定めたものか双面的婚姻障碍を定めたものかが判定されなければならない。婚姻意思の存在はどの法秩序においても要件とされているとみられるから，外国法の解釈・適用についてそれほど大きな問題を提起しない[6]。近親婚の禁止や年齢差に関する

要件など当事者の間の関係が問題となる要件については，これらが双面的婚姻障碍であることに疑いはない。たとえば，①「叔父である自国民は婚姻できるか」という問いは，②「自国民は姪である相手方と婚姻できるか」という問いを言い換えているにすぎないからである。宗教の相違もおそらく同様とみられる[7]。けれども，他の要件については，それが双面的婚姻障碍を定めているのか，一面的婚姻障碍を定めているのかを判定することは容易ではない。もっとも，各国の在日公館が発行する「婚姻要件具備証明書」の提出が当事者に求められるため，戸籍管掌者には実際上の不都合はないといわれている。

(2) 要件を充足しない場合の効果

配分的適用という連結方法は，各本国法からみて婚姻として認められる当事者の紐帯を婚姻として認めようとする。この連結の趣旨からすると，当事者の一方が自国法の定める要件を具備していない場合，婚姻は有効には成立しない[8]。婚姻の成立に消極的な効果を定める本国法が適用される。この趣旨を貫けば，一方の本国法が婚姻を取り消しうるものとし，他方が同一の婚姻を無効としている場合には，より強い消極的効果を定める法が適用され，当該婚姻は無効となる。

II 婚姻の形式的成立要件

婚姻の方式に関する各国の抵触規定は，大なり小なり，その国の実質法を反映しているといえる[9]。日本の実質法は，婚姻届のみを要求し，婚姻の宗教的性格や婚姻の世俗性にたいして無頓着な態度をとっている。たしかに，"場所は行為を支配する"(locus regit actum)という原則に固執するいわゆる絶対的挙行地法主義は退潮の方向にむかっており，同時に，婚姻の有効化政策(favor matrimonii)をとる国が増えている。とはいえ，婚姻の方式は，抵触法の平面においても，一国の歴史的・社会的・宗教的背景を捨象して論ずることの困難な法領域である。

有効な婚姻の成立のために当事者または公的機関に要求される外面的行為を，抵触法上，婚姻の方式と呼ぶことができよう。外面的行為の中には，コモンロー・マリッジなどの無方式の婚姻も含まれる。

1　準拠法の決定

　通則法24条の規定は，挙行地法の適用を認めると同時に（2項），当事者の一方の本国法の適用を認めるが（3項本文），いわゆる日本人条項を含んでいる。

(1)　挙行地法主義（24条2項）
　当事者が婚姻を挙行しようとする地の法の方式を遵守すれば，方式につき婚姻は有効に成立する。

> ＊1898年の改正前における法例13条1項ただし書の規定は，婚姻の「方式ハ婚姻挙行地ノ法律ニ依ル」としていた。この規定の採用する絶対的挙行地法主義は，「婚姻の方式は挙行地の公益に極めて重大な関係があると認めたことによる」といわれていた。しかし，日本法では伝統的に婚姻の世俗性が公序にかかわるとは意識されてこなかったこともあり，この規定にたいして学説は立法論的な疑問を投げかけていた。たとえば，婚姻の方式が一国の公序良俗と関連するとしても，内国における外国人の婚姻をかならず内国の方式によらしめるべきではなく，むしろ一般的な方式と同様に，当事者の属人法と婚姻挙行地法を選択的に適用すべきではないか，といわれていたのである。現行の規定は後述する婚姻届の郵送による婚姻を認めてきた戸籍実務を説明しやすくすると同時に，こうした立法論的な批判に応えるものとなっている。
>
> ＊＊外国においてその外国の機関の関与の下に男Xと女Yが婚姻を挙行し，その婚姻の成立いかんが日本において問われるときは，「XとYの婚姻は成立している」との具体的な法規の日本における"承認"いかんが問われるようにもみえる。しかし，日本の国際私法は，挙行に関与する外国の機関の国際的管轄権の存在を要求しているわけではない。むしろ，24条2項の規定は，婚姻挙行地国たる外国の機関が当該外国の実質法に従い婚姻を挙行したときにのみ，婚姻の成立を肯定する。準拠法が挙行地法であることを要件として外国で挙行された婚姻の成立を日本において認めており，その意味で民訴法118条の意味での承認ではない。

(2)　選択的連結（24条3項本文）
　通則法24条2項と結合することにより，3項本文の規定は，"場所は行為を支配する"という原則の任意的性格を，挙行地法と当事者のいずれかの本国法の選択的連結という形で認めている。

＊ギリシア人とギリシア系米国人が日本おいてギリシア正教の司祭の面前でギリシア正教の儀式に従い婚姻を挙行した場合，ギリシア法上有効な婚姻が成立するので，日本においても有効な婚姻が成立する。日本法に従った婚姻の届出は不要である。

このように，通則法は，方式との関連では婚姻の有効化という政策に沿った解決を提供している。当事者の本国法が無方式の婚姻や宗教婚などを認める外国法であるかぎりにおいて，婚姻は容易となる。留意すべきは，当事者の本国法が婚姻の挙行についてその国の国家機関の関与を要求しているときには，日本の戸籍吏などが本国たる外国の国家機関を代行して，本国法の定める民事婚を挙行することはない，という点である。婚姻に関与する機関は，当該機関を創設し，権限を与える国の法だけに服するからである。それゆえ，"場所は行為を支配する"という原則が任意的とはいっても，その意味は限定されている。

(3) 日本人条項（24条3項ただし書）

相手方の本国法の定める方式に従って婚姻を挙行しても，その時点において当事者の一方が日本人でありかつ日本に所在している場合には，日本法上の方式要件を具備しないかぎり，婚姻は成立しない。日本人の身分関係の公示・公証という観点からは有用と考えられる。この規定がないと，たとえば無方式の婚姻を認める本国法を根拠として，ある者の相続が問題となった時点においてその配偶者と主張する者が突然現れると，戸籍の記載を信頼した利害関係人に不測の事態となろう。もっとも，日本人の婚姻関係の戸籍への反映は徹底したものではない。上記の適用範囲外の場合つまり当事者の一方たる日本人が外国に所在する場合には，外国法の方式に従った婚姻は有効に成立するからである[10]。

＊24条3項ただし書の規定は当事者に不測の事態を惹起する可能性をもつ。当事者の本国法に従って日本で婚姻を挙行し，その本国において長年夫婦として生活していたところ，一方の死後，他方が日本に所在する財産を相続しようとしたが，日本法の婚姻の届出がないことを奇禍として死者の親族が生存配偶者の相続権を否定しようとする事態も生じうるからである[11]。

2　準拠法の適用

(1)　24条2項

　24条2項の規定の下では，夫婦となるべき者が所在する地において，その地の方式により婚姻することができる。その地が日本であるか外国であるかを問わない。たとえば，日本人と外国人は日本の機関に婚姻届を提出して婚姻できる。外国において，日本人と外国人あるいはふたりの外国人が挙行地国たる当該外国の法律が定める宗教的儀式に従って婚姻を挙行した場合，日本の国際私法上，婚姻は有効である。

(2)　24条3項

　24条3項本文とただし書の各規定の適用は次のようになる。

＊日本における日本人と外国人との婚姻（ただし書）
　①台湾人と日本人が日本で中華民国民法982条（「婚姻は公開の儀式及び2人以上の証人を有することを要する」）の規定に従って婚姻の儀式をあげても，婚姻は成立しない。
　②日本駐在の外国大使・領事の面前における婚姻（外交婚・領事婚）は，（フランス法のように）その婚姻が当該外国法の認めるものであっても，婚姻の成立は認められない。

＊＊日本における外国人と外国人の婚姻（本文）
　①日本において外国人と外国人は，当事者の一方の本国法によって婚姻することができる。上の例において，台湾人と台湾人の婚姻であれば，有効である。
　②日本にあるギリシア正教の教会でギリシア人の男女がギリシア民法1367条の規定に従って婚姻をした場合，婚姻は成立する。
　③日本駐在の外国大使・領事の面前における婚姻（外交婚・領事婚）は，その婚姻が当該外国法の認めるものであれば，有効な婚姻である。

＊＊＊外国における日本人間の婚姻および日本人と外国人の婚姻（本文）
　①相手方が日本人であれ外国人であれ，日本人が新婚旅行先のハワイから婚姻の届出書を日本の本籍地の戸籍役場に郵送した場合，この婚姻は当事者の一方の本国法たる日本法の下で成立する。日本法は郵送による婚姻の届出を許容しているためである。
　②日本人と日本人は在外の日本の公館において当事者の本国法たる日本法に従った婚姻を挙行することができる。民法741条は日本人同士の婚姻につきこのような方式を認めているためである。

③日本人と外国人は在外の日本の公館において当事者の一方の本国法たる日本法に従った婚姻を挙行できない。民法741条の規定によると，このような方式での婚姻は当事者双方が日本人の場合に限られているためである。

④日本人と外国人は在外の外国の公館において当事者の一方の本国法たる当該外国法に従った婚姻を挙行することができる。

＊＊＊＊外国における外国人間の婚姻（本文）

　外国において当該外国の国籍を有する者と第三国の国籍を有する者の婚姻や第三国の国籍を有する者同士の婚姻は，それが，第三国法の認める方式に従ったものであるかぎり，有効である。その婚姻が挙行地国たる外国では有効ではない場合でも有効である。

　なお，韓国国際私法36条2項ただし書の規定によると，日本の通則法24条3項ただし書の規定と同様に，韓国で挙行されるべき婚姻の当事者の一方が韓国人であるときは，かならず韓国法によった方式によらなければならない。韓国人とギリシア人が韓国にあるギリシア正教の教会で婚姻を挙行した場合，婚姻の成立は韓国では否定される。しかし，日本の国際私法上は有効な婚姻である。それゆえ，日韓の間で同じカップルは相異なる取扱いを受けることになる。

(3)　要件を充足しない場合の効果

　婚姻の方式に関する要件を充足しない場合の法律効果は，準拠法とされた法律によることになる。たとえば，アテネで挙行された代理婚は取り消しうる婚姻であるが，ロンドンで挙行された代理婚は無効となる。

〔注〕

1) 本国法主義を採用する多数の諸国はこの連結方法を採用している（韓国国際私法36条1項，オーストリア国際私法17条1項，ドイツ国際私法13条1項，ポーランド国際私法14条，ポルトガル民法49条，トルコ国際私法12条1項，ルーマニア国際私法18条，イタリア国際私法27条）。もっとも，立法論的にまったく疑問がないわけではない。たとえば，通則法24条1項の規定によると，日本人女がイスラム諸国の国民の第3夫人として，夫の本国において婚姻生活を送っていても，日本の観点からはこのカップルには夫婦としての地位は与えられない。というのは，本国法の資格で適用される日本民法732条の規定は双面的婚姻障碍を定めているとみられるからである。婚姻生活の営まれる地を度外視して本国との調和だけに配慮することがはたして立法論として望ましいか，疑問として残るであろう。

2) イスラム教徒たる女と非イスラム教徒たる男の婚姻はエジプトの公序違反の婚姻である。この婚姻障碍を定める明文の規定はないが，コーランに言及されている。

3) なお，韓国をはじめとして，英国，カナダ，米国全州および東ヨーロッパの諸国は待婚期間の制度を知らない。この制度を有している諸国は期間を300日とすることが多いよ

うである。もっとも，懐胎のないことを証する医師の証明書の提出により再婚を許容する国（フランス）や，10か月の待婚期間を定めていても，前婚の夫により女が懐胎したことが知られていないかぎり再婚が許容され，その意味で待婚期間の定めがほとんど意味を喪失している国（ドイツ）もある。

4) 参照，溜池良夫「婚姻の実質的成立要件の準拠法」中川善之助先生追悼現代家族法大系編集委員会編『現代家族法大系(2)』(有斐閣，1980年) 114頁。

5) たとえば，イングランドのPugh v. Pugh, [1951] P.482は，イングランドに住所を有する英国人男とハンガリーに住所を有する15歳のハンガリー人女の婚姻を，ハンガリー法上婚姻は有効であったが，(当事者のいずれか一方が16歳未満である者の婚姻は無効とする) イングランド法 (Age of Marriage Act, 1929, s. 1 (1)) により無効とした。

6) 京都地判平成4・12・9判タ831号122頁は，いわゆる中国残留孤児であった日本人女と中国人男との婚姻は，当時14歳であり，しかも婚姻について理解できるような状況ではなかったとして女に婚姻意思がないとした。

7) 東京地判平成3・3・29家月45巻3号67頁は，日本人とエジプト人との婚姻について，異教徒間の婚姻を無効とするエジプト法の適用を，信教の自由，法の下の平等に反するとして公序を理由に，排斥した。大阪家審昭和52・11・1家月30巻11号74頁（すでに妻のいるフィリピン男性とタイにおいて婚姻を挙行した日本人に関する事案）は，一方当事者の重婚関係も双面的婚姻障碍としている。

8) 最判平成8・3・8判時1571号71頁は，韓国人夫の知らない間に，韓国人妻が日本において婚姻届を提出していたが，その後40年経過した後に婚姻の無効確認を夫が求めた事案である。婚姻の後20数年が経過した時点で，夫は法律上の婚姻関係にはないとの前提の下に他の韓国人女性との婚姻届を韓国の戸籍役場に提出した。その女性との間に子が2人いた。最高裁は婚姻の方式の準拠法として日本法を適用し，届出の意思がないとして婚姻を無効とした。しかし，この事案においては，どの国の方式によるものであれ，法律上の婚姻関係に入る意思を当事者が有していたとはみられず，実質的要件の問題として捉えるべきであったろう。

9) 婚姻の成立に一定の方式が必要とされることは今日ほとんどの諸国において認められている。当事者自身その身分関係の存否を知らなければならない。さらに，当事者が夫婦か否かは公法的な権利義務関係においても意味をもっている。いわゆるコモンロー・マリッジ (common law marriage) のような無方式の婚姻が，諸国の実質法上一般的になるとは考えにくい。さらに，国家機関の面前で挙行されるいわゆる民事婚をまったく無視する実質法は今後減少していくものと思われる。たとえば，教会婚のみを認めていたリヒテンシュタインは1974年に民事婚だけを認めるようになった。さらに，1981年および1982年には，スペインとギリシアが，各々，従来から認められてきた教会婚に加えて民事婚を導入するにいたった。とはいえ，宗教婚を強行的なものとしている国がいくつか存在していることも事実である。婚姻の方式に関する各国の実質法を大別すれば，民事婚のみを認める法，宗教婚のみを認める法そして民事婚と宗教婚の選択を認める法に分けることができよう。

10) ただし，戸籍法41条の定める報告的届出の義務はある。

11) 状況によっては，24条3項ただし書を適用しないとする解決方法をとる必要があるようにみえる。国際的な平面では，日本の戸籍による身分関係の公証をすべての人が信頼しているわけではない。外国において挙行される日本人の婚姻をただし書の規定はそもそも対象としていない。このことが示しているように，通則法も戸籍の公証機能に限界のあることを認めている。婚姻生活が外国において営まれ日本との関係が希薄であった場合，換言すれば，日本の戸籍がその公証という機能をはたしているとはみられない場合には，本問題の準拠法所属国たる外国の国際私法規定を先決問題に適用することによって，判決の

国際的調和の観点から、国際私法規定の不備を補うべきであろう。一国の国家法にすぎない国際私法にのみ依拠することによっては、国境を越える私法的生活関係の法的安定性を確保することは困難である（参照、第1編第5章）。

〔参考文献〕
　海老沢美広「渉外婚姻の実質的成立要件──その一方要件双方要件に関する覚書」戸時533号2頁（2001年）
　国友明彦「婚約破棄に関する国際私法上の問題」国際私法3号202頁（2002年）
　林貴美「同性カップルに対する法的保護の現代的動向と国際私法」国際私法6号138頁（2005年）

第2節　婚姻関係と段階的連結

　24条の規定が指定する準拠法に従い婚姻が有効に成立しているとすると、婚姻の効力（25条）、夫婦財産制（26条）および離婚（27条）の準拠法いかんが問題となる。25条から27条までの規定により指定される法によれば婚姻が有効に成立していないとしても、このことは無視されなければならない。

　25条から27条までの各規定は基本的に同一の連結基準を用い、段階的連結と呼ばれる連結方法によって準拠法を指定している。

　1989年の法例改正の際に、段階的連結という連結方法が婚姻の効力・離婚および親子間の法律関係について導入され、通則法もこれを踏襲している。婚姻の効力・夫婦財産制・離婚との関連において、この連結方法の特徴と背後にある政策を述べ、本国法主義の下における常居所地が含意する効果に言及する。

1　特　徴

　25条から27条までの規定が採用する段階的連結は次の3点に特徴をもっている。

(1)　夫婦の類型化

　夫婦を3つの類型に分類し、類型ごとに適切とみられる準拠法を決定しようとする。通則法25条の規定は次の3つの抵触法規からなっている。これを準

用する26条および27条の規定についても同様である。
①同一の本国法をもつ夫婦の婚姻の効力については，その本国法による。
②異国籍であってかつ同一の地に常居所を有する夫婦の婚姻の効力については，その常居所地法による。
③異国籍であってかついずれの地にも同一の常居所を有しない夫婦の婚姻の効力については，夫妻双方に最も密接に関係する地の法による。
である。

(2) 夫婦に共通する要素

これら3つの抵触法規の採用する連結基準は夫婦に共通する要素によって構成されている。夫婦各人に馴染み深い法の適用を確保するという連結政策に鑑みると，こういった連結基準が指定する地は，夫という個人と妻という個人がそれぞれ関連する要素が集積している地と考えなければならない。夫婦を構成員とする婚姻共同体という1つの単位をいずれかの地に位置づけようとするものではない。

(3) 国籍と常居所

異国籍の夫婦については国籍ではなく常居所地などが連結素とされている。その意味では，本国法主義は貫徹されていない。しかし，国籍は常居所よりも価値の高い連結素とされている。

＊日本にともに常居所を有するフランス人夫婦には，同一の常居所地法たる日本法ではなく，同一本国法たるフランス法が適用される。

2　段階的連結の政策

段階的連結には，①特定の社会に統合されている異国籍の夫婦（典型的には，自国民と外国人労働者の夫婦）にたいして当該社会の法の適用を可能にするという側面と②両性平等の要請に応えるという側面がある。

(1) 異国籍の夫婦と適切な準拠法

夫の本国法を指定していた1898年の法例16条の規定は，フィリピン人夫と

日本人妻の離婚事件において，離婚を許容しないフィリピン法の適用を導いた。この結果を回避するために裁判所はしばしば公序則に訴えたが，そのような処理が正当とみられた多くの事案において婚姻生活は日本において営まれていた。公序則発動の根本的な原因は，フィリピン法が離婚を禁止していることにあるというよりはむしろ，法例16条の規定が内国において婚姻生活を営む異国籍の夫婦に夫の本国法を指定していた点にあったといえよう。異国籍の夫婦の離婚について同一の常居所地を連結基準とすることは，そういった夫婦にたいして婚姻生活が現実に営まれていた地の法たる日本法の適用を確保することを意味している。

(2) 両性平等の要請

通則法25条から27条までの規定の採用する段階的連結は，準拠法にたいする夫婦の予見可能性を平等に保障しようとしている。1989年の改正の直接的な動機はむしろこの点にあった。

> ＊1989年の改正前の法例は「夫カ乃チ婚姻ノ主位ヲ占ムルト云フ主義」に鼓吹されていた。当時においても「夫婦共通ノ本国法」という選択肢も検討されたが，最終的には，「妻ハ婚姻ニ因リテ夫ノ国籍ヲ取得シ夫ノ国籍ノ変更ト共ニ其国籍ヲ変更スルヲ以テ原則トルスカ故ニ…夫ノ現在ノ本国法ニヨルヲ以テ充分ナリト」されたのである。しかし，各国の国籍法が夫婦の国籍の独立を認めるようになると，夫の本国法は文字通り夫の本国法だけを意味することになる。そのために，1989年の改正前の法例14条などの規定の合憲性に疑念が生じたのである。

夫の本国法を指定する法例上の抵触規定は違憲ではないかとの疑問にたいしては次のような説明が与えられていた。すなわち，離婚などの準拠法を夫のみを基準として決定したとしても，実質法の平面で両性平等の要請に反する結果がつねに導かれるわけではなく，むしろ妻にとって有利な結果が得られることもある。それゆえ，これらの規定は憲法違反ではない。とはいえ，夫の本国法は夫にのみ馴染み深い法であることにかわりはないから，抵触法の平面においても両性平等の精神がいっそう生かされるように改正が行われた，と[1]。

> ＊しかし，夫の本国法に従って協議離婚が成立した場合，夫の本国において当該離婚が承

認される機会と（協議離婚を認めない）妻の本国において承認される機会とを比較すると，夫の本国において承認される機会の方が多くなることは否定できまい。このことは各々の本国における当事者の再婚可能性につき差異が生じ，実質法の平面における不平等を含意していたのである。

3　本国法と常居所地法の併存

　通則法25条から27条までの規定は異国籍の夫婦につき常居所地という連結素を採用している。当事者の本国法は度外視される。

＊国籍が連結素として意味をもたないため，次のような事態が生ずる。
①（かつてのスペイン法とイタリア法のように）夫婦双方の本国法は離婚を禁止しているが，同一の常居所地法が離婚を許容している場合には，離婚が許容されることになる。
②夫婦の各本国法が同一の法系（たとえば，大陸法系）に属しており，他方で同一の常居所地法が他の法系（たとえば，英米法系）に属している場合に，当事者には馴染みのない法が適用されることになる。たとえば，ベルギー人とフランス人の夫婦がロンドンに生活している場合，イングランド法が準拠法となる。
③夫婦の各本国法の間には「文明の抵触」はないけれども，それらの本国法と同一の常居所地法との間にそういった抵触があると，異質な法が夫婦の関係に適用される。とくに，両性平等の要請のためにせっかく同一の常居所地を連結基準としたにもかかわらず，常居所地法の適用がかえって実質法上妻の不利益となるといった事態も生じかねない。フランス人夫と英国人妻がサウジアラビアに常居所をもつ場合，サウジアラビア法が準拠法とされる。
④夫婦の国籍が異なるからといって，そのいずれかの本国よりも同一の常居所のある国の方がつねに当事者にとってより馴染み深いといえるか。たとえば，ドイツの会社の東京支店開設のために夫が東京勤務となったために，ドイツ人夫とオーストリア人妻が日本に住んでいるとしよう。支店開設に必要な東京勤務が3年で終了することが見込まれており，終了しだいドイツの本店に帰ることが決まっていても，日本法が適用される可能性がある。

　異国籍の夫婦については，国籍は連結素としての意味を有しない。このこと

は次のように説明できよう。第1に，両性平等の要請のゆえに夫婦の一方に偏した連結ができないとすれば本国法には依拠できない。第2に，本国と常居所地のいずれが夫婦に密接に関連するかという問題の設定は，「文明の抵触」のある場合に限定されるわけではない。そういった場合には問題がより鮮明となるというにすぎない。異国籍の夫婦が常居所地の社会に統合されているかぎり，常居所地法によるべきである。そういった場合にもなお常居所地法の適用が（たとえば，妻にとって）不当な結果を惹起するとすれば，公序則の発動などによって救済を図ることになろう[2]。

〔注〕
1)　南敏文『改正法例の解説』（法曹会，1992年）41頁。
2)　1989年における法例改正のために作成された「法例改正についての中間報告」は，離婚について「夫婦の共通本国法がない場合において，夫婦が一方の本国法を選択したときは，その法律により，そのような法選択がないときは，夫婦の共通常居所地法による」とする案を選択肢の1つとしてあげていた。しかし，最終的には，この案は採用されなかった。

　日本人と外国人の夫婦の離婚について当事者にいずれか一方の本国法の選択を許容すれば，最密接関係地法の探究に伴う困難を回避することができよう。とくに，協議離婚を管掌する戸籍吏は実質的な審査権限を有していないために，当事者による日本法の選択は協議離婚の受理いかんについて戸籍窓口における処理を容易にしよう。とはいえ，日本において生ずる国際離婚について夫婦がつねに対等の地位にたち，彼らに準拠法選択につき真意にでた合意を期待できるか。さらに，この点の審査について，制度的な保障があるかという問題が残らざるをえない。1989年の改正に際して夫婦による法選択が否定された最大の理由はこういった技術的な点に求められると思われる。

第3節　婚姻の効力

　子の嫡出性に関する問題や嫡出子とその父母の権利義務関係の問題は，有効に成立した婚姻から派生する。事実，1898年の（婚姻の効力に関する）法例14条の規定が連結基準としていた夫の国籍は，夫婦財産制や離婚に関する連結基準にとどまるものではなかった。父の国籍という資格において嫡出親子関係と親子間の法律関係についても連結基準とされていた。つまり，婚姻の効力の準拠法たる夫（父）の本国法は婚姻から発生する家族の準拠法でもあった。しかし，嫡出親子関係の成立に関する28条や親子間の法律関係に関する32条の規定が示すように，通則法はそのような家族の準拠法を想定していない。こ

の意味において25条の規定は重要性を失っている。

　さらに、婚姻から派生する法律効果のうち、25条の規定は（とくに扶養義務の準拠法に関する法律など）他の抵触規定がカバーしていない残余の事項のみを規律するにとどまる。その意味で、25条の規定のもつ意味はそれほど大きいものではない。とはいえ、夫婦財産制や離婚などの抵触規定（26条および27条）は25条の規定を準用する。そのかぎりで25条の規定は意味を失わない。

1　準拠法の決定

(1)　連結基準

イ　同一の本国法

　夫婦の各々につき馴染み深い法を適用しようとする法の趣旨からすれば、夫および妻についてそれぞれ本国法を確定し、本国法として確定された法が同一の場合にのみ、その法によることになる。このことは、38条および40条との関係において意味をもっている。その一方または双方が重国籍者である夫婦については、夫婦各人につき38条1項の規定に従い特定される本国法が一致する場合に、その本国法による。その一方または双方が無国籍者である夫婦の婚姻の効力の準拠法については38条2項に特則がおかれている。さらに、その一方または双方が不統一法国を本国とする場合には、38条3項または40条1項により本国法を特定し、同一本国法の有無を確定する。

ロ　同一の常居所地法

　同一の常居所地法の存否は、同一本国法の決定の場合と同様に、夫婦各人についてその常居所地を確定することにより定まる。同じ法が行われている地域にともに平常の居所を有していればよく、夫がパリに、妻がフランス領タヒチに住んでいても、フランス法が同一の常居所地法として適用される。夫婦が人的不統一法国に常居所を有し、当該国において法の抵触があるときは、40条2項の規定により各人の属する人のグループを特定しなければならない。

ハ　夫婦に最も密接な関係がある地

　同一本国法も同一の常居所地法もないときは、「夫婦に最も密接な関係がある地の法」が適用される。個別的・具体的な事案ごとに夫婦双方に密接に関係する地を探求することになる。その際、共通の出身地、言語、宗教、職業など

における特定社会との関係性が考慮されよう。デフォルトとして婚姻挙行地も夫婦に最も密接な関係がある地とされることがあろう。

> ＊日本に常居所を有する日本人女とニューヨークに常居所を有する米国人男がハワイで各人の休暇中に恋におち，数日後にハワイで婚姻したが，仕事の都合で1週間後にそれぞれ日本とニューヨークに戻ったという場合である。

「夫婦に最も密接な関係がある地の法」が人的不統一法国法であるときには，40条2項の規定の適用可能性がある。

(2) 連結の時点

準拠法は婚姻当時の法に固定されず，いわゆる変更主義に従う。新準拠法は将来的にのみ適用される。

> ＊日本法が婚姻の効力の準拠法である間において夫婦が締結した契約は，婚姻の効力の準拠法がその後に外国法になっても，日本民法754条の規定に従い取り消すことができる。

2 準拠法の適用

異論なく25条の規定の射程範囲に入るのは同居・協力義務の問題である。また，夫婦間の契約は取消し可能か否かという問題も同様である[1]。夫婦の氏の問題は夫婦各人の本国法による。

夫婦間の扶養義務は，扶養義務の準拠法に関する法律による。成年擬制および妻の行為能力の制限は，ともに4条の規定による。もっとも，妻の行為能力を制限する外国の規定の適用は公序によって排斥される可能性が高いであろう。他方で，日常家事債務に関する配偶者の責任は，夫婦財産制に関する26条の規定による。夫婦の財産関係と無関係ではないこと，そして26条2項には内国取引保護の規定があることによる。

〔注〕
1) 問題となっている契約が一般的に取り消しうるものか否かは，7条などの規定により定まる契約準拠法による。

第6章 親族

第4節　夫婦財産制

　夫婦財産制という事項は婚姻の効力と境界を接している。さらに，離婚の効力および相続との限界確定が問題となる。夫婦財産契約が締結される場合には，一般的な契約との境界を意識しなければならない。

　夫婦財産制に関する通則法26条の規定は，基本的に，25条の規定する連結基準と同じ連結基準を採用している。他方で，夫婦財産制のもつ財産法的側面のために，この事項に固有の処理が与えられている。すなわち，夫婦には一定範囲において法選択が許容されている（2項）。なお，内国取引との関連においては第三者の利益にも配慮が与えられている（3項および4項）。

Ⅰ　準拠法の決定

　次のような例において夫婦財産制の準拠法いかんが問題となる。

> 【説例】日本人夫とカリフォルニア出身の米国人妻がカリフォルニア州のロー・スクールで知り合い，その地で婚姻し，夫はカリフォルニア州の法律事務所で稼働していた。夫はカリフォルニア州において不動産を購入した。数年後，夫は六本木にある法律事務所において勤務をはじめ，妻はカリフォルニアに居住している。カリフォルニア州法は所得共同制をとっている。つまり，夫婦各人が婚姻前から所有していた財産ならびに婚姻中に贈与および相続によって取得した財産を除き，婚姻中に夫婦が取得した財産は夫婦の共有財産となる。現時点における夫婦の財産関係はいかに規律されるか。

1　客観的連結

(1)　連結基準

　26条1項の規定は25条（そして27条）の規定と同一の連結基準を採用している。そのために，第1に，相続（36条）と同様に動産・不動産を区別することなく，夫婦の財産関係は原則として1つの準拠法に服する。第2に，婚姻の効力の準拠法と夫婦財産制の準拠法との間の齟齬および夫婦財産制の準拠法と

離婚の準拠法との齟齬は基本的に発生しない仕組みになっている。

　もっとも,「夫婦に最も密接な関係がある地」を決定するに際しては,夫婦財産制との関連では財産所在地に重要性が与えられよう。26条1項が「前条の規定は,夫婦財産制について準用する」といい,「前条の規定による」としなかったのは,このためである。

　なお,夫婦の同一本国法の確定には38条および40条1項の適用が,同一の常居所地法および「夫婦に最も密接な関係がある地」の法の確定には人的不統一法国に関する40条2項の適用がある。

(2) 連結の時点（変更主義）

　夫婦財産制については,準拠法の決定時点を時間的に固定すべきか否かという法政策上の問題がある。準拠法の時間的な変動は夫婦の財産関係に大きな影響を与えるからである。準拠法を（通常,婚姻の時点において）固定する立場が不変更主義と呼ばれ,準拠法の変動を認める立場が変更主義と呼ばれている。

＊婚姻当時においてともに甲国人であった夫婦が双方とも婚姻中に乙国人となったとする。この夫婦は夫婦財産契約を締結していなかった。甲国法が別産制を法定財産制とし,乙国法が共同制を法定財産制としているとすると,不変更主義によると甲国の別産制が婚姻解消時までこの夫婦の財産関係を規律し続ける。他方で,変更主義の下では乙国人となるまでに取得された財産は別産制に服するが,それ以降に取得された財産は共同制に従うことになる。

通則法26条1項は連結時をとくに定めていない。変更主義をとる趣旨である。

＊1989年改正前の法例15条の規定は連結の時点を婚姻当時に固定していた。これは,連結基準を当該規定が夫の国籍としていたためと説明されていた。つまり,変更主義に従うと,夫が国籍を変更した場合に夫の新たな本国法（の夫婦財産制）が妻にたいして不利益となることが懸念されたからである。通則法26条の規定は両性平等の要請に沿った連結基準を採用している。この規定の下でも,夫婦の一方が国籍や常居所を変更すれば夫婦財産制の連結基準も変わるため,他方配偶者に不測の事態が生ずるおそれがないではない。とはいえ,かつての法例15条の規定について懸念された夫による一方的な（国

籍の変更に伴う）財産制の変更という問題点はかなりな程度なくなっている。

とはいえ，変更主義は次の2点において難点を有している。第1に，夫婦がともに国籍を変更した場合はともかく，婚姻生活の中心地が国境を越えて移動しても，（海外支店に勤務するなど）一定の限定された期間外国に赴く人の多くは，さしあたりその財産関係には変更がないと信ずるであろう。このような場合に，準拠法の自動的な変更は当事者の予測に反する結果をもたらすかもしれない。第2に，婚姻の解消の際における財産関係の清算との関連では，変更主義は簡明とは言いがたい解決をもたらすおそれがある。婚姻解消の時に婚姻生活の全期間における居住関係と個々の財産の取得時点を究明しなければならないからである[1]。

このような難点は不変更主義にはない。しかし，不変更主義によると，婚姻挙行時においてのみ関連した地の法が，当事者が完全にその地との関連性を喪失するにいたった場合にもなお，準拠法として維持される。そういった地が常居所など容易に変更する性質のものである場合にはとくにその不都合は大きい。

＊ケニアにおいてNGO活動をしていた日本人医師と韓国人看護師が同国において婚姻し，1年後に夫は日本で開業医として稼働しはじめ，妻とともに日本で婚姻生活を営んでいる場合を考えよ。

また，財産関係の清算についても，実際には，変更主義はそれほど大きな困難をもたらすまい。価値の低い財産については取得時点・場所につき争われることはあまりなく，価値の高い財産については取得の時点・場所は比較的容易に確定できるとみられるからである。

2　法選択

26条2項の規定は夫婦財産制について当事者による法選択を認めている。1978年3月14日ハーグの「夫婦財産制の準拠法に関する条約」に想を得たものである。この規定は法選択を一定範囲で夫婦に許容している。その理由は次の3点に求められよう。

第1に，当事者の予見可能性が確保される。将来における常居所などの移転にかかわらず現時点における特定国の財産制を夫婦が維持しようと欲すれば，当該国の法を選択することにより，その財産関係を見通しのきくものにすることができる。

＊Ⅰの冒頭の【設例】において，カリフォルニア州の所得共同制を日本での生活後も夫婦が維持したい場合を考えよ。

第2に，法選択により財産関係の自由な形成が可能となる。当事者の文化的・宗教的な背景が同一であり，その意味で夫婦が「祖国」を共有している場合にも，当事者が現実に生活する地など婚姻生活の経済的側面にとり意味のある地の法の適用が可能となる。

第3に，判決の国際的調和が得られる。英米法系の諸国では夫婦間の契約につき一般的に準拠法の指定が許容されているため，夫婦財産契約と結合した法選択は比較的主要な諸国において効力が認められることになる。その意味において，内国と当該外国との間で判決の国際的調和を得ることができる。

＊カリフォルニア州をはじめ米国には夫婦財産契約という制度はないけれども，夫婦はつねに契約によりその財産関係を規律することができる。日本法を選択し，カリフォルニア州所在の不動産を夫の固有財産とすることもカリフォルニア州法上可能である（ただし，このことをカリフォルニアにおいて第三者に対抗するには，契約が同州において登記されなければならない）。

(1) 法選択の範囲

財産関係の明確化が法選択の根拠の1つであるとすれば，選択可能な法を決定するに際しては次の2点が考慮されなければならない。第1に，準拠法は婚姻の前においても選択可能な法であること。第2に，婚姻関係の解消の時点において当事者の期待を裏切る結果を招来してはならないことである。

2項の規定はこれらの点に配慮し，夫婦の一方の国籍所属国法，夫婦の一方の常居所地法そして不動産所在地法を選択肢としている。

イ 国籍所属国法

婚姻関係の解消の時点において当事者の期待を裏切る結果を招来してはなら

ない。そのため,「本国法」ではなく「国籍を有する国の法」が選択肢とされている。外国国籍の抵触について38条1項のいわゆる「当事者に最も密接な関係がある国」は個別的な事案においてかならずしも一義的に確定できないとみられる。本国法の選択のみを許容することは,財産関係の明確化を図る当事者のために設けられた2項の規定の趣旨に沿わない。なによりも,「当事者に最も密接な関係がある国」がいずれの国かを最もよく知るのは夫婦である。

 ＊Ⅰの冒頭の【設例】において,夫婦はカリフォルニア州法を国籍を有する国の法として指定できると解すべきであろう。現在の常居所地国が夫婦にとって馴染みのない法制度を有している場合,国籍所属国法の指定は実際的な意味をもつであろう。

なお,国籍所属国法が人的不統一法国法であるときには,40条1項の規定に従い「その国の規則」によることになろう。
 ロ 不動産所在地法
 不動産に関する財産関係については個々の不動産所在地法の指定が認められる。この部分指定によって,所在地における公示制度と(所在地からみて)外国法上の夫婦財産制との矛盾から生ずる困難が回避される。いわゆる部分指定は不動産についてのみ許容される。他方で,動産については部分指定は認められない。適応問題を惹起する部分指定は財産関係の明確化の要請に抵触すると考えられるからである。

 ＊Ⅰの冒頭の【設例】において,夫婦はカリフォルニア州所在の不動産所有権を引き続き共有財産とするためにカリフォルニア州法を指定することができる。夫婦が日本に所在する不動産を購入したとすると,この日本所在の不動産については日本法を指定することができる。

 八 常居所地法
 夫婦がそれぞれ異なった国に常居所を有しており,2つの常居所地法がある場合には,いずれも指定の対象となる。

 ＊Ⅰの冒頭の【設例】において,夫が日本に単身赴任で来ている場合にも,夫婦は妻の常居所があるカリフォルニア州の法律を選択することができる。

常居所地法が人的不統一法国法であり，その国において法の抵触があるときには，40条2項の規定が適用される。

(2) 法選択と時間

法選択は婚姻前および婚姻中いつでも行うことができる。選択された法秩序と婚姻関係との関連性が事後において失われても，このことは法選択の効力に影響しない。つまり，新たに法選択をしないかぎり，準拠法は維持される。さらに，法選択の変更も可能である。ただし，選択された法は将来の財産関係のみを規律する（2項ただし書）。それまでの財産関係は，新準拠法が許容する範囲内で，維持されることになろう。

(3) 法選択の方式

日付のある書面が必要である。夫婦の財産関係いかんは婚姻の解消時点において問題となることが多い。法選択の時から長い年月が経過している可能性が高いため，日付のある書面を要求することによって，選択の有無と有効性につき無用な争いを避けようとしたものである。書面による指定を要求する結果，指定は，多くの場合，明示的な指定となろう。しかし，黙示の準拠法の指定が排斥されるわけではない。

3　内国取引保護

(1) 外国の法定財産制

夫婦の財産関係は，外国法の定める法定財産制または外国法の下での夫婦財産契約によって規律されている可能性がある。たとえば，同一国籍を有する外国人夫婦は，2項の規定に従い日本法を指定していないかぎり，当該外国法の財産制に服している。現在日本に常居所を有する日本人夫婦であっても，かつて常居所を有していた外国の法律を2項の規定に従い選択し，その法律によってその財産関係を定めているかもしれない。日本においてそういった夫婦と取引をしようとする第三者が当該夫婦の財産関係を知らない場合には，外国法の定める財産制が適用される結果，第三者にとって不測の事態が生ずる可能性がある。3項の規定は，そういった事態を回避するために，日本において行われた取引または（外国において取引が行われたときでも）日本に所在する財産と

の関係では，第三者が善意である場合つまり夫婦が外国法の下での財産関係に服していることを知らない場合，夫婦はその財産関係を第三者に対抗できない，つまり，第三者が異議を唱えるかぎり，外国法上の財産制を主張することができないとしている。その場合には，日本の法定財産制が適用されることになる。

(2) 外国法の下での夫婦財産契約

しかし，その財産関係が外国法に服する夫婦の利益のために，4項の規定は，外国法の下での財産関係を登記した場合には，第三者にたいして対抗することができるとしている。

Ⅱ 準拠法の適用

1 夫婦財産契約

夫婦財産契約の成立および効力は，26条1項および2項の規定により定まる準拠法により決定される。契約締結に必要な能力は，一般的な行為能力の準拠法（4条，5条）ではなく，26条の規定により定まる準拠法による。2項の定める法選択は夫婦財産契約の一部として行われることが多いと思われる。しかし，法選択と夫婦財産契約本体とは別個の法律行為である。

26条1項の規定により適用される準拠法によれば（日本民法のように）婚姻中における夫婦財産契約の締結が許容されていないとしても，2項の規定に従い夫婦が選択した法がこれを許容している場合には，この法の認める夫婦財産契約を締結することができる。

> ＊ドイツ人夫と日本人妻がドイツにおいて夫婦財産契約を締結することなく婚姻し，その後，日本において婚姻生活を送っていた場合には，26条1項の規定に従い同一の常居所地法として日本法が適用され，もはや夫婦財産契約を締結できない（民法755条）。しかし，26条2項の規定に従い，夫の国籍所属国法を選択してドイツ法に基づき夫婦財産契約を締結することができる。

法選択の方式は26条2項の規定によるが，夫婦財産契約の方式は34条の規

定による。

> ＊ともに甲国に常居所を有する日本人夫と甲国人妻が夫婦財産契約を日本において締結したとする。通則法26条1項の規定に従い夫婦財産制の準拠法となる甲国法は公正証書による夫婦財産契約を要求しているとしても，締結地法たる日本法はそのような方式の履践を求めていないので，公正証書による必要はない。34条2項によれば行為地法に適合する方式は有効とされるためである。他方で，甲国において公正証書によることなく契約を締結した場合には，契約は方式上有効に成立しない。34条1項・2項によれば，方式の準拠法は甲国法とされるためである。その場合，夫婦の財産関係は甲国の法定財産制に服することになろう。

2　法定財産制

財産契約を夫婦が締結しない場合にその財産関係を規律する法定財産制は，26条1項および2項の各規定による。なお，夫婦の婚姻費用分担の問題は，扶養義務の準拠法に関する法律による。

3　内国取引保護

4項の「日本においてこれを〔外国法に基づいてされた夫婦財産契約を〕登記したとき」とは，「外国法の下での財産関係を日本法の定める夫婦財産契約の登記制度を利用して登記したとき」を意味する。外国法の許容する夫婦財産契約だけでなく外国法の法定財産制の内容を登記した場合にも，対抗することができる。ただし，その後，当該外国法が法定財産制を改め，登記内容とは異なった内容をもつにいたった場合に対抗できるのは改正前における財産制の内容である。というのは，第三者の知・不知は登記簿に記載された夫婦の財産関係を基準として判断されるからである。

外国の夫婦財産制を第三者にたいして対抗するためには，外国の財産制を日本の登記に適合するように夫婦財産契約の形にして登記しなければならない。このことは，3項の規定の下で問われるべき第三者の知・不知が登記簿記載の事項と同じ程度のものであることを含意しよう。たとえば，夫婦が同一の外国国籍を有していることを第三者が知っていても，そのことからただちに第三者

が悪意となるわけではない。

〔注〕
1) 婚姻解消時において特定される準拠法を婚姻の時点にまで遡及して適用すれば簡明な解決が得られる。通則法26条1項の文言も、夫婦の選択した準拠法の不遡及を定める2項の規定と対比すると、新準拠法の遡及的適用という処理の可能性を否定しているわけではない。しかし、この処理はきわめて不都合と考えられる。たとえば、共同制の下で取得された財産が婚姻の解消時における準拠法の定める別産制に遡及的に服するとすれば、当事者に不測の事態を生むことになるからである。

第5節　離　婚

通則法27条の規定は離婚の要件と効力の準拠法を定めている。27条にいわゆる離婚という事項には別居も含まれる。他方で、婚姻の成立要件を欠いた場合の効果つまり婚姻の無効・取消しについては24条の規定による。

I　準拠法の決定

たとえば、次のような問題が27条の規定の射程範囲にはいる。

＊離婚の許容性
　　フィリピン人妻が日本人夫にたいして離婚を求めている。フィリピン法は離婚を禁止している。離婚は可能か[1]。
＊＊離婚原因
　　日本人妻がイタリア人夫にたいして離婚を求めている。イタリア法によれば別居判決の後3年以上の別居が離婚原因とされている。日本において承認されるべきイタリアの別居判決はないとすると、日本において夫婦は離婚できるか[2]。
＊＊＊離婚の方法（1）
　　日本人妻とフランス人夫が日本法に従って協議離婚届を新宿区役所に提出した。戸籍管掌者はこれを受理すべきか。フランス法は日本の協議離婚に相当する制度を知らない[3]。
＊＊＊＊離婚の方法（2）
　　日本に居住するモロッコ人夫がモロッコ人妻にたいして婚姻解消の宣言をした。モ

ロッコ法は夫の意思表示による婚姻解消（タラク）を認めている[4]。この夫婦の婚姻関係は解消するか。

1 連結基準

(1) 原則（27条本文）

　離婚の準拠法は，原則として，婚姻の効力に関する通則法25条の定める基準と同一の基準によって決定される。たしかに，婚姻中における夫婦の義務と離婚原因はいわば表裏の関係にある。とはいえ，諸国の離婚法が破綻主義的な傾向を示していることに鑑みると，離婚原因に着目するかぎり両者を同一の法に服せしめる理由はかならずしもない。しかし，（有責配偶者からの離婚請求を許容しないなどの）破綻主義の限定それじたいが，婚姻の効力は持続すべきであるとの前提にたつものであり，さらに，当事者の一方の有責性は離婚後の扶養との関連で意味を有するから，両者の準拠法を完全に別個のものとする理由も乏しいといえよう[5]。

　準用するとされ，婚姻の効力の準拠法がそのまま離婚の準拠法となるわけではない。「夫婦に最も密接な関係がある地」は，婚姻関係の継続を前提とする状況（婚姻の効力）と婚姻関係が破綻している状況（離婚）とでは異なった評価を受けるべきものとみられるからである[6]。

　同一本国法，同一常居所地法および夫婦の最密接関係地法の確定方法は25条の規定と同じように，夫婦各人についてその本国法[7]，常居所地法，最密接関係地法を確定した後，同一の法秩序であればそれによることになる。

(2) 例外（日本人条項，27条ただし書）

　通則法27条の規定は，そのただし書において，夫婦の一方が日本人であって日本に常居所を有する場合にはかならず日本法によるべきことを定める。24条3項ただし書とともに，日本人条項と呼ばれる[8]。日本に常居所を有する日本人には日本法の定める離婚が保障されている。なお，日本人と外国人が日本にともに常居所を有している場合には，同一常居所地法の資格で日本法が適用される[9]。

　＊ただし書の規定によって，夫婦に最も密接な関係がある地の判定に伴う困難が除去さ

れる。協議離婚につき実体的審査権限を有しない戸籍管掌者にとって便宜な規定ではある。しかし，ただし書に定められている状況では，日本が夫婦に最も密接に関係する地であるとして日本人条項を正当化することは困難である。夫婦の一方である日本人に関する要素だけが考慮されているからである。

　段階的連結という方法は，内国において婚姻生活を営む異国籍の夫婦の離婚に内国法の適用を可能にするという側面を有しているから，27条本文の規定だけに従っても，内国法の適用される機会はかなりの程度確保されている。その意味で，こういった規定がはたして必要であったか疑問とされよう。とはいえ，自国民のために自国の離婚法の適用を確保しようとすることは比較法的にみても異常なことではない。むしろ，多数の諸国は自国民にたいして自国法の認める離婚への道を空けているといってよい[10]。

　ただし書の規定により日本に常居所を有する日本人には日本法に従った離婚そして再婚可能性が確保される。この処理は国際私法上の理念からみて理想的とは言いがたいとしても，首肯できるところである。不都合なのは，日本法の中に協議離婚に関する法規が含まれ，この制度を国内的事案と同じように国際的な婚姻関係においても運用する点にあると思われる[11]。日本法の認める協議離婚は，離婚後の子の親権・監護権に関する合意について司法審査を伴わないため，協議離婚が相手方の生活する外国において承認されないおそれが多分にある。その意味では，同じく内国人条項を有する他の国の離婚とは事情が異なるといえる。とはいえ，この危険は，同一常居所地法の資格で日本法が適用される場合にも生ずる危険であって，ただし書の規定に固有のことではない。

2　連結の時点

　1898年の法例16条の規定は，離婚の準拠法を「其原因タル事実ノ発生シタル時」に固定していた。しかし，破綻主義が一般的な今日では，離婚準拠法の当事者による操作をそれほど懸念する必要はあるまい。さらに，離婚後の扶養など離婚の効力との関連では，（たとえば，離婚の訴えが提起された後に当事者の一方または双方が日本の国籍を取得した場合など）離婚訴訟の過程で準拠法の変更が生じた場合，後の準拠法がより適切と考えられる。そのため，27条の規定は準拠法を固定していない。離婚時，つまり協議離婚では届出の時点が，裁判離婚では口頭弁論終結時が基準となる。訴え提起時ではない。

Ⅱ 準拠法の適用

27条本文の規定による場合であれ，ただし書の規定による場合であれ，離婚要件とその効力は離婚の準拠法による。ただし書の規定による場合にはつねに日本法が適用される。

1 離婚の要件

（裁判所による実体審査を伴わない）協議離婚が可能か否かは離婚準拠法による。協議離婚が離婚準拠法の下で許容される場合に，離婚意思をいかなる形で外形的に表示するかは親族関係についての法律行為の方式の準拠法による（34条)[12]。準拠法たる外国法が裁判離婚のみを知っている場合には，協議離婚は許容されない。

外国法が有責配偶者からの離婚請求を許容する場合には，その適用が公序に反しないかぎり，外国法に従い請求は認容される[13]。

日本の実質法はいわゆる調停前置主義を採用している（家事事件手続法257条）。準拠法たる外国法が裁判離婚のみを認めている場合，そういった外国法を適用しながら調停や審判をすることができるかが問題となる。裁判離婚のみを許容する国の中にも破綻主義の枠組みの中で当事者の離婚の合意を評価する国がある（たとえば，フランス民法230条，233条，オーストリア婚姻法55条のa）。裁判離婚を前提としながら，夫婦双方の申立てという訴訟行為または他方の同意する一方の申立てという訴訟行為として夫婦の合意を参酌する外国法が準拠法となるときには，少なくとも審判離婚は肯定されよう[14]。

実際的観点から重要なのは，準拠法所属国たる外国が日本の調停離婚や審判離婚さらには離婚に伴う親権者指定などを承認するか否かである。この点は，当事者の離婚の合意にたいして準拠法たる外国法がいかなる態度をとっているかによっている。ちなみに，当事者による合意に基づく離婚であっても，当事者の離婚意思および子の利益に適合する親権者指定を確認する手続的な保障がある場合には，これを承認しない国はあまりないようにみられる。

2　離婚の効力

(1)　直接的効果

離婚の直接的効果は婚姻の解消である。別居もまた27条の適用範囲に入る。しかし，再婚禁止期間など再婚の要件は24条1項により決定される準拠法による。

(2)　間接的効果

イ　離婚後の扶養

離婚後の扶養義務については，扶養義務の準拠法に関する法律4条1項の規定に従い離婚の準拠法による。

＊この規定には立法論的な疑問がある。この規定によると，外国で下された離婚判決とは別個に扶養の訴えが提起される場合や離婚した配偶者間の扶養判決の事後における変更の場合にも，離婚準拠法は離婚した夫婦の扶養の問題に適用される。たしかに，この処理によると，離婚と扶養の問題に同一の準拠法が適用でき，さらに，離婚の際に配偶者がした扶養に関する合意の効力は維持される。他方で，とくに次の2つの難点は無視できない。同法律2条の段階的連結が適用されないため，扶養権利者の利益が十分に保護されない。とくに離婚準拠法が扶養を否定する場合には，公序則によらなければ他の法による扶養の可能性がない。さらに，要扶養状態に陥っている者が現に生活する社会の事実的・法的条件が考慮されない，という点である。

ロ　有責配偶者の賠償責任

夫婦の一方が有責である場合，離婚に際してその者が負うべき責任には次の2つのものが区別されなければならない。

a　個々の不法行為にたいする損害賠償　　離婚の原因となった個々の不法行為は，慰謝料請求を含めて原則として17条の規定による。しかし，20条の規定にいわゆる「その他の事情」には当事者の婚姻関係も含まれると解される。婚姻関係にある当事者の権利義務関係を規律するのは婚姻の効力の準拠法である。そのため，不法行為の準拠法は，婚姻の効力の準拠法と同一の法に附従的に連結される可能性が高いであろう。

b　離婚そのものを原因とする慰謝料　　離婚の準拠法による[15]。

八　（扶養請求および慰謝料の問題を除く）離婚に伴う財産分与[16]

　婚姻解消の時点においていかなる財産が夫婦各人に帰属するか，という財産の確定の問題は夫婦財産制の準拠法による。かくして帰属の確定された財産が離婚に際していかに清算されるかは離婚の準拠法によって規律される。夫婦財産制の準拠法が法定財産制として別産制を採用している場合に，たとえば夫の固有財産とされる財産につき妻の寄与分が認められるか否か，その程度いかんといった問題は離婚の準拠法による。財産関係の清算いかんの問題は離婚の可否いかんと密接に関係するからである[17]。

二　子の親権・監護権，子と面会交流する権利

　離婚に際しての親権・監護権の帰属は子を連結主体として決定すべき問題である。さらに，親権者が誰かという問題は子の法定代理人が誰かということにほかならない。そのため，子が自動車事故にあった場合の保険会社や子が預金をする場合の銀行など第三者にとって予見が困難な準拠法であってはならない。この観点からは，最密接関係地という連結素を採用する27条の規定は適当ではない[18]。子の親権・監護権の問題は32条の規定による。

　子と面会交流する権利は子の親権・監護権と切り離して考えることができないので，この問題も32条の規定による[19]。

ホ　氏

　離婚により復氏するか否かは，離婚準拠法ではなく，問題となっている夫および妻の本国法による。

〔注〕

1)　フィリピン，マルタが離婚禁止国といわれている。
2)　横浜家審昭和62・10・30家月40巻10号53頁。
3)　1991年10月17日パリ大審裁判所（Tribunal de grande instance de Paris）の判決（Rev.crit. 1992, 508）。
4)　夫がその離婚権を行使するには一定の定式化された言葉の表明が必要である。これがなければ離婚は成立しない。「離婚する」または「親元に帰す」という言葉によって外部的に表明されなければならない。夫の「離婚する」という宣言じたいが原則として婚姻の解消という効果を発生する。しかし，モロッコ，アルジェリア，エジプト，レバノンでは，証明の観点から，一定の方式（登録）または国家機関の関与（裁判所の許可）が要求されている。
5)　たとえば，有責配偶者による離婚後の扶養請求を許容する法は一般的とはいえまい。
6)　横浜地判平成10・5・29判タ1002号249頁では，米国人夫（原告）と中国人妻（被告）の離婚につき最密接関係地法として日本法を適用した。夫の常居所は日本にあり，妻は永住権を取得している米国のいずれかの州に居住している。夫婦は日本で婚姻した後，夫の

転勤に伴って香港に移動、その後一時期日本で共同生活を始めたことがあり、夫と長男はいずれも日本において定住者としての在留資格を有し、夫婦が別居状態となった以降も引き続き日本で生活して現在にいたっているという状況を根拠としている。

7) 横浜地判平成3・10・31家月44巻12号105頁は、日本在住の米国人夫による日本在住の同国人妻にたいする婚姻を継続し難い重大な事由の存在に基づく離婚請求について、夫についてはアリゾナ州法、妻についてはメリーランド州法を本国法と定め、同一本国法がないとして、同一常居所地法たる日本法により離婚を認容した。

8) 東京地判平成7・12・26判タ922号276頁は、日本在住の日本人夫とイタリア在住のイタリア人妻の離婚訴訟において、(通則法27条ただし書に相当する)法例16条ただし書により日本法を適用した。東京地判平成3・3・29家月45巻3号67頁は、日本在住の日本人妻によるエジプト在住のエジプト人夫にたいする婚姻を継続し難い重大な事由に基づく離婚請求を、法例16条ただし書に従い、日本法により認容した。東京地判平成2・12・7判時1424号84頁は、日本在住の日本人妻によるインドネシア在住のインドネシア人夫にたいする婚姻を継続し難い重大な事由の存在に基づく離婚請求を、法例16条ただし書に従い、日本法により認容した。

9) 神戸地判平成6・2・22判タ851号282頁は、日本在住の中華人民共和国人妻と日本在住の日本人夫の離婚、離婚に伴う財産分与および離婚による慰謝料請求について、法例16条により、夫婦の同一常居所地法として日本法を適用した。

10) 本国法主義に立脚する国の中で国籍を管轄権の基礎としない国はまずないといってよく、なんらかの形で内国離婚法の適用を自国民に確保しようとしているとみられる。

11) 東京高判平成17・11・24家月58巻11号40頁は、フィリピン人たる妻と日本人夫との協議離婚を前提とした親権者指定に関する事案であるが、フィリピンにおいてこの協議離婚が承認されるか疑わしい。

12) 中華民国国籍を有する夫婦の離婚につき、東京高判平成12・7・12家月53巻5号174頁。中華人民共和国国籍を有する夫婦の離婚につき、高松高判平成5・10・18判タ834号215頁。

13) 最判平成9・2・25家月49巻7号56頁は、韓国人夫婦の離婚につき有責配偶者からの離婚請求を認容する。東京地判平成17・2・18判時1925号121頁は、破綻主義を肯定するテキサス州法を適用しても公序には反しないとして、有責配偶者から離婚請求を認容する。

14) 横浜家審平成3・5・14家月43巻10号48頁は、日本在住の米国(ハワイ州)人夫の同国(ハワイ州)人妻にたいする離婚の申立てについて、準拠法たるハワイ州法によれば、離婚はすべて裁判所の裁判によるものとされており、わが国で実質的に同州法の方式に適合するのは家事審判法23条による審判であるとして、当事者間に離婚の合意がある場合に同条を類推適用した。

15) フランス人夫と日本人妻の離婚につき、東京地判平成16・1・30判時1854号51頁は、「離婚のやむなきに至ったことにより原告が被った精神的苦痛を慰謝すべき義務」につき離婚の準拠法たる日本法を適用する。

16) 前注8)東京地判平成7・12・26判タ922号276頁は、日本在住の日本人夫とイタリア在住のイタリア人妻の離婚訴訟(夫の本訴および妻の反訴)において、法例16条ただし書(通則法27条ただし書)により日本法を適用して夫婦の離婚請求を認容した上で、離婚に伴う慰謝料および財産分与は法例16条ただし書により離婚の準拠法たる日本法によるとし、妻が婚姻中負担した子の養育費を離婚に伴う財産分与に含ませて考慮し、妻の財産分与請求を認容した。東京高判平成12・7・12家月53巻5号174頁は、財産分与について、離婚の準拠法たる中華民国法が準拠法になるとしながらも、協議離婚の場合に財産分与を認めない中華民国法の適用を公序により排斥し、日本法を適用した。

17) 前注13) 東京地判平成17・2・18判時1925号121頁は，ともにテキサス州法を本国法とする米国人夫婦の離婚につき，「離婚に伴う財産分与は…離婚をどのように認めるかという問題と密接に関連しており，離婚に伴う財産分与については，離婚判決に際して裁判所は常に財産分与をしなければならないのか否かという点も含め，離婚準拠法によるのが相当であると認められる」とする。
18) 前注8) 東京地判平成7・12・26判タ922号276頁は，日伊両国籍を有するイタリア在住の子の親権者の指定につき，(通則法32条に相当する) 法例21条により子の本国法が父の本国法と同一であるので日本法によるとした。前注6) 横浜地判平成10・5・29判タ1002号249頁は，父と子の本国法をオハイオ州法と定め，法例21条により同州法に従い，父を親権者とした。
19) 京都家審平成18・3・31家月58巻11号62頁は，日韓両国籍を有する子と離婚した実母との面会交流につき，親子間の法律関係の準拠法として日本法を適用し，実父は年1回，子の写真2葉および子が通う学校の通知票の写しを実母に送付しなければならないとした。

〔参考文献〕

早川眞一郎「渉外離婚の国際裁判管轄と準拠法」小田八重子＝水野紀子編『新家族法実務大系(1)親族(I)――婚姻・離婚』(新日本法規，2008年) 538頁

横山潤「家事調停における公序則の適用」梶村太市編『新家族法実務大系(5)調停・審判・訴訟』(新日本法規，2008年) 487頁

道垣内正人「渉外離婚」島津一郎＝阿部徹編『新版注釈民法(22)親族(2)』(有斐閣，2008年) 418頁

第6節　実親子関係の成立

通則法は，次の3点に配慮し，嫡出親子関係と非嫡出親子関係の成立につき異なった処理を与えている。第1に，前者については婚姻を前提とした家庭を想定できる。第2に，嫡出親子関係では婚姻中における出生が重要な事実であるのにたいして，非嫡出親子関係では出生のほかに認知の意思表示や裁判も成立にとって重要な要素となる。第3に，非嫡出親子関係では，父の任意認知にたいしては子や母などの意思が尊重されなければならない，という点である。

I　選択的連結

通則法28条から30条までの規定は，実親子関係の成立に関する法の抵触を解決するための規定である。これらの規定の内容は1989年の法例改正によって新設されたものであり，通則法はこれを踏襲している。

＊通則法は，28条から30条までの規定のほかに，24条（婚姻の方式）および34条（身分関係一般に関する方式）において身分関係につき選択的連結の方法を採用している。この方法は，1898年の法例制定当時から（通則法10条1項，2項に相当する）法例8条においてすでに採用されていた。さらに，ハーグ条約を国内法化した遺言の方式の準拠法に関する法律2条の規定はきわめて広範囲な選択肢を定めている。

通則法は，11条（消費者契約）および12条（労働契約）においても，選択的連結をとっている。もっとも，これらの規定の下で適用される法いかんを決定するのは，（親子関係の成立といった）法定された実質法的結果ではなく，消費者および労働者の欲する実質法的結果である。

1　選択的連結の意義と性質

(1)　意　義

同位の関係にある複数の法の中から，実質法的結果を基準として法の選択を命ずる規定を選択的連結を定める抵触規定という。

(2)　伝統的な連結との相違

1つの法律関係に1つの準拠法を指定する伝統的な抵触規定とは異なり，選択的連結を定める抵触規定は，法律関係の成立の可能性につき国際的状況と国内的状況との間で差異を設けつつ，法の選定を実質法的な結果の実現いかんに依存させ，潜在的に準拠法となりうる実質法の内容をあらかじめ参照するようにしている。

2　親子関係の成立との関連における選択的連結の問題点

親子関係の成立に選択的連結を採用する抵触規定の基底には，子の利益の確保という国際私法固有の価値が存在する。その連結方法については，とりわけ，次の3点に留意しなければならない。

(1)　法の比較の困難

選択的連結は複数の法の比較を要求するため，裁判所にそれだけ負担を与えることになる。しかし，法の内容の抽象的な比較ではなく，個別的・具体的な

事案における結果との関連において子の利益に適合する法は何かが探求されるとすれば，負担が大きいとはかならずしもいえない。さらに，選択肢とされている連結基準は内国法を多くの場合指示するとみられる。適用上の困難は，実際には，みかけほど大きいものではあるまい。

(2) 一方当事者たる子の利益の優先

通則法の定める選択的連結は，子以外の者の利益よりも子の利益を優先する。実親子関係の成立には単一の連結基準を想定すべきではないとすれば，子の利益に傾斜した実質法的な解決は今日の実質法の動向からも是認されるとみられる。

(3) 抽象的利益と具体的利益の不一致

一般的・抽象的な子の利益は個別的・具体的な事案における子の利益とはかならずしも一致しない。選択的連結を採用した結果，血縁上の父ではない者との間で親子関係が成立し，そのことがむしろ子の利益に反するということもありえよう。選択的連結の下で可能な準拠法とされた法がいずれも法律関係の成立を肯定する場合，これを否定するためにはすべての準拠法の下で当該法律関係の成立が否定されなければならず，それだけ真実の親子関係が成立しにくくなるからである。選択的連結を採用する抵触規定の立法趣旨が，親子関係の成立を容易にする点にあるのか，それとも成立の否定をも含めた子の利益の実現にあるのかが問われなければならない。

II　嫡出親子関係の成立

28条の明文の規定は，子の嫡出性を基準として準拠法を定めている。しかし，この規定の背後には子の利益という実質法的価値が存在しており，この価値を指針として解釈・適用しなければならない。

1　準拠法の決定

28条の規定は選択的連結によっている。父母のいずれかの本国法の下で子の嫡出性が肯定されれば，子を嫡出子とする法が適用される。父母の本国法を

選択的関係におくことにより両性平等という要請が満たされる。また，子の利益を志向する連結政策は各国の実質法のありかたに沿いこそすれ，これに反するものではあるまい。基準時は子の出生時である。なお，夫が死亡した後に子が出生した場合には，死亡の時点における夫の本国法を出生時における本国法と同視することにしている（2項）。

＊1898年の法例17条の規定は，嫡出親子関係の成立につき「母ノ夫」の国籍を連結基準としていた。この規定が両性平等の要請に反するか否かという点について，学説は，この要請に反しないとする見解と反すると考える見解に分かれていた。前者の見解は，この17条の規定が平等原則に反しないとする理由を，嫡出否認権が比較法的に父のみに認められていることが示すように，嫡出親子関係の成立の問題は父子関係が中心となっているという点に求めていた。しかし，実質法上，嫡出推定制度は母の利益にも影響する。たとえば，日本民法の下で嫡出推定によって嫡出親子関係が成立すると，母は父とともに親権を共同行使しなければならず，さらに，離婚の際には親権者が父とされる可能性もある。また，今日の諸国の実質法上，否認権を母に与える国は少なくない。母の夫の国籍だけを連結基準とすることは，すくなくとも今日では，平等原則に反するといえよう。

2　準拠法の適用

子の嫡出性の推定に関する問題は28条の規定が指定する法による。嫡出否認（親子関係不存在確認）の問題も同様である。嫡出親子関係の成立を肯定する法に従って子の嫡出性を否定しなければならない。父母の本国法がともに子を嫡出である子として推定している場合，推定を覆すには双方の本国法に従い嫡出性を否定する要件が充足されなければならないことになろう[1]。しかし，どの国においても嫡出性を否定するための出訴期間に関する規定は純国内的な事案を想定しているため，事案の国際的な事情の下では，当該期間がきわめて短いものとなる可能性が高い。短期間ではあるとしても内容的に異常とはいえないとすると公序則の発動もできまい。このことは子の利益に反する結果を招来しかねない。

＊嫡出親子関係の成立に関する28条の規定が父の国籍と母の国籍をともに選択肢とした

主たる理由は,「母の夫」の国籍を連結基準としていた1898年法例17条の規定と両性平等の要請との抵触についての懸念にあったといえる。嫡出親子関係の成立を容易にするという目的に力点があったわけではない。というのは,嫡出推定の期間について各国の実質法はあまり異ならないからである。嫡出推定について選択的連結がそれほどの意味を有しないとすると,28条の選択的連結は,真実の父との親子関係を求める子の利益に反する方向に働くことになる。子の利益の確保という価値を尊重すれば,嫡出親子関係の成立を容易にすること（favor legitimitatis）にのみ傾斜した解釈を行うべきではない。嫡出性を否定することが問題となる場合,これを容易にすべく（favor impugnationis）,当該規定を解釈しなければなるまい。つまり,嫡出性を否定する局面においても,可能な準拠法の選択的連結を認めるべきものと思われる。嫡出推定を父と母の本国法がともに肯定する場合,そのいずれかが嫡出否認を肯定するときには,嫡出親子関係の成立を否定すべきであろう。このように否定の局面において選択的連結を認めても,たとえば扶養義務を免れることを目的とした父による嫡出否認の可能性が増え,子の利益が害されるという事態はまず生じないとみられる。嫡出否認について諸国の実質法が大きく異なるのは否認権者が誰かという点であるけれども,どの国の実質法においても父は否認権者の1人とされていると観察されるからである。

3　適応問題

子の利益という価値は,嫡出推定の準拠法間の適応問題について解決の指針を提供する。

＊甲国人女が甲国人の夫の死後3月の後に亡夫の友人である乙国人と甲国において再婚し,その後,この夫婦は乙国に赴き,再婚2月後に子が出生したとする。後婚の夫の本国法たる乙国法によると（28条1項）子は後婚の夫の子と推定され,前婚の夫の本国法たる甲国法によると（同条2項）母の前婚の解消後300日以内であってかつ再婚後180日以内に出生した子は前婚の夫の子として推定されるとすると,2人の父が推定される。甲国法によるか乙国法によるかは,真実の父をもつことにたいする子の利益を基準にして決定されよう。

Ⅲ　非嫡出親子関係の成立

　通則法29条1項前段は「嫡出でない子の親子関係の成立」一般を対象とし，認知による親子関係の成立だけでなく事実主義（血縁主義）に基づく親子関係の成立をも対象としている。他方で，2項の前段は，認知による親子関係の成立だけを対象としている。この規定は，「〔1〕項前段の規定により適用すべき法」に加えて，認知当時における（認知者たる）親または子の本国法を潜在的準拠法としている。認知については潜在的な準拠法は3つとなりうるため，それだけ認知の成立は容易となる。なお，1項と2項の各後段は任意認知にたいする子や第三者の承諾・同意につき特則を設けている。

1　準拠法の決定

(1)　事実主義（29条1項前段）

　事実主義による非嫡出親子関係は，（意思表示や裁判所の関与を要することなく）法律上の推定に基づき成立する親子関係であり，その意味において嫡出親子関係の成立の場合と異ならない。

> ＊婚姻していない母の子についても，特定の事実の存在に基づき父性を推定する法秩序は存在する。たとえば，カナダのオンタリオ州のStatus of Children Act 1996の10条の規定は，子の出生前44週から20週までの期間内において子の母と男が婚姻することなく生活を共にしているときには，子を当該男の子と推定するとしている。

　通則法29条1項前段の規定は28条の規定する嫡出親子関係と同様に親の属人法を準拠法としている[2]。連結の時点は，嫡出親子関係の成立と同じく，子の出生当時に固定される。子の出生の時点において父が死亡しているときには，父の死亡当時の本国法による（3項）。

(2)　認　知（29条1項前段・2項前段）
イ　選択的連結
　29条1項前段の規定によれば，認知による非嫡出親子関係の成立についても，子の出生当時における認知者の本国法が準拠法となる。しかし，認知につ

いては2項に特則が設けられている。つまり，認知当時における認知者の本国法および認知当時における子の本国法も準拠法としての資格を与えられており，選択的連結の方法が採用されている。①子の出生当時における認知者の本国法，②認知当時の認知者の本国法そして③認知当時の子の本国法のうち1つでも認知の成立を肯定するものがあれば，その法が準拠法となる[3]。

　ロ　連結主体

　任意認知であれ裁判認知であれ，親子関係の成立によって義務を負担するのは父または母であるから，この意味で利害関係を有する父または母を連結主体とすることには理由がある。また，認知の成立につき子が利害関係の中心にあるといえるから，その属人法も同様に準拠法としての資格をもつといえる。

　ハ　連結時

　子の出生当時と認知当時をともに連結の基準時とし，これら2つの基準時を選択的関係におけば，子の利益に沿った結果が得られる。つまり，子の出生当時における当事者の本国法の下で裁判（強制）認知が可能であった場合には，父が国籍を変更したとしても，子から裁判認知の可能性が奪われることはなく，逆に，子の出生当時における当事者の本国法では裁判認知が認められていないとしても，現在当事者が属する本国法がこれを認めているときには裁判認知の可能性が生まれることになる。

(3) セーフガード条項（子の本国法）

　親の本国法が認知の準拠法となる場合には，認知当時における子の本国法上の承諾・同意に関する規定が重ねて適用される（29条1項後段・2項後段）。累積的適用である。父の任意認知により子や母は権利義務関係に重大な変更を受ける。子または母にたいして子の本国法が与えている保護を奪うべきではない。これがセーフガード条項と呼ばれる当該規定の趣旨である。嫡出でない子の国籍は多くの場合に母の国籍に一致することが想定されている。

(4) 関係者の死亡の場合の特則（3項）

　父が子の出生前に死亡しているときには，1項の規定する父の本国法は出生の時点において存在しないため，このことに配慮して，死亡当時の本国法を父の本国法とみなしている（前段）。また，認知者たる父もしくは母または子（民法783条2項）が認知前に死亡しているときには，認知当時におけるそれらの

者の本国法は存在しないため，このことに配慮して，死亡当時の本国法をそれらの者の本国法とみなしている（後段）。

2 準拠法の適用

(1) 裁判認知

死後認知も含め，裁判認知の可否や出訴期限などの問題は29条1項，2項が指定する法による。選択的連結は任意認知に限定されない。親子の利害が対立する裁判認知の場合には，親子関係の成立を求める子の利益が優先されることになる。この処理には合理性が認められよう。子の利益を助長するという実質法的観点に立脚するかぎり，（意思表示によるか，裁判によるかといった）親子関係の成立の態様によって成立の難易に差を設けるべきではないからである。1898年の法例18条の下では公序則を援用することによってのみ認められた非嫡出親子関係[4]のみならず公序則によってもその成立が否定された非嫡出親子関係の成立も肯定されうることになる[5]。

(2) 任意認知

（遺言）認知の可否，任意認知の場合に必要とされる認知者の認知能力，認知にたいする承諾・同意の必要性と承諾権者などの範囲の問題も同様に，29条1項前段および2項前段の規定が指定する法による。1項前段の規定が指定する認知者の本国法により認知が成立する場合または2項前段の規定が指定する認知者の本国法により認知が成立する場合には，認知当時の子の本国法が子や母などの承諾・同意を要求しているかぎり，この要件もまた充足されなければならない（1項後段，2項後段）。

任意認知の無効・取消しはその成立につき適用される準拠法による。任意認知の承諾権者の範囲などの問題は取消し権者の範囲などと相関関係にあるとみられるからである。選択的連結の対象となった複数の法の中の1つだけが認知の成立を肯定するときには，認知の無効・取消しもこの法による。複数の法が認知の成立を認めるときは，それらすべての法によって成立が否定されなければならず，その中の1つでも無効や取消しを許容しないときは，無効という処理や取消しは不可能となる。すでに述べたように，嫡出否認については父または母の本国法の選択的連結が許容されるべきであろう。しかし，認知の無効・

取消しについて選択的連結を認めるべきではあるまい。

* 1898年の法例18条の規定については，その17条の規定と異なり，両性平等の観点からの疑問はなかった。むしろ，親の本国法と子の本国法との配分的適用を定める連結政策が認知の成立を困難にした点にこそ改正の理由があった。とくに，死後認知の出訴期間に関する韓国法は内容的に異常とはいえないため，公序則の発動は消極に解される傾向にあった[6]。しかし，韓国法の適用を公序則により排斥しない処理は正当であるとしても，死後認知にたいする子の利益を確保する必要性までもが否定されるべきではない。1989年の法例18条（とこれを踏襲した通則法29条）の選択的連結は，こういった点にも配慮しつつ，非嫡出親子関係の成立を容易にする目的をもって定立されたとみられる。認知による非嫡出親子関係の成立を容易にすることに立法の力点がおかれていたとすれば，認知の取消し・無効という局面における選択的連結は否定されるべきであろう。たしかに，親子関係の成立を容易にすることがつねに子の利益に適うわけではない。しかし，通則法29条の規定もこの点を無視しているわけではなく，1項後段および2項後段の規定は，任意認知について（真実の父が誰かを最もよく知っている）母の承諾という要件を子の本国法に服せしめ，真実の父でない者による認知を抑止することの必要性につき配慮を与えているからである[7]。

任意認知の方式は34条の規定による。それゆえ，認知の準拠法と行為地法が選択的に連結される。

(3) 適応問題

子の利益という価値は，嫡出親子関係の成立に適用される準拠法と認知の準拠法との相違から生ずる適応問題にたいして解決の指針を提供する。

* 子が母の離婚後3月して出生した場合に，日本法は母の前夫の子と推定する。他方で，ドイツ法などはこのような推定を働かせないため，第三者は子を認知することができる。前夫の本国法が日本法であるとすると，通則法28条によれば前夫と子との間に嫡出親子関係が成立する。第三者の本国法がドイツ法であるとした場合に，29条によればその本国法に従い第三者は子を認知することができるか。28条および29条の基底には子の利益という価値があるとすると，28条によるか29条によるかの問題は，この価値を基準にして判断すべきであろう。

IV　準　正

準正により，嫡出でない子として出生した子にたいして嫡出である子としての地位が与えられる。準正は，その方法の観点から，2つに分類される。①婚姻に基づく準正と②公的機関とくに裁判所による準正である。①は，さらに，認知後において挙行された父母の婚姻に基づく婚姻準正と父母の婚姻の後に認知があった場合に生ずる認知準正とに分かれる。

1　準拠法の決定

通則法30条の規定は，明文上，婚姻に基づく準正だけを対象としている[8]。

(1)　選択的連結

この規定は選択的連結を採用し，父の本国法，母の本国法そして子の本国法を選択肢としている。父と母の国籍を連結基準としたのは，準正が子に嫡出である子としての地位を与える制度であることに鑑み，嫡出親子関係の成立に関する通則法28条の規定と平仄を合わせた結果である。

他方で，30条の規定は，28条の規定が選択肢とはしていない子の国籍をも連結基準としている。父母の本国法がともに準正を否定していても，子の本国法に従い準正が肯定されると準正は成立する。たしかに，このような状況の発生はきわめて限られていよう。子の国籍と母の国籍とは多くの場合に一致し，さらに認知によって子が父の国籍を取得する場合もあるからである。したがって，子の国籍はそれほど重要とは思われない。とはいえ，①準正につき子は利害関係を有しており，その本国法を無視することはできない。②嫡出推定に関する諸国の実質法と比べて準正に関する各国の実質法には相異がみられるから，子の利益の観点から選択の幅を広げることには実益が認められる[9]。そしてなによりも，③認知の準拠法の下では子が準正子としての地位を取得できるにもかかわらず，父母の本国法の下では準正が成立しないといった事態を回避することができよう。これら3点において，子の本国法を選択肢とすることには理由が認められる。

(2) 基準時（準正時）

　30条の規定は，準正の準拠法を決定する基準時を準正の要件完成当時に設定している。3つの潜在的準拠法のうち，準正の成立を肯定する最初の準拠法によるとの趣旨である。

2　準拠法の適用

　選択肢となっている法の1つが準正を肯定する場合には，その法が適用される。2つ以上の法が同時に準正（認知準正）を肯定する場合に，1つの法が嫡出である子としての地位を婚姻の時点に遡及して付与し，他の法がこのような遡及効を認めない場合には，前者の法が適用されよう。

　婚姻準正の場合，婚姻挙行時における潜在的準拠法の中の1つが子を準正子とすると，その後に連結基準の変更があっても嫡出である子としての地位に変動はない。他方で，婚姻挙行時の準拠法が認知準正を認めていないとしても，現在の時点で連結基準の指示する法がこれを許容するときには，母と婚姻している男が子を認知した場合，その時点において認知準正が成立する。

〔注〕
1) 名古屋家審平成7・1・27家月47巻11号83頁（申立人の母はフィリピン人であり，相手方は日本人であった。夫婦の別居中に母が他男との間に子を出生し，子が父を相手方として親子関係不存在確認の訴えを提起した事案）は，（「子の出生前300日間のうち，最初の120日間に夫と妻との性交が夫婦の別居により物理的に不可能であった場合は，子の嫡出性を争うことができる」とする）フィリピン家族法166条と日本法によって訴えを認容した。名古屋家審平成7・5・19家月48巻2号153頁（日本人夫とコロンビア人妻との間に子が出生。しかし，その子はコロンビア人妻と他の日本人男との間に生まれた子であったので，夫が嫡出否認の訴えを提起した事案）は，（訴えの提起期間を「出産を知った日から60日以内」とする）コロンビア婚姻・離婚法21条7項の規定と日本法を適用して，嫡出否認を肯定した。水戸家審平成10・1・12家月50巻7号100頁（タイ人女が日本人男との婚姻中に出産した子を相手方として，日本人夫が申し立てた嫡出否認に関する事案）は，申立人の本国法たる日本法および相手方の本国法たるタイ法を適用し，そのいずれによっても相手方は申立人の嫡出子と推定されるとした上で，申立人は日本法およびタイ法により嫡出子の否認をすることができるとした。
2) 1989年の法例改正前，事実主義に基づく非嫡出親子関係の成立の準拠法につき，学説は分かれていた。すなわち，①この種の親子関係についても1898年の（認知に関する）法例18条の規定を類推適用しようとするのが多数説であったが，②この種の非嫡出親子関係の成立については扶養，相続などの具体的法律関係の準拠法によるとする説や，③もっぱら親の属人法のみに依拠し，父または母について，それぞれの本国法によるべきで

あるとする説などが唱えられていた。通則法29条1項の規定は③の見解に沿ったものとなっている。
3) 東京地判平成4・9・25家月45巻5号90頁は、日韓両本国法の出訴期間を徒過したものとして死後認知の訴えを却下した。
4) 横浜地判昭和58・11・30判時1117号154頁（インドネシアに住所を有する中国系の無国籍者が日本人男にたいして認知の訴えを提起した事案）は、子の本国法の資格で適用されるインドネシア民法287条が父の捜索（recherche de la paternité）を禁止していたので旧法例18条の採用する配分的適用の下では認知の訴えは認められないはずであったが、公序によりインドネシア法の適用を排除して、日本法により認知請求を認容した。
5) 最判昭和50・6・27家月28巻4号83頁。
6) とくに、前注5) 最判昭和50・6・27家月28巻4号83頁。
7) 参照、最判平成3・9・13民集45巻7号1151頁。
8) 30条の規定は、公的機関の関与の下に子に嫡出子としての地位を付与する制度については、その準拠法を定めていない。日本においてもこの種の準正が問題とならないとはいえない。けれども、後者のタイプの準正について抵触規定を設けている国は、通常、その実質法においてそういった準正制度を有しており、双方的な抵触規定の形をとっていても、実際には、内国実質法の適用を肯定する形でのみ機能するとみられる。
9) たとえば、準正の効力が婚姻の時まで遡るか否かについては各国の実質法に相違がある。

〔参考文献〕

奥田安弘「渉外認知」中川善之助＝米倉明編『新版注釈民法(23)親族(3)』(有斐閣，2004年)
中西康「国際親子法の展望」民商135巻6号954頁（2007年）
島野穹子「代理出産と親子関係」若林昌子＝床谷文雄編『新家族法実務大系(2)親族(II)——親子・後見』(新日本法規，2008年) 236頁
渡辺惺之「渉外実親子関係の国際裁判管轄と準拠法」若林昌子＝床谷文雄編『新家族法実務大系(2)親族(II)——親子・後見』(新日本法規，2008年) 639頁

第7節　養子縁組

I　概　観

　親のない子や家庭的に恵まれない子に温かい家庭を与えることによって、その子の健全な育成を図る。こういった理念に基づいた規律を各国の養子法は志向しているといわれている。もっとも、各国の実質法に共通の傾向を観察することができるとしても、養親子関係は自然的血縁関係に基礎をおくものではない。人為的に創設される親子関係であるために、諸国の実質法のありかたはかなり相違している。

＊国際養子縁組については次の2点に留意すべきである。

　第1に，イスラム法圏に属する諸国は養子縁組を原則として禁止している[1]。国際養子縁組の可否について諸国の間に国際的なコンセンサスがあるわけではない。児童の権利に関する条約は，子の保護手段の1つとしてのみ養子縁組を位置づけ，（養子縁組を許容しない）イスラム法上のカファーラ（kafala）にも対等の地位を与えている（同条約20条3項）。さらに，国際養子縁組は国内養子縁組が利用できない場合の第二次的な手段として認められている（21条B）。

　第2に，国によっては，外国人を養子とする養子縁組の数が自国民を養子とする養子縁組の数よりも多いといわれている。養親の本国においては養子の候補となる子の数が限られているためである。その場合の養子の出身国はおおむね発展途上国といってよい。時間的に変動はするけれども，アジアでは，韓国，ヴェトナム，インドネシア，タイおよびカンボジアであった。中国もまた養子の送出国である。

＊＊いわゆる先進工業国の近時の実質法は次の2点において共通した傾向を示している。第1に，実方親族との断絶と養子の養親家族への完全な統合であり，第2に，裁判所など国家機関による関与の機会の拡大である。いわゆる先進工業国の国民あるいはそこに常居所を有する者が発展途上国出身の子を養子にしようとする場合，養親の国の裁判所にたいして申し立てられる養子縁組は，通常，実方親族との断絶を求める養子縁組である。他方で，養子となるべき子の出身国は「子の保護」について異なった考え方をもっている。たとえば，自国民を養子とする国際養子縁組については特別の強行規定を設け，自国内においてのみ国際養子縁組の成立を許容し，養子縁組を目的とした子の出国には特別の許可を要求する。一般的に，子の出身国の法は，外国人が自国民を養子とする養子縁組については制限的な内容をもっているといえよう。

＊＊＊およそ一般的に，法律関係の成立につき関連する複数の法を累積的に適用する処理は法律関係の成立にたいして慎重な立法者の態度を示しているといえよう。逆に，選択的連結は，これを容易にしようとする立法者の配慮が働いている。これらの実質法的に方向づけられた処理にたいして，1つの連結基準によって準拠法を決定しようとする伝統的な抵触法的処理は，法律関係の成立にたいして実質法的には中立的な立法者の態度を意味する。しかし，この伝統的ともいわれる抵触規定も実際にはかならずしも中立とはいえない。養親となるべき者が自国に居住し，養子となるべき子が発展途上国からの子である場合，養親の本国法や法廷地法を原則的な準拠法とする処理は，養子縁組に消極的な養子の本国法の態度を尊重しないことに結果するため，養子縁組の成立をそれだけ容易にするという効果をもっている。

Ⅱ　通則法31条

1　準拠法の決定

　通則法31条の規定は，（5条および6条の規定が示す管轄権からのアプローチではなく）抵触法からのアプローチの下に，養子縁組について養親の本国法を原則的な準拠法とし，子の承諾などについて養子の本国法を累積的に適用する。準拠法を決定する基準時は養子縁組の時点である。

＊31条の規定はいわゆる里親里子の関係を射程に入れるものではない。日本の児童福祉法上の里親里子関係は，要保護児童につき知事による里親委託措置により形成される。同法27条その他の規定は国際的強行規定であり，要保護児童が日本に居所を有するかぎりかならず適用されよう。他方で，私的な里親里子関係については31条1項の規定の類推適用の可否が問われよう。類推によりイスラム法上のカファーラの成立を日本で認めることも検討されてよいように思われる。なお，私的な養育委託関係が養親の本国法に従い成立する場合にも，児童福祉法30条の規定は国際的強行規定として適用され，同居児童報告義務が児童の同居者に課せられると考えられる。

＊＊日本の裁判所が処理すべき国際養子縁組は，西ヨーロッパの諸国などにおける傾向をはっきりとした形で示すものではないが，日本は養子を受け入れる国といえる。日本において成立する国際養子縁組の養子の出身国はタイおよびフィリピンが多い。これら両国および中国は，1993年5月29日ハーグの「国際養子縁組に関する子の保護及び協力に関する条約」の締約国であるが，日本はいまだこれを批准していない。

(1)　養親の本国法

　養親の国籍を原則的な連結基準とすることは，一般論として合理性が認められる[2]。

　第1に，養子縁組が成立すれば，養親の本国の法的・社会的な環境の下で養子は生活すると考えられる。それゆえ，養子縁組という法律関係を原則として養親の本国に位置づけることができよう。養親がその本国とは異なる国において生活する場合にも，実親子関係におけると同様に"家庭"の枠組みが重視されるべきである。

　第2に，各国の国籍法を前提にすると，養親の本国法は同時に養子の本国法

といえる。自国民たる子が外国人の養子となった場合、自動的に自国国籍の喪失を認める国は少なくなく、その一方で、多数の国は、自国民の養子となった者にたいして国籍を付与しようとするからである。養親の国籍は、一般論として、連結基準としての適格性を有していると考えられる[3]。

31条1項本文は、要件・効力を区別することなく、「養子縁組」という文言を用いている。これは、養子縁組の要件と効力をともに（1項ただし書の規定の適用される場合を除きもっぱら）養親の本国法に服させる趣旨である。

実親およびその血族との断絶および離縁についても、2項の規定に従い、養親の本国法による。断絶・離縁の可否は、多くの場合、成立した養子縁組がいかなるタイプのものか、たとえば普通養子縁組か特別養子縁組かという問題に左右されるから、成立の準拠法と異なった法に服させるべきではないからである[4]。

(2) セーフガード条項（子の本国法）

通則法31条1項後段の規定によると、承諾・同意要件について、養親の本国法と養子の本国法とが累積的に適用される。養親の本国法が外国法であっても、日本民法797条および817条の6の各規定が適用されることになる。養子の本国法が外国法である場合にも、子や第三者などの承諾・同意に関する当該外国の規定が適用される。このように養子の法を一定範囲で考慮することは多数の国で認められている[5]。

＊子の本国法を適用する当該規定の趣旨は次の3点に求められよう。
　第1に、養子縁組は子の身分に重大な変更をもたらすため、養親のみを基準として準拠法を決定すべきではない。承諾・同意などの事項に限定されているとはいえ、子の利益のためにその本国法が子に与えている保護を確保しなければならない。
　第2に、子の利益のために、養親子関係の成立または効力について事後的に発生すべき紛争を可及的に避けなければならない。とくに、日本で成立した養親子関係が養子の本国で営まれる場合には、養子の本国の態度は子の利益に重要な意味をもつ。また、後日、断絶の有無をめぐり実親と子などとの間で紛争が生ずるおそれのあることも指摘できよう。
　第3に、外国での養子縁組を目的として子がその本国から出国する場合、出国の要件として実親などの承諾・同意が要件とされることがある。つまり、承諾・同意などに関する子の本国法上の規定はしばしば公法上の規制と結合しているため、そういった規制

にも配慮しなければならない。

2 準拠法の適用

(1) 養親の本国法の適用
イ 要 件

養親および養子となるべき者の年齢の上限と下限，当事者の年齢差，養親に実子のないこと，養子の数[6]，実親の同意の要否といった問題が要件の問題である。養子縁組にたいする機関の関与に関する諸問題も同様である。なお，養親の本国法が特定の法律関係の存在たとえば養親が夫婦であることを養子縁組の要件としている場合に，当該法律関係の存否いかんはいわゆる先決問題となる。原則として，養親が婚姻しているか否かは24条の規定による。他方で，養子縁組の成立いかんが相続などの先決問題となることもある。

夫婦共同縁組との関係について31条の規定は，夫婦共同縁組を1つの養子縁組としては捉えていない。これを抵触法上では2つの養子縁組として捉え，各養子縁組につき別個の法を適用する。つまり，同一の子につき，夫婦の一方による養子縁組にはその本国法が，他方配偶者との養子縁組には他方配偶者の本国法が，それぞれ，準拠法とされる。この処理は適応問題を惹起する。

＊甲国人と乙国人の夫婦が養親になるとしよう。次の3つの場合などにおいて，通則法の処理はあまり簡明な解決を提供しない。2つの養親子関係が相互に無関係に成立するとはかならずしもいえないからである。

①甲国法によれば養子縁組の要件は充足されていないが，乙国法によれば要件が満たされている場合，通則法の処理によれば，乙国人と子との間にのみ養子縁組が成立すると一応考えられるであろう。しかし，つねにそうだともいえない。乙国法が夫婦共同縁組だけを認めている場合には，いかなる処理が行われるべきか[7]。

②甲国法の下では単純養子縁組が，乙国法の下では完全養子縁組が各々認められている場合には，甲国人との関係では養子と実方との関係は存続し，乙国人との関係では実方との断絶が認められると一応考えられる。しかし，そういった事態を各準拠法は許容するのか。

③甲国法と乙国法がともに単純養子縁組のみを認めているときでも，甲国法は養親との関係についてだけ養子に嫡出子の地位を与え，乙国法は養親の親族との関係でも養子

に嫡出子としての地位を与えているとする。この場合，ここで問題となっている方法によれば，養子は乙国人の親族と親族関係をもつが，甲国人の親族とは親族関係をもたないことになる。しかし，こういった結果を各準拠法は是認するであろうか。

ロ　効　力

養子は養親の親族といかなる法律関係に入るかという養子縁組の効力の問題も同一の本国法による。また，養親（養子）の配偶者は養子（養親）といかなる法律関係に入るかも養親の本国法による。他方で，養子が養親の氏を取得するか否かは養子の本国法による。

＊実親が死亡した場合，養子となった者が実親の相続人となるか否かは養子縁組の（断絶の有無という）効力の問題として養子縁組の準拠法によるのか，それとも被相続人たる実親の相続人の範囲の問題として相続の準拠法によるのかという問題が生ずる（参照，第2編第7章第2節）。

(2) 養子の本国法の適用

養子の本国法が適用されるのはあくまでも子などの承諾・同意の問題に関している。公的機関の許可もこの同意に代わる（児童福祉機関などの）許可に限定され，（契約型の）養子縁組の成立にたいする裁判所の許可は「公的機関の許可」には入らない[8]。

1項後段の規定によって適用されるべき規定は，養子の利益保護を目的とする実質規定に限定されるわけではない。子の利益のために跛行的な養子縁組の成立を回避するという目的からは，実親とかその親族の利益に配慮した規定も射程に入ると考えなければならない。また，後日，実親やその親族が，その同意がないことを理由として，養子縁組の効力を争うことは子の利益に反することになる点にも留意しなければならない。

＊以下，養子の本国法の態度に応じて生ずる問題を2点指摘したい。
　① 養子の本国法が養子縁組を禁止している場合
　　跛行的な養親子関係を回避するためには，養子縁組を禁止する養子の本国の態度を無視することはできない。さらに，児童の権利に関する条約21条の規定は養子縁組制度を子の保護手段の1つとしているけれども，「養子縁組の制度を認め又は許容している締

約国」における保護手段としているにすぎない。養子縁組制度を知っていても，自国民たる子を養子とする国際養子縁組を子の本国が禁止していることがある。養子縁組の可否はもっぱら養親の本国法によるとすると，そういった養子の本国の態度は無視されることになる。跛行的な養親子関係の回避という要請と抵触する。しかも，そういった子の本国の規定は国際的な平面でも非難することはできない。児童の権利に関する条約21条Bの規定は「児童がその出身国内において里親若しくは養家に託され又は適切な方法で監護を受けることができない場合に」「これに代わる児童の監護の手段として国際的な養子縁組を考慮することができる」としているからである。

② 養子の本国法が実親子関係の断絶を認めない場合

養子の本国が実親との断絶を認めない養子縁組のみを認める場合に，養親の本国法の下で実親との関係を終了させる養子縁組を成立させることができるか。「父母の同意」を要求する日本民法817条の6の規定が遵守されていることが特別養子縁組成立の条件となるから，父母が日本法上の効果を十分に認識している場合には，後日，実親が縁組の効力を争うという危険は少ないと考えられる[9]。しかし，かつてのブラジル法がそうであったように，国内における養子縁組については完全養子縁組と単純養子縁組の双方を肯定しながら，国際養子縁組には単純養子縁組だけを子の本国が許容していることがある。その場合，実親の同意は子の本国の強行規定に違反して与えられたことになる。本国において国際的に強行的とされている規定を無視して特別養子縁組を許容すべきか疑問としなければなるまい。

通則法31条1項後段が規定する累積という処理は子の保護という実質法的な判断を含意している。この処理方法では，外国法たる養子の本国法の規定がそのようなものとして尊重されることになる。他面，考慮ではなく適用されるために，解決に柔軟性を欠くうらみがある。事案によっては子の本国法の適用が子の利益に反する結果を招来することもあるからである。内国で出生し，内国において里親の下で外国人子が成育しているとしよう。この場合に，子と当該里親との養子縁組を，子が関連性を有しないその本国の法律を理由として，否定することはかならずしも妥当とはいえまい。その場合の解決方法として，公序則を援用することもできない。養子縁組にたいして制限的な養子の本国法は，児童の権利に関する条約20条や21条の規定の下では，内容的に非難できないと考えられるからである。解釈論として，「子のおかれた状況を顧慮し，その利益に反しないかぎり」という限定を1項後段の規定に加えるべきであろう[10]。

〔注〕
1) イラン人夫と日本人妻がイラン人未成年者との養子縁組の許可を求めた事案に関する宇都宮家審平成19・7・20家月59巻12号106頁は、未成年者の本国法を日本法とした上で、養子縁組を認めないイラン人夫の本国法の適用は日本の公序に反するとしてその適用を否定し、日本法を適用して養子縁組を許可した。
2) 高松家審平成6・1・13家月47巻12号47頁（ブリティッシュ・コロンビア州人たる夫婦が日本人子を養子とする事案）は、同州法を適用して特別養子縁組の成立を認めた。
3) 東京家審平成8・1・26家月48巻7号72頁（日本在住の日本人夫婦が、中華人民共和国で実親不明の新生児を養子とするため同国官庁の審査を経て養子縁組の仮登記を受け、さらに日本の家庭裁判所の許可審判を得て養子縁組の届出をした後、来日後に日本に帰化した右養子を特別養子とするため家庭裁判所に特別養子縁組を成立させる審判の申立てをした事案）は、（通則法31条1項に該当する）法例20条1項により養親の本国法たる日本法を適用し、特別養子縁組の要件をすべて充足しているとして、申立てを認容した。
4) もっとも、実親（実方親族）と養子との間の断絶については、実親と子との間の法律関係の準拠法を無視する点において疑問がないではない。実親と子との間の法律関係にたいして養子縁組が及ぼす影響は、当該法律関係の準拠法が許容する範囲内においてのみ肯定されるといった構成も考えられよう。しかし、実親・養子間の法律関係の準拠法がかりに単純養子縁組しか認めないとしても、養子縁組の準拠法に従い同法の定める完全養子縁組に実親が同意している場合には、断絶を否定する理由はないように思われる。
5) ハーグの「国際養子縁組に関する子の保護及び協力に関する条約」4条も、「この条約の適用を受ける養子縁組は、出身国の権限ある当局により次の措置がとられた場合でなければならない。…(c) 次のことが確保されたこと。①養子縁組のためにその同意が必要とされる者、機関および当局が、必要な相談を受け、かつ、その同意および養子縁組の効果とくに養子縁組による子と出身家庭との法的関係の断絶の有無に関し、適正に知らされたこと」と規定している。
6) 神戸家審平成7・5・10家月47巻12号58頁（日本に住所をもつ日本国籍の夫と中国国籍をもつ妻が共同で、ともに行方不明となっている妻の兄夫婦の日本国籍をもつ未成年の子2人との養子縁組の許可を求めた事案）は、日本法とともに準拠法となる中国養子縁組法8条1項によると養親は1名の子女のみと縁組できると定めているが、この規定は、子の福祉を目的とする未成年養子制度の趣旨を著しく損なうものであるから公序に反するとして排斥し、2人との養子縁組を許可した。
7) 札幌家審平成4・6・3家月44巻12号91頁は、韓国人妻と日本人夫が15歳未満の子を養子とする場合に、準拠法である日本法によれば必要的夫婦共同縁組であるとした上で（民法795条本文）、日本法に従って夫と子との縁組を許可し、妻については韓国法に従った縁組が成立しているとした。
8) 裁判所の審判例には、養子縁組そのものの成立に関する機関の関与が子の本国法の射程範囲内に入ると捉えるものが多い。たとえば、盛岡家審平成2・8・6家月43巻3号98頁（日本人夫がイリノイ州人たる妻の連れ子を養子とする事案において、養子決定に関する養子の本国法たるイリノイ州を適用）、盛岡家審平成3・12・16家月44巻9号89頁（日本人夫がフィリピン人妻の妹を養子にする場合に、養子の本国法たるフィリピン法が定める裁判所による養子縁組の決定に関する規定を適用）、山形家長井出審平成5・6・8家月46巻8号124頁（日本人夫がフィリピン人妻の嫡出子を養子とする場合に、フィリピン法の要求する実母の同意に加えて、同法の養子縁組決定に関する規定を適用）、山形家審平成7・3・2家月48巻3号66頁（フィリピン法の適用について同様）、水戸家土浦支審平成4・9・22家月45巻10号75頁（日本人が台湾人子を養子とする場合に、中華民国民法

1079条の許可を与えたもの），横浜家横須賀支審平成7・10・11家月48巻12号66頁（日本在住の米国（ワシントン州）人夫婦と日本人未成年者との養子縁組について，法例20条1項（通則法31条）前段によりワシントン州法，同条1項後段により第三者の承諾等につき日本法を適用し，さらに要保護要件を含めて日本民法所定の特別養子の要件を充足する必要があるとした上，ワシントン州法によれば養子と実親との関係が断絶することに鑑みて，特別養子の主文をもって縁組成立を認めた）．
9) 参照，福島家会津若松支審平成4・9・14家月45巻10号71頁．
10) 東京家審平成15・3・25判例集未登載（パキスタン人間の養子縁組の申立てにつき，養子縁組を許容しないパキスタン法の適用は公序には反しないが，実父母が実親類似の全権を申立人夫婦に付与していることから，実質的にみて夫婦共同縁組の要請を充足しているとして，申立人と事件本人との養子縁組を認めた事案）．

〔参考文献〕

鳥居淳子「国際養子縁組に関する子の保護及び協力に関する条約について」国際93巻6号707頁（1994年）
多喜寛「国際養子縁組」国際法学会編『日本と国際法の100年(5)個人と家族』（三省堂，2001年）152頁
中西康「国際親子法の展望」民商135巻6号954頁（2007年）
大谷美紀子「渉外養子縁組の国際裁判管轄と準拠法」若林昌子＝床谷文雄編『新家族法実務大系(2)親族(II)——親子・後見』（新日本法規，2008年）663頁

第8節　親子間の法律関係

　嫡出である子の場合，多くの実質法上，子にたいして父母が法律上当然に親権者となる．父母が離婚する場合には，離婚後も父母が共同で親権者であり続ける法もあれば，（日本法のように）父母の一方だけが親権をもつとする法もある．また，監護権とは別に子との面会交流権を父母は有しうる．

　嫡出でない子の親子関係について諸国の法の与える処理は多様である．出生と同時に母が単独で親権者となる国もあれば，裁判所の関与を認める国も存在する．さらに，子が父によって認知された場合，父の親権を認める国もあれば，父母が共同で親権をもつとする国もある．親権とは別に子と面会交流する権利を父または母は有しうる．

　嫡出である子か否かを問わず，親権者が不適当な場合や親権者がいない場合には，裁判所その他の機関は親権者の変更や後見などの措置をとる．さらに，親による保護が期待できない場合には，児童福祉機関が公法的に介入する．

1 準拠法の決定

通則法32条の規定は，子の嫡出性いかんそして実親子関係か養親子関係かのいかんを問わず，親子間の法律関係の準拠法を定める。32条の規定によれば，子の本国法が原則とされ，その法が父母の本国法のいずれとも一致しない場合に，子の常居所地法による。

準拠法は連結素（国籍と常居所）の変動に従い変更する。

利害関係の中心にある子が連結主体とされている。複数の子が相異なる国籍または相異なる地に常居所を有していると，兄弟姉妹間で親子間の法律関係の準拠法が異なることになる。しかし，この点の問題性は過大に考えるべきではない。そういった事態はそれほど頻繁に生ずるわけではないからである。

イ　子の国籍

父母のいずれか一方の本国法と子の本国法とが一致する場合には，その家庭には"祖国"の法が支配すると考えられる。そういった場合には，当該の家庭生活が本国とは別の国において営まれているとしても，常居所地国内にある本国の飛び地として本国法の規律に服させるのが適当である。これが，32条の規定の背後にある連結政策と考えられる[1]。

＊子が交通事故に遭遇した場合に保険会社は父母のいずれと交渉すべきか，つまり子の法定代理人は誰かといった問題との関連においては，準拠法につき第三者の予見可能性に配慮しなければならない。この観点からは子の常居所地という連結基準には利点がある。金融機関などの第三者は子の本国法たる外国法の調査をしなくてもよいからである。さらに，子を保護する措置は子が現実に生活をしている国の機関がとるであろう。常居所地法はこのような機関の所属する国の法と一致するであろうから準拠法の適用が容易となり，したがって子の迅速かつ実効的な保護も期待できよう。

　しかし，子の常居所はつねに変更する可能性がある。そのため，子の常居所地法を適用すると次のような不都合が生ずる。たとえば，子の出生当時の常居所地法の下では嫡出でない子の父母がともに親権者とされていたとしよう。子の常居所が移動し，新たな常居所地の法では嫡出でない子については母のみが親権者とされているとすると，（なんら不行跡がなかったとしても）親権者としての地位を父は失うことになる。逆に，旧常居所地法では非嫡出である子の母が単独親権者とされていた場合に，新常居所地法では父も親権者とされていると，今度は（単独で子を養育しようとする）母の意思に反す

る結果を招来しかねない。このように，常居所という連結素のもつ可変性は，親子間の法律関係に関する中心的問題について，父母に不測の事態をもたらしかねない。通則法32条の規定が，子の国籍を原則的な連結基準とし，常居所地法の適用を例外としたのは，この観点から説明できよう。

ロ　子の常居所

子が親のいずれとも国籍を共有しない場合には，子の常居所地法が準拠法となる。たしかに，構成員の間に"祖国"がない家庭では，子が現実に生活している社会環境のある地の法に当事者としても依拠することが多いであろう。なによりも，父母のいずれの国籍とも子の国籍が一致しないという事態は，国家機関による保護措置が必要な状況を多くの場合に含意しているとみられる。

＊たとえば，①日本人女が嫡出でない子を日本において出生したが，外国人父の認知のないまま日本人母が死亡した場合や②日本人子の外国人父と日本人母が日本において離婚し，その際に日本人母が裁判所により親権者として指定されたが，その後この日本人母が死亡した場合である。

2　準拠法の適用

準拠法とされた子の本国法または常居所地法は，親子関係の種類を問うことなくすべての親子間の法律関係に適用される。つまり，嫡出親子関係か非嫡出親子関係か否か，実親子関係か養親子関係か否かを問わず，子の本国法または常居所地法による。身分関係と財産関係も区別されない。

(1)　親権・監護権の帰属[2]

離婚の際の親権者および監護者の決定は，27条の規定により定まる離婚の準拠法ではなく，32条の規定が指定する法による。第1に，子を連結の主体とすることによって，子の生活関係を中心として準拠法が選択でき[3]，第2に，27条（25条）の定める夫婦の最密接関係地法は第三者にとって予見が困難であるからである。

(2) 親権・監護権および子との面会交流の内容

身上監護，居所指定や子の引渡し，子との面会交流[4]などの問題は32条の規定が指定する法による。子の財産管理や法定代理の問題についても同様である。

(3) 親権・監護権の変更・消滅

親権・監護権の変更・消滅もまた32条の規定による。

(4) 氏

子の氏はその本国法による。

(5) 未成年後見

未成年者の後見人の選任などについては，35条の規定により定まる後見の準拠法による。

(6) 扶　養

子が父母にたいして扶養請求権を有するか否かは扶養義務の準拠法に関する法律による。

(7) 子の奪取（親権者の指定または変更，子の監護者の指定および子との面会交流[5]）

国境を越えた子の奪取については，国際的合意に基づいた国家間協力が不可欠であり，1980年10月25日ハーグの「国際的な子の奪取の民事上の側面に関する条約」はそのような国家間協力を定めている。

〔注〕

1) 32条の規定は，家庭に"祖国"がある子とその親との法律関係については祖国の法を適用しようとする。もっとも，「子の本国法」が適用される状況において，つねに，家庭に祖国があるといえるか疑問となる場合がないわけではない。たとえば，日本人を父とし，外国人を母とする父母から出生した日本人子については，親子間の法律関係の準拠法は日本法となる。しかし，その家族の生活が母の本国で営まれている場合に，家庭の祖国は日本ではなく当該外国にあるのではないかとの疑問が生ずる。しかし，32条の規定の下では，父母の一方と子の共通国籍によって連結される法秩序が，父母の一方の国籍と親子の同一常居所によって連結される法秩序に優先して適用されることになる。さらに，子が母

の外国国籍をも取得している場合には，通則法の処理は明らかに立法論的に疑問となる。この場合には，当該外国には，父母の一方と子の共通国籍および親子の共通常居所が集積しているにもかかわらず，通則法38条1項ただし書の内国国籍優先のため，日本法が準拠法となるからである。
2) 東京家審平成3・12・6家月44巻10号47頁，金沢家小松支審平成8・3・11家月48巻8号102頁。
3) このことを表現するために「子の福祉に配慮した」といわれることがある。しかし，扶養の準拠法とは異なり，子の本国法・常居所地法の適用が子の利益に適合するという保障はない。
4) 京都家審平成6・3・31判時1545号81頁，東京家審平成7・10・9家月48巻3号69頁。
5) 東京地判平成16・1・30判時1854号51頁。

〔参考文献〕
横山潤「国際的な子の奪取に関するハーグ条約」一法34号（2000年）
櫻田典子「渉外子の監護事件の国際裁判管轄と準拠法」若林昌子＝床谷文雄編『新家族法実務大系(2)親族(II)——親子・後見』(新日本法規，2008年) 678頁
岡野正敬「国境を越える子の奪取をめぐる問題の現状と課題」国際109巻1号27頁（2010年）
織田有基子「ハーグ子の奪取条約の現在」国際109巻2号46頁（2010年）
横山潤「国際的な子の奪取の民事面に関する条約について」曹時63巻3号529頁（2011年）
早川眞一郎「『ハーグ子奪取条約』断想」ジュリ1430号12頁（2011年）
大谷美紀子「別居・離婚に伴う子の親権，監護をめぐる実務上の課題」ジュリ1430号19頁（2011年）

第9節　扶　養

純国内的な事案においても扶養料の回収は容易ではない。国境を越えて扶養料を回収することはいっそうの困難を伴う。次のような形で国際的な扶養の問題が生ずる。

＊国際裁判管轄

米国ニューヨーク州において日本人妻Xと米国人夫Yが婚姻生活を営んでおり，この夫婦の間に子Aが出生したとする。婚姻関係が破綻し，同州の裁判所は離婚判決において，XをAの監護者とすると同時に，Aの扶養料として毎週250ドルの支払いをYに命じた。XはAとともに日本に帰国したが，Aの就学のためにその扶養料の増額が必要となった。そこで，先のニューヨーク州の判決を変更するようにAの法定代理人Xが日本の裁判所に申立てをした。日本の裁判所はニューヨーク州の判決を変更する管轄権を有

するか。

＊＊外国判決の承認

　上の例において，米国人夫Yが，後日，ニューヨーク州において米国人女性Cと婚姻し，子Bが出生した。Bの扶養に要する費用を捻出するために，Aの扶養料の減額をニューヨーク州の裁判所に申立て，裁判所は扶養料の減額を命じた。この判決は日本において承認されるか[1]。

＊＊＊行政協力

　日本において日本人妻Xと米国人夫Yが婚姻生活を営み，この夫婦の間に子Aが出生したとする。婚姻関係が破綻し，日本の裁判所は離婚判決において，XをAの監護者とすると同時に，Yを子の扶養義務者と定め毎月5万円の支払いを命じた。その後の数年間，YはXの銀行預金口座に指定された金額を振り込んでいたが，その後，送金は行われていない。日本の行政機関と米国の行政機関は扶養料の回収にいかなる形で関与することができるか。

　国境を越えた扶養については，管轄権，外国判決の承認・執行および行政機関による国家間協力を定める国際条約が必要である。しかし，日本はこの種の条約のいずれの締約国でもない。

＊　なお，扶養に関する近時の国際的合意として，2007年11月23日ハーグの「子及びその他の親族の扶養料の国際的な回収に関する条約」および2007年11月23日ハーグの「扶養義務の準拠法に関する議定書」がある。前者は，外国判決の承認・執行および行政協力に関する包括的な条約であり，後者の議定書は，1973年10月2日ハーグの「扶養義務の準拠法に関する条約」および1956年10月24日ハーグの「子に対する扶養義務の準拠法に関する条約」に代わるものである。

　日本は，1956年10月24日ハーグの「子に対する扶養義務の準拠法に関する条約」（1977年9月19日に日本については自動執行条約として発効）および1973年10月2日ハーグの「扶養義務の準拠法に関する条約」を批准している。後者は扶養義務の準拠法に関する法律（以下，「法律」という。）として国内法化されている[2]。以下にはこの法律について説明する。

　この法律によると，扶養権利者（と主張されている者）の常居所地法，扶養権利者と扶養義務者（と主張されている者）の共通本国法（2条1項），法廷地

法（2条2項）が相次いで適用される。共通本国法は扶養請求権者の常居所地法が請求権を否定することを条件として適用され[3]，法廷地法はこれら2つの法が請求権を否定する場合に適用される。つまり，この段階的連結は，扶養請求権をできるだけ肯定するように仕組まれているという意味において，実質法的に方向づけられている。この点において，通則法25条から27条までの規定や32条の規定の段階的連結とは異なっている。なお，離婚の際に決定された扶養は離婚準拠法による。この準拠法は後日における扶養料の変更の際にも適用される（4条）。離婚判決が内国裁判所のものか外国裁判所のものかは問われない。

1 扶養権利者の常居所地法（法律2条1項）

私的扶養と公的扶助制度は密接に関連している。そのため，扶養権利者が現実に生活している地の法を無視することはできない。さらに，扶養権利者の常居所は管轄原因に一致するであろうから，これを抵触法上の連結基準とすると，裁判所は法廷地法を適用することができる。かくして，扶養料算定に関する外国の規定を適用する困難を内国の裁判所は回避でき，迅速な解決も可能となる。

2 扶養権利者と扶養義務者の共通本国法（法律2条1項）

1973年当時においては多数のヨーロッパ諸国において国籍が重要な連結素であったため，共通本国法が準拠法とされた。

＊しかし，現在では，立法論的に批判を受けている。第1に，扶養権利者と扶養義務者の共通国籍を基準にすると，共通国籍を有する扶養権利者と他の扶養権利者とを差別することになるからである。つまり，前者の扶養権利者のためには3つの準拠法が適用可能であるのにたいして，後者には2つの準拠法しか適用できない。とくに，この点の差別は嫡出でない子につき顕著となる。非嫡出である子の多くはその父と同一の国籍を有していないからである。第2に，共通本国法が扶養権利者または扶養義務者の常居所地法と一致する場合には一定の実効性が認められるが，一致しない場合には，しばしば関連性を有しない法が適用される。第3に，扶養権利者の常居所地法は大多数の事案において法廷地法の適用に結果するけれども，共通本国法は法廷地法とはならない。つまり，

裁判所その他の機関は外国法を適用せざるをえない。その場合，本来ならば扶養権利者のために設けられたはずの共通国籍という基準は，実際には扶養料算定に関する外国法規の適用という複雑な処理を裁判所に課し，要扶養状態にある者に迅速な救済を与えることができなくなる。

3　離婚した配偶者間の扶養（法律4条）

離婚した配偶者間の扶養は離婚準拠法による（4条）。離婚準拠法は離婚の際における夫婦間の財産関係の清算その他の問題と密接に関連する。さらに，離婚の際に行われた配偶者間の扶養に関する合意が，国籍や常居所の変更にかかわらず効力を有する点に利点を有している。離婚後における扶養判決の変更の際にも離婚準拠法によることになる。扶養判決が内国のものであるか外国のものであるかは問われない。

＊この処理は，立法論的には次の5点において批判を受けている。第1に，2条の規定する段階的連結が適用されないため，扶養権利者の利益が十分に保護されない。とくに離婚準拠法が扶養を否定する場合には，公序則（法律8条1項）の適用がないかぎり扶養の可能性がない。第2に，離婚した配偶者が子とともに生活している場合にも，当該配偶者の扶養請求権の準拠法は子の扶養請求権の準拠法とは一致しない可能性がある。第3に，離婚に関する抵触規定は各国で異なるから，扶養義務の準拠法についての統一という利点を失わせる。第4に，離婚した配偶者間の扶養料などの変更が必要な場合に，関連性を喪失した法の適用に結果する可能性がある。第5に，離婚判決が扶養につき何もいっていない場合があるし，離婚準拠法いかんが判決から判明しないこともある。

4　扶養義務者の範囲（法律3条1項）

扶養義務者の範囲は国によって異なる。一般的にヨーロッパ大陸の中でもフランス法系の諸国は扶養義務者の範囲を広く認めるのにたいして，他の国は限定的である。3条1項の規定によると，2条の段階的連結の適用が前提となる。しかし，次の2点が条件となる。①扶養権利者と扶養義務者が共通本国法を有している場合に，この法が傍系親族間または姻族間における扶養義務を否定し，かつ，このことを扶養義務者として主張されている者が援用する場合には，

この共通本国法が適用される。さらに、②共通本国法がなくとも、扶養義務者の常居所地法が傍系親族間または姻族間における扶養義務を否定する場合に、このことを扶養義務者として主張されている者が援用すれば、この常居所地法が適用される。

5 公的機関による費用償還請求権（法律5条）

公的機関が扶養権利者とされる者にたいして扶養義務者に代わり給付を行った場合、給付の費用償還請求の存否およびその範囲は機関所属国法による。

6 通則法との関係

通則法43条の規定に従い、39条（常居所地法のない場合の処理）を除き、親族間扶養については通則法の規定の適用はない。他方で、法律には、通則法38条3項（地域的不統一法国に属する者の本国法の決定）、40条（人的不統一法国に属する者の本国法などの決定）および42条（公序）の各規定に相当する7条および8条の規定が存在する。

留意すべきは、扶養権利者と扶養義務者の共通本国法の決定との関連において、通則法38条1項の規定に相当する規定が法律にはないことである。扶養権利者と扶養義務者とが複数の国籍を共有する場合には、一致するすべての国籍所属国法が共通本国法の資格で適用される。扶養請求権をできるだけ肯定しようとする法律の趣旨に沿う解決となっている。

なお、法律8条2項の規定は国際私法上の実質規定である。この規定の本来の趣旨は、扶養義務者と扶養権利者が現実に生活する社会における生活費を考慮して扶養料などを定めなければならない、とする点にある。

〔注〕
1) 東京高判平成18・10・30判時1965号70頁。
2) 前者の子の扶養条約は、1977年9月19日から1986年8月31日の間における21歳未満の子との扶養関係について、かつ、「子に対する扶養義務の準拠法に関する条約」だけの締約国との間においてのみ、「扶養義務の準拠法に関する法律」に優先して適用される。
3) 東京高判平成18・10・30判時1965号70頁は、日本在住の子が日本在住の中国人男にたいして扶養料の支払いを請求した事案について、子の常居所地法である日本法を適用した。

〔参考文献〕
釜場準一「扶養義務の準拠法に関するわが国の解釈論の展開とその限界について」中川善之助先生追悼現代家族法大系編集委員会編『現代家族法大系(3)』(有斐閣、1979年) 518頁
舟橋伸行「ヘーグ国際私法会議第21会期の概要――扶養料の国際的回収に関する条約及び扶養義務の準拠法に関する議定書」民月63巻7号7頁 (2008年)

第7章　相　続

　自然人の法律上の地位を包括的に承継させる相続という制度については，財産法と家族法，実体法と手続法が交錯する。それだけに，法の抵触の解決には困難が伴う。

第1節　一般論

I　相続分割主義と相続統一主義

　相続準拠法を決定する方法として，比較法的には，いわゆる相続分割主義と相続統一主義が対立する。前者は，相続財産が動産であるか不動産であるかに従い相続の準拠法を異なるものとし，後者は相続財産の種類を問わずこれを被相続人の属人法に服させる。

1　相続分割主義

　相続分割主義によると，動産相続には被相続人の住所地法（または常居所地法）が，不動産には不動産の所在地法が適用される。このことは次の点を含意するものとして理解されている。すなわち，個々の国に所在する個々の不動産が，それぞれ，あたかも相続財産の全体を構成するかのようにその所在地の相続法に服するという点である。その結果として，たとえば次のような事態が発生する。日本に住所を有する父が，等価値の不動産をロンドンと東京に所有しているとする。そして，ロンドン所在の不動産をロンドンに住む娘に遺贈し，東京の不動産を東京に住む息子に遺贈するとする。日本法は遺留分制度を有し，イングランド法には遺留分制度がない。そうすると，東京の不動産については日本の相続法に従い娘は遺留分を主張できるが，息子はロンドンの不動産

について遺留分を主張することはできない。このように，1つの相続を複数の準拠法に服させることから生ずる不都合が相続分割主義には内在しているのである。

2 相続統一主義

統一主義にこのような難点はない。しかし，不動産所在地法の規律は，相続統一主義を採用しても，現実には無視できない。相続による不動産物権の包括承継が相続準拠法に従い生じても，個々の不動産についての物権変動は所在地法に従ってのみ実現できるからである。さらに，相続統一主義を原則としていても，日本のように相続準拠法国の国際私法からの反致を肯定すると，相続の分割という事態が生じうる。

II 住所地・常居所地法主義と本国法主義

不動産に関する相続を別にして，比較法的には，相続準拠法を被相続人の住所地・常居所地法に求める国とその本国法に求める国とに分かれる。1989年8月1日ハーグの「死亡による財産の相続の準拠法に関する条約」はこれら2つの主義を折衷しようとして複雑な規律を与えている。

1 住所地・常居所地法主義

被相続人の生活の中心地に相続財産の多くも所在し，その主要な債権者もいることが想定できるために，被相続人の住所地または常居所地が相続という事項に最も密接に関連しているといわれる。さらに，被相続人の住所地または常居所地は一般的に国際裁判管轄の基準であり（民訴法3条の3第12号，13号），相続が手続法と実体法の交錯する法領域であることに鑑みれば，この主義はその地の機関による法の適用を容易にする。

他方で，難点もなくはない。①住所地または常居所地はそれほど簡明に確定できるわけではない。とくに，遺言の作成にかかわる当事者および公証人の疑念を完全に払拭するほどに，常居所という概念が明確化されているとはいいがたい。さらに，②住所地または常居所地は国籍に比べて永続性に欠ける。相続

については連結の基準時が被相続人の死亡時であるとすると，遺言の作成時の住所地・常居所地と死亡時の住所地・常居所地が異なるという事態を予想して，それなりの対策をとらなくてはならない。③相続という法領域は家族法にも交錯する法領域であり，家族に関する法律関係につき本国法主義を採用している国においては，準拠法間に齟齬が生ずるおそれがある。

2 本国法主義

住所地法・常居所地法主義の利点と難点が，それぞれ，本国法主義の難点と利点といえる。この主義の根拠は次の2点に求められている。①国籍は住所や常居所と比べて確実に確定できかつ永続的であること，②（本国法に服する）家族に関する諸問題との連結の一致である。その一方で，事案との近接性については難点がないではない。長期にわたって内国に居住する外国人とくにその第二世代以降の者については本国との関連性よりも内国との関連性が強いとみられる。内国にはしばしば相続人たる親族が居住し，その地に被相続人の財産が所在しているような外国人を被相続人とする相続については，内国法に従った処理が裁判所その他の機関による法の適用にとっても便宜であろう。

第2節　通則法36条

I　準拠法の決定

1　相続統一主義

日本の国際私法は，1898年の法例制定当時から，相続統一主義と本国法主義を維持している。相続統一主義は規律のありかたとしては分割主義よりも妥当であり，とくに分割主義によらなければならない理由はない。基準となる時点は被相続人の死亡の時点である。

＊平成21年度における在外邦人数のうち長期滞在者および永住者は113万1,807人であり，年々増加の傾向にある。在外邦人の相続人は日本に居住し，相続財産もまた日本に

所在することが多いと考えられる。他方で、日本に居住する「特別永住者」またはこれに該当する者は第2次大戦後から昭和30年代までは登録者のうち90%を占めていたが年々減少傾向にあり、平成21年度末では40万9,565人であり、登録者の20%未満である。

近年における人口の推移をみるかぎり、とくに従来の本国法主義を改めるべき社会的背景はみあたらない。これが通則法の立法に際して、本国法主義が維持された主たる理由とみられる。

日本に長期にわたり居住する者の国籍は韓国・北朝鮮、中国、ブラジル、フィリピン、ペルーである。このうち、ブラジルおよびペルーは住所地法主義を採用しており、反致が成立する可能性がある。さらに、中国国際私法31条の規定も、動産相続については被相続人の常居所地法を、不動産相続については不動産所在地法の適用を定めているから、日本法への反致の可能性が認められよう。また、北朝鮮の「朝鮮民主主義人民共和国対外民事関係法」451条も「不動産相続には、相続財産が所在する国の法を適用し、動産相続には被相続人の本国法を適用する。ただし、外国に住所を有する共和国公民の動産相続には被相続人の最後の住所地法を適用する」としているので、やはり反致が肯定される可能性が高いであろう。そのため、手続法と実体法との乖離から生ずる困難な適応問題もそれほど頻繁には生じないものと予想される[1]。また、中国、ブラジルおよびペルーのように反致を否定し、実質法のみを指定する国との間には判決の国際的調和も期待できる。

2　相続分割

相続につき外国法からの反致が肯定されると、動産相続の準拠法と不動産相続の準拠法が分裂し、動産（不動産）の集合は外国法に、不動産（動産）の集合は日本法に服するといった事態が生じうる。その結果、次の2つの問題が生ずる。第1に、遺言相続との関係では、経済的には単一の遺産にたいする遺言処分を意図していても、法的には複数の法にその処分が服するために、遺言者の意図に反する結果が生ずることがある。第2に、法定相続の場合にも、各国の相続法は1人の被相続人の相続財産全体の規律を想定して立法されており、相続財産の一部のみを規律し、他の相続財産は別の法秩序の規律に委ねるという態度をとっていない。そのため、2つの準拠法を同時に適用すると齟齬が生

ずる可能性がある。たとえば，各準拠法が相互に異なる者を相続人とし，相異なる相続分を定めるという場合である。

　個々の財産の集合を法的には独立したものと捉えることが不都合な結果を導く場合には，準拠法の適応という操作が必要となる。しかし，これまでのところ，裁判所がそのような困難な事態に直面したことはなかったようである。

Ⅱ　準拠法の適用

　死亡した者の法的地位の承継に関する諸問題に相続準拠法が適用される。法定相続だけでなく遺言相続にも適用される。

1　相続の開始

　相続の開始の原因およびその時期については相続準拠法による。人の死亡の確定（脳死か心停止か）は権利能力の問題としてその者の死亡当時における本国法による。相続準拠法が失踪宣告を相続の開始原因としているときは，日本の裁判所が6条の規定により日本法に従い失踪の宣告をした場合，日本法の観点からはこの要件が充足されることになる。外国で宣告された失踪宣告が内国において承認されるべきときは，日本の裁判所の失踪宣告と同視され，相続準拠法が日本法であれば，日本民法882条の規定に従い相続が開始する。失踪宣告が取り消された場合に，このことが相続上いかなる効果をもつかは相続準拠法による。

2　相続人

　相続能力，相続順位ならびに相続欠格事由および廃除に関する諸問題も相続準拠法による。

　被相続人の権利義務を法律上または遺言により承継することのできる資格という意味での相続能力の問題は相続準拠法による。胎児がいかなる条件の下に相続できるかという問題も同様である。他方で，相続準拠法の下で相続能力を認められている者が権利義務の主体たりうるか否かは一般的権利能力の準拠法としてその者の本国法による。相異なる国籍を有する者が同一の危難に遭遇し

た場合，各人の相続はその相続準拠法による。この準拠法が他の者に相続能力を肯定している場合に，その者が同時死亡を理由に権利能力を有しないとされるか否かはその本国法による。

＊養子縁組により実方の血族と親族関係が終了するか否かは養子縁組の準拠法による（31条2項）。実親が死亡した場合，養子となった者が実親の相続人となるか否かは，養子縁組の（断絶の有無という）効力の問題として養子縁組の準拠法によるのか。それとも被相続人たる実親の相続人の範囲の問題として相続の準拠法によるのか。相続の問題をも含めて断絶の有無に養子縁組の準拠法を適用すると，被相続人が実親および養親である場合だけでなく養子が被相続人となる場合にも，およそ養子をめぐるすべての相続に関する問題が統一的に同一の準拠法に服することになる。たしかに，相続人の範囲が過去の時点において定まる養子縁組の準拠法によるという処理は利害関係を有する者の予見に反する可能性がないではない。その予見可能性は，しかし，31条1項後段の規定により一応担保されているとみられるから，養子縁組の準拠法によると考えるべきであろうか。

3　相続財産

(1)　夫婦財産制との関係

配偶者の一方が死亡した場合に，その財産は生存配偶者に移転する。生存配偶者を相続人のひとりとしてそして被相続人との近親関係を理由に，財産が生存配偶者に与えられる場合には，抵触法上，そのような移転は相続の問題といえる。

(2)　物権との関係

物権準拠法は物権の種類・内容・効力を規律する（13条1項）。そのため，相続準拠法たる外国法の下においてある人が内国所在の財産の権利を承継するとされていても，当該権利を内国法が知らない場合や内国法が物権の移転につき特定の公示方法を定めている場合には，少なくともそのままの形では外国法上の権利を承継することはできない。（相続準拠法のような）総括準拠法の下での個々の財産にたいする支配は物権準拠法による承認にかかっている。

＊内国に所在する不動産につき相続準拠法が生存配偶者に法律上当然に用益物権を認めていても，内国法はそのような用益物権を認めていないため，相続準拠法たる外国法が肯定しているというそれだけの理由によって生存配偶者が当該不動産に居住し続けることはできない。

＊＊相続準拠法が相続人間に相続財産の合有関係を定めていても，不動産の所在する日本には合有関係を公示する手段がないために，他の相続人からその持分を買い受けた第三者はその持分を取得するとされている[2]。

(3) 個々の財産権

被相続人のいかなる積極財産と消極財産が相続財産を構成するかは相続準拠法によるといわれている[3]。しかし，以下の点に留意しなければならない。

イ 被相続人とは別の者の財産権

被相続人の死亡を契機として被相続人とは別の者に帰属することになる請求権は相続準拠法には服さない。被相続人の死亡につき生命保険の保険金を受けることができるか否かは保険契約の準拠法による[4]。社会保障関係の特別法は，死亡した者と生計を一にしていた生存者（いわゆる遺族）にたいする給付を定める。この種の特別法は，その固有の適用範囲に従い，相続準拠法とは別個独立に適用されよう。他方で，こういった遺族給付を受けた者がたとえば特別受益者であるか否かといった問題は相続準拠法によることになる。

ロ 財産権の一身専属性

死亡の時点において被相続人たる人に帰属し，かつ，死亡により消滅することのない権利義務が相続財産を構成する。そもそも権利義務が存在したか，移転可能かといった問題は個々の財産権の準拠法による[5]。

＊扶養請求権が扶養権利者または扶養義務者の死亡により消滅するか否かは扶養準拠法による。慰謝料請求権の一身専属性の問題は不法行為準拠法による。法人の構成員たる資格の移転可能性は法人の従属法たる設立準拠法による。

4 相続財産の移転

相続の開始により，相続財産がいかなる方法により相続人に移転するかは相続準拠法による。

(1) 相続分および遺留分

相続分[6]および遺留分[7]に関する諸問題は相続準拠法による。

＊イングランドや米国の諸州の法によると一般的に法定相続人は遺留分権を有しないから，被相続人が国籍を変更した場合には，国籍の変更により潜在的な遺留分権者の法的地位も変動を受けることになる。たとえば，日本人が米国国籍を取得すると日本法の下で遺留分権者であった者はその法的地位を喪失する可能性がある。

(2) 遺産分割および共同相続人の関係

遺産分割の基準は相続準拠法による[8]。およそ一般的に，共同相続人が共有関係にたつか合有関係にたつかも相続準拠法による。ただし，前述したように，特定の財産との関係において共有または合有が認められるか否かは物権の準拠法による[9]。

(3) 相続の承認および放棄

相続準拠法は相続の承認[10]および放棄[11]にも適用される。相続準拠法は，相続の限定承認または放棄の意思表示がいかなる機関にたいして行われるべきかを定める。日本に居住する外国人たる相続人が限定承認または相続放棄の申述を日本の家庭裁判所にたいしてした場合に，日本の家庭裁判所が相続準拠法たる外国法の想定する機関に相当するか否かつまり代替可能性の問題は相続準拠法の規律する問題である[12]。他方で，限定承認または相続放棄の意思表示が公正証書によるか，それともたんなる書面で足りるかという問題は法律行為の方式の問題であり，10条（1項，2項）の規定による。

(4) 相続財産の管理

英米法系の諸国においては，被相続人の死亡によりその権利義務が法律上当然に相続人に移転することはない。遺言のある場合には遺言執行人（executor）が，遺言のない場合には遺産管理人（administrator）が死者の人格代表者（personal representative）として死者の権利義務を承継し，財産の管理・清算を行った後，積極財産を各共同相続人に配分する。このような制度をもつ国が相続準拠法となる場合にも，日本の手続法を適応させ，人格代表者を選任することになろう。

5　相続人不存在

　相続人が不存在の場合，究極的には，いずれの国も国庫への帰属を肯定する。しかし，国庫への帰属の理由は2つに大別され，抵触法の平面における処理に反映している。すなわち，実質法上国家を最終的な相続人とみる諸国はこの問題にも相続準拠法を適用する（ドイツ，ベルギー，スペイン，ギリシアおよびポルトガルなど）。他方で，国家の主権の一作用として相続財産を取得すると考える国は，自国の領域内に所在する財産を外国の国家が取得することを（当該外国法が相続準拠法であっても）認めないし，逆に外国に所在する財産との関連では自国に帰属する財産として請求しない（フランス，イタリアおよびスウェーデンなど）[13]。後者の処理が日本の多数説のとるものである。この説によると，外国人が日本に財産を残して死亡し，その本国法によれば相続人が不存在であるときは，日本民法959条が適用される。他方で，日本人が外国に財産を残して死亡し，日本法によると相続人がいない場合には，財産所在地たる外国がこれを自国の国庫に帰属させるかどうかを決定するとされている。この説によると当該外国が国家を最終的な相続人とみて相続準拠法によるとしているときは，当該財産の帰属につき法の消極的抵触が生ずることになるが，この点については関知しないということになろう。

6　特別縁故者への財産分与

　日本民法958条の3および韓国民法1057条の2の各規定は，いわゆる特別縁故者への財産分与を定めている。これらの規定の適用については，相続準拠法説と（国庫帰属の一環の問題として問題を捉える）財産所在地法説とに分かれる。後説が多数説のようにみえる。前説は，被相続人となんらかの人的関係を有する者への財産移転として抵触法上の「相続」概念を捉えながら，特別縁故者への財産分与もこの事項概念に包摂させ，そのような者が存在しない場合に発生する国庫帰属とは異なるとする。

　36条の採用する被相続人の国籍という連結基準の合理性は，相続人いかんを利害関係人が容易かつ確実に予見できる点にある。他方で，相続人の不存在が判明した段階においてまで，被相続人の国籍が有意味であるとは考えにくい。相続債権者などの利益を考慮すれば，内国に財産が所在する場合には日本

の裁判所が管轄権を有しかつ日本法に従い清算を行うべきものと解すべきではあるまいか。また，被相続人と生計を同一にする者の利益は，属地的に保護されるべきものと考えられる[14]。

＊韓国に居住していた韓国人Aが，韓国に甲不動産を，日本に乙不動産を残して死亡したとする。ソウルにおいてAと生計を一にしていた内縁の妻Xが特別縁故者として甲不動産の所有権の分与を受けるには韓国の裁判所に，乙不動産の所有権を受けるには日本の裁判所に請求しなければならない。

〔注〕
1) なお，東京家審平成11・10・15家月52巻3号60頁（日本国内に住所を有していたニュージーランド人たる被相続人についての相続の限定承認申述受理申立事件）は，法例26条（通則法36条）従い適用されるべきニュージーランド法によれば，不動産についてはその所在地法，その他の財産については被相続人の死亡当時の住所地法が準拠法とされているため，日本国内の不動産・銀行債務につき反致が成立するとして，日本民法により限定承認の申述を受理し，相続財産管理人を選任した。
2) 最判平成6・3・8民集48巻3号835頁。
3) 東京地判平成16・5・31判時1936号140頁（死亡した中国の詩人Aの相続人Xらが，日本においてY₁が執筆し，Y₂が出版した行為によりAの有していた著作権および著作者人格権などが侵害されたと主張して，Y₁・Y₂にたいして小説の印刷・販売などの差止め等を求めた事案）は，著作者の死亡による著作権などの相続については被相続人の本国法たる中国法によるとし，著作権に基づく差止請求は，ベルヌ条約5条2項により，保護が求められている国の法たる日本法，著作権侵害を理由とする損害賠償請求は不法行為の準拠法たる日本法によるなどとした。
4) 大阪地判昭和62・2・27判時1263号32頁（カリフォルニア州で発生した自動車事故について，事故車両を運転し死亡した加害者が車両を賃借する際に加入していた生命保険の保険金は加害者の遺産とされ，同州法上の遺産管理手続に従って事故車両に同乗していた被害者にその一部が配当されていた事案）。
5) 前注4）大阪地判昭和62・2・27判時1263号32頁（カリフォルニア州における自動車事故により傷害を負った同乗者たる日本人が当該事故により死亡した運転者たる日本人の父母に対して提起した損害賠償請求事件）は，相続準拠法たる日本法が当該債務の相続性を肯定していても，法例の下で不法行為準拠法となるカリフォルニア州法が否定している以上，債務の相続性は否定されるとした。名古屋地判平成15・12・26判時1854号63頁（中華航空の運行する旅客機が名古屋空港に着陸降下中に墜落した事故に関する事案）は，台湾に居住する死亡者の相続の準拠法は台湾法とした上で，台湾の最高法院は「被害者の生命が侵害を受け消滅した時，その権利主体の能力も失われるので損害賠償請求権も成立しなくなる」としているとしても，不法行為の準拠法たる日本法により損害賠償請求権の成立が認められる以上，この請求権は，台湾において現に行われている法律の規定により相続性を有するとされているか否かにかかわらず，相続の対象となるとする。
6) 東京地判平成4・6・26家月45巻8号90頁は，相続準拠法たる中華民国法が嫡出子と非嫡出子の相続分を平等にしていても，日本の公序には反しないとした。

7) 浦和地判平成3・3・13判タ769号205頁（被相続人たる韓国人Aの相続人Xらが，Aの内縁の妻である日本人女Yにたいして，AによるYへの遺贈および生前贈与によりXらの遺留分に不足が生じたとして遺留分減殺請求をした事案）は，相続準拠法たる韓国法を適用した。
8) 神戸家審平成6・3・25家月47巻8号59頁（日本在住の中華民国人の遺産の分割につき，被相続人の本国法たる中華民国法を適用した事案）。
9) 前注2）最判平成6・3・8民集48巻3号835頁。
10) 前注1）東京家審平成11・10・15家月52巻3号60頁。
11) 神戸家審平成6・7・27家月47巻5号60頁（長期間日本に在住していたインド人を被相続人とする相続放棄申述事件）は，インド相続法（Indian Succession Act 1925）5条2項の規定は動産相続につき被相続人の死亡時の住所地法によるとしているとして，インド法からの反致を肯定し，日本法に従い申述を受理した。
12) 東京高判平成14・3・5民集57巻6号708頁（X信用組合による貸付はX組合の代表理事であったAなどの忠実義務に違反するとしてXの組合員らがAの相続人Yらにたいして損害賠償を請求した組合員代表訴訟）は，Yによる相続放棄の効力を否定し，被相続人たるAの本国法たる韓国法を適用して，同国法の定める（日本民法921条に相当する）法定単純承認に該当する事由の存在を認めた。
13) 1989年8月1日ハーグの「死亡による財産の相続の準拠法に関する条約」16条の規定によると，「条約により適用される法に従い，相続人…がいない場合には，当該法の適用はその領域内に所在する相続財産を取得する国家…の権利を妨げない」とされている。
14) 名古屋家審平成6・3・25家月47巻3号79頁は，北朝鮮国籍を有する被相続人の最後の住所地および財産所在地が日本にあるとして条理に基づき国際裁判管轄権を肯定し，内縁の妻たる特別縁故者への財産分与については相続財産の処分の問題であるとして，条理に基づき相続財産の所在地法である日本法を適用した。

〔参考文献〕

木棚照一『国際相続法の研究』（有斐閣，1995年）
青木清「相続」国際法学会編『日本と国際法の100年(5)個人と家族』（三省堂，2001年）232頁
長田真里「相続の準拠法をめぐる立法論的課題」民商135巻6号990頁（2007年）
江泉芳信「日本人の海外資産の相続をめぐる諸問題」松原正明＝右近健男編『新家族法実務大系(3)相続(I)——相続・遺産分割』（新日本法規，2008年）536頁

第8章 遺　言

　遺言により，遺言者は法律行為をすることができる。しかし，遺言という単独行為により可能な法律行為に限定されている。さらに，遺言者の真意確保のために方式の遵守が求められる。

I　通則法37条1項

　通則法37条1項の規定は，「遺言の成立及び効力は，その成立の当時における遺言者の本国法による」と定めている。

1　準拠法の決定

　37条1項の規定は連結時を「成立の当時」に固定している。遺言の成立時からその死亡時までの間に遺言者が国籍を変更しても，遺言の成立に影響しない。遺言者の利益や利害関係人の期待に配慮されている。
　もっとも，この規定はきわめて限定された意味しかもっていない。第1に，実質法上の遺言自由の原則を反映して，37条2項の規定は，遺言者は遺言をいつでもその本国法に従い撤回できるとしている。みずからの国籍の変更に対処する可能性が遺言者には認められ，他方で，たとえば遺贈を受けるべき者の利益は新たな遺言の下でいつでも否定されうる。1項の規定が保障しようとする利害関係人の期待は，通則法上，それほど高い価値をもつものとしては評価されていない。第2に，遺言という手段による法律行為の効力は個々の法律行為の準拠法による。とくに，そのような法律行為の中には（たとえば，認知のように）生前行為によっても行いうるものがあり，通則法はそれらについて固有の準拠法を定めている。遺言という手段を用いるか否かによってそれらの法律行為の準拠法が左右されることはない。
　なお，遺言者の本国法は41条にいわゆる「本国法」であるから，日本法へ

の反致の可能性がある[1]。

2　準拠法の適用

(1)　「遺言の成立と効力」に包摂される法律問題

「遺言の成立と効力」という事項には，遺言の成立時点において確定すべき法律問題つまり遺言書作成の時点以降における遺言者の国籍の変更にかかわらず確定すべき法律問題が包摂される。

　イ　遺言の成立

　a　遺言の許容性　　遺言が一般的に認められるか。共同遺言が許容されるか否か。許容されるとすれば，誰が共同遺言をすることができるかという問題は，37条の「遺言の成立と効力」に包摂される。他方で，遺言の内容を構成する法律行為を遺言という方法によりすることができるかという問題は，個々の法律行為の準拠法による。

　b　遺言能力　　遺言能力もまた37条の射程に入る問題である。未成年者は何歳から遺言をすることができるか。いかなる要件の下に成年者はその遺言能力を喪失するか，といった問題である[2]。

　c　遺言の有効性　　遺言者の意思表示の瑕疵の存否なども「遺言の成立」に包摂される。これにたいして，遺言の内容の解釈の問題やその内容が公序良俗に違反するか否かの問題は個々の法律行為の準拠法による。

　ロ　遺言の拘束力

遺言の拘束力とその発生時点は「遺言の効力」の問題であり，37条1項の指定する法による。

(2)　「遺言の成立と効力」に包摂されない法律問題

遺言が有効に成立したことを前提としてはじめて，遺言の内容を構成する個々の法律行為の成立と効力が問われることになる。この問題には個々の法律行為の準拠法が適用される。認知であれば通則法29条の規定が，遺贈であれば36条の規定が適用される。他方で，個々の法律行為の準拠法が共同遺言を禁止しているなど特定の遺言の方法を禁止していても，このことは遺言の成立には影響しない。

(3) 準拠法の不変更

遺言者の本国法に従いひとたび有効に成立した遺言は，遺言者の死亡時における本国法によると無効であっても，無効とされることはない。準拠法の変更を認めても，国籍を変更した遺言者は新たに遺言をすることができるけれども，国籍の変更が遺言の運命にもたらす効果を遺言者がつねに認識しているとはいえないからである。逆に，成立当時の本国法の下で無効な遺言は新本国法からみれば有効であるとしても，国籍の変更によって遺言の有効な成立が導かれるわけではない。

もっとも，準拠法の固定は絶対的な意味をもつわけではない。遺言の内容を構成する法律行為の運命は当該法律行為の準拠法にかかっている。たとえば，37条の指定する準拠法と一致する法が定める遺留分を前提として遺言をしたとしても，遺言者が国籍を変更し，36条の指定する死亡当時のその本国法によると遺留分につき異なった規律が行われているときには，遺言者（被相続人）の意思は貫徹されないかもしれない。あるいは，36条の指定する実質法が遺言の内容を公序良俗違反として評価することも否定できない。その意味で，準拠法の固定による遺言者の利益保護の意味合いは限定的なものにとどまる。もっとも，遺言者が国籍を変更した場合，37条2項の規定によれば遺言の撤回の機会を遺言者は有している。

37条1項の規定する準拠法に従い遺言が無効である場合，無効という結果が遺言者の意図していた法律行為の運命にいかなる影響を与えるかは，当該法律行為を規律する準拠法による。たとえば，遺贈が無効である結果として法定相続が開始するか，誰が相続人となるかといった問題は，遺贈を規律する36条の規定が指定する法による。

II　通則法37条2項

通則法37条2項の規定は遺言の撤回について定める。

1　準拠法の決定

2項の規定する「遺言の取消し」は，瑕疵のない遺言の任意の撤回を意味する。遺言という意思表示の瑕疵を理由とする取消しを意味しない。詐欺などに

基づく遺言の取消しは1項の規定が指定する法による。他方で，撤回それじたいに必要な遺言能力や意思の瑕疵の問題は，撤回の時点における遺言者の本国法によることになる。

2 準拠法の適用

遺言の撤回は，①撤回の意思を表示するだけでなく，旧遺言と矛盾する事後における新遺言によっても行われうる。さらに，②遺言書の破棄など撤回の意思表示と同視できる事実や（離縁や婚姻など）法律が撤回の効果を付与する行為によっても可能である。

2項の規定は①の場合を射程内に入れているとみられる。②の状況とくに事後の婚姻との関連において遺言の撤回があったものとみるべきか否かは，2項の規定を類推して，婚姻など特定の行為が行われた時点における遺言者の本国法によることになろう。撤回が認められる場合に，撤回の効果は36条その他の規定が定める個々の法律行為の準拠法による。

Ⅲ 遺言の方式

遺言の方式は遺言の方式の準拠法に関する法律（以下，「法律」という。）による。この法律は1961年10月5日ハーグの「遺言の方式に関する法律の抵触に関する条約」を国内法化したものである。

この法律の目的は，遺言者がかならずしも予見していない法が遺言の方式に適用され，その結果，遺言者の最終意思が実現できなくなるという事態を回避すべく，方式との関連において遺言をできうるかぎり有効にしようとする点にある[3]。さらに，準拠法の変更が遺言の効力を否定する事態の発生も阻止しようとしている。

1 連結基準（法律2条）

このような目的から，法律は選択的連結を採用している。連結素を4つとし，連結の時点をも考慮すると2条の規定は8個の連結基準を掲げている。これら連結基準が指示する法の定める方式のいずれかに適合しているときは，遺言は

方式上有効に成立したことになる。換言すれば，これらの法の定める方式のいずれにも適合しない場合にはじめて，方式の有効性が否定される。方式に違反する場合の具体的な効果は各準拠法によることになる。

(1) 行為地（1号）

遺言書が複数の地にまたがって作成された場合には，署名など遺言を完成する行為があった地が行為地である。

(2) 国籍を有した国（2号）

難民の属人法は住所地法ではあるが，難民が国籍を保持している場合には，その国籍所属国法も準拠法となりえよう。

連結時も選択的関係にたつ。遺言成立の時点と死亡の時点のいずれかの国籍所属国法の方式を満たせばよい[4]。成立時点で有効であった遺言の有効性は，その後における遺言者の国籍の変更いかんにかかわらず，維持される。逆に，遺言書作成の時点においては有効ではなかった方式が新国籍所属国法では有効と評価されるときは，遺言は有効となる。

(3) 住所地（3号）

遺言成立時または死亡時において遺言者がその領域内に住所を有していた地の法秩序の方式要件を満たしていると，遺言は有効に成立する。問題となっている地に遺言者が住所を有していたか否かはその地の法により定まる（法律7条1項）。日本に住所を有しているか否かは民法22条の規定によることになる。国籍と同様にすべての住所地が連結素となりうる。旧住所地法の下で方式上有効な遺言は住所地が他の国に移動しても有効性を維持する。逆に，旧住所地法上無効であった方式は新住所地法の下で有効となりうる。

(4) 常居所地（4号）

遺言の成立時と死亡時が選択関係にたつ。常居所の変更があった場合には2号および3号と同様に規律される。

(5) 不動産所在地（5号）

1号から4号までの規定に従い準拠法となりうる法に加えて，不動産に関す

る遺言については所在地法によることもできる。「不動産」の性質決定については，法律7条1項に該当する規定はないけれども，問題となっている財産の所在する地の法による。財産所在地法が不動産としている財産との関連においてその地の法が肯定している遺言の有効性を，1号から4号までの規定が指定する法に従い否定する理由はないからである。

　不動産に関する遺言は，所在地法の定める方式は充足しないが，行為地法など1号から4号までの連結基準が指定する法のうちの1つの要件を満たすときにも，有効である。逆に，不動産所在地法の方式だけが遵守され，他の法秩序の下では無効であるときには，当該不動産との関係では有効であり，他の財産との関連では遺言は方式上無効である。部分的な遺言の無効が全体としての無効に結果するか否かは方式の問題ではない。部分的にのみ有効な遺言であっても，依然として遺言者の意思に沿った財産処理としてみられうるか否かにかかっている。これは36条の定める相続の準拠法の問題である。

2　遺言の撤回（法律3条）

　3条の規定は撤回の遺言の方式の準拠法を定めている。この規定は，撤回の意思を表示する遺言の方式および旧遺言と矛盾する事後における新遺言を想定している。遺言書の破棄など撤回の意思表示と同視できる事実や行為による撤回は対象としていない。

　なお，撤回それじたいの実質的要件つまり遺言能力や意思の瑕疵の問題は，撤回の時点における遺言者の本国法による（通則法37条2項）。

(1)　3条前段

　撤回は，3条の採用している連結基準が指示する法の定める方式に適合しているときは，方式上有効である。かくして，遺言による撤回のための方式については次の選択肢がある。すなわち，行為地法，（撤回の時点または死亡の時点における）国籍所属国法，（同時点における）住所地法，（同時点における）常居所地法および不動産所在地法である。

(2)　3条後段

　さらに，従前の遺言を有効とする法の定める方式に適合するときにも，遺

言による撤回は方式上有効である。つまり，従前の遺言の方式に適用された法が，国籍などの変史や遺言書の作成が別の地で行われたために，現在では準拠法とはなりえないとしても，遺言者は従前の法によりうるのである。この選択的連結により，従前の遺言を撤回する可能性も助長されることになる。この連結の背後には，従前の遺言の方式と同一の方式により撤回を遺言者は行うであろうとの配慮が働いており，そういった撤回に方式上の瑕疵を認めるべきではないとされている。

　後段の規定の適用上，従前の遺言の方式について2条の規定に従い適用可能であったすべての法が指定されるわけではない。従前の遺言を現実に有効とした法のみによる。

3　共同遺言（法律4条）

　4条の規定は，2人以上の者が同一の証書においてしたあらゆる種類の遺言を対象とし，共同遺言にも2条および3条の規定が適用されるとしている。他方で，共同遺言が許容されるか否か，許容されるとしてその要件いかんの問題は方式の準拠法ではなく，通則法37条1項の遺言の準拠法による。

4　方式概念（法律5条）

　条約それゆえ法律は方式概念を定義していないが，証拠方法や文書の真正性または最終意思の確保のための外部的形象に関する諸問題が方式に包摂される。

(1)　外部的形象

　たとえば，遺言を口頭で行いうるか否かという問題は方式に関する問題である。以下の諸問題も同様である。すなわち，書面による場合に，手書きによるべきか，タイプやワープロによる印字で足りるか，自署が必要か。さらに，遺言書作成の場所と時刻の表示の要否，第三者（公証人，裁判所）の関与の要否と関与の仕方である。また，危急時遺言の簡易な方式と当該遺言が効力を有する期間も同様である。

(2) 方式違反の効果

方式違反がいかなる法律効果をもつかも方式の問題である。たとえば，遺言が無効か取り消しうるにとどまるかである。ある遺言が選択肢となっているすべての法秩序によって完全には有効とされない場合には，最も弱い消極的効果を定める法秩序による。

(3) 遺言者の年齢など

性質決定に関するいくつかの問題を法律5条の規定は立法的に解決している。この規定によると，遺言者の年齢，国籍その他の人的資格による遺言の方式の禁止または制限は方式の範囲に属するものとされている。

イ　年　齢

未成年の遺言者につき公正証書遺言を要求する国がある。この種の制限は法律によると方式と性質決定されるので，2条の指定する行為地法が自筆証書遺言を許容しているときは，遺言能力を有する未成年者は自筆証書遺言をすることができる。

なお，遺言能力は法律5条の意味での人的資格ではなく，通則法37条1項の遺言の準拠法による。

ロ　証　人

5条後段の規定によると，遺言が有効となるために必要とされる証人の資格つまり証人および立会人の欠格事由も方式とされている。たとえば，証人は行為能力を有していなければならないとか，遺言者と婚姻関係その他の親族関係にある者であってはならないといった問題である（民法974条）。成年被後見人の遺言の場合の医師の立会いも同様である。

他方で，一定の者（公証人，医師およびその配偶者）にたいする遺贈を禁止したり，それらの者を遺言執行者とすることを禁止し，これらの禁止に違反する遺言を無効とする規定は方式の準拠法としては適用されない。この種の禁止規定は，遺言書の作成の段階において遺言者の真意を確保することを目的とするものではなく，問題となっている者が遺言者の遺贈という意思の形成それじたいに不当な影響を与えないように配慮したものである。通則法37条の指定する準拠法による。

〔注〕
1)　東京高判平成6・2・22判タ862号295頁は，日本で死亡した旧ソビエト社会主義共和国連邦人の遺言能力につき，旧ロシア連邦共和国法からの日本法への反致を認め，日本法に従い遺言能力を肯定した。
2)　大阪高判昭和62・3・20家月39巻7号43頁は，日本で死亡した台湾人の遺言につき，（通則法37条1項に相当する）法例26条1項の指定する中華民国法上，遺言書作成当時において遺言能力を有しかつ意思の欠缺もなかったとする。
3)　前注1）東京高判平成6・2・22判タ862号295頁（死亡したロシア人が日本において作成した公正証書遺言は法律2条1号および3号により準拠法とされる日本法に従い方式上有効であるとした事案）。東京地判平成3・3・29判時1404号96頁（外国人（国籍不詳）が英語により日本民法969条2号に定める公正証書遺言の口授をしたとしてこれを有効であるとした事案）。前注2）大阪高判昭和62・3・20家月39巻7号43頁（死亡した台湾人が日本において作成した公正証書遺言につき法律2条1号および3号により準拠法とされる日本法に従い方式上有効とした事案）。東京家審昭和48・4・20家月25巻10号113頁（行為地法・作成時の住所地法たる日本法に従い，英国人たる遺言者みずからがタイプライターにより作成した遺言書を自筆証書遺言として認めた事案）。
4)　神戸家審昭和57・7・15家月35巻10号94頁（在日フランス総領事の面前で作成されたフランス人の遺言を，法律に従いその国籍所属国法たるフランス法に従い有効な公正証書遺言とした事案）。

〔参考文献〕
櫻田嘉章「在外日本人の遺言作成と遺言執行」岡部喜代子＝伊藤昌司『新家族法実務大系(4)相続(Ⅱ)——遺言・遺留分』(新日本法規，2008年) 515頁
木棚照一「国際私法における遺言の効力と遺留分」久貴忠彦編代表『遺言と遺留分(2)遺留分』(日本評論社，第2版，2011年) 397頁

第 2 部

国際民事訴訟法

第1章　裁判権免除

　国際法上，外国国家は裁判権から免除されるという原則が慣習国際法上認められてきた。"国家免除"または"主権免除"と呼ばれるこの原則については，私的な企業と同様な経済活動を国家が行い始めたことを背景として，20世紀中頃以降，その妥当範囲の理解について諸国の間で一致がみられなくなっていた。日本の裁判所はいわゆる絶対免除主義を採用していたが[1]，平成18年7月21日の最高裁判決は，「私法的ないし業務管理的な行為についても法廷地国の民事裁判権から免除される旨の国際慣習法はもはや存在しない」とし，制限免除主義を表明するにいたった[2]。立法上も，外国等に対する我が国の民事裁判権に関する法律（以下，「対外国民事裁判権法」という。）が平成21年4月24日制定された（平成22年4月1日施行）。対外国民事裁判権法は，「国及びその財産の裁判権からの免除に関する国際連合条約」（未発効）に準拠して定立されたものではあるが，非締約国との関係にも適用される。以下、対外国民事裁判権法を素描する。

I　原則としての免除

　国，その政府機関，主権的権能を行使する権限を有する州，そのような権限を付与された（外国中央銀行などの）団体と（国家元首，大臣，州知事など）それらの代表者などが，「外国等」とされる（2条）。主権的権能とは立法，司法または行政の作用を行う権能を意味し，国内法令の制定，その適用または執行が権能の行使に該当するとされている。外国等は日本の民事裁判権から原則として免除される（4条）。

＊甲国に所在する日本の会社Xの財産を甲国政府が没収した場合，甲国政府を被告としてXが損害賠償を求めても日本に裁判権はない。さらに，甲国政府の官報において名誉毀損の報道が行われても，日本は裁判権を有しない。

Ⅱ 免除のない場合

しかし，次の場合には，外国等は日本の裁判権から免除されない。第1に，外国等が日本の裁判権に同意したかまたはその同意を擬制できる場合，第2に，紛争が商業的取引から発生した場合，第3に，一定の意味において内国の利益が関与する場合である。

1 外国等の（擬制された）同意（5条から7条まで）

(1) 外国等の明示的な同意（5条）

（書面による契約など）外国等が5条1項各号において定められている方法により，日本の裁判権に服することにつき同意している場合には，日本の裁判権からは免除されない。なお，日本法を準拠法として合意していることは，日本の裁判権に服することの同意を意味しない（2項）。

＊日本の銀行が甲国に金銭を貸し付け，その際に，甲国とは別個の団体である甲国中央銀行が保証人となった。貸付契約中には日本の裁判所の裁判権に服する旨の合意があった。甲国が返済を怠った場合，5条の規定に基づき，甲国は日本の裁判所の裁判権に服する。甲国の中央銀行も，「主権的権能を行使する」団体ではないかぎりにおいて，日本の裁判権に服する。

(2) 同意の擬制（6条，7条）

一定の訴訟行為を外国等がした場合には，日本の裁判権につき同意があったものと擬制される。外国等による（反訴を含む）訴えの提起などのほか，外国等が提起した本訴にたいして相手方が提起した反訴も同様である[3]。

2 商業的取引（8条と9条）

(1) 労働契約を除く契約（8条）

他の国の国民または法人その他の団体と外国等との間の「商業的取引」に関する裁判手続については，（8条2項の掲げる場合を除き）原則として，外国等は裁判権免除を主張できない。いかなる取引が商業的取引といえるかについ

ては，行為目的基準説と行為性質基準説が唱えられていた。前者は，行為の動機や目的を基準として，それが主権的なものか否かを，後者は，行為の法律的性質を基準として，国家のみが行いうる性質のものかそれとも私人も行いうる性質のものかを基準にして区別する。8条の規定は後者つまり行為性質基準説を表明している。「商業的取引」には，「民事又は商事に係る」売買，役務提供，金銭の貸借などが含まれる。

(2) 労働契約（9条）

もっとも，労働契約については，職員の採用にたいする外国等の利益と労働者保護に関する内国の利益との調整を図るために特則がおかれている。

イ 原 則（1項）

日本において労務の全部または一部が提供される場合または提供されるべき場合には，外国等は裁判権から免除されない。

ロ 例 外（2項）

しかし，労働契約の成否に関する訴えについては外国等は日本の裁判権から免除される（3号）。個人の採用や再雇用については，これを外国等に強制すべきではないからである。

＊労働契約の成立を理由として現実の就労を法的に強制することはできないけれども，金銭の支払いを強制することは可能であるから，損害賠償を求める訴えについて外国等は裁判権から免除されない[4]。

3 内国の利益が関与する場合（10条から14条まで）

一定の意味において内国の利益が関与する場合には，外国等は日本の裁判権から免除されない。免除されない主要な事項は10条から14条までの規定に列挙されている。とくに，外国等が不法行為責任を問われている事案において，日本が行動地であるかぎり裁判権免除は否定される（10条）。逆に，日本が結果発生地国としてのみ関連する場合には免除されうる。また，日本に所在する不動産に関する権利・利益などが問題となる場合にも，日本の裁判権から免除されない（11条）。

＊麻布に所在するＸ所有の不動産につき，Ｘと甲国政府との間で賃貸借契約が締結された。当該不動産は甲国政府の観光案内所として利用されていたが，賃料の不払いが生じた。Ｘが賃料の支払いを求め日本の裁判所に訴えを提起すると，日本の裁判所は裁判権を行使できる。

　外国等が有すると主張する日本の知的財産権の存否，効力，帰属または内容に関する裁判手続および外国等が日本においてしたと主張されている日本の知的財産権の侵害に関する裁判手続についても，外国等は日本の裁判権から免除されない（13条）。さらに，外国等が，日本法を設立準拠法とする団体または日本に主たる営業所等を有する団体構成員である場合には，外国等は日本の関係法規に拘束され，そのような関係法規が適用されるべき紛争については，裁判権免除は原則として認められない（14条1項）。

III　執行手続

　外国等の有する財産にたいする保全処分または民事執行の手続については，17条1項各号の方法により明示的に同意している場合を除き，外国等は裁判権から免除される。

〔注〕
1)　大決昭和3・12・28民集7巻1128頁（松山事件）は，「不動産に関する訴訟等特別理由の存するものを除き，民事訴訟に関しては外国はわが国の裁判権に服せざるを原則とし，ただ外国が自ら進んでわが国の裁判権に服する場合にかぎり例外を見るべきことは国際法上疑いを存せざる所」とした。
2)　最判平成18・7・21民集60巻6号2542頁。最判平成14・4・2民集56巻4号729頁においても，制限免除主義を認める国際慣習法の存在は認められていた。さらに，そのような国際慣習法の存在を認めるものとして，東京地判平成12・11・30判時1740号54頁，東京地判平成12・10・6判タ1067号263頁があった。
3)　なお，他国の国民または他国の法に準拠して設立された団体と外国等が，商業的取引にかかわる仲裁合意を書面によりしていた場合には，仲裁合意の成立と効力に関する裁判手続（仲裁合意の抗弁など），仲裁合意に基づく仲裁手続に関する裁判手続（仲裁人の選任，解任，仲裁判断に基づく民事執行のための執行決定など）について，外国等は原則として免除を主張できない（16条）。
4)　対外国民事裁判権法施行前の事案ではあるが，最判平成21・10・16民集63巻8号1799頁を参照。

〔参考文献〕
　横溝大「『主権免除』に関する抵触法的考察」国際107巻3号375頁（2008年）
　河野真理子「国家免除における制限免除の存立基盤」国際私法10号140頁（2009年）
　飛澤知行編『逐条解説対外国民事裁判権法――わが国の主権免除法制について』（商事法務、
　　2009年）
　高桑昭「わが国における外国等に対する民事裁判権の免除」成蹊71号1頁（2009年）
　道垣内正人「外国等に対する我が国の民事裁判権」ジュリ1387号58頁（2009年）

第 2 章　国際裁判管轄（財産関係）

　国際法上，対外国民事裁判権法などに定める事由のないかぎり，各国は裁判権を行使する範囲を原則として自由に設定することができる。しかし，そのような自由があるとはいえ，世界のいずれの地において生起したかを問わず，およそすべての民事紛争を一国の裁判所が審理すべきではない。日本の国際裁判管轄権の範囲は，いくつかの価値に配慮しつつ，同時に次の 2 つの意味で外国裁判所との連携を意識しながら，画定されている。

　第 1 に，内国裁判所の管轄権を基礎づけうる事由に基づいた外国裁判所の判決については，内国においてもその効力を承認しなければならない。民訴法の基底にある価値に抵触する事由に基づいて下された外国判決を内国において承認すべきではないとすれば，内国裁判所の国際裁判管轄権の及ぶ範囲もまたこのような価値と矛盾するものであってはならない。

　第 2 に，内国裁判所の判決はかならずしもつねに内国において執行されるわけではなく，外国における執行の可能性も念頭に入れなければならない。内国裁判所が審理してもその判決が外国において承認・執行を受けえないとみられる紛争については，むしろ内国の裁判所はその処理を外国の裁判所に委ねなければならない。

　当事者間の公平や裁判の適正・迅速という民訴法の基底にある理念は普遍的に通用するものといえよう。とはいえ，その理念を国際裁判管轄にいかに投影させるかという点につき，諸国の間に一致がみられるわけではない。司法制度に投入される人的・物的資源や各国のおかれている国際環境など，異なる点は少なくないからである。連携とはいっても，あくまでも日本という国からみた連携にすぎない。諸々の相違を大なり小なり捨象して，各国が有すべき国際裁判管轄権の範囲を均一の基準により配分するには国際的な合意が必要である。

＊上に述べたことを服装に喩えていえば次のようになるであろうか。人は，他者を意識することなく，自分の好みだけで服装を選ぶことはない。他人の服装が自分の目から見て

不快なものであれば，自分もまたそのような服装を選ばないであろうし，他人の目から見て明らかに不快と思われる服も着用しないであろう。他方で，服装の選択は，個々人の懐具合や周囲の環境などによって現実には条件づけられている。すべての人は同一の条件下にあるとの前提にたって一律に服装の適切さを語ることはできない。制服の着用が義務づけられていればこのような条件は度外視できるが，制服着用のためには校則が必要である。

第1節　概念と価値

I　概　念

1　直接管轄（直接的一般管轄）と間接管轄（間接的一般管轄）

　直接管轄に関する規定は，問題となっている民事紛争について日本の裁判所が審理すべきか否かを決定し，間接管轄の規定は，内国においてその効力いかんが問われている判決を下した外国の裁判所が国際裁判管轄権を有していたか否かを決定する。

2　国際裁判管轄と土地管轄

　国際裁判管轄と土地管轄はともに訴訟要件を構成する。これらに関する事項はともに職権調査事項であり（民訴法3条の11，14条），訴えの提起時を標準として決定される（同法3条の12，15条）。

*なお，問題となっている民事紛争につき日本の裁判所の総体は国際裁判管轄権を有するけれども，特定の裁判所の土地管轄が定まらないという事態は生じうる[1]。

　しかし，両者は区別されなければならない。土地管轄に関する規定は，日本の裁判所間における管轄権の分掌を定める。これにたいして，国際裁判管轄に関する規定は，内国裁判所が，外国裁判所との関係において，全体として民事紛争の裁判につき管轄権を有するか否かを決定する。

民訴法は，3条の2以下の規定において「日本の裁判所の管轄権」を定めている。国際裁判管轄に関する3条の2以下の規定は土地管轄に関する4条以下の規定に対応しているかのようにみえる。しかし，日本国内にある裁判所間に管轄権をいかに分掌させるかを決定する基準は，いかなる場合に日本の裁判所が国際裁判管轄権を有すべきかという基準と一致するわけではない。なにより前者の基準の設定には外国裁判所との連携が問われているわけではなく，また，日本国内の裁判所間の連携には移送制度（17条）も利用できるからである。

II　国際裁判管轄における価値

　国際裁判管轄権の範囲を定めるについても，当事者間の公平，裁判の適正・迅速という理念は価値を有している。その一方で，国際裁判管轄権の範囲画定につきとくに強調すべき価値としては，法的確実性，予見可能性，執行可能性および外国における承認・執行の可能性をあげることができる。

1　当事者間の公平および裁判の適正・迅速

　最も近接した裁判所での訴訟追行に当事者は利益を有している。多くの場合，当事者は外国の裁判所よりもみずからの住所地国などの裁判所を利用しやすい。地理的あるいは言語上の障碍もなく，外国において代理人を選任する必要もない。むろん，原告と被告が相異なる国に住所を有すると，この点に関する利益は真っ向から対立する。原告からすればその住所地国の裁判所における訴訟提起・追行が便宜である。外国における訴訟に要する諸経費がその訴額の観点から見合わないときには，外国での訴訟提起を要求することは現実には裁判の拒否を意味しよう。
　しかし，被告にたいして外国裁判所における応訴義務を負わせると，被告の負担となるだけでなく，当該外国裁判所は適正な裁判を行いえない危険がある。民訴法3条の2第1項および3項の規定は「原告は被告の法廷地に従う」との原則に依拠し，さらに，3条の9の規定は，日本の管轄権が肯定される場合であっても個別的・具体的な事案において訴えの却下を正当化する「特別の事情」の1つとして，「応訴による被告の負担の程度」を掲げている。
　とはいえ，原告の利益が無視されているわけではなく，特別管轄原因などを

認めることによって，原被告の利益のバランスを図っている。とくに外国にある事業者または事業主にたいして訴えを提起しようとする消費者または労働者にたいして「原告は被告の法廷地に従う」との原則を貫くと，司法救済の道を事実上閉ざすことになりかねない。そのために，民訴法は，消費者・労働者に近接する裁判所へのアクセスを確保しようとしている（3条の4第1項，2項）。

　原告および被告はともに請求の目的や証拠方法に近接した地における訴訟追行に利益を有している。請求の目的や証人が所在する地であれば，費用対効果の観点からみて適切な裁判が期待できよう。請求の目的と日本との関連性から日本の管轄権を肯定しているものとしては3条の3第3号（請求の目的が日本にある場合の財産権上の訴え）や第11号（不動産に関する訴え）が規定する管轄原因などをあげることができよう。さらに，3条の9の規定は，日本の管轄権が肯定される場合であっても個別的・具体的な事案において訴えの却下を正当化する「特別の事情」の1つとして，証拠の所在地を掲げている。

2　法的確実性

　法的確実性は，国際裁判管轄権の画定との関連ではとくに重要な意味をもっている。日本の国際裁判管轄権の有無が確実に定まらないと，訴訟の入り口において解決されるべき問題につき複数の審級で長期にわたって争われかねない。このことは，時間と費用との観点から当事者の利益に反することにもなろう。法的に確実に定まる国際裁判管轄権の基礎を定めようとして，民訴法3条の2以下の規定が設けられた。

　平成9年11月11日の最高裁判決は，管轄権の有無を判断するにあたり，個別的・具体的な事案における当事者の予見可能性が価値を有していることを示した点において意義を有していた[2]。とはいえ，この判決は，債務履行地が一般的・抽象的にいかに確定されるかという問題について判断を示さなかった。日本において原告が訴えを提起できる条件と被告が応訴すべき条件とが一般的・抽象的に明確にされなければ，法的確実性は保障されえない。このことは，債務履行地だけでなく他の管轄原因についても，程度の差こそあれいいうることである。これまでの判例法は，法的確実性を十分に保障するものとはいいがたかった。

　個別的・具体的な事案との関連において「特別の事情」が存在すれば，裁判

所は訴えを却下できる（3条の9）。とはいえ，立法の背景に鑑みると，そのような事態は例外的にのみ許容されなければなるまい。

3　予見可能性

　国際裁判管轄における予見可能性の確保という要請は土地管轄における予見可能性との対比においてとくに強調されなければならない。日本の各裁判所は同一の手続法の下で同一の抵触法に従い準拠法を適用するのにたいして，外国の裁判所は当然のことながら日本の裁判所とは異なった手続法の下で異なった抵触法に従い準拠法を適用するからである。

　民訴法3条の2以下が規定する管轄原因は，紛争の発生前における当事者の予見に反しないように配慮されている。

*①3条の3第1号の規定は，契約の中で債務履行地を当事者が合意しているかまたは契約準拠法を当事者が選択している場合に債務履行地管轄を認める。
②3条の3第4号および5号の規定は，それぞれ，日本における業務との関連においてのみ日本の裁判所が管轄権を有するとする。
③3条の3第8号の規定によると，外国で加害行為が行われた場合においては，日本においてその結果が通常予見できないときには日本の裁判所は管轄権を有しないとされている。
④事業者と消費者は，消費者契約の締結時における消費者の住所地が日本にあるときに日本の裁判所の管轄権を合意できる（3条の7第5項1号）。
⑤日本の裁判所の専属管轄の合意があったときには，「特別の事情」が存在するからといって日本の裁判所による管轄権の行使は否定されない（3条の9）。

4　執行可能性

　請求の目的または被告の一般責任財産が所在する地の裁判所に訴えを提起する点に原告は利益を有している。被告住所地主義の原則は（原告は周到な準備をし，被告は不意を打たれるとの状況を想定しながら）公平の観点から正当化されうるが，その一方で，被告の住所地には多くの場合その財産も所在している。強制力の行使が法の必須的な構成要素か否かについては議論のあるところ

であるけれども，紛争が国境を跨いで発生するときには，この要素を無視することはできない。裁判所の確定する当事者の権利義務は強制の可能性があることを前提としてはじめて現実的な意味を有しているが，国際的な事案においては裁判所の所属する法秩序と執行機関の所属する法秩序とがつねに同一であるという保障はないからである。

むろん，財産の所在する国が他の国の裁判所の下した判決を承認・執行する可能性はある。しかしその場合でも，財産所在地国において外国判決の承認・執行に関する手続が新たに必要となり，また，財産所在地国が外国判決を承認・執行する保障はない。

> ＊不法行為の被害者が日本に住む加害者にたいして損害賠償を求めて中国の裁判所に訴えを提起し，中国の裁判所がこの請求を認容したとしても，加害者が日本にのみ財産を有しているとすると，中国の裁判所の当該判決は画に描いた餅になるかもしれない。少なくとも現時点では，日本と中国の裁判所は，相互の保証を欠くとして（民訴法118条4号），互いに相手国裁判所の判決を承認・執行しないと観察される[3]。民訴法3条の3第3号の規定は中国との関係において，日本がいわば執行の天国になることを防ぐ意味も有している。加害者が日本に財産を有するときには，日本の国際裁判管轄権が肯定されるからである。

他方で，被告の一般責任財産が内国に所在しないということは，日本の国際裁判管轄権を否定する理由とはならない。

5　外国における承認・執行の可能性

その判決が明らかに外国において承認を受けえないような紛争については，内国裁判所は審理を外国の裁判所に委ねるべきであろう。管轄権の基礎は国際的にも受容されているとみられるものに限定されなければならない。

> ＊この意味で，被告の差押可能財産の所在を管轄原因とする民訴法3条の3第3号の規定は立法論的に疑問のある規定である。とはいえ，この規定も，被告の差押可能財産の価額が著しく低い場合に財産所在地国たる日本の管轄権を否定している。その理由の1つは次の点にある。すなわち，そのような場合に管轄権を肯定し，金銭の支払い請求を認

容する判決を日本の裁判所が下しても，原告としては被告の主要財産の所在する外国に赴き日本の判決の執行を求めなければならないが，そういった日本の裁判所の判決は外国では承認されない可能性が高いという点である。

　外国において内国の判決が承認される場合にかぎって，内国裁判所の管轄権を肯定するという処理も事案の類型によっては考えられないではない。しかし，外国における承認の有無に内国の国際裁判管轄の決定を依存させることは現実的な解決とはいえない。司法救済が利用できない事態も生じうるからである。

第2節　一般・特別管轄原因

　事件の種類・内容を問わず一般的に認められる（土地管轄における普通裁判籍に相当する）一般管轄原因と事件の種類・内容との関連においてのみ認められる（土地管轄における特別裁判籍に相当する）特別管轄原因が区別される。前者は基本的に「原告は被告の法廷地に従う」との原則に従い決定される。特別管轄原因は土地管轄に関する民訴法5条とパラレルな関係にある。しかし，すでに述べたように，5条の掲げる土地管轄の基準が国際裁判管轄の基準として単純に読み替えられているわけではない。

I　一般管轄原因

1　自然人（3条の2第1項）

　原告は被告の法廷地に従うとの原則は公平の観念を基礎としている。自己の権利を実現すべく原告が被告に応訴を求めるのであれば，その住所地に赴いて訴えを提起するのが公平とされる。また，財産法上の訴えについては，被告は通常その住所地において財産を有しているとみられる点においても合理性が認められよう。さらに，被告の住所地は当事者双方が多くの場合に予見可能な地である。被告の住所が日本に所在するということのほかに日本との関連性は問われない。

第1項の規定によると，①被告の住所が日本にあれば日本の裁判所は管轄権を有する。②被告の住所が世界のどの国にも（知れ）ないが，その居所が日本にあれば，日本の裁判所が管轄権を有する。③被告の住所・居所が世界のどの国にも（知れ）ない場合，日本に最後の住所があれば，日本の裁判所が管轄権を有する。ただし，日本に最後の住所こそあったけれども，その後の時点において外国に住所があったことが認定できる場合には日本の裁判所は管轄権を有しない。

　なお，日本に一般管轄原因がない場合でも，不法行為地または債務履行地などの特別管轄原因が日本にある可能性があることに留意しなければならない。一般管轄原因と特別管轄原因とは選択的な関係にあり，優先劣後の関係にはない。

＊住所・居所
　　住所概念は法秩序ごとに様々に理解されており，法的確実性の観点からは，法廷地法たる日本法により決定されなければならない。日本民法22条の規定による。被告となるべき者の全生活を観察し，その生活および活動の中心点を客観的に定め，これをもって住所とする（客観説）。未成年者たる子が被告の場合も同様であり，子の住所を通則法32条の規定の指定する準拠法に従い決定すべきではない。

　　居所は一定期間継続した居住といったほどの意味に理解される。日本における居所を管轄原因として肯定するためには外国に住所がないことが条件となる。外国における住所の有無は当該外国の基準により定まるわけではないので，被告の住所を日本法に従い決定すると，国際裁判管轄権の消極的抵触つまり日本の観点からみて住所地国とみられる外国が自国の管轄権を否定するという事態も発生しよう。こういった事態が生じても，日本における居所が管轄原因となるわけではあるまい。日本の観点からみて被告の住所が（自国の管轄権を否定する）甲国に，居所が乙国にあるとしよう。民訴法118条1号の規定が（後述する）鏡像理論にたっているとすると，甲国に住所があるにもかかわらず，乙国に間接管轄があるとして，乙国裁判所の判決を承認しなければならなくなるからである。なお，3条の3以下の規定する特別管轄原因も日本にない場合には，"緊急管轄"が問題となりうる。しかし，3条の3第3号の規定する財産所在地という管轄原因があるためにそのような事態はまず起こりえまい。

＊＊最後の住所
　　世界のどの国にも住所・居所が（知れ）ない場合，被告が過去において日本に住所を有していたときは日本の裁判所に管轄権がある。日本の港で生活をしていたが現在は外

国の港に所在する船員がその典型例である。ただし，外国における事後の住所が判明していると，日本における最後の住所は日本の裁判所の管轄権を基礎づけえない。

日本に最後の住所すらもないと日本には一般管轄原因がないことになる。なお，当事者の日本国籍は財産関係について管轄権の基礎とはならない。

2　法人その他の社団・財団（3条の2第3項）

　法人その他の社団・財団の一般管轄原因についても「原告は被告の法廷地に従う」との原則が妥当する。被告が法人などである場合には，「被告の主たる事務所又は営業所」が日本にある場合に一般管轄原因が肯定される。主たる事務所又は営業所は自然人の住所に相当する。世界のいずれの国にも事務所・営業所がないときまたはその所在地が知れないときには，代表者その他の主たる業務担当者の住所が日本にある場合に，日本の裁判所は管轄権を有する[4]。世界のどこかの国に一般管轄原因を認めることが望ましいために，代表者などの住所を管轄原因としている。この一般管轄原因と特別管轄原因とくに業務関連に基づく管轄原因（3条の3第4号，5号）とは選択的な関係にあり，優先劣後の関係にはない。

　なお，法人などの主たる事務所・営業所が日本にある場合とは，次の2つの地のいずれかが日本にある場合を指す。定款上の主たる事務所・本店の所在地または現実の本拠地である。

＊定款上の主たる事務所・本店の所在地
　　日本法上，日本法を設立準拠法とする法人の定款上の本店所在地などは日本になければならない。このことを前提として，定款上の本店所在地などが一般管轄原因とされている。日本法を設立準拠法とする法人については，法的確実性と予見可能性が保障されよう。被告が日本において法人を設立したが，その本拠地を外国に移動させた場合，設立地たる日本における応訴義務を免れることはできない。このことを承知しながら，本拠地を移動させたとみるべきであるからである。

＊＊本拠地（実質的な業務の中心地）
　　本拠地とは，法人などの運営または経営に関する重要な決定がなされる地をいう。本拠地は，定款上の本店所在地などよりも法廷地との強い関連性を指示するとみられるが，

法的確実性に欠けるおそれがないではない。本拠地は時間的に変動するだけでなく、法人の運営・経営にとり重要な決定の過程が複数国に跨る可能性もあるからである。

定款上の本店所在地などに加えて本拠地を一般管轄原因の基準とするのは、国際裁判管轄権の消極的抵触が懸念されるからである。

＊定款上の本店所在地のみを基準とする日本にたいして、甲国は本拠地のみを基準とするとしよう。甲国において設立され甲国を定款上の本店所在地とする会社がその本拠地を日本に移動させると、甲国法の観点では日本において当該会社は応訴義務を負うのにたいして、日本法の観点からは甲国において当該会社は応訴義務を負い、かくして、いずれの国も一般管轄原因を有しないことになろう。

なお、日本に被告の事務所または営業所こそ存在するが、その・主・た・る事務所または営業所が外国にある被告については、次に述べるように、訴えが・日・本・の事務所または営業所の業務に関連する場合にのみ管轄権が肯定される（3条の3第4号）。

II　特別管轄原因

日本の裁判所と事案とが類型的に密接な関連性を示す状況が想定できる場合には、一般管轄原因が日本にはないときにも国際裁判管轄権が肯定される。そういった状況においては、日本を法廷地として選択するオプションが原告に認められる。一般管轄原因との間に優先劣後の関係はない。

1　業務関連管轄（3条の3第4号、第5号）

日本における業務とくに継続的な取引活動に訴えが関連する場合、当該取引により利益を得る者にたいして日本の裁判所での応訴義務を負わせても不公平ではないし、被告の予見の範囲内といえよう。これが民訴法3条の3第4号および5号の基底にある考え方である。

日本における活動により利益を得ているという点において事案と日本との関連性がある。（債務履行地が契約との関連において管轄原因となり、不法行為

地が不法行為との関連において管轄原因となるのとは異なり）訴えの内容と日本との関連性は問われない。被告の締結した契約だけでなく，（貨物配送中の車の事故のような）業務遂行に関連して発生した不法行為であってもよい。その意味では，日本における業務との関連という条件がついた一般管轄原因ともいえよう。

(1) 被告の事務所・営業所が日本にある場合（4号）

　事務所・営業所が日本にある場合に，当該事務所・営業所を通じて被告がした業務に直接関連する訴えについては，日本の裁判所は国際裁判管轄権を有する。被告の取引活動などが日本に所在する事務所・営業所を通じて行われた場合，被告としては日本の裁判所に応訴義務をもつことを覚悟すべきであり，原告としても被告の営業所の所在地は容易に特定できる。業務活動とくに取引が現実に日本で行われたか否かは問われない。また，日本の事務所・営業所を通じて雇用契約を締結し就労していた労働者は，解雇などにつき事業主たる被告にたいして訴えを提起できる。

＊外国会社の日本の営業所が当該会社の極東アジアにおける事業を統括している場合，紛争の原因となった取引が韓国で行われた場合にも，極東アジアにおける取引＝日本の営業所の業務という関係が認められるかぎり日本の裁判所は管轄権を有する。

　日本に所在する事務所・営業所を通じて行われたものでなければならない。外国の営業所が取引をした場合には，同一または同種の取引を日本の営業所が行いうるとしても，そのことから4号の規定に従い日本の裁判所の管轄権が導かれるわけではない。

＊日本人乗客Aがマレーシアにおいて Y の国内線航空券を購入し搭乗したところ，Y の航空機は同国において墜落，A は死亡した。A の相続人 X らは，債務不履行を理由に，Y にたいして損害賠償請求を日本の裁判所に提起した。この事案について昭和56年10月16日の最高裁判決（マレーシア航空事件）は日本の管轄権を肯定した[5]。現行法の下では，Y の国内線航空券は Y の日本の営業所においても入手可能であったはずではあるが，この可能性があったからといって民訴法3条の3第4号の規定に従い日本の裁判所の管轄権が肯定されるわけではない（参照，第2章第6節）。

日本の事務所・営業所を通じて行われたものであるかぎり，取引が当該事務所・営業所の通常の業務と関連する必要はない。

＊外国会社が日本において機械の販売という事業活動をしている場合に，機械を格納する倉庫を建設するために不動産を日本において購入したときにも，4号の管轄権は肯定される。

(2) 被告の事務所・営業所が日本にない場合（5号）

管轄権は日本における事務所・営業所の存在にのみ条件づけられるべきではない。事務所・営業所が日本になくとも，4号の特別管轄原因が想定している当事者の利益状況と同一の利益状況が認められる場合には，日本の裁判所の管轄権が肯定される。たとえば，外国会社が物理的に営業所などを設けることなくウェブサイトなどを通じて日本において継続的に取引活動を行っている場合である。訴えが日本における業務に関連するかぎり，日本の裁判所の管轄権は排除されない。これが5号の趣旨である。

＊営業所は日本に設置されていないが，代理人を通じて日本で取引されている場合には，5号の管轄権が肯定できる。
＊＊日本法人として子会社が設立されている場合には，このことからただちに親会社たる外国会社を被告として引き込むことはできない。もっとも，個々の取引との関連において，日本の子会社が外国会社の名において取引をしている場合には，5号に従い親会社にたいする管轄権が肯定されよう。

2　契約債務の履行地（3条の3第1号）

契約上の債務の履行を求める請求および契約上の債務から派生する請求については，①日本が債務の履行地として契約上定められている場合または②契約準拠法として当事者が明示的または黙示的に指定した法によると債務の履行地が日本にある場合に，日本の裁判所は国際裁判管轄権を有する[6]。なお，不法行為に基づく損害賠償債務の履行地は本号の管轄原因とはならない[7]。

紛争が当事者の契約関係から発生する場合，被告住所地主義に固執すべきではない。被告が住所地を事後的に移動させると，原告の請求権の実現が困難と

第2章　国際裁判管轄（財産関係）

なったり，少額の債権の場合には請求権が実際には無になるかもしれない。また，履行地の予見を期待できるときは，被告たる債務者にたいしてその地における応訴義務を強制しても不公平にはあたらないであろう。さらに，現実に履行が行われた場合には，その地に証拠方法が存在することも期待できるため，裁判の適正・迅速という要請にもかなう。

(1) 民訴法3条の3第1号

1号の規定は，当事者の予見可能性を確保しつつ，実体法上の債務の履行地を同時に管轄原因とする[8]。

第1に，当事者が契約において債務の履行地を特定し，これが日本にある場合には管轄権が肯定される。日本の裁判所の管轄権は当事者にとり予見可能なものということができるからである。契約の実体に適用される準拠法によれば当該契約が無効の場合も，契約中に特定された債務履行地を管轄原因とすることの妨げとはならない。

第2に，契約中において債務の履行地が明示されていなくとも，契約準拠法を当事者が明示的または黙示的に指定しており，この法の定める債務の履行地が日本にあるときには日本の裁判所は管轄権を有する。契約準拠法が事後に指定された場合には，事後において明示的または黙示的に指定された準拠法が債務の履行地としている地が基準となる（参照，通則法9条）。

＊国際裁判管轄の管轄原因たる債務履行地を実体法上の債務の履行地にリンクさせることに立法論的な疑問がないではない。①国際的法律関係においては準拠法が特定されなければならない。当事者が準拠法を明示的に指定せず，黙示的な指定も一義的に定まらない場合には，通則法8条の規定に従い契約に「最も密接な関係がある地」を探求することにより契約準拠法を特定しなければならないが，この作業を訴訟要件の審査という手続の入り口の段階で行わなければならなくなる。②契約準拠法たる実体法が債務の履行地としている地が同時に管轄原因となりうることを当事者はかならずしも認識しているわけではない[9]。③契約準拠法が持参債務の原則を採用していると，債務履行地管轄は原告の住所地管轄を意味することになる。④金銭の給付義務の履行地は事案と裁判所との近接性をかならずしも保障しない。こういった立法論上の問題点にたいして民訴法は一定の配慮を与えている。①の問題点について，民訴法3条の3第1号は，明示的であれ黙示的であれ，当事者が準拠法の指定をした場合に債務履行地を管轄原因とし，通則

法8条の適用される状況を排除している。また，消費者契約には特則がおかれていることにも留意しなければならない（3条の4）。②から④までの問題点については，B2Bの契約であるかぎり甘受されよう。

＊＊消費貸借契約の当事者たるX・Yはともに日本に住所を有する日本人であるが，借主Yはその後米国に転勤となり，現在は米国に住所を有している。返済の期日が到来してもYが返済の義務を履行しない場合，Xは日本の裁判所に訴えを提起できるか。この場合には，日本法の黙示的な指定があったとみることができるから，民法484条の規定に従い，日本が債務履行地となる。

＊＊＊契約に適用される条約（国際物品売買契約に関する国際連合条約など）が定める債務履行地が日本国内にあるときにも，解釈上，日本の管轄権は肯定されよう。条約の適用に基づく管轄原因の決定は当事者としても予見しなければならないといえるからである。また，この方法を各国が採用すれば，実体法上の債務の履行地は手続法上の管轄原因を構成し，関連国において管轄権の決定が統一されることになる。

(2)　複数の履行地の可能性

双務契約において当初から複数の債務が存在し，各債務の履行地が異なる国にある場合には，各債務ごとに管轄原因が決定される。双務契約全体につき1つの履行地が管轄原因を構成するわけではない。

(3)　請求と履行地

契約に関連する請求と債務の履行地は次のように関係している。

「契約上の債務の履行の請求」については，当該債務の履行地が日本にあるときに日本の裁判所は管轄権を有する。「契約上の債務の不履行による損害賠償請求」についても，契約上の本来の債務を基準にして履行地が決定される。たとえば，売買代金不払いによる損害賠償を請求する場合には，売買契約上の代金支払債務を基準としてその履行地が決定される。

契約上の債務に関して行われた事務管理または契約上の債務に関して生じた不当利得についても，契約上の本来の債務を基準として履行地を決定し，これが日本にあるときには日本の裁判所が管轄権を有する。すでに述べたように，不法行為に基づく損害賠償請求は本号の対象外であり，不法行為地管轄（8号）による。

「契約上の債務に関する請求」，たとえば契約当事者の説明義務違反に基づく

損害賠償請求は，契約上の本来の債務の履行地を基準とすることになろう。

(4) 消極的確認訴訟

消極的確認訴訟についても債務履行地管轄は肯定される。債権者たる原告の利益のために開かれる履行地管轄を（本来被告たる）債務者が契約の成立・効力を否定することを目的として原告の資格で利用することも可能である。

3 不法行為地（3条の3第8号）

民訴法3条の3第8号の規定は，不法行為のあった地が日本国内にあるときに日本の国際裁判管轄権を肯定する。

不法行為の被害者は，予見できない形でしかも未知の加害者から損害を受ける。このような事態を想定すると，被告の住所地主義を不法行為について貫徹することは被害者にとって酷な結果となりかねず，加害者たる被告の住所地のほかに，法廷地のオプションを被害者たる原告に認めなければならない。他方で，不法行為地の裁判所における応訴義務を加害者たる被告に負わせても，公平および予見可能性という観点からみてかならずしも不当とはいえまい。さらに，事案および証拠方法との近接性という観点も不法行為地という管轄原因を正当化するとみられる。

(1) 不法行為地の意義

不法行為地は，被害者の法益を侵害する加害者の行為（作為・不作為）があった地（行動地）と被害者に法益侵害が発生した地（結果発生地）の双方を含む。

行動地と結果発生地とが異なるいわゆる隔地的不法行為の場合には，行動地と結果発生地の双方が管轄原因としての不法行為地となる。行動地のみを管轄権の基礎とすると，その地は加害者すなわち被告の住所地と一致することが多いであろうから，オプションとして不法行為地を管轄権の基礎とする意味が失われかねない。他方で，結果発生地だけを管轄権の基礎とすると，行動地という事案に近接した地が法廷地となりえないおそれがある[10]。

結果発生地には法益侵害から派生する損害の発生地は含まれない[11]。損害が発生するのは多くの場合に被害者たる原告の住所地であるため，被告住所地主義の原則を実質的に否定する管轄原因が導入されることにもなる。なにより

も，不法行為地が際限なく広がり，被告の予見可能性を害することになろう。

(2) 通常予見

損害の発生地が結果発生地には含まれず，結果発生地を法益侵害の生じた地に限定してもなお，加害者にその地における応訴を一般的に期待すべきではない状況が考えられる。

＊製造物の欠陥から被害者の住所地において事故が発生したとしよう。しかし，その住所地国は当該製造物の本来の流通経路上にはなく，被害者は中古品として当該製造物を取得したような場合には，類型的にみて，被害者の住所地国における結果の発生を加害者が一般的に予見しているとはいえない。また，次のような状況も同様であろう。甲国で地震が発生し，所有者Yが耐震化のための改修を怠っていたためにビルが倒壊したとする。このビル内にあるレストランで食事をしていた日本人観光客Aが即死したことを日本において知らされたAの妻Xはショックを受け，自宅近くの病院にて治療を受けた。不法行為地とは別の国に居住する被害者の親族に生じた結果の発生の予見を加害者に一般的に期待することはできまい。

こういった状況を想定して，8号のかっこ書は，「外国で行われた加害行為の結果が日本国内で発生した場合において，日本国内におけるその結果の発生が通常予見することのできないものであったときを除く。」と規定している。この規定は，「特別の事情」(3条の9) の適用範囲を縮減することにもつながろう。

(3) 不法行為地管轄の範囲

イ 特許権侵害

特許権は属地的にのみ効力を有しているとされる。特許権の属地性という概念の曖昧さのゆえに，外国の特許権侵害に基づく損害賠償請求は特許付与国たる当該外国の裁判所にのみ提起できるとする見解もあった。むろん，特許権の存否および効力それじたいは特許権を付与した国の専属管轄に属する (3条の5第3項)。しかし，その侵害について特許付与国とは別の国の裁判所の管轄権を否定する理由はあるまい[12]。

ロ 生産物責任

これまでの日本の判例および多数説は生産物責任を不法行為と捉え，不法行

為地管轄を肯定する[13]。行動地としての生産業者の事業所所在地および結果発生地としての事故発生地がともに不法行為地となる。

八　消極的確認訴訟

債務不存在確認の訴えとの関係でも不法行為地管轄は肯定される[14]。本来原告となるべき被害者が，加害者の住所地において応訴義務を負う可能性があるために，債務不存在確認訴訟については（被害者の救済をその根拠の1つとする）不法行為地管轄を否定する見解もあった。

しかし，訴えの対象となる債務は多様であり，債務の性質などによってはその不存在確認を求める訴えを否定すべきではない[15]。また，次の点も指摘できよう。たしかに，悪質な法廷地漁りの結果として日本が消極的確認訴訟のための法廷地として選択された場合には，「特別の事情」（3条の9）が存在するものとして，訴えを却下しなければなるまい。とはいえ，一般論としては，請求権を有すると主張する者が必要な証拠方法を収集しつつ，自己に有利な訴え提起時を探りながら，長期間にわたって訴えを提起しないようなときには，相手方にも自己の法的地位を明確にするチャンスが与えられるべきである。また，請求権を有すると主張する者が外国において訴訟を提起する用意があるとの意思を交渉の道具として相手方に示しているような場合，日本において消極的確認訴訟を提起する可能性を否定すべきではあるまい。

(4)　管轄原因事実の証明

不法行為という管轄原因を構成する事実をどの程度証明すれば不法行為地管轄が肯定されるか。請求原因と符合するすべての管轄原因（たとえば，債務履行地）についてもいえる問題である。証明の程度いかんによっては，日本における応訴をまったく予見していない者までもが日本において応訴義務を負うことになりかねない。最高裁は，「被告が我が国においてした行為により原告の法益について損害が生じたとの客観的事実関係」の証明を要求し，それで足りるとする[16]。

4　請求の目的または被告財産の所在地（3条の3第3号）

財産権上の訴えについては，日本が財産所在地であることをもって，日本の裁判所に国際裁判管轄権が肯定されうる。すなわち，①請求の目的が日本に所

在する場合，②金銭の支払いを請求する場合に差押え可能な被告の財産が日本に所在する場合である。ただし，②の場合には，その財産の価額が著しく低くないことが条件となる。

(1) 請求の目的の所在地

請求の目的が日本に所在するとは，訴えによってその存否が問われている権利や法律関係の目的物が日本に所在するとの意であり[17]，物権または債権に基づく物の引渡請求がその典型例である。日本に所在する物を被告は所有しないとの確認を求めるといった消極的確認訴訟であってもよい。有体物を目的とする物権との関係では，物の所在地である。一般の債権については，第三債務者の住所地が基準となる。特許権などについては特許法15条の規定などが類推適用されよう。

＊甲国に住む売主たる原告Xが売買契約に従い目的物を引き渡した後に乙国に住む買主たる被告Yに代金の支払いを求めたが，Yがこれを拒絶したとする。当該目的物の所在地たる日本においてXが物の返還を求める訴えを提起した場合，訴えは直接に当該物に関連しており，さらに，その所在地は容易に確定可能である。その意味では，予見可能性の要請と矛盾するものではない。

(2) 被告の財産所在地

被告の財産所在地管轄は内国における原告の司法救済こそ容易にするが，一般的に財産所在地管轄は"過剰管轄"とされている。

＊日本に所在する被告の財産が成田空港近くのホテルに置き忘れたスリッパにすぎないという場合もあろう。

そのため，この管轄原因に基づく内国の判決が外国において承認される可能性は少ないといえよう。しかし，財産所在地管轄は第一次的には内国に住所を有する債権者の利益のために設けられている。副次的には，外国に住所を有する債権者についても，次の場合に，財産所在地管轄は意味をもっている。すなわち，①外国裁判所が管轄権を有しないために，緊急管轄を日本に肯定すべき場合，および②外国の裁判所が本来管轄権を有すべきときであっても，その外

国の裁判所の判決が相互の保証がないなどの理由から内国において承認されえない場合である。

　こういった必要性があるとはいえ，管轄権の及ぶ範囲は限定されなければならない。第1に，差押えまたは仮差押えと連続すべき管轄原因としてのみ正当化されうるために，金銭の支払いの請求を目的とする訴えに限定されている。形成の訴えや確認の訴えについては管轄原因とはなりえない。さらに消極的確認訴訟には利用できない。第2に，「財産の価額が著しく低いとき」にも管轄権は否定される。被告にたいして応訴義務を課すことの正当性が疑われるだけでなく，そのような場合には外国における承認と執行が必要となる可能性が高いと予想されるにもかかわらず，日本の裁判所の判決が当該外国において承認される可能性はきわめて少ないとみられるからである。なお，財産の価額が著しく低いか否かの評価は，請求額との関連において行われるわけではない。訴訟の入り口において，日本に所在する被告財産の総額について判断を行うことは困難であるからである。

　内国債権者の保護という観点は訴えと日本との間に一定の関連性を要請するが，これは「特別の事情」（3条の9）の枠組みの中で斟酌され，関連性が十分でないときは管轄権の行使が否定されよう。

5　不動産に関する訴え（3条の3第11号）

　不動産に関する権利を目的とする訴えについては，当該不動産が日本に所在する場合に日本の裁判所が管轄権を有する。この特別管轄原因が認められるのは，係争物たる不動産じたいが日本に所在するということだけでなく，登記もまた日本においてなされているから，日本の裁判所における証拠調べが容易であるということに基づく。問題となっている物が不動産か否かは日本法により決定される。この管轄権は日本に専属するものではないが，日本に所在する不動産の登記に関する訴えは，本号ではなく，民訴法3条の5第2項により日本が専属管轄権を有する。

　不動産物権の積極的・消極的確認の訴え，所有権・占有権に基づく返還・回収の訴えなどが本号の対象となる。契約または契約の解除による土地家屋の引渡し・明渡しを求める訴えは本号の対象であるが，不動産の売買代金や賃料などの支払請求の訴えは，不動産に関する権利を目的とするものではないから，

本号の対象ではない。

6　その他の特別管轄原因

(1)　船舶債権などに基づく訴え（3条の3第6号）

　船舶債権つまり債権者が船舶にたいして有する船舶先取特権または船舶を担保とする債権（船舶抵当権，未登記船舶にたいする質権）に基づく訴えについては，問題となっている船舶が日本国内にある場合に，日本の裁判所が管轄権を有する。船舶にたいする強制執行と担保権を実行するための競売は船舶所在地で行われることに基づく。被告が船舶の所有者であると同時に債務者でもある場合には3号の財産所在地管轄で処理できるために，船舶所有者以外の第三者を被告とする場合に本号の意味がある。裁判例もなく必要性の疑われた規定である。

(2)　会社などに関する訴え（3条の3第7号）

　法人が日本法を設立準拠法とする場合，社団・財団が法人でないときにはその主たる事務所または営業所が日本にある場合に，7号に掲げられた訴えについては，日本の裁判所は国際裁判管轄権を有する。

(3)　船舶の衝突などに基づく損害賠償の訴え（3条の3第9号）

　民訴法3条の3第9号は，5条10号とパラレルな規定である。損害を受けた船舶が最初に到達した地が日本国内にある場合に，日本の国際裁判管轄権が肯定される。船舶の衝突その他海上における事故が日本の領海内において発生した場合には，不法行為地管轄（8号）による。他方で，事故が公海を含む日本の領海外において生じた場合には，8号の規定の下では日本の裁判所に管轄権は発生しない。しかし，不法行為地管轄の趣旨はこの場合にも妥当するとみられる。損害を受けた船舶が最初に到達した地が日本であるかぎり，日本の裁判所は証拠調べの観点から近接しており，かつ，被害者にとってもアクセス可能な裁判所であるからである[18]。

(4)　海難救助に関する訴え（3条の3第10号）

　不当利得と事務管理に関する紛争が契約から派生する形で生ずる場合には，

1号の規定による。事務管理に関する事件のほとんどは海難救助に関している。しかし，実務上，海難救助については，ロイズ・オープン・フォーム（ロイズ救助契約書式）にロンドンを仲裁地とする仲裁合意が含まれ，日本の裁判所に海難救助に関する訴えが提起されることは稀である。しかし，そのような訴えが絶無とまではいえないために，日本の領海内において海難救助があった場合または救助された船舶が最初に到達した地が日本国内にある場合に，日本の国際裁判管轄権が肯定される。

(5) 手形・小切手による金銭の支払請求を目的とする訴え（3条の3第2号）

手形または小切手による金銭の支払いの請求を目的とする訴えについては，手形または小切手の支払地が日本国内にあるときに，日本の裁判所は管轄権を有する。民訴法5条2号の規定とパラレルな関係にある。

手形・小切手による金銭の支払請求について特別管轄原因を認めることにより，債権者による迅速な金銭の回収が可能になろう。手形・小切手には支払地が明記されているために，裏書人・引受人など被告の予見可能性が害されることもあるまい。

(6) 相続に関する訴え（3条の3第12号，第13号）

12号および13号の定める管轄原因は，相続に利害関係を有する複数の者の予見可能性から認められる管轄原因である。また，被相続人の住所地に証拠などが所在することも期待できよう。相続財産（とくに不動産）が外国にあっても，管轄権は肯定される。被相続人の国籍いかんは問題とならない。

イ　3条の3第12号

被告の住所地という一般管轄原因とは別に，相続権の確認請求や相続回復請求（相続権に関する訴え），遺留分の確認および遺留分減殺請求に基づく給付もしくは確認の訴え（遺留分に関する訴え）または遺贈もしくは死因贈与など人の死亡により効力を生ずべき行為に関する訴えについては，民訴法3条の3第12号に特別管轄原因が定められている。相続準拠法上，遺留分減殺請求権が形成権と構成されているか，受遺者・受贈者にたいする給付を求める請求として構成されているかは問われない。

この規定によると，①相続開始の時点における被相続人の住所が日本にある

ときには，上記の訴えにつき日本の裁判所が国際裁判管轄権を有する。②当該時点において被相続人の住所が日本にも外国にも（知れ）ない場合には，この時点における被相続人の居所が日本にあるときも同様である。③当該時点において居所が日本にも外国にも（知れ）ない場合において，被相続人が相続開始前に日本に住所を有していたときにも日本の裁判所に管轄権がある。ただし，相続開始前に最後の住所が日本にあっても，その後に被相続人が住所を外国に移動させていた場合には，日本の裁判所は管轄権を有しない。

ロ　3条の3第13号

相続債権つまり相続人が承継すべき被相続人の債務に関する訴え（被相続人が死亡前に負っていた債務の履行またはその存在の確認を求める訴え）や遺言執行・遺産管理費用など相続財産の負担に関する訴えについても，債権者の予見可能性に配慮して，12号に掲げる管轄原因が日本にあるときに管轄権が肯定される。日本に相続財産が所在しない場合にも，管轄権は肯定されることに留意しなければならない。

第3節　管轄権の専属

民訴法3条の5の規定は，次の訴えの国際裁判管轄権を日本の裁判所に専属するものとしている。①日本法を設立準拠法とする法人の内部組織に関する訴えおよび日本を発行地とする社債発行会社による弁済の取消しに関する訴え（1項），②日本を登記・登録地とする登記・登録に関する訴え（2項），③日本における設定の登録により発生する知的財産権の存否・効力に関する訴え（3項），である。

当該規定が想定する訴えにつき日本の裁判所が適用すべき法は日本法である。これらの規定が前提としている日本法の適用根拠は一様ではないが，いずれの場合も日本の実体法との強い結びつきが認められる。

日本の裁判所の専属管轄権は，直接管轄と間接管轄につき，次の2点を意味している。①これらの訴えについては，一般・特別管轄原因，管轄合意など国際裁判管轄の基礎を定める諸規定の適用がなく（3条の10），②これらの訴えにつき外国の裁判所が管轄権を行使しても，その判決は間接管轄権を欠くものとして日本においては承認されない，という点である。

さらに，1項から3項までの規定が想定する訴えにつき外国法が適用されるべき場合（すなわち，社団または財団の設立準拠法が外国法である場合，外国で社債が発行された場合，外国が登記・登録地である場合，外国において設定の登録がされた知的財産権の場合）には，当該外国の裁判所の専属管轄権が肯定され，その結果として，日本の直接管轄権は否定され（145条3項，146条3項），第三国の間接管轄権も否定される。3項の規定は，もっぱら，この結果との関連において実際的な意味をもっている。

I　法人の内部組織などに関する訴え（3条の5第1項）

　法人の運命にかわわる諸問題には，通則法上明文の規定はないが，法人のいわゆる従属法が適用される。日本の国際私法上，法人の従属法は設立準拠法による（参照，第1部第2編第2章）。また，社債発行会社の弁済の取消しは会社の組織にかかわる問題ではないけれども，この訴えは社債管理者の設置義務および社債権者集会に関する会社法上の関連規定の適用を前提としており，日本が発行地であるかぎりこれらの規定は国際的強行規定として適用されると解される。

　日本法を設立準拠法とする法人の設立・消滅および内部組織などに関する訴えの土地管轄については，法人の本店または主たる事務所の所在する地方裁判所の専属管轄に属するとされている。同一の原因に基づき複数の者から訴えが提起される可能性があるため，裁判所ごとに判断が区々となることを防止するためである。法律関係の画一的確定の必要性は国際裁判管轄権との関連においても認められなければならない。すなわち，日本のみならず諸外国の裁判所に同一の原因に基づく訴えが提起され，その結果として，法人の運命などにかかわる一定の訴えについて判断が区々となる事態の発生が懸念される。このことに配慮して，（会社法835条1項，一般法人法286条および保険業法30条6項など）法人の本店または主たる事務所の所在する地方裁判所の専属管轄とされている事項につき，国際裁判管轄権が日本の裁判所に専属するものとされている[19]。なお，日本法の下では，外国に定款上の本店などを置くことは認められていないので，土地管轄の基準と国際裁判管轄の基準とに齟齬が生ずることはない。また，会社法821条1項の定めるいわゆる擬似外国会社つまり外国法を設立準拠法としながら日本に本店を有する会社については，日本は専属管轄権を有しない。むしろ，日本の観点からは，その法が設立準拠法となっている

外国の専属管轄権が肯定される。

社債発行会社による弁済の取消しの訴えについても，同様に，法律関係の画一的な確定の必要性が認められる。

II 登記・登録に関する訴え（3条の5第2項）

登記または登録に関する訴えの管轄権は，登記または登録すべき地が日本である場合，日本の裁判所に専属する。登記・登録にかかわる機関は，原則として，その所属国法にのみ従う。私法上の権利義務関係を争うものであっても，その請求の内容がそれら機関による行為に関わるものであるときは，日本の登記・登録機関が補正に応じうる判決を外国の裁判所が下す保障はない。これらが，当該訴えにつき日本の裁判所の専属管轄権を肯定した理由である。

＊日本の公簿に登記または登録の手続をすべきことの意思表示を義務者にたいして求める訴えについては日本の裁判所だけが管轄権を有する。また，登記上利害関係を有する第三者にかかわる抹消などについての承諾の請求も含まれる。

国際裁判管轄権が日本の裁判所に専属する結果として，日本の公簿への登記・登録手続を命ずる外国判決があっても，当該外国判決は日本において効力を有しない。逆に，外国に所在する不動産などの登記について，日本に住む日本人間において紛争が生じた場合にも，日本の裁判所は管轄権を有しない。

民訴法3条の3第11号の規定によると，不動産に関する訴えは日本の専属管轄には属さないので，日本に所在する不動産に関する訴えにつき外国の裁判所の管轄権は排斥されない。他方で，日本の公簿への登記・登録に関する訴えは日本の専属管轄に属するので，外国の裁判所において，所有権に基づく不動産の引渡しを求める請求と所有権移転登記手続を求める請求とを（日本の観点からは）併合審理することはできないことになる。

III 設定の登録により発生する知的財産権の存否・効力に関する訴え（3条の5第3項）

知的財産権（知的財産基本法2条2項に規定するもの）のうち設定の登録によ

り発生するものの存否または効力に関する訴えの管轄権は，その登録国が日本である場合には，日本の裁判所に専属する。つまり，日本において登録された特許権，実用新案権，意匠権，商標権および育成者権の存否に関する訴えまたはその有効性に関する訴えについては，日本の裁判所が専属管轄権を有する。逆に，登録が成立要件ではない著作権などの知的財産権に関する訴えやライセンス契約に関する訴えなどについては，一般管轄原因などが日本にあるかぎりにおいて，日本の裁判所が管轄権を有する。

1 趣　旨

　国際私法上，知的財産権の存否または有効性には登録国法が適用される。国際裁判管轄の上でも，設定の登録により発生する知的財産権は行政処分により付与されることも多く，また，日本で登録された特許などを外国の裁判所が無効と確認する判決を下したとしても，登録国たる日本での手続が別個に必要である。これらの理由から専属管轄とされている。

2 専属管轄権の意味と範囲

　日本では特許などの有効性が民事訴訟において争われることはない。他方で，外国で登録された特許などについては，外国特許などの権利者を被告として，その無効確認訴訟などが日本で提起され，民事訴訟（無効確認訴訟）として争われる可能性がないとはいえない。民訴法3条の5第2項の規定は，外国において登録された特許などの存否・効力については日本の裁判所は管轄権を有しないとする点に意味がある。さらに，日本において登録された特許などの存否または効力に関する訴えについて外国裁判所の判決があっても，そのような判決は日本では承認しないとの意味ももっている。

　外国で登録された知的財産権の存否または効力に関する訴えについては日本の裁判所に管轄権がないとしても，その侵害の訴えは3条の3第8号の「不法行為に関する訴え」に該当する。日本の裁判所の管轄権を当事者が合意する場合や，日本の会社間における外国特許をめぐる紛争につき，日本の裁判所の管轄権を否定すべき理由はないからである。

＊特許法168条2項は，「訴えの提起…があつた場合において，必要があると認めるときは，裁判所は，審決が確定するまでその訴訟手続を中止することができる」と定めている。日本において外国特許の侵害訴訟が係属しているときに，当該外国においても当該特許の無効審判が係属し，あるいは，当該特許の有効性が当該外国における訴訟手続の中で審理されている場合に，外国特許が問題となっているというそれだけの理由でこの規定の趣旨を否定する理由はない。当該規定を類推適用して，日本における訴訟手続を中止することになろう。

なお，職務発明における相当の対価を求める訴えについては，労働または委任（役員の場合）の問題として，3条の4の規定を含む他の規定に従い日本の裁判所の管轄権が決定される。

第4節　併合請求における管轄権

民訴法3条の6および146条3項の規定は，他の規定によると日本の裁判所が国際裁判管轄権を有しない請求につき，これとは別の請求との関連性を理由に日本の管轄権を肯定する。その意味で，（反訴）原告の利益を考慮したものとなっている。

I　客観的併合（3条の6本文）

民訴法3条の6本文は，7条の規定と同様に客観的併合請求における管轄を定めている。

＊原告が同一の被告に対してA請求（不法行為に基づく損害賠償請求）とB請求（債務不履行に基づく損害賠償請求）をするとしよう。A請求につき不法行為地管轄に基づいて日本の裁判所が管轄権を有するときには，B請求については管轄権を有しない場合にも，B請求につき日本の管轄権が肯定されうる。逆に，A請求につき日本の裁判所が管轄権を有しない場合（たとえば，日本を不法行為地とする損害賠償請求につき，被告が日本においてした行為により原告の法益について損害が生じたとの客観的事実関係が証明されない場合）には，B請求についても日本の管轄権は否定される。

「日本の裁判所が一の請求について管轄権を有し，他の請求について管轄権を有しないとき」という状況が想定されており，かつ，この状況においては「一の請求と他の請求との間に密接な関連があるときに限り」という要件が付加されている。

土地管轄に関する7条本文の規定は次のような考え方を背後にもっている。すなわち，原告が同一の被告にたいして複数の請求をする場合，被告としてはいずれにせよ1つの訴えにつき応訴する必要がある以上，他の請求について（本来，管轄権を有しない）裁判所に管轄権を肯定してもとくに不利益が被告に生ずるわけではない（かりに不利益が生ずるとしても，17条の移送制度が利用できる），というものである。他方で，国際裁判管轄との関連においては，この考え方はそのままの形では妥当しない。他の請求につき本来的な管轄原因が日本にある場合にのみ日本の裁判所において応訴する利益を被告は有しており，このことは国境を越える紛争との関係ではとくに配慮されなければならないからである。さらに，国際裁判管轄との関連では移送制度は利用できない。そのために，3条の6の規定は，請求間に存在する密接関連性を要求している[20]。

Ⅱ　反　訴（146条3項）

民訴法146条3項の規定によると，日本の裁判所が反訴の目的である請求につき管轄権を有しない状況を想定して，被告は，本訴の目的である請求または防御の方法と密接に関連する請求を目的とする場合に1項の規定に従った反訴を提起できるとする。日本の裁判所が反訴請求じたいにつき管轄権を有している場合には，3項の規定の適用はない。1項の規定が本訴請求とのたんなる関連性を要求しているのにたいして，3項の規定は（3条の6の規定と同様に）"密接な関連性"を要求していることに留意しなければならない[21]。

146条3項の規定のただし書は，（3条の5の規定を双方的に読み替えた場合に）外国の裁判所の専属管轄に属する請求に反訴の目的たる請求が該当する場合，被告は反訴を提起できないとする。

Ⅲ　主観的併合（3条の6）

民訴法改正前の裁判例においては，請求の主観的併合を肯定したものはそれ

ほど多くない[22]。主観的併合を理由に併合請求の国際裁判管轄権を認めることは原則としてできないが，「特段の事情」があれば管轄権を肯定する趣旨のものさえあった[23]。主観的併合については，併合される被告の不利益が大きいために，要件が厳格となっている。民訴法38条前段に定める場合に限るとされている。

第5節　合意管轄（3条の7）

　一般的・抽象的な管轄権に関する規定は，個別的・具体的な事案における（管轄権に関する）当事者の予見可能性の確保という要請にかならずしも応えるわけではない。国際裁判管轄の出発点は被告の住所であるけれども，訴え提起時という将来の時点において被告がその住所をどの国に有するかを原告が事前に知りうるわけではかならずしもない。その一方で，原告の選択することのできる特別管轄原因もまた併存して肯定されているため，被告としては応訴すべき国を前もって特定しがたい。

　個別的・具体的な事案において日本の裁判所が当事者の想定外の裁判所である場合，「特別の事情」の枠組みの中で当事者の予見可能性を考慮して，裁判所は訴えを却下することもできる。しかし，裁判所の判断は事後において行われるから，この方法だけでは当事者の予見可能性を十分に確保することはできない。いかなる国の裁判所が管轄権を有するかが事前に判明していないと，準拠すべき手続法と実体法かくして訴訟の行方が見通せなくなる。

　管轄権に関する予見の不確実性はある国の裁判所の管轄権を合意することによって，これを除去するか（専属的管轄合意の場合）またはこれを減ずることができる（一定の付加的管轄合意の場合）。さらに，そのような合意があると，間接的に，適用されるべき国際私法（したがって，準拠法）を両当事者は知ることができ，紛争解決の行方も予測できるようになる。管轄権に関する予見可能性の確保を徹底させるために，民訴法3条の9の規定は，当事者が日本の裁判所に専属的な管轄権を付与した場合には，裁判所は個別的・具体的な事案における「特別の事情」の存在を理由に訴えを却下することができない，としている[24]。

I　管轄合意の性質

　管轄合意は訴訟上の法律行為である。紛争が発生する前の時点において行われるとしても，特定国の裁判所に訴えを提起することまたは提起しないことを当事者に実体法上義務づけるものではなく，管轄合意それじたいが裁判所の管轄権の存否を決定する効果をもつからである。

　契約の一部を構成するものとして合意されていても，訴訟上の合意としての管轄合意は実体法的な契約本体との関係では独立している。合意に基づき管轄権を有する国の裁判所が契約を実体法上無効とすることもあり，他方で，管轄権の合意が無効であるからといって，そのことから当然に，実体法上における契約の無効が帰結するわけでもない。

II　管轄合意に適用される規定

　管轄合意が当事者間にある場合，日本の裁判所は次のいずれかの問題に直面する。すなわち，①日本の裁判所に管轄権を付与する合意に基づき，訴えを適法と認めるべきか，②1つ以上の外国の裁判所の管轄権が合意されたにもかかわらず日本の裁判所に訴えが提起された場合にこの訴えを適法と認めるべきか，という問題である。

　管轄合意の法的性質が訴訟行為としての性質をもつ以上，その成立と効力は原則として民訴法による[25]。

　民訴法3条の7の規定は，管轄合意が特定の法律関係との関係において原則として許容されることそしてその方式を定めている。これらの規定は土地管轄に関する11条の規定とパラレルな関係にある。また，（専属管轄に関する）3条の5の規定は13条の規定と同様な関係にある。さらに，外国裁判所の管轄権が合意された場合において10条の定める状況に近似した状況に対処するための規定も設けられている（3条の7第4項）。土地管轄について規定のない消費者契約および労働関係事件と管轄合意との関係については，3条の7第5項および第6項に特則が設けられている。

　民訴法が管轄合意の成立につき直接に定める事項はかならずしも包括的ではなく，その規律をとくに契約の準拠法に委ねている問題もある。

III 管轄合意の許容性（1項）

民訴法3条の7第1項は管轄合意を許容している。

1 法律関係の渉外性

法律関係の渉外性の有無は管轄合意の有効性に影響しない。

＊管轄権に関する合意が国際裁判管轄に関する合意かそれとも土地管轄に関する合意かが，事前にはかならずしも判明しないことがある。たとえば，東京と大阪の商人が東京地方裁判所を合意し，契約締結の時点では純国内的な契約であったが，大阪の商人が事後にその住所を上海に移動させた場合である。逆の場合つまり上海の商人と東京の商人が東京地方裁判所を合意したが，上海の商人が事後にその住所を大阪に移動したという事態も起こりえよう。

2 裁判所の特定性

裁判所の特定を民訴法は当事者の意思に委ねている。当事者は，しばしば，（東京地方裁判所といった）特定の裁判所の管轄権を合意する。そうすることによって，同時に国が確定される。むろん，法廷地国となるべき国だけを合意するという場合もありえよう。その場合には，土地管轄は，（意思解釈に関する規定を含む）その国の手続法の規定に従って確定されなければならない。

＊様々な内容の合意が想定できる。
　①創設的な管轄合意　本来管轄権のない国の管轄権を創設するが，他の国の法定の国際裁判管轄権を排斥しない合意。この合意は，被告の応訴義務を拡大することになる。
　②排斥的な管轄合意　1つ以上の国の管轄権を排斥するが，他の国の国際裁判管轄権を創設しない合意。
　③創設的かつ専属的な管轄合意　法定の管轄権を有しない国が管轄権をもちかつその国のみが管轄権をもつとする合意。この合意は，法定の管轄権のある他のすべての国の管轄権を排斥することを意味している。
　④被告住所地主義を貫徹する合意　「各当事者はその住所地においてのみ訴えられうる」

という合意も可能である。この合意は，特別管轄原因の排斥を意味する。
⑤原告住所地主義を許容する合意　「各当事者はその住所地において訴えを提起できる」という合意。
⑥当事者の一方の選択を許容する合意　複数の法廷地を合意しておき，そのうちのいずれによるかは当事者の一方が選択するという合意である。

Ⅳ　管轄合意の実質的成立要件

1　法律関係の特定性

　民訴法3条の7第2項の規定は，管轄合意の対象となる法律関係の特定性を成立要件としている。管轄合意は，特定の法律関係に基づく訴えに関していなければならない。当事者の予見可能性を確保するためである。当事者間に将来において発生するすべての法的紛争といったあらゆる訴えを包摂するような管轄合意は無効である。

＊基本契約に基づき締結されているすべての契約との関係において管轄合意がなされている場合には，この要件は満たされているといえようか。（預金契約など）継続的な法律関係についても可能である。

　なお，管轄合意は，少なくとも請求権がすでに発生している場合には不法行為上の請求権との関係においても行いうると解される。将来における不法行為上の請求権については，それが契約上の請求権と競合するかぎり許容されよう。もっとも，管轄合意が不法行為上の請求権をもカバーするか否かは意思解釈の問題である。

2　専属管轄（3条の10）

　昭和50年11月28日の最高裁判決は，外国の裁判所の専属的な管轄権を合意しても「当該事件がわが国の裁判権に専属的に服するものではな（い）」ことを管轄合意の有効要件としていた[26]。民訴法3条の10の規定もこのことを明示する。日本法の下で日本の裁判所が専属管轄権を有している訴えについて

は外国裁判所の管轄権を合意することはできない。

逆に，日本の裁判所を管轄裁判所とする旨の合意があっても，日本の民訴法によれば外国の裁判所の専属管轄に属する訴えであるときにも，管轄合意は有効ではない。

> ＊外国の民事訴訟法が（たとえば当該外国に所在する不動産に関する訴えについて）その国の裁判所に専属管轄を肯定していても，このことは内国裁判所の合意の有効性に影響しない。

3 他の実質的成立要件

管轄合意もまた1つの法律行為であるから，行為能力や意思の瑕疵が問題となりうる。これらは，通則法の指定する行為能力の準拠法（4条，5条）および法律関係の準拠法（7条など）によることになろう。消費者契約および労働契約については通則法11条および12条の適用がある。

また，外国裁判所の専属的管轄合意の結果として，日本の裁判所が絶対的に適用すべき日本のいわゆる国際的強行規定の適用が潜脱される場合に，管轄合意の有効性を否定する余地は認められよう。

さらに，合意管轄は，経済的・社会的強者が弱者にたいしてその意思を強いるという危険を伴う。たとえば，特定国の裁判所が事案を処理すれば勝訴が見込めるときに，経済的・社会的に優位にたつ者が，当該国の裁判所の専属的な管轄を強いて相手方に合意させたという事情あるいは内国裁判所の管轄権を排斥させたという事情がある場合には，そのような管轄権の合意の有効性を否定する余地を認めるべきであろう。

Ⅴ 方　式（3条の7第2項，第3項）

民訴法3条の7第2項の規定は，「書面でしなければ，〔管轄合意〕の効力を生じない」としている。管轄権に関する条項を含む一方当事者の文書による意思表示を相手方当事者が参照し，やりとりされた文書から契約当事者が管轄権について合意したことが確実に判明しなければならないが，方式としてはそれで十分である。また，その内容を記録した電磁的記録により管轄合意がされた

場合には，その合意は書面によったものとみなされる（3項）。

VI 管轄合意の効力

1 専属的管轄合意と付加的管轄合意

当事者がたんに「東京地方裁判所」を合意した場合に，合意の対象となった裁判所に専属的な管轄権が付与されるかそれとも付加的にのみ管轄権が付与されるかは，当事者の意思解釈の問題である。特定国の裁判所をたんに合意した場合に，これを専属管轄権を付与する合意と推定する規定は民訴法にはない。

＊当事者の一方が国家であり，その国の裁判所が合意された場合あるいは合意された法廷地国が同時に契約準拠法所属国でもある場合などにおいては，管轄合意は専属的と解される可能性が高いであろう。合意された法廷地国に住所を有する契約当事者を被告とする訴えとの関連においても，当該国の裁判所に専属的な管轄権が肯定される可能性がある。たとえば，船荷証券は運送人の事業所所在地に専属管轄を与えるものとみられる。

＊＊原告は，みずからの住所地国の裁判所のみならず被告の住所地国の裁判所において訴えを提起する利益をしばしば有している。執行可能な財産は，多くの場合，被告の住所地に所在しているからである。執行可能性の問題があるがために，原告となるべき者の住所地国の管轄権が合意されている場合には，付加的な管轄権の合意との意思解釈がなされるかもしれない。

2 外国裁判所の管轄合意

外国裁判所の管轄権を合意していても，問題となっている外国裁判所が法律上または事実上裁判権を行使できないときには，当事者はその管轄合意の存在を援用して，日本の裁判所において訴えの却下を求めることはできない（3条の7第4項）。民訴法3条の3第3号の規定とともに，この規定は，緊急管轄に関する一般的規定の必要性を減じたといえよう。

(1) 法律上の障碍

合意された外国裁判所がみずからの管轄権を否定する場合が法律上の障害に

該当する。もっとも，外国裁判所が当該管轄合意を有効として認め，そのことを理由にみずからの管轄権を肯定する必要はない。なんらかの理由で当該外国の裁判所がみずからの管轄権を肯定すれば，法律上の障碍はない。

他方で，管轄権を特定の外国に付与する合意があったときに，当該外国の判決が（たとえば，相互の保証のないことに基づき）内国において承認・執行されないとしても，そのような合意は無効ではない。

＊専属的に合意された外国裁判所の判決が日本において承認されない場合でも，日本の裁判所の管轄権の排斥は認められる。とはいえ，そのような場合における当事者の意思がいかなるものであったかという意思解釈の問題は残ろう。債務者の全財産が日本に所在する場合には，そのような合意は債権者から保護を奪うことを意味するからである。問題となっている外国がみずからの管轄権を肯定し，かつ，当該外国の判決が内国において承認・執行されうるとの黙示的な条件の下に（専属的な）外国裁判所の管轄権を合意したものとして当事者の意思を解すべき場合があるかもしれない。

(2) 事実上の障碍

世界のいずれの国においてもおよそ国家裁判所による司法救済の道が当事者の意思により閉ざされてはならないとの趣旨は，法律上のみならず事実上の障碍から外国裁判所が管轄権を行使できない場合にも，妥当する。たとえば，戦争その他の理由により事実的な原因に基づき外国裁判所における裁判が不可能であるかまたは訴えの提起を原告に期待できない場合である。

3　管轄合意の及ぶ事項的範囲

意思解釈の問題ではあるが，債務履行地管轄（3条の3第1号）と同様に，契約上の債務に関して行われた事務管理もしくは契約から生じた不当利得にかかわる請求，契約上の債務の不履行による損害賠償の請求についても合意された裁判所が原則として管轄権を有すると考えられる。契約締結に至らなかった場合における巻き戻しに関する紛争にも原則として管轄合意は及ぶと考えられる。

契約本体の無効確認を求める訴えもまた合意された裁判所に提起できる。むろん，無効の理由が当事者の行為無能力などの理由により管轄合意それじたいに影響する場合には，このかぎりでない。

4 管轄合意の及ぶ人的範囲

(1) 原 則

管轄合意の成立に関与しなかった第三者にたいしては原則として管轄合意の効力は及ばない。そもそも，そのような合意は民訴法3条の7第2項の書面による合意の要件を満たさないであろう。

＊それゆえ，親会社と顧客との間でされた管轄合意は独立した法人格をもつ子会社にたいしては効力を有しない。

(2) 例 外

この原則の例外は，有効に管轄合意をした当事者の承継人である。特定承継と包括承継を問わない。ある者が権利承継人か否かは（相続や債権譲渡などの）準拠法によって判定される。

さらに，保険契約と船荷証券についても例外が認められよう。保険契約においては被保険者その他の受益者のために管轄合意を行いうる。運送人と荷送人との間でされた船荷証券上の管轄合意は，所持人が荷送人の権利義務を運送契約の準拠法の下で承継するかぎり，船荷証券のすべての所持人にたいして効力を有するとみられる。

VII 応訴管轄（3条の8）

民訴法3条の8の規定によると，被告が異議なく応訴すると，国際裁判管轄権も同時に発生する。土地管轄に関する12条とパラレルな規定となっている。すなわち，被告が日本の裁判所において，日本の国際裁判管轄権を争うことなく本案について弁論したかまたは弁論準備手続において申述したときは，日本の裁判所に国際裁判管轄権が認められることになる[27]。控訴審においても応訴に基づく管轄権は肯定される（参照，12条）。もっとも，日本の裁判所が専属的に管轄権を有するような管轄原因が外国にあるときには，被告が異議なく応訴しても，日本の裁判所は管轄権を有しない（3条の10）。

第6節　消費者契約に関する訴え

　民訴法は，消費者契約に関する訴えにつき，土地管轄の特則を定めていない。消費者が原告として司法救済を求める場合の困難および消費者が被告として応訴する際の困難は，移送制度（17条）の活用により，柔軟に対処することができるからである。

　他方で，国際的な消費者契約については，かりに（マレーシア航空事件のように）契約の締結・履行が外国で完結している場合にも，消費者の住所地国たる日本の管轄権をいちがいに否定すべきではない。言語・距離・費用などの諸要素に最も影響を受けやすいのは消費者である。このことに加えて，国際裁判管轄が問題となるときには，当然のことながら移送制度は利用できない。消費者と事業者間の情報・交渉能力の非対称性を念頭に入れながら，消費者にたいして司法救済の道を閉ざさないようにしなければならない。民訴法3条の4および3条の7第5項の規定の背後には，こういった政策的配慮がある。

＊通則法11条は，消費者契約の準拠法につき，消費者と事業者との間に存する情報・交渉能力の非対称性に着目して，消費者の常居所地において通用している消費者保護規定の適用を確保しようとしている。この規定が民訴法3条の4と結合すると，日本に居住する消費者は，原則として，自己のホームグラウンドたる日本において日本法に従った保護を期待することができる。

＊＊自己の居住地国とは別の国に所在する事業者の本拠地に赴いて契約を締結する消費者またはそのような地に赴いて履行を受ける消費者は能動的消費者（active consumer）と呼ばれる。通則法11条6項1号および2号の規定によると，原則として，そのような能動的消費者はその常居所地法の保護を期待できない。つまり，能動的消費者はB2B契約の当事者と同視される。他方で，このような能動的消費者であっても，民訴法はこれをB2B契約の当事者としてではなく消費者として取り扱う。というのは，一時的に滞在したにすぎない外国の裁判所において訴えの提起または応訴を強い，その権利主張の機会を事実上奪うべきでないことは，能動的か受動的かにかかわらず，すべての消費者に妥当するからである。マレーシア航空事件（昭和56年10月16日の最高裁判決）における被害者もまた能動的消費者であった。この事案に類似した事案を将来において日本の裁判所が処理する場合，日本の裁判所は3条の4第1項の規定に基づいて管轄権を有す

ることになる。

I　消費者と事業者の意義

　民訴法3条の4の規定は，消費者契約法2条1項および2項の定める定義に従い，消費者を「事業として又は事業のために契約の当事者となる場合を除いた個人」とし，事業者を「法人その他の社団又は財団及び事業として又は事業のために契約の当事者となる場合における個人」としている。この定義は，通則法11条1項の「消費者」と「事業者」についても採用されている。

II　消費者からの事業者にたいする訴え

　消費者は，一般管轄原因に関する民訴法3条の2（1項および3項）の規定に従い，被告である事業者の主たる営業所などにおいて訴えを提起することができる。さらに，3条の3以下が定める債務履行地や事業所所在地などの管轄原因に基づき事業者を訴えることもできる（3条の4第3項の反対解釈）。これらの管轄原因に加えて，3条の4第1項の規定は，消費者の住所地が日本にあるときにも日本の裁判所の管轄権を肯定している。かくして，事業者の営業所が日本になくとも，日本に住所を有する消費者は日本の裁判所に訴えを提起することができることになる。その場合，消費者は，訴えの提起時または契約の締結時のいずれかの時点において日本に住所を有していればよい。

　訴え提起時に消費者が日本に住所を有している場合，消費者は自己に最も近接した裁判所において救済を求めることができる。

＊消費者が契約締結時にはニューヨークに住所を有していたが，現在は勤務の都合上，日本に住所を有している場合などである。この場合，日本が法廷地となることを予見していないために日本において応訴義務を負うことは事業者にとっては不測の事態となるかもしれない。しかし，消費者保護のためにはやむをえない。極端な場合には3条の9の規定が適用され，管轄権の行使が否定されうる。なお，不測の事態を避けるために，契約締結時における消費者の住所地国の裁判所の管轄権を合意する道が事業者には残されている（3条の7第5項1号）。

さらに，契約締結時に消費者が日本に住所を有していた場合にも，消費者は日本の裁判所での救済を期待できる。現在の住所地ではない日本においても訴えを提起できる点において消費者にはオプションの幅が広がると同時に，事業者としても契約締結時の住所地は予見の範囲内といえるからである。

III 事業者からの消費者にたいする訴え（3条の4第3項）

事業者が消費者を被告として訴えを提起できるのは，管轄合意のある場合や消費者が応訴する場合を別にすれば，民訴法3条の2第1項の場合に限られる。3条の3の規定する特別管轄原因のすべてを事業者は利用できない。

IV 管轄合意（3条の7第5項）

管轄合意の成立には，一般的な管轄合意の要件のほかに（参照，第2章第5節），5項の規定が適用される。管轄合意にたいする規律は，合意が紛争発生前になされたか，その後になされたかに従い，異なっている。

1 紛争発生後の管轄合意

消費者契約から発生する紛争につき，紛争発生後において消費者と事業者は日本の裁判所の管轄権を合意できる。紛争が発生した後では，管轄合意のもつ法律上の効果の理解を消費者に期待できるからである。

2 紛争発生前の管轄合意

紛争発生前における管轄合意については，民訴法3条の7第5項がその1項の特則となっている。すなわち，そのような管轄合意は許容されるけれども，B2Bの管轄合意とは異なり，その有効要件と意思解釈は消費者保護のための規律に服する。

（1） 有効要件の特則

管轄合意は，次のいずれかの場合にのみ効力を有する（5項柱書）。第1に，

合意の対象となる裁判所が契約締結時における消費者の住所地国の裁判所である場合（5項1号），第2に，契約締結時における消費者の住所地国とは異なる国の裁判所が合意されたときに，消費者があえて当該裁判所に訴えを提起した場合（5項2号前段），そして第3に，事業者が日本または外国の裁判所に提起した訴えにつき，他の国の裁判所に管轄権を付与する管轄合意を消費者が「援用」した場合，つまり，訴えの提起された裁判所は管轄権を有しない旨の抗弁を管轄合意を理由として消費者が提出した場合である（5項2号後段）。

＊日本の裁判所において消費者が管轄合意を援用すれば，合意された外国の裁判所が間接管轄権を有し，第三国の裁判所においてこれを援用すれば（その管轄権が合意された）日本または外国の裁判所が直接または間接管轄権をそれぞれもつことになる。

(2) 意思解釈の擬制

（「甲国の裁判所のみが管轄権を有する」といった内容の）契約締結時における消費者の住所地国にたいして専属的な管轄権を付与する旨の合意があっても，この合意は付加的にのみ管轄権を付与する合意とみなされる（5項1号かっこ書）。この意思の擬制は，消費者保護のために，とくに消費者の現時点における住所地国の管轄権が管轄合意により排斥されないように配慮したものである。しかし，現時点における住所地国における裁判を消費者があえて欲しないといった意思が認められる（5項2号に掲げられた）状況においては，付加的管轄合意という意思の擬制はない。

第7節 労働関係に関する訴え

事業主が被告である場合に，遠隔の地にある事業主の本拠地の裁判所に訴えを提起するよう労働者に求めることは，労働者にとって司法救済の道を閉ざすことを意味しかねない。

消費者と事業者間におけると同様に，労働者と事業主との間にも情報・交渉能力の非対称性が認められる。そのために，民訴法は，消費者と同様に，3条の4および3条の7第6項において労働者を保護する規定を設けている。

もっとも，労働関係に関する訴えと消費者契約に関する訴えとが同一の規律

に服しているわけではない。労働関係は次の3つの特性を有しているからである。すなわち，事業主による指示に労働者は服するという意味における指示拘束性，労務提供とその対価の支払が継続的にくり返されるという意味での継続性そして労働者は企業組織に編入されて他の労働者とともに働くという意味での集団性（組織性）である。

> ＊通則法12条は，労働契約の準拠法につき労務提供地において通用している労働者保護規定の適用を確保しようとしている。この規定が民訴法3条の4と結合すると，労働者は，原則として，職場に近接した地においてその地の法に従った保護を期待することができる。

I　個別労働関係民事紛争

労働審判法1条の規定に平仄を合わせて，民訴法は，「労働契約の存否その他の労働関係に関する事項について個々の労働者と事業主との間に生じた紛争」を個別労働関係民事紛争とし，国際裁判管轄の特則を定めている。労働者が事業主にたいして，他の労働者とともにその指揮命令に服して労務を提供し，その対価として報酬を得る継続的な契約から発生する紛争が対象となる。

II　労働者からの事業主にたいする訴え

1　労務提供地

労働者は民訴法3条の2（1項および3項）の規定に従い，被告たる事業主の本拠地において訴えを提起することができる。さらに，3条の3以下，とりわけ3条の3第4号が定める管轄原因などに基づき事業主を訴えることもできる（3条の4第3項の反対解釈）。3条の4第2項の規定はさらに，労務の提供地が日本にあるときにも，労働者は日本の裁判所に訴えを提起できるとする。労働者に最も近接した裁判所による司法救済という観点から労務提供地が管轄原因とされている。消費者とは異なり，労働者の住所地は基準とはされていない。これは，労働契約のもつ集団性という側面を反映している。（日本に居住する消費者は隣人と同じように日本の裁判所による司法救済を期待することができるのと同様に）日本に所在する職場で働く労働者は同僚と同じように日本の裁判

所による司法救済を期待できる仕組みとなっている。

　労務提供地とは，労働契約上定められた労務提供地ではなく，労働者が現実に労務を提供していた地である。労働者が時間的に前後して複数の地で労務を提供していた場合には，訴え提起時および請求の目的たる権利の発生した時点における労務提供地がともに管轄原因となるとみられる。

＊労働者が甲国において労務を提供していた当時に事業主との間で紛争が生じ，その後，日本において就労することになった場合，労働者は当該紛争につき甲国においても日本においても訴えを提起できる。なお，日本において労働者が訴えを提起する場合，甲国における就労中に生じた賃金不払いをめぐる紛争について再密接関係地法として推定される労務提供地は甲国法だけである（通則法12条）。

2　雇い入れ地

　労務提供地が定まらない場合には，労働者を雇い入れた事業所の所在地が日本にあると，日本の裁判所が管轄権を有する（3条の4第2項かっこ書）。労働者は，同一の事業所所在地において雇い入れられた労働者と同じ条件で司法救済を受けることができる。

Ⅲ　事業主からの労働者にたいする訴え（3条の4第3項）

　事業主が労働者を被告として訴えを提起できるのは，管轄合意のある場合や労働者が応訴する場合のほか，民訴法3条の2第1項が掲げる場合にかぎられる。事業者は，3条の3の規定する特別管轄原因のすべてを利用することができない。

Ⅳ　管轄合意（3条の7第6項）

　管轄合意の成立には，一般的な管轄合意の要件のほかに（参照，第2章第5節），民訴法3条の7第6項の規定が適用される。管轄合意にたいする規律は，合意が紛争発生前になされたか，その後になされたかに従い，異なっている。

1　紛争発生後の管轄合意

個別労働関係民事紛争につき，紛争発生後において労働者と事業主が日本の裁判所の管轄権を合意した場合，その管轄合意は通常の民事紛争に関する管轄合意と同様な処理を受ける（3条の7第6項の反対解釈）。紛争が発生した後では，事業主の優位性を前提としなくてもよいとみられるからである。

2　紛争発生前の管轄合意

紛争発生前における管轄合意については，民訴法3条の7第6項が1項の特則となっている。すなわち，そのような管轄合意は許容されるけれども，その有効要件と意思解釈は労働者保護のための規律に服する。

(1)　有効要件の特則

管轄合意は，次のいずれかの場合にのみ効力を有する（6項柱書）。

第1に，管轄が合意された時点と合意の対象となる裁判所について同項1号は有効要件を定めている。つまり，労働契約終了の時点にされた管轄合意でなければならず，かつ，合意の対象となる裁判所は労働契約の終了時における労務提供地国の裁判所でなければならない。

事業主の指示拘束力は労働契約の締結時においてすでにみられるから，当該時点においてなされた管轄合意の有効性は否定される。労務契約終了時においても労働者の真意にでた管轄合意を期待できるか疑問となるけれども，事業主の優位性は弱まっているとみられよう。

＊退職する際に日本の事業主と労働者とが退職後における守秘義務に関して日本の裁判所に管轄権を付与する管轄合意をしたとする。当該労働者が外国の事業主に雇用され，外国における就業中に守秘義務違反の行為をした場合に，守秘義務違反に基づく損害賠償請求のために日本の事業主は当該外国において訴えを提起する必要はなくなる。

＊＊外国の会社に入社した日本人研究員が，契約締結の時点において，退職後における守秘義務に関して当該外国の裁判所に管轄権を付与する管轄合意をしたとする。当該外国の会社を退職した日本人研究員が日本の会社に雇用され，守秘義務違反の行為をした場合には，守秘義務違反に基づく損害賠償請求のために当該外国会社は日本の裁判所にお

いて訴えを提起しなければならない。また，契約締結時に合意された外国裁判所の判決は，間接管轄権を欠くものとして，日本では承認されないことになる。

契約終了の時点における労務提供地国の裁判所が合意されなければならない。それより前の時点においてのみ関連性を有していた国の裁判所は合意の対象とはならない。

第2に，1号の要件を充足しない管轄合意であっても，合意された裁判所に労働者があえて訴えを提起した場合（6項2号前段），そして第3に，事業主が日本もしくは外国の裁判所に提起した訴えにつき，他の国の裁判所にたいして管轄権を付与する管轄合意を労働者が「援用」した場合，つまり，管轄合意を理由に当該裁判所が管轄権を有しない旨の抗弁を提出した場合にも（6項2号後段），管轄合意は有効である。

＊日本の裁判所において労働者が管轄合意を援用すれば，合意された外国の裁判所が間接管轄権を有し，第三国の裁判所において労働者が援用すれば（その管轄権が合意された）日本または外国の裁判所が直接または間接管轄権をそれぞれもつことになる。

(2) 意思解釈の擬制

1号要件を充足する管轄合意が（「甲国の裁判所のみが管轄権を有する」といった内容の）最後の労務提供地国に専属的な管轄権を付与する旨の合意であるときでも，当該合意は付加的にのみ管轄権を付与する合意とみなされる（6項1号かっこ書）。この意思の擬制は，労働者保護のために，とくに労働者の現時点における住所地という一般管轄原因が管轄合意により排斥されないように配慮したものである。しかし，現時点における住所地国における裁判を労働者があえて欲しないといった意思が認められる（6項2号に掲げられた）状況においては，付加的管轄合意という意思の擬制はない。

第8節　特別の事情（3条の9）

管轄権を有する場合でも，個別的・具体的な事案において審理および裁判をすることが当事者間の衡平を害し，適正・迅速な審理の実現を妨げる特別の事

情が存する場合には，日本の裁判所は訴えを却下することができる。特別の事情の存否を判定する基準として民訴法3条の9の規定は次の事情を例示的に列挙している。事案の性質，応訴による被告の負担の程度，証拠の所在地である。なお，日本の裁判所の管轄権が当事者の専属的管轄権の合意に基づく場合には，特別の事情の存在を理由として訴えを却下することはできない。

I 判例法上の「特段の事情」と民訴法3条の9

　個別的・具体的な事情を考慮することにより例外的処理を正当化するという意味においては，民訴法3条の9の「特別の事情」は，平成9年11月11日の最高裁判決の判旨にいわゆる「特段の事情」と異なるものではない[28]。とはいえ，次の2点において両者は相違する。第1に，この判決は日本の裁判所の管轄権それじたいを特段の事情により否定するものであったのにたいして，3条の9の規定は，管轄権の存在ではなく管轄権の行使を否定するものと理解できる。

＊日本の裁判所が管轄権を有している事案ではあるが，外国の裁判所において同一当事者間において同一の訴訟物につき手続が進行している場合，このことを特別の事情の構成要素として考慮して日本の裁判所は訴えを却下できる。日本の裁判所の管轄権それじたいではなく，管轄権の行使が否定される結果として訴えが却下されるのである。

　第2に，外国裁判所との連携と渉外性にそれなりの配慮をして立法された管轄原因を前提とすると，個別的・具体的な事案において「特別の事情」として考慮されるべき事情の範囲は「特段の事情」のそれに比べて限定的なものにとどまる。従来の裁判例において特段の事情の存在を認めて管轄権を否定した事案のほとんどは，現行民訴法の下ではそもそも一般的・抽象的な管轄原因がないものとして説明することができると思われる[29]。

II 「特別の事情」の存否

　特別の事情の存否を判断する際に考慮すべき事情について，①事案の性質（請求の内容，契約締結地[30]，事故発生地などの客観的な事情），②応訴による被告

の負担の程度[31]，および③証拠の所在地[32]が例示的に列挙されている[33]。同様な事情は民訴法17条および消費者契約法44条においても掲げられている。

民訴法3条の9の規定は，明文上，日本または外国が法廷地となることについての当事者の予見可能性をとくに掲げていない。しかし，専属的に管轄権が合意されているかぎり日本の裁判所は個別的・具体的な事案においても予見可能なはずであるとの前提にたっていることからすると（かっこ書），民訴法が当事者の予見可能性を重視していることは疑いない[34]。

日本の裁判所の国際裁判管轄権が一般管轄原因に基づく場合にも，3条の9の規定に従い裁判所は訴えを却下することができる。しかし，いわゆる特段の事情の存否が問われたのは特別裁判籍に関する民訴法の規定を根拠にして訴えが提起された事案であったことに鑑みると，現行法の下でも，「特別の事情」の存否が問題となるのは特別管轄原因に基づいて日本の裁判所に訴えが提起される事案と推測できよう。

＊3条の4第1項の規定に従い消費者の住所地に基づいて日本の裁判所が管轄権をもつ場合にも，3条の9の規定に従い訴えは却下されうる。たとえば，日本の旅行客が搭乗した甲国の航空会社の航空機が甲国内において墜落し，遺族が航空会社にたいして損害賠償を求めたとする。甲国と日本との間には国交がなく，その結果として証拠方法を司法共助により利用することはできないといった場合である[35]。

Ⅲ　訴訟競合

多くの国は，一般管轄原因のほかに特別管轄原因を認めている。さらに，専属的ではない合意管轄や応訴管轄も肯定する。そのため，複数国において同一事案が係属するという事態が発生する。つまり，複数国において原告は被告に訴えを提起し（原被告共通型），ある国において被告となった者が他の国において（債務不存在確認訴訟などの）原告としての資格で訴えを提起することがある（原被告逆転型）。

外国の裁判所において訴訟が係属している段階においても，当該外国裁判所と連携を図るべきか。連携を図るとすれば（日本における手続の中止などの）法技術を用いるべきか。民訴法は，訴訟競合そのものについて規定を設けていない[36]。訴訟の係属している外国裁判所との連携をそのようなものとして図

ることなく，3条の9の枠組みの中で，「日本の裁判所が審理及び裁判をすることが当事者間の衡平を害〔する〕」事情などを構成する要素として外国における訴訟係属を考慮しようとする[37]。

第9節　保全命令事件

　改正後の民保法11条は，「保全命令の申立ては，日本の裁判所に本案の訴えを提起することができるとき，又は仮に差し押さえるべき物若しくは係争物が日本国内にあるときに限り，することができる」とし，保全命令事件に関する国際裁判管轄を定めている。

　この規定は土地管轄に関する民保法12条の規定に平仄を合わせたものとなっている。なお，保全命令については「特別の事情」の存否は考慮されない。

1　目的物の所在地

　仮差押命令または係争物仮処分命令は，それぞれ，金銭債権については日本にある債務者の責任財産の処分を禁止し，非金銭債権については日本にある係争物の占有状態または権利状態の変更を禁止する。命令の後ただちに執行を行うという緊急性の要請に応えるべく，仮差押えの対象となる物または係争物が日本に所在するときに，日本の裁判所の管轄権が肯定される。

　民訴法3条の3第3号の財産所在地管轄が，日本に所在する請求の目的または差押可能財産を本案の管轄原因としているので，多くの場合，目的物の所在地管轄は本案管轄と一致する[38]。しかし，外国裁判所の専属的管轄合意がある場合や仲裁合意がある場合には，かならずしも両者が一致するわけではない。これらの場合にも，目的物の日本における所在を保全訴訟の管轄原因として認める理由がある。外国判決や仲裁判断の執行の可能性がある以上，その前提として債務者の責任財産などを確保する必要があるからである[39]。

　なお，第三債務者の住所または主たる事務所もしくは営業所が日本にある場合には，債権の所在地は日本にある（民保法12条4項の類推適用）。

2 本案の管轄権

　本案審理にたいして保全命令は付随すべきものであるために，本案につき日本の裁判所が管轄権を有するときにも，日本の裁判所は管轄権を有する[40]。現時点において日本に債務者の財産がないとしても，このことは本案管轄に基づく保全命令の管轄権を否定する理由にはならない。将来における日本での執行の可能性を否定できないからである。

　　＊債務者の所有する船舶が3日後に日本の港に寄港する予定のときは，本案につき国際裁判管轄権を有する日本の裁判所にあらかじめ仮差押命令の申立てをすることができる。

　本案の管轄権が日本にあるけれども，仮に差し押さえるべき不動産または係争物たる不動産が外国に所在するときには，保全命令を執行する可能性はない。しかし，保全命令の執行可能性の問題は管轄権の問題としてではなく，保全の必要性の判断枠組みの中で考慮されよう。

〔注〕
1) このために，改正後の民訴法10条の2の規定は，「前節の規定により日本の裁判所が管轄権を有する訴えについて，この法律の他の規定又は他の法令の規定により管轄裁判所が定まらないときは，その訴えは，最高裁判所規則で定める地を管轄する裁判所の管轄に属する」と定めている。
2) 最判平成9・11・11民集51巻10号4055頁（自動車およびその部品の輸入などを目的とする日本法人Xがドイツ在住の日本人Yにたいして行った預託金返還請求につき，日本の管轄権が否定された事案）。Xは，ヨーロッパでの自動車の買付け，預託金の管理，代金の支払い，車両の引取りおよび船積み，市場情報の収集などの業務をYに委託していた。その後，Xは，Yによる預託金の管理に不安を覚え，その返還を求めた。Xは，契約の準拠法たる日本法上その本店所在地が預託金返還義務の履行地であるとして日本の管轄権を主張したが，最高裁は，日本法を契約準拠法とする明示の合意や日本を履行地とする合意があったわけではなく，日本での訴訟提起はYの予測を超えるという理由などから，管轄権を否定すべき「特段の事情」があるとした。
3) 第5章第2節Vを参照。
4) 外国会社の日本における代表者の定めは，日本において外国会社が継続的取引をするための要件である（会社法817条1項）。
5) 最判昭和56・10・16民集35巻7号1224頁。
6) 前注2) 最判平成9・11・11民集51巻10号4055頁の事案と同一の事案が現行法の下で問題となるとすれば，民訴法3条の3第1号の要件を欠くとして管轄権が否定されるであろう。
7) 裁判例においても，不法行為に基づく損害賠償債務の履行地にたいして懐疑的な態度

をとるものがあった。たとえば，東京地判平成7・4・25判時1561号84頁や東京地判平成14・11・18判時1812号139頁である。
8) 参照，前注2) 最判平成9・11・11民集51巻10号4055頁，東京高判平成11・3・24判時1700号41頁。
9) 参照，東京地判平成10・11・2判タ1003号292頁。
10) 参照，名古屋地判平成15・12・26判時1854号63頁。
11) 参照，東京地判平成18・10・31判タ1241号338頁。
12) 参照，最判平成14・9・26民集56巻7号1551頁。
13) 参照，大阪地中間判昭和48・10・9判時728号76頁（関西鉄工事件），東京地判昭和49・7・24下民集25巻5-8号639頁および東京地判昭和59・3・27下民集35巻1-4号110頁。
14) 参照，前注13) 大阪地中間判昭和48・10・9判時728号76頁，東京地判平成元・5・30判時1348号91頁，東京地判平成元・6・19判タ703号246頁および東京地判平成10・11・27判タ1037号235頁。
15) 特許法15条は，在外者の特許権その他特許に関する権利につき，特許管理人の住所または居所，特許管理人がないときは特許庁の所在地を民訴法5条4号の「財産の所在地」とみなしている。この規定は特許権侵害差止請求権不存在確認，不当仮処分による損害賠償請求などを念頭においているとされ，日本の特許権侵害についての消極的確認訴訟が日本で提起できることを当然の前提としているようである。
16) 最判平成13・6・8民集55巻4号727頁。
17) 民訴法5条4号にいわゆる「請求の担保の目的」が日本に所在しても日本に管轄権はない。担保の目的が日本に所在するだけで債務者に応訴義務を課すことは管轄権の範囲を拡大しすぎる。なお，日本に所在する物を対象とする担保権したいの存在確認の訴えは，「請求の担保の目的」ではなく「請求の目的が日本国内にあるとき」に該当する。
18) 参照，仙台地判平成21・3・19判時2052号72頁。
19) 社団から社員または社員であった者に対する訴え，社員間または社員と社員であった者との間の訴えについては特則はおかれていない。
20) 参照，前注16) 最判平成13・6・8民集55巻4号727頁。
21) 参照，東京地判平成21・2・12判時2068号95頁。
22) 参照，東京地中間判昭和62・5・8判時1232号40頁。
23) 東京地判平成20・4・11判タ1276号332頁，東京地判平成9・2・5判タ936号232頁，東京高判平成8・12・25高民集49巻3号109頁，東京地判平成2・10・23判タ756号261頁。
24) 管轄合意については，最判昭和50・11・28民集29巻10号1554頁が判例法を定立していた。その判旨は民訴法の規定にも投影されている。この事案では，外国の裁判所の管轄権が合意されていたにもかかわらず日本の裁判所に訴えが提起され，この訴えの適法性が問われた。事案は次のようなものであった。ブラジル人Bから日本人Aが物品を買い受け，これをオランダ法人Yの船舶によって日本まで運送した。運送中に物品が損害を被ったため，日本の保険会社Xは保険金をAに支払い，Aから損害賠償請求権を代位取得したXはYに支払いを求め，神戸地方裁判所に訴えを提起した。しかし，YがAに交付した船荷証券には「この運送契約によるいっさいの訴えは，アムステルダムにおける裁判所に提起されるべきものとし…他の裁判所は管轄権を持つことができない」とする約款があった。第1審および控訴審ともに，この管轄合意約款を有効とした。上告審もまた，「管轄の合意がはなはだしく不合理で公序法に違反するとき等の場合は格別，原則として有効と認めるべきである」として，管轄合意約款を有効とした。
25) 参照，前注24) 最判昭和50・11・28民集29巻10号1554頁。

26) 前注24）最判昭和50・11・28民集29巻10号1554頁。
27) 本案について弁論をした後に，外国の裁判所を専属的に合意したことを理由として国際裁判管轄権を争った場合において，応訴管轄を肯定した裁判例として，大阪地判昭和61・3・26判時1200号97頁がある。
28) 前注2）最判平成9・11・11民集51巻10号4055頁。
29) 参照，前注18）仙台地判平成21・3・19判時2052号72頁。
30) 参照，東京地判平成15・9・26判タ1156号268頁。
31) 参照，前注7）東京地判平成14・11・18判時1812号139頁。
32) 参照，東京高判平成12・12・20金判1133号24頁。
33) なお，これまでの裁判例の中には，特段の事情として準拠法が外国法であることに言及するものがある。たとえば，前注32）東京高判平成12・12・20金判1133号24頁，東京地判平成5・4・23判時1489号134頁。しかし，原則として，準拠法が外国法であることは訴えの却下を導く特別の事情とはなりえまい。
34) 参照，前注2）最判平成9・11・11民集51巻10号4055頁。特段の事情の存在を肯定した裁判例の中で当事者の予測を判断基準としているものとして，前注9）東京地判平成10・11・2判タ1003号292頁。
35) 参照，東京地判昭和61・6・20判時1196号87頁。
36) 国際訴訟競合が問題となった事案として，前注13）大阪地中間判昭和48・10・9判時728号76頁，東京地判昭和59・2・15判タ525号132頁，東京地判平成3・1・29判時1390号98頁，前注14）東京地判平成元・5・30判時1348号91頁。
37) 参照，東京地中間判平成19・3・20判時1974号156頁。
38) 参照，横浜地判昭和41・9・29下民集17巻9・10号874頁。
39) 参照，旭川地決平成8・2・9判時1610号106頁。
40) 参照，東京地決昭和40・4・26労民集16巻2号308頁，東京地決昭和63・12・5労民集39巻6号658頁，東京地決平成19・8・28判タ1272号282頁。

〔参考文献〕

■一般

池原季雄「国際裁判管轄権」鈴木忠一＝三ケ月章監修『新実務民事訴訟講座(7)国際民事訴訟・会社訴訟』（日本評論社，1982年）3頁

高橋宏志「国際裁判管轄――財産関係事件を中心にして」沢木敬郎＝青山善充編『国際民事訴訟法の理論』（有斐閣，1987年）31頁

横山潤「総論的考察――立法の方向性から緊急管轄まで」国際私法10号2頁（2009年）

藤下健「国際裁判管轄研究会報告に関わる若干の問題点について」判時2028号3頁（2009年）

高橋宏志＝横山潤＝手塚裕之＝山本和彦「国際裁判管轄に関する立法の意義〈座談会〉」ジュリ1386号4頁（2009年）

道垣内正人「日本の新しい国際裁判管轄立法について」国際私法12号186頁（2010年）

日暮直子＝小島達朗＝北村治樹＝福田敦＝齊藤恒久「民事訴訟法及び民事保全法の一部を改正する法律の概要」NBL958号62頁，959号102頁（2011年）

■一般・特別管轄原因

河野俊行「知的財産侵害事件の管轄及び例外条項（透明化プロジェクト立法提案）」河野俊行編『知的財産権と渉外民事訴訟』（弘文堂，2010年）227頁

茶園成樹「知的財産権の存在・登録・有効性又は帰属，及び知的財産権を対象とする契約に関する国際裁判管轄（透明化プロジェクト立法提案）」河野俊行編『知的財産権と渉外民事訴訟』（弘文堂，2010年）210頁

横溝大「併合管轄・保全管轄・国際的訴訟競合（透明化プロジェクト立法提案）」河野俊行編『知的財産権と渉外民事訴訟』（弘文堂，2010年）243頁

茶園成樹「知的財産権関係事件の国際裁判管轄」国際私法11号57頁（2010年）

■管轄権の専属

吉川英一郎「社団・財団／不動産／登記・登録事件の国際裁判管轄」国際私法11号85頁（2010年）

■併合管轄

渡辺惺之「判例に見る共同訴訟の国際裁判管轄」『大阪大学法学部創立50周年記念論文集 二十一世紀の法と政治』（有斐閣，2002年）391頁

渡辺惺之「客観的併合による国際裁判管轄」『石川明先生古稀祝賀・現代社会における民事手続法の展開(上)』（商事法務，2002年）367頁

■合意管轄

高橋宏司「管轄合意違反の損害賠償」国際私法9号104頁（2008年）

道垣内正人編『ハーグ国際裁判管轄条約』（商事法務，2009年）

安達栄司「合意，応訴，反訴および併合による国際裁判管轄」国際私法10号78頁（2009年）

中野俊一郎「国際裁判管轄の合意」ジュリ1386号54頁（2009年）

■消費者契約・労働関係

山田恒久「消費者・労働者事件の管轄」国際私法11号39頁（2010年）

■特別の事情

早川吉尚「判例における『特段の事情』の機能と国際裁判管轄立法」ジュリ1386号22頁（2009年）

■保全命令

野村秀敏「国際的債権執行と仮差押えに関する二つの問題点」『石川明先生古稀祝賀・現代社会における民事手続法の展開(上)』（商事法務，2002年）331頁

長谷部由起子「保全の必要と被保全利益の存在」高桑昭＝道垣内正人編『新・裁判実務大系3 国際民事訴訟法（財産法関係）』（青林書院，2002年）406頁

的場朝子「保全命令の国際裁判管轄に関する一考察」国際私法10号98頁（2009年）

■訴訟競合

道垣内正人「国際訴訟競合」高桑昭＝道垣内正人編『新・裁判実務大系3 国際民事訴訟法（財産法関係）』（青林書院，2002年）145頁

藤下健「国際訴訟競合の規律に関する若干の問題点について」判時2050号12頁（2009年）

酒井一「国際訴訟競合に関する規定」国際私法11号114頁（2010年）

第3章　国際裁判管轄（身分関係事件）

　身分関係事件につき国際裁判管轄を規律する明文の規定はなく，判例法によってきた。しかし，20世紀後半においては日本の国境を越えた人の移動がそれほど頻繁であったわけではない。外国国籍を有していても，当事者その他の者が日本に居住していることが多かった。その結果，豊かな内容をもった判例法が形成されてきたとはいいがたく，とくに親子関係事件については確立された判例法もない。

第1節　離婚（婚姻無効・取消し）事件

　離婚については，昭和39年3月25日の最高裁判決が先例を形成したとみられてきた[1]。外国人間の離婚に関するこの判決は，被告の住所地主義を表明する（原則）。しかし同時に，原告が遺棄された場合，被告が行方不明である場合その他これに準ずる場合には，原告の住所が日本にあれば日本の裁判所は管轄権を有するとする（例外）。たしかに，被告住所地主義を原則とすることには理由がある。原告の利益を基準にして管轄権を決定すると，事実的・手続法的観点から便宜な法廷地を原告が選択でき，準拠法いかんも原告が左右できるからである。そのために，原告管轄を肯定するにはそれなりの正当化理由が必要となる。この点につき，最高裁は，日本法によっても離婚請求権が肯定されるべき場合には，外国人原告であっても日本に住所を有するかぎり保護を与えるべき状況があるとして，日本の実体法上の離婚可能性に原告管轄をリンクさせた。

　しかし，この判決がもつ先例としての射程範囲は，平成8年6月24日の最高裁判決によって疑問符がつけられることになった[2]。被告の住所地主義を踏襲する点においては昭和39年3月25日判決と異ならないけれども，（遺棄・行方不明などといった）管轄権の範囲を限定する要件を例示的にも掲げていな

い。もっとも，昭和39年3月25日判決とは事案を異にするとしているが，いかなる点で異なるかは明示していない。最高裁は，「どのような場合に我が国の管轄を肯定すべきかについては，…当事者間の公平や裁判の適正・迅速の理念により条理に従って決定するのが相当である」と述べるにとどまる。

　離婚事件をも含めて家事事件に関する国際裁判管轄法制が整備されていない現状では，条理による解決が図られなければならない。

＊条理を構成する一般的・抽象的基準については，やはり，被告の住所地主義を出発点としなければなるまい。また，応訴管轄も肯定されるべきである[3]。そのほかに，次の基準も日本の裁判所の管轄権を基礎づけうると考えられる。

①夫婦に共通する日本国籍

　日本人夫婦の離婚には日本法が準拠法となる（通則法27条）。日本法の認める協議離婚が利用できることもあってか，外国に住所を有する日本人夫婦の離婚につき日本の裁判所の管轄権いかんが問われることは従来なかったようにみえる。

　しかし，夫婦がともに日本人であれば日本の裁判所の管轄権を肯定してもよかろう。もっぱら外国において日本人夫婦がともに婚姻生活を送っていても，夫婦はしばしばその本国たる日本と密接な関連性を有している[4]。この管轄権の基礎は，日本が原告の住所地でもある場合には原告管轄を意味するけれども，日本における離婚手続は，言語その他訴訟活動の諸要素からみて被告にとっても便宜な法廷地といえよう。また，日本法の適用を前提とした離婚手続の利用にたいする当事者の利益も考慮すべきである。さらに，準拠法となる日本民法770条1項5号の「婚姻を継続し難い重大な事由」といった一般条項は日本の裁判所が最も適正に適用することができると思われる。

②日本にある最後の共通住所地（婚姻住所地）

　日本において夫婦がともに婚姻生活を送り，最後の共通住所地は日本にあるが，現在は被告たる配偶者が外国に，他方配偶者は引き続き日本に住所を有する場合にも，日本の裁判所の管轄権を認めるべきであろう。被告の住所地主義を貫くと，婚姻生活が営まれた日本に残された配偶者は外国に移動した他方配偶者を離婚手続のために追い求めなければならない。これは当事者間の公平の観点からみてかならずしも望ましいことではない。また，婚姻住所地には証拠方法の存在も期待できよう[5]。

③日本にある原告の住所地

　外国において夫婦がともに婚姻生活を送り最後の共通住所地は外国にあるが，被告たる配偶者を残して原告たる他方配偶者が当該外国を離れ，現在は日本に住所を有してい

る場合であっても，日本の裁判所の管轄権をいちがいに否定すべきではない。②のように（遺棄された配偶者など）婚姻住所地に残された者にはその現在の住所地と一致する最後の共通住所地の裁判所での裁判に道を開けるべきである。しかし，残された者は自己のホームグラウンドにおける裁判をいつまでも期待できるのにたいして，婚姻住所地を離れた者は長い年月が経過しても相手方を追いかける形で訴えを提起しなければならないと考えるべきではあるまい。婚姻住所地たる外国を離れた者であっても，日本を自己の新たな生活の中心地として設定した場合には，日本の裁判所の管轄権を否定する理由はあるまい。

とはいえ，このようないわゆる"逃げ帰り婚"につき原告の住所地管轄を安易に肯定すると，とくに最後の婚姻住所地国との間に管轄権の競合という事態が発生しうる[6]。管轄権の競合の可能性があるとしてもなお原告の住所地管轄を肯定するには，原告の日本における住所が相当の期間にわたって存在するなど，日本での定着が確実であることが要求されよう。通則法27条ただし書は日本に常居所を有する日本人にたいして日本法に従った離婚の可能性を保障しているが，このような日本法に従った離婚の可能性は，日本に住所を有する日本人が原告となる場合にも肯定されるべきであろう。日本国籍の保持は，管轄権を基礎づけるために要求される日本における原告の定着を示す徴憑と考えることができるからである。

＊＊日本の手続法の下では，父母の離婚の際には子の親権者・監護者が指定されなければならない（人訴法32条1項，3項）。離婚する夫婦に子がいる場合，原則として，子が住所を日本に有している場合にのみ管轄権を肯定すべきである（参照，人訴法31条）。子が15歳以上であるときはその意見を聴かなければならないとする人訴法32条4項の規定からも，日本に子の住所がなければ原則として親権者・監護者の指定は行いえないはずである。子の意見表明権を保障する「児童の権利に関する条約」12条の規定にも適合しよう[7]。

第2節　実親子関係訴訟

嫡出否認の訴え[8]，認知の訴え[9]，認知の無効・取消しの訴えなどについては，原告・被告という当事者の訴訟上の地位と無関係に管轄権を決定する理由はない。したがって，ここでも日本に被告が住所を有している場合に，日本の裁判所の管轄権が肯定されなければならない。

＊同時に，実親子関係訴訟の場合には次の2点を考慮しなければならない。すなわち，第1に，親子関係の成否は子の扶養請求などの可否を決定する。子がその父母にたいして扶養請求をする場合に要扶養者である子の住所地に管轄権を肯定すべきであるとすれば，実親子関係訴訟についても，子が原告となる場合には，子の住所地に管轄権を認めなければなるまい[10]。第2に，日本人が当事者となる場合には，日本国籍も無視することはできない。

第3節　養子縁組関係事件（許可審判と成立審判）

　同一の子の養子縁組の成立につき複数の国において手続が競合するという事態を想定する必要は基本的にあるまい。他方で，管轄権を広く認めることは養子縁組の成立をそれだけ容易にするわけではなく，養子縁組の成否はあくまでも実体法上の子の利益の観点から決定されなければならない。
　養子縁組成立の必要性と相当性の観点から，養子または養親の住所地が日本にある場合に日本に管轄権が肯定されると考えるべきである。その他の場合にも，緊急管轄が肯定される可能性は否定されまい。

第4節　子の監護紛争（親権者の指定または変更，子の監護者の指定および子との面接交流[11]）

　子の監護紛争は，管轄権の積極的な競合が最も問題となるタイプの紛争である[12]。子の利益の観点から最も適切な判断を行うことができる地に管轄権を原則として肯定し，そうすることによって，管轄権の積極的な抵触を回避すべきである。
　子の利益を最も適切に判断することのできるのは子の住所地の裁判所である（参照，家事事件手続法167条）[13]。
　外国裁判所が子の親権者・監護者の指定をしても，その後，子が日本に移動し，住所を保有するにいたれば，親権者・監護者の変更の管轄権を日本はもつことになる。このことから生ずる不都合は，1980年10月25日ハーグの「国際的な子の奪取の民事上の側面に関する条約」その他の条約の下での国家間協

力によって解決するほかはない。

＊争訟性のない事案では子の国籍なども意味を有している。子がその父母とともに外国で居住していたところ，父母が当該外国において交通事故に遭遇したような場合，日本の裁判所には後見人としてたとえば日本に住む子の祖母を指定する管轄権を認めなければなるまい。さらに，子が（稀ではあろうが）財産を有している場合には，その財産の処理との関係についてのみ後見人の指定をする場合も考えられよう。また，旧住所地国や子の世話をする用意のある親族の生活している地なども排斥できない。

〔注〕
1) 最判昭和39・3・25民集18巻3号486頁。
2) 最判平成10・4・28民集52巻3号853頁。
3) 東京地判平成7・12・26判タ922号276頁。
4) 参照，東京地判平成11・11・4判タ1023号267頁。
5) 参照，名古屋地判平成11・11・24判時1728号58頁。
6) 参照，東京地判平成16・1・30判時1854号51頁。
7) 子が外国に住所を有している場合の処理については，1996年10月19日ハーグの「親責任及び子の保護措置についての管轄権，準拠法，承認，執行及び協力に関する条約」の10条を参照。この規定によれば，「他の締約国に常居所を有する子の親の離婚若しくは別居の申立て又は婚姻無効若しくは取消の申立ての審理につき管轄権を行使する締約国機関は，その国の法が許容するときは，次の条件の下に子の身上又は財産上の保護措置をとることができる。…a) 手続の開始当時において父母の一方がその国に常居所を有しており，かつ，そのいずれかが子につき親責任を有していること，b) 当該措置をとる機関の管轄権が親の双方及び子につき親責任を有する他の者によって受容され，かつ，子の最善の利益となること」とされている。
8) 参照，大津家審平成12・1・17家月52巻7号101頁，神戸地判平成10・3・30判タ1007号280頁，東京家審昭和48・5・8家月25巻12号63頁。
9) 参照，大阪地判昭和55・2・25家月33巻5号101頁。
10) 参照，浦和地判昭和57・5・14家月36巻2号112頁。
11) 面接交流を監護者とされなかった父母が申し立てた事案として，東京家審平成7・10・9家月48巻3号69頁，東京高判平成5・11・15高民集46巻3号98頁。子との面接交流が監護者である親によって妨害された場合に，妨害された親が面接交流権を主張し，原状の回復を求めた事案として，浦和家審平成12・10・20家月53巻3号93頁。すでに面接交流に関する措置を内国の裁判所がとっているけれども，事情の変化とくに子の成長に伴い措置の変更の余地を認めたものとして，京都家審平成6・3・31判時1545号81頁。さらに，離婚や子の引渡しに関する手続中に暫定的に交流が求められた事案として，名古屋高決平成9・1・29家月49巻6号64頁。
12) 参照，前注5) 名古屋地判平成11・11・24判時1728号58頁，前注6) 東京地判平成16・1・30判時1854号51頁。
13) 1996年10月19日ハーグの「親責任及び子の保護措置についての管轄権，準拠法，承認，執行及び協力に関する条約」5条1項も参照。

〔参考文献〕
池原季雄「離婚に関する国際私法上の二,三の問題」家月4巻12号1頁（1952年）
早川眞一郎「渉外離婚の国際裁判管轄と準拠法」小田八重子＝水野紀子編『新家族法実務大系（1）親族(I)――婚姻・離婚』（新日本法規，2008年）538頁
渡辺惺之「渉外実親子関係の国際裁判管轄と準拠法」若林昌子＝床谷文雄編『新家族法実務大系（2）親族(II)――親子・後見』（新日本法規，2008年）639頁
大谷美紀子「渉外養子縁組の国際裁判管轄と準拠法」若林昌子＝床谷文雄編『新家族法実務大系（2）親族(II)――親子・後見』（新日本法規，2008年）663頁
櫻田典子「渉外子の監護事件の国際裁判管轄と準拠法」若林昌子＝床谷文雄編『新家族法実務大系（2）親族(II)――親子・後見』（新日本法規，2008年）678頁

第4章　訴訟能力・当事者能力

I　訴訟能力

　訴訟能力いかんを判断する法は何かについて，（法廷地法説または属人法実体法説と呼ばれる）多数説および多くの裁判例は次のように推論している。すなわち，「手続は法廷地法に従う」との原則に従い，訴訟能力も法廷地法たる民訴法28条の規定による。28条の規定のいわゆる「その他の法令」には通則法4条以下の規定も含まれる。4条以下の規定が指定する準拠法の下で行為能力者とされているか否かに従い日本の民訴法上も訴訟能力の有無が判断される。33条の「その本国法によれば訴訟能力を有しない場合」とは，その本国法の下で行為能力を有しない結果，訴訟能力が認められない場合を意味することになる。

　なお，法定代理人いかんは，問題となっている者の本国法ではなく，親権の準拠法または後見の準拠法によって定まり，訴訟行為の効力は法廷地法たる民訴法による。

＊これにたいして，「人の訴訟能力はその本国法による」との不文の法規に従い，「行為能力」を媒介とすることなく，本国法の下で訴訟能力の有無を判定しようとする見解もある（本国法説＝属人法訴訟法説）。この見解によれば，民訴法33条の「その本国法によれば訴訟能力を有しない場合」とは，文字通り，この不文の規定が指定する「本国法によれば訴訟能力を有しない」場合を指すことになる。

II　当事者能力

　当事者能力いかんについては，日本法とは別の法によって設立された法人（外国法人）の取り扱いが問題とされてきた[1]。「手続は法廷地法に従う」との原則に従い民訴法28条の規定を適用し，「権利能力」を媒介として当事者能力

の有無を判定しようとする法廷地法説・属人法実体法説が多数説のとるところである。この説によると，準拠法たる外国法上，権利能力が否定されている場合にも，民訴法29条の規定にいわゆる「代表者又は管理人の定めがあるもの」であれば，当事者能力が肯定される。

〔注〕
 1) 胎児が当事者能力を有するか否かは個々の法律関係の準拠法による。

〔参考文献〕
 高桑昭「当事者能力」高桑昭＝道垣内正人編『新・裁判実務大系3 国際民事訴訟法（財産法関係）』（青林書院，2002年）163頁
 山本克己「訴訟能力」高桑昭＝道垣内正人編『新・裁判実務大系3 国際民事訴訟法（財産法関係）』（青林書院，2002年）173頁

第5章　外国判決の承認・執行

第1節　序　論

　外国判決の承認・執行制度は外国法秩序との連携を顕著に示すものである。この連携方法の基礎は次の2点にある。まず，判決は一般的・抽象的な法規範よりも確実に当事者に予見の基礎を与える。判決それじたいが規範の名宛て人を特定し，通則法などの抵触法の内容を知らなくともただちに，規範の内容を知ることができる。そのため，問題となっている事案について日本において効力を有する外国判決が存在しない場合にのみ，日本の裁判所は通則法の規定を適用する。また，いずれの国も自国裁判所の判決が他の国においても効力を有すると期待しているとみられるから，判決の国際的調和という価値もまた外国判決の承認を要請する，という点である。

　外国判決は"自動承認"される。民訴法118条の要件を充足する外国の判決は，承認のために固有の手続を要することなく，法律上当然に内国においても効力を有する。

＊このことは，外国判決が内国において効力を有するか否かを確定する機会を裁判所はかならずしも有しないことを意味する。そのため，身分関係に関する外国判決の場合には，（たとえば，離婚を認容する）外国判決の効力を先決問題とする法律関係（離婚したとされる配偶者の再婚の有効性や離婚した配偶者を被相続人とする相続権の有無）ごとに，外国判決の効力いかんが問われることになる。先決問題についての内国裁判所の判断は原則として既判力を有しないから（114条1項），法律関係ごとに外国判決の効力いかんの判断が区々となるおそれがある。そのため，内国判決の無効確認の訴えは許容されないが，外国判決の無効確認の訴えは判例法上許容されている[1]。

　承認の対象となるのは外国判決の手続的な効力である[2]。判決国たる外国の

法律が付与している以上の効力は内国においては認められない。たとえば，外国の別居判決は内国において離婚判決としては効力を有しない。

> ＊外国判決が実体法上もつ効力は準拠法の問題である。たとえば，日本の抵触法が指定する離婚の準拠法が「別居判決の後一定年数が経過した場合に離婚を許容する」としている場合に，問題となっている別居判決がこの離婚準拠法のいわゆる「別居判決」に該当するか否かは離婚準拠法の問題である。

　外国法が当該外国において通用しているからといって，そのことから当然に内国裁判所が当該外国法に拘束されるというわけではない。内国の抵触規定が（連結基準が指示しかつその適用が内国の公序との適合性を満たすなど）一定の条件の下に当該外国法の適用を内国裁判所に命ずる場合にのみ，内国裁判所は外国法を適用する。これと同様に，外国裁判所の判決もまた，当該外国においてなんらかの効力を有しているというそれだけの理由で，国境を越えて内国において効力をもつわけではない。一定の条件を満たす外国判決だけが内国において効力を有する。

　内国の観点からみて不当とみられる手続の結果であるときには，外国判決を承認し，強制執行を許容することは内国の手続的な正義の観念や敗訴当事者の利益に反することになる。また，外国判決の内容が内国の公序に反する場合もあろう。さらに，他の国の裁判所の判決にたいしてかならずしも寛大ではない態度をとる国もないではない。このような配慮から，外国判決の承認には一定要件の充足が必要とされるのである。

> ＊外国の給付判決に基づき強制執行をするには執行判決が必要となる。執行判決の付与された外国判決が債務名義となる（民執法22条6号）。（内国における執行力を付与するという意味で形成訴訟たる）執行判決訴訟においては，（外国給付判決の勝訴当事者およびその承継人たる）外国判決の内国における執行を求める者が原告となる。審判対象は，民訴法118条の要件具備いかんおよび外国給付判決の確定いかんに限定される（民執法24条3項）。外国判決の内容的当否の審査つまり実質的再審査は許されない（民執法24条2項）。むろん，後日における請求権の消滅・変更は請求異議事由として被告は抗弁として主張することができる。

第2節　民訴法118条の承認要件

Ⅰ　外国裁判所の確定判決

民訴法118条は「外国裁判所の確定判決」にたいしてのみ効力を付与するとしている。

1　外　　国

民訴法118条（および民執法24条）はいずれも「外国」の判決を対象としている。判決国たる外国が，国際法上の承認を受けている国であることを要しない。台湾および北朝鮮の判決も承認の対象となりうる。

＊民訴法118条2号の規定は「公示送達」による呼び出しを承認拒否理由としており，司法共助による送達が利用できない未承認国との間ではこの2号要件との関係でそれらの国の判決が承認されない可能性は残ろう。

2　裁判所

私法上の法律関係につき裁判権の行使ができる外国の機関であれば，行政機関のものであってもよい。

3　確定判決

(1)　判決の意義

私法上の法律関係につき当事者双方の審尋を保障する手続により，裁判所が終局的にした裁判であることを要し，またそれをもって足りる[3]。名称のいかんを問わない。

被告にたいして懲罰的損害賠償を命ずる米国の判決も「判決」に包摂されうる[4]。ただし，いくつかの米国の州が認めているように州などの公的機関などに納付義務を課すものは別である。

裁判であることが要件とされるため，裁判上の和解，公正証書は「判決」には該当せず，終局的な裁判ではない中間判決も「判決」には該当しない。

(2) 判決の種類

給付判決，確認判決，形成判決のすべてを含む。

本案に関する裁判のみが承認の対象となる。請求の認容または棄却という裁判がこれに属する。内国裁判所にとって外国の訴訟判決の承認は意味がないから，承認の対象とはならない。他方で，訴訟費用に関する裁判は，当事者間において訴訟費用支払義務が確定し既判力をもつかぎり，承認の対象となる。

本案判決には，（たとえば，扶養料の支払いを命ずる）内国または第三国の判決を変更する判決も含まれる。

4 確　定

判決国たる外国の法律の下において通常の不服申立てによってはもはや取消し・変更ができない状態にあることが要件とされている。個々の審級における個々の判決がそれぞれ承認の対象となるわけではない。たとえば，請求が上級審において否定された場合には，訴えを認容した原審の判決の承認は問題とならない。確定が承認要件であるために，内国裁判所の判決であれば確定前に仮執行宣言の付与が許されるのにたいして，外国未確定判決には仮執行が不可能である。外国の未確定な判決を承認・執行すると，判決国において当該判決が取消し・変更された場合に生ずる困難に配慮されている。

＊扶養料の支払いなどを命ずる外国判決について確定を求めると，権利の実効的な実現が困難となる場合が少なくないであろう。さらに，外国の裁判制度との間に相互の信頼関係がある場合には「確定」を求める理由もない。しかし，こういった問題点の解決は条約によってのみ可能である。

Ⅱ　間接管轄（1号要件）

＊間接管轄については時代と国によって規律の仕方が異なっている。4つのタイプが知られている。第1のものは，内国裁判所が専属管轄権をもつ事案をのぞき，外国の裁判所

が当該外国法に従い管轄権を有していることを承認要件とする。たとえば，ペルー民法2104条の規定がそうである。ただし，同条2項の規定は「国際裁判管轄権の一般原則」の遵守を要求している。

第2は，内国裁判所の専属管轄を別にすれば，内国法の定める管轄基準の遵守を求めこそしないが，外国裁判所の管轄権が過剰なものであるときには，承認されないとするものである。ベルギー国際私法25条の規定である。

第3が鏡像理論である。日本を含めて多くの国が採用している方法である。いわば直接管轄の双方化ともいうべきものである。むろん，この方法によっても，内国に専属管轄権がある場合，外国判決は承認されない。ドイツ民事訴訟法328条やイタリア国際私法64条1項の規定はこの鏡像理論にたっている。フランスも1985年まではこの方法を採用していた。

第4に，内容的に直接管轄とは異なる基準を採用するものである。基準いかんで承認にたいして寛大とも厳格ともなりうる。（対人訴訟に関する）イングランドのコモン・ローは厳格である。外国での訴え提起当時，被告が当該外国に所在していた場合または外国の管轄に服していた場合にのみ外国判決は承認される。これらの場合を除き，イングランドの直接管轄の基準と同一の基準を外国裁判所が満たしていても，外国判決は承認されない。他方で，鏡像理論よりも寛大とみえるものもある。たとえば，フランスの判例法では，「事案の係属した国に特徴的に事案が関連しかつ管轄権の選択が騙取によるものではない場合に，外国裁判所の管轄権は承認されなければならない」とする。

1 民訴法118条1号

民訴法118条1号は「法令又は条約により外国裁判所の裁判権が認められること」を外国判決承認の要件としている。日本の対外国民事裁判権法の基準に従えば外国裁判所もまた外国等につき裁判権を有していたことが承認要件となる。さらに，通説によれば，日本法からみて，問題となっている事案につき外国の裁判所が国際裁判管轄権を積極的に有していることが要件とされている。外国裁判所の国際裁判管轄権を日本の法令または条約が否認していなければ足りるというわけではない[5]。

(1) 間接管轄の必要性と審査の範囲

間接管轄権の存在を承認要件とすることの必要性はとくに次の2点にある。

第1に，諸国の手続法が採用する管轄原因の中には過剰管轄と呼ぶべきものがあるため，事案や当事者と関連性の薄い国の判決の承認を被告の利益のために拒否すべき場合があること[6]。第2に，承認国が自国裁判所に専属管轄を認めている場合には，承認国の国益または公益を擁護する必要があることである。

内国の裁判所は，判決国の裁判所がみずからの国際裁判管轄権を肯定する際に依拠した事実の認定に拘束されるわけではない。また，当該外国の裁判所が現実に依拠した管轄原因とは異なる管轄原因に該当する事実に基づいて間接管轄の有無を審査することもできる。

また，不法行為地管轄や債務履行地管轄のような本案において証明すべき事実と重なり合う事実の存否や個別的・具体的な事案において訴えを却下すべき特別の事情の存否について審査しても，後述する実質的再審査の禁止には抵触しない。

(2) 間接管轄の存否を判定する時点

外国裁判所が間接管轄権を有していたか否かは，民訴法3条の12の規定を類推して，当該外国裁判所への訴えの提起時を基準とする。しかし，その時点においては間接管轄権がなくとも，判決までに肯定できるのであれば間接管轄権の存在が認められよう。

2　鏡像理論

外国裁判所の有すべき国際裁判管轄権は鏡像理論に従って理解されている。つまり，承認国の観点からみて問題となっている事件につき判決国に管轄権が肯定される場合に，判決国の管轄要件が充足されたものと認める考え方である[7]。

民訴法3条の2以下の規定も，個々の管轄原因が外国判決の承認の局面でもつ効果つまり日本の裁判所が有すべき管轄権の範囲を拡大・縮小すれば，それだけ承認すべき外国判決の範囲も拡大・縮小することを念頭において，定立されている。3条の2以下の規定が新設されたことにより，鏡像理論によれば，財産関係の事件についてはこれらの規定が間接管轄の基準となる。3条の8の規定も間接管轄の基礎となる。したがって，3条の2以下の規定に従えば本来間接管轄権を欠く外国裁判所の判決であっても，当該外国において被告が応訴した場合には，当該外国の判決は承認されうる。さらに，間接管轄の基準とし

て3条の9の規定にいわゆる特別の事情の存否も審査されることになろう[8]。その結果，日本の民訴法の観点からみて特別の事情が存在し，外国裁判所が訴えを却下すべき場合にその管轄権を行使した場合には，間接管轄の要件を欠くものとしてその判決は承認されないことになる。

　日本または外国の裁判所の専属的管轄権が合意されていたにもかかわらず，第三国の裁判所がその管轄権を行使した場合，被告が当該第三国の裁判所において管轄権を争っていなくとも，3条の7などの規定に従い有効な管轄合意であるかぎり，当該国裁判所の判決は間接管轄の要件を欠き，承認されない。

　鏡像理論については次の3点に留意しなければならない。

　第1に，外国裁判所がその国の手続法に従い国際裁判管轄権を有していたか否かは無関係である。

＊米国のある州の裁判所が自州内にたまたま滞在した被告に訴状を送達したことに基づいて管轄権を行使した場合であっても，当該州が扶養権利者の住所地に該当するとき[9]や債務履行地などに該当するときには[10]，間接管轄の要件は充足されていることになろう。また，判決国が当事者の国籍を管轄原因として自国の管轄権を肯定した場合に当該国の裁判所の管轄権が合意されていたときも，同様である。

　第2に，判決国たる外国の裁判所が，その国の手続法の下で，土地管轄，事物管轄または職分管轄を有していたか否かも問われない。

　第3に，当該事案について承認国たる日本の裁判所が管轄権を有すべき事案であったか否かも（日本の裁判所が専属的に管轄権を有すべき場合を別にすれば）無関係である。

＊外国判決の承認と内国における本案審理とは，管轄権の行使という点では本質的に異なるものではなく，両者を通じて管轄権の有無を同一の基準により判断するのが論理的であるといわれることがある。さらに，鏡像理論は内外国裁判所を平等に取り扱うという意味で公平な印象を与える。しかし，直接管轄と間接管轄とを同一の基準によって判断することは法政策上の問題であって，論理必然的なものではない。

　　第1に，鏡像理論は抵触規定の双方的性格と似かよってはいるが，その正当化理由は異なる。抵触規定の双方的性格は，内国法の適用範囲を拡大すると判決の国際的調和が得られないとの懸念があるために，内・外法秩序に同時に存在する実質法規の選択のた

めには同一の基準を採用しなければならないことから導かれる。他方で，判決の承認の場合には，同一の事案に複数の判決が同時に存在するという事態はまず発生しない。唯一の判決しか原則として存在しないために，間接管轄については直接管轄とは異なる寛大な基準を採用しても不都合はないし，そうすることによってむしろ判決の国際的調和が得られる。

　第2に，直接管轄が問題となる状況と間接管轄つまり承認が問題となる状況とは異なる。前者においては，判決はいまだ下されていないのにたいして，後者においてはすでに判決は確定している。すなわち，直接管轄の場合，内国には管轄原因がないとして管轄権を否定し，原告たるべき者に，内国法の定める管轄原因を有する国に訴えを提起することを期待することができる。他方で，後者の状況ではすでに判決は存在しており，外国判決に寛大であるかぎり，当該外国の裁判所の管轄権の基礎が内国裁判所の管轄権のそれと符合しないというそれだけの理由では承認を拒絶しない，との態度をとることも可能である。とくに身分関係事件との関連では，内国の国際裁判管轄に関する考え方を貫き外国判決を承認しないと，跛行的な法律関係が発生するおそれがある。たとえば，外国裁判所が離婚判決を下し，かなりな時間が経過した後に（判決当時においては当事者にとって無縁であった）承認国たる日本の管轄権の基準に従って当該外国の管轄権を否定すると，当事者にとっては不測の事態となることがあろう。

Ⅲ　送達など（2号要件）

　公序に関する3号要件の特則としての意味をもつ2号要件によれば，手続開始の段階において適式かつ適時に自己の利益を防御する機会が被告に与えられなかった場合，外国判決の承認は拒否される。被告が日本人であるか否かは無関係である。なお，争訟性のない事件についてもこの要件は類推適用されうる[11]。

　送達は，特定の名宛て人にたいして，訴訟上の書類の内容を了知する機会を与えるために，特定の方式に従いかつその公証をしつつ行う通知行為である。送達は国家主権の一作用であるため，自国以外の国において送達を実施することは当然にはできない。国際司法共助についての合意が関係国との間になければならない[12]。そのような合意としては，民訴条約[13]，送達条約[14]，日米領事条約や日英領事条約などのほかに個別応諾によるものがある。

＊外交関係のない北朝鮮および台湾については送達を嘱託することはできない。公示送達

（民訴法110条1項3号前段）による。台湾については，民事訴訟規則46条2項の通知によっている。

1　適式性と了知可能性

　手続開始のための文書が判決国法の下で適式に送達されていなければならない。たとえば，いかなる文書が送達されるべきかは判決国法による。送達の実施が判決国の領域において完結する場合には，判決国法に従ったものであればよい。他方で，外国における手続開始文書が内国に送達される場合には，内国法が送達の適式性の問題に適用される。法廷地法には民訴条約や送達条約などの超国家的法源も含まれる[15]。

　送達は，被告に実効的な防御を期待できる時期と方法によらなければならない。送達の実施が判決国において完結しない場合，公示送達その他これに類似する（了知可能性を擬制する）送達方法は2号要件を満たさない（2号かっこ書）。

2　応　訴

　訴訟開始に必要な送達などを受けなかった場合でも，敗訴被告が応訴した場合には承認を拒否できない。なお，手続の開始を被告が現実に了知可能な状態にしたことが問題となるため，2号の「応訴」は管轄権を基礎づける応訴とは異なる[16]。

　なお，外国裁判所による判決の後になって敗訴被告が当該判決の存在を知るにいたり，当該外国における上訴の機会を有していたとしても，このことは2号要件に基づく承認拒否の妨げとはならない。外国において上訴が可能であったことと外国において防御の機会があったこととは異なるからである。

＊米国の連邦民事訴訟規則は直接郵便送達を認めており[17]，しかも，米国は送達条約の締約国でもある。そのため，訴状その他が米国の当事者から日本に所在する被告にたいして（送達条約の司法共助の経路を経ることなくという意味で）直接に郵送された場合に，この送達方法は118条2号の要件を充足するか否かが問題となる。送達条約10条a号の定める直接郵便送達について，日本はこの方法による送達を拒否していない。

この点につき，2003年11月のハーグ国際私法会議特別委員会において日本政府は次のように述べ，このことは特別委員会の会議の結論と勧告において記録にとどめられている[18]。「…日本に所在する者にたいする文書の送付につき郵便の使用は日本の主権を侵害するものとは考えていない。しかし…拒否宣言をしていないからといって，このことは，日本に所在する名宛人にたいする郵送による手続書類の送付が日本における有効な送達とつねにみられることを意味するわけではない。名宛人の権利が尊重されない状況においては，このような方法による文書の送付は有効な送達とはみなされないであろう」（傍点，筆者）。1989年4月のハーグ国際私法会議特別委員会における日本政府の意見表明と異なり，「名宛人の権利が尊重されない状況においては」という条件の下に直接郵便送達が有効な送達とはみられないとしている。学説は直接郵便送達を「送達」とはみない否定説と個別審査説とに分かれるが[19]，2003年において日本政府により表明された上記の意見に忠実であれば，訴訟開始と請求内容について被告が了知可能であり，防御の機会を有していたか否かが個別的に問われなければならないであろう。

Ⅳ　公　序（3号要件）

　外国裁判所の手続，判決中における法の適用・事実認定について内国裁判所は審査しない。実質的再審査は禁止されている[20]。たとえば，子の親権者を指定する外国の審判がはたして子の福祉に適うか否かをあらためて問うことはない。外国判決の承認との関連においてこの原則の実定性を民執法24条2項の規定から間接的に知ることができる。

　しかし，より高い価値が内国において貫徹されるべき場合には，承認は拒否されうる。3号の公序要件である。3号の規定に基づき，外国判決の承認を拒否するには，外国判決においてたとえば内国の強行規定が考慮されていないとか，内国法が誤って適用されているというだけでは十分ではない。公序は，内国法秩序の基本的な価値を擁護するために，例外的にのみ発動する。

1　実体的公序と手続的公序

　民訴法118条3号の規定によると，このような反公序性の判定は外国判決の本案判断（実体的公序）のみに限定されない。判決の成立手続にも及ぶ（手続的公序）[21]。

(1) 実体的公序違反

公序違反の可能性が，判決の内容じたいから判明する場合がある。たとえば，一夫多妻婚を前提としながら第2番目の婚姻にたいする同意を第1番目の妻にたいして命ずる判決である。しかし，判決の内容から反公序性が判明するという事態は稀であり，多くの場合，公序違反の有無は，判決の理由を審査してはじめて判明する。たとえば婚姻無効を確認する判決はそれじたいとして公序に違反するわけではないが，宗教の異なる男女の婚姻を無効とする法を外国裁判所が適用したことに起因するのであれば，反公序の判定を受ける可能性がある。賭博債権に基づく請求を理由のあるものとして一定金額の支払いを命ずる判決もまた同様である。

(2) 手続的公序違反

民訴法118条の2号要件は別にして，外国手続における瑕疵は原則として承認には影響しない。外国裁判所は内国裁判所と同様に手続上のミスを犯すこともあるから，瑕疵のある外国判決は，瑕疵のある内国判決と同様に甘受されなければならない。したがって，手続的公序違反を理由として承認が拒否されるべき状況は限られている。

2 反公序性判定の基準時

外国判決が内国の公序則の要件を充足した場合に，外国判決は自動的に承認される。基本的には，外国判決の確定時が反公序性判定の基準時である。それ以降に発生した事実は考慮の対象とはならない。たとえば，扶養料の支払いを命ずる外国判決が確定した時点以降に判決の基礎となる事情が変更した場合には，当該判決を承認した上で内国において当該判決の変更を認めるべきであろう[22]。

もっとも，外国判決が確定した時点では内国の公序に反していたが，承認いかんが問われている後の時点では公序に適合するものとして取り扱う可能性を否定すべきではあるまい。

3 民訴法118条3号と通則法42条

(1) 審査の対象

審査の対象はつねに個別的・具体的な判決が内国においてもつ効果であって、判決を導いた準拠法規そのものではない。

＊Fという父を親権者として指定した外国の審判が公序の対象となる。父のみを親権者として認める法を外国裁判所が準拠法として適用したというそれだけの理由で、公序違反が肯定できるわけではない。Fが子の利益の観点からみて不足のない父であった場合には、公序要件は充足されている。また、妻Wにたいする夫Hの離婚請求を認容した外国判決が夫にのみ離婚請求を認める法規に準拠したものであったとしても、HとWの婚姻関係が破綻していた場合（したがって、かりに日本法が適用されたとしても離婚が認容されていたであろう場合）には、この判決は承認されよう。外国法の適用を排斥する通則法42条の規定が、外国法の適用結果を判定の対象としているのと類似する。

しかし、判決の反公序性が問題となるとしても、後述するように、準拠法規がまったく反公序性の判定に意味がないというわけではない。

＊妻Wにたいする夫Hの離婚請求を認容した外国判決が夫にのみ離婚請求を認める法規に準拠したものであり、かつ、HとWの婚姻関係の破綻という事情がなかった場合には、法の下の平等という日本法の価値に抵触するか否かが問われよう。

他方で、外国判決の前提となった手続も公序違反の審査の対象となるという意味において、民訴法118条3号の承認に関する公序は通則法42条の公序よりも広い射程を有している。

(2) 内国的関連性

民訴法118条3号の公序との関連では、判決国たる外国と事案との関連性がきわめて密接であり、（もし同一事案を審理したとすれば）内国裁判所は外国裁判所の適用した法規を（通則法42条の規定に従い）排斥したであろうという事情があっても、外国判決を承認するという事態は生じよう。

重要なのは、判決の承認という結果と日本との関係という意味での内国的関

連性である。内国的関連性の強度と擁護されるべき日本法の価値との乖離の程度とは反比例する。乖離の程度が大きければ大きいほど，内国的関連性の強度は弱くてよい。身分関係については，内国的関連性は当事者の日本国籍または日本における常居所が重要な意味を有しているとみられる[23]。

＊代理母だけでなく代理出産を依頼したX_1とX_2という夫婦もまた（依頼した者と子との間に嫡出親子関係の成立を認める）ネバダ州に居住する米国人であり，その後死亡したX_1の日本に所在する財産の相続が日本の裁判所で問題となったとしよう。代理母から出生した子AがX_1の相続人か否かを判断する前提としてX_1とAとの嫡出親子関係の成立が問題となったとすると，当該嫡出親子関係の成立を認めるネバダ州裁判所の決定の承認を拒否する理由はないであろう。

＊＊日本の不法行為法を適用したとすれば日本の裁判所が命じたであろう損害賠償額の数倍の額の支払いを命ずる米国裁判所の判決であっても，執行可能な財産が日本に所在するという以外に日本との関連性がないときには，この判決を承認しない理由はあるまい。

＊＊＊なお，内国との関連性は，外国裁判所にたいしてとるであろう第三国の裁判所の態度は考慮しないことを含意している。たとえば，甲国において婚姻生活を送っていた甲国人夫が乙国人妻にたいして婚姻解消の意思表示をし，この意思表示に基づく離婚を甲国の裁判所が許可したとする。乙国の裁判所はこのような甲国裁判所の許可審判を承認しない一方で，内国的関連性がないとして日本の裁判所が甲国の審判を承認すると，判決の国際的調和は，日本と甲国との間では実現されるが，日本と乙国との間では実現されないことになる。

(3) 外国裁判所が準拠した法
イ 外国法

外国の判決が当該外国または第三国の法を適用したものであり，準拠法とされた法の適用が通則法42条の意味での公序に反しないときには，手続的な公序が問題とならないかぎり，民訴法118条の意味での公序に反するものではないであろう。他方で，内国裁判所が通則法42条の意味での公序違反を理由に外国法の適用を排斥すべき場合であっても，当該外国法に基づいた外国判決の承認は，民訴法118条3号の意味での公序違反になるというわけではかならずしもない。

ロ　日本法

　承認に関する公序は，外国裁判所が日本法を適用した場合においても発動することがある。これは，抵触法上の公序にはみられない事態である。たとえば，外国の国際私法に従い日本法を適用した当該外国の裁判所が日本民法90条の規定を適用しなかった場合，承認国たる日本の裁判所は，当該外国の判決が日本の公序に反するか否かを審査することができる。外国裁判所がそういった一般条項の適用の可否を検討こそしたものの，結局，問題となっている事案には適用しなかった場合においてもそうである。とはいえ，誤った法の適用がかならず公序の発動を導くわけではない。

4　民訴法118条3号に関する判例

　これまでの裁判例をみるかぎり，外国判決が日本法の知る制度を内容としているときには，裁判所は公序違反の判断に慎重のようにみえる[24]。逆に，外国判決が日本法の知らない制度を内容としており，当該制度が日本の法秩序の基本原則ないし基本理念と相いれない場合には公序に違反するとして外国判決を承認しない。

＊「不法行為の当事者間において，被害者が加害者から，実際に生じた損害の賠償に加えて，制裁及び一般予防を目的とする賠償金の支払を受け得るとする」懲罰的損害賠償を命ずるカリフォルニア州の判決[25]および日本の身分法秩序を定めた民法が「実親子関係を認めていない者の間にその成立を認める内容」のネバダ州の裁判[26]は，「我が国の法秩序の基本原則ないし基本理念と相いれない」とされている。

V　相互の保証（4号要件）

　民訴法118条4号の規定は「相互の保証」を承認の要件としている。判決国たる外国においても日本の判決の承認が許容されていることをいう。この要件は，118条の他の承認要件とは次の2点において異なる。第1に，1号から3号までの要件は，個々の訴訟との関係で意味をもつものであるのにたいして，4号要件は個々の判決とはいかなる関連性もない要件である。第2に，（日本が専属管轄権を有すべき事案を別にすれば）1号から3号までの要件は当事者の

利益保護に資するものであるのにたいして、4号要件は国益に鼓吹されたものである。当事者の利益とは無関係な要件であるために、外国において勝訴した日本人が日本国内では執行を許されないという事態さえも生ずる。立法政策としては疑問視される要件といえよう。

　（カリフォルニア州裁判所の判決にたいして相互の保証ありとした）昭和8年12月5日の大審院判決は、「当該外国が条約に依り若は其の国内法制に依り我国判決の当否を審査することなくして右第200条〔現行民訴法118条〕の規定と等しきか又は之より寛なる条件の下に我国判決の効力を認むることとなり居る場合に」相互の保証があるとした[27]。これにたいして、学説は、承認・執行の要件の比較は困難であり、要件が同一であることを期待できないとして、外国の要件と日本の要件とが重要な点で一致していれば、それで足りるとしていた[28]。このような批判を受け、（米国コロンビア州の判決を相互の保証があるとして承認した）昭和58年6月7日の最高裁判決は、「民訴法200条4号に定める『相互の保証あること』とは、当該判決をした外国裁判所の属する国…において、我が国の裁判所がしたこれと同種類の判決が同条各号所定の条件と重要な点で異ならない条件のもとに効力を有するものとされていることをいう」とした[29]。もし大審院と同様な態度をとるならば、「判決国が相互の保証を条件とし、しかも、その国の外国判決の承認の条件が我が国の条件よりも寛大である場合は、その国にとっては我が国の条件がより厳しいものとなるから、我が国の裁判所の判決を承認しえないことに帰し、その結果、我が国にとっても相互の保証を欠くという不合理な結果を招来しかねないからである」、とする。学説はこの最高裁の判旨を支持し、その後の裁判例もこれに従う[30]。

1　比　較

　相互の保証があるというためには、判決国たる外国と日本との間に承認・執行に関する条約などの国際的な合意の存在は不要である。相手国たる判決国に日本の判決を承認した実例のあることも不要である。他方で、相互の保証の有無は、判決国たる外国と日本の承認および執行に関する要件の比較を含意している。相手国が実質的再審査を承認のために行う場合には、相互の保証はない[31]。なお、中国との間には相互の保証がないとした裁判例がある[32]。

2 時　点

　判決の承認が求められた時点が基準となる。つまり，外国判決の確定時においては相互の保証が欠けていても，事後において相互の保証要件が満たされる場合には，承認は妨げられない。したがって，問題となっている外国の判決は，相互の保証を欠くために日本では承認されないであろうとの被告の期待が法的に保護されるわけではない。

〔注〕
1) 横浜地判昭和57・10・19家月36巻2号101頁（日本在住の米国人夫と日本在住の日本人妻の離婚を認容したハイチ共和国裁判所の離婚判決の無効確認の訴えを認容した事案）。
2) 自縛力・羈束力は手続法上の効力であっても事柄の性質上承認の対象ではない。
3) 最判平成10・4・28民集52巻3号853頁。学説として，竹下守夫「判例から見た外国判決の承認」『中野貞一郎先生古稀祝賀・判例民事訴訟法の理論（下）』（有斐閣，1995年）523頁を参照。
4) 参照，最判平成9・7・11民集51巻6号2573頁。このような賠償を命ずる米国の判決が内国の公序（3号要件）に反するか否かは別問題である。
5) 前注3) 最判平成10・4・28民集52巻3号853頁は通説の定式に従っている。
6) 東京家判平成19・9・11家月60巻1号108頁は，当事者の一方のオーストラリア国籍に基づく同国裁判所の離婚判決を過剰管轄によるものとする。
7) 参照，前注3) 最判平成10・4・28民集52巻3号853頁。
8) 参照，前注3) 最判平成10・4・28民集52巻3号853頁。
9) 参照，東京高判平成9・9・18高民集50巻3号319頁。
10) 参照，東京地判平成6・1・14判時1509号96頁。
11) 参照，東京地判平成15・12・19判タ1198号282頁。
12) 前注3) 最判平成10・4・28民集52巻3号853頁。
13) 1965年11月15日ハーグの「民事又は商事に関する裁判上及び裁判外の文書の外国における送達及び告知に関する条約」。
14) 1954年3月1日ハーグの「民事訴訟手続に関する条約」
15) 参照，東京地判平成10・2・24判時1657号79頁。
16) 前注3) 最判平成10・4・28民集52巻3号853頁。
17) もっとも，米国の居住者にたいする郵便送達の効力については米国の州法で取扱いが異なっている。
18) Conclusions and Recommendations Adopted by the Special Commission on the Practical Operation of the Hague Apostille, Evidnece and Service Conventions (28 October to 4 November 2003).
19) 否定説をとる裁判例として，東京地八王子支判平成9・12・8判タ976号235頁。
20) 東京地八王子支判平成10・2・13判タ987号282頁，東京地判平成15・12・19判タ1198号282頁，東京地判平成21・2・12判時2068号95頁。
21) 最判昭和58・6・7民集37巻5号611頁は，「我が国と当該判決国との間の相互の保証の有無についての判断にあたっても，同条〔当時の民訴法200条〕3号の規定は，外国裁

判所の判決の内容のみならずその成立も我が国の「公ノ秩序又ハ善良ノ風俗」に反しないことを要するとしたものと解するのが相当である」としていた。なお，参照，東京高判平成2・2・27家月42巻12号31頁。
22) 参照，東京高判平成13・2・8判タ1059号232頁，東京高判平成5・11・15高民集46巻3号98頁。
23) 前注6)東京家判平成19・9・11家月60巻1号108頁は，有責配偶者による離婚請求の申立てを認容したオーストラリア裁判所の判決の承認を拒否するに際して，婚姻生活が日本において営まれていたことを指摘する。
24) 前注20)東京地判平成21・2・12判時2068号95頁は，韓国法が年20分の法定利率に基づく遅延損害金の支払いを命じたとしても，法定利率の制度自体は日本法も採用しており，日本の裁判所が年20分の遅延損害金の支払義務を負わせることは許されないわけではないとして，そのような韓国裁判所の判決は日本法の基本原則ないし基本理念に反するわけではないとする。(信義則に反する有責配偶者からの離婚請求は認めえないという法理は日本の身分法秩序として確立されているとする) 前注23)東京家判平成19・9・11家月60巻1号108頁は，「我が国における離婚事案であるといえなくもな〔い〕」として，事案と内国との関連性を強調する。
25) 最判平成9・7・11民集51巻6号2573頁。
26) 最決平成19・3・23民集61巻2号619頁。
27) 大判昭和8・12・5新聞3670号16頁。
28) 江川英文「外国判決の承認」法協50巻11号62頁（1932年）。
29) 最判昭和58・6・7民集37巻5号611頁。
30) たとえば，前注3)最判平成10・4・28民集52巻3号853頁（香港），名古屋地判昭和62・2・6判時1236号113頁（西ドイツ），東京地判平成3・12・16判タ794号246頁（ネバダ州），神戸地判平成5・9・22判タ826号206頁（香港），前注10)東京地判平成6・1・14判時1509号96頁（ニューヨーク州），東京地判平成6・1・31判時1509号101頁（英国）。その他，注31)に示す裁判例を除き，相互の保証ありとするものとして，東京地判平成7・5・29判タ904号202頁（バージニア州），東京地判平成8・9・2判時1608号130頁（ミネソタ州），大阪地判平成8・1・17判時1621号125頁（メリーランド州），東京地判平成10・2・25判時1664号78頁（クイーンズランド州），東京地判平成10・2・24判時1657号79頁（ドイツ）。
31) 東京地判昭和35・7・20下民集11巻7号1522頁（実質的再審査をするベルギーの判決）。
32) 大阪高判平成15・4・9判時1841号111頁。1994年6月26日に，中国の最高人民法院は，遼寧省高級人民法院の問合わせにたいして，「我が国と日本は，相互に裁判所の判決，決定を承認，執行するとの国際条約を締結していない。相互の関係も作り上げられていない。民事訴訟法第268条の規定に基づき，人民法院は，日本の裁判所の判決を承認，執行しない。…」との回答をし，これを受けて，大連市中級人民法院は，同年11月5日，「中華人民共和国と日本との間には相互に裁判所の判決，決定を承認・執行する国際条約を締結し，また加盟していないし，相互の互恵関係も成立していない」とした。

〔参考文献〕

■一般

竹下守夫「判例から見た外国判決の承認」新堂幸司ほか編『中野貞一郎先生古稀祝賀・判例民事訴訟法の理論（下）』(有斐閣，1995年) 513頁

中西康「外国判決の承認執行における révision au fond の禁止について(1)～(4完)」論叢135巻2号1頁，4号1頁，6号1頁，136巻1号1頁（1994年）

河野俊行「外国裁判所」高桑昭＝道垣内正人編『新・裁判実務大系3　国際民事訴訟法（財産法関係）』（青林書院，2002年）318頁
高桑昭「外国裁判の承認」高桑昭＝道垣内正人編『新・裁判実務大系3　国際民事訴訟法（財産法関係）』（青林書院，2002年）306頁
中野俊一郎「確定判決」高桑昭＝道垣内正人編『新・裁判実務大系3　国際民事訴訟法（財産法関係）』（青林書院，2002年）313頁
高桑昭「外国判決の執行」高桑昭＝道垣内正人編『新・裁判実務大系3　国際民事訴訟法（財産法関係）』（青林書院，2002年）387頁
南敏文「外国離婚判決の承認」小田八重子＝水野紀子編『新家族法実務大系(1)　親族(I)——婚姻・離婚』（新日本法規，2008年）554頁
渡辺惺之「調停離婚の外国における効力」梶村太市編『新家族法実務大系(5)　調停・審判・訴訟』（新日本法規，2008年）500頁
河野俊行＝多田望＝申美穂「外国判決の承認及び執行——知的財産権及び不正競争に関する外国裁判の承認及び執行」河野俊行編『知的財産権と渉外民事訴訟』（弘文堂，2010年）331頁

■間接管轄
高桑昭＝山崎栄一郎「外国への送達と外国からの送達」高桑昭＝道垣内正人編『新・裁判実務大系3　国際民事訴訟法（財産法関係）』（青林書院，2002年）190頁
岡崎克彦「公示送達」高桑昭＝道垣内正人編『新・裁判実務大系3　国際民事訴訟法（財産法関係）』（青林書院，2002年）210頁

■公序
早川眞一郎「外国判決の承認における公序要件」判タ1225号58頁（2007年）
長田真里「代理母による外国判決の効力」法時79巻11号45頁（2007年）
石川明「懲罰的損害賠償と外国判決の承認」石川明＝永田誠＝三上威彦編『ボーダレス社会と法』（信山社，2009年）113頁

■相互の保証
高桑昭「相互の保証」高桑昭＝道垣内正人編『新・裁判実務大系3　国際民事訴訟法（財産法関係）』（青林書院，2002年）372頁

主要参考文献

(原則として「法の適用に関する通則法」制定後,および2011年の民事訴訟法改正後の文献にかぎった)

■教科書

本間靖規＝酒井一＝中野俊一郎『国際民事手続法』(有斐閣，2005年)
神前禎『解説　法の適用に関する通則法——新しい国際私法』(弘文堂，2006年)
神前禎＝早川吉尚＝元永和彦『国際私法』(有斐閣，第2版，2006年)
澤木敬郎＝道垣内正人『国際私法入門』(有斐閣，第6版，2006年)
櫻田嘉章『国際私法』(有斐閣，第5版，2006年)
小出邦夫編著『一問一答　新しい国際私法——法の適用に関する通則法の解説』(商事法務，2006年)
櫻田嘉章＝道垣内正人編『ロースクール国際私法・国際民事訴訟法』(有斐閣，第2版，2007年)
道垣内正人『ポイント国際私法　総論』(有斐閣，第2版，2007年)
木棚照一＝松岡博＝渡辺惺之『国際私法概論』(有斐閣，第5版，2007年)
石黒一憲『国際私法』(新世社，第2版，2007年)
松岡博編著『国際関係私法入門』(有斐閣，第2版，2007年)
野村美明『ケースで学ぶ国際私法』(法律文化社，2008年)
松岡博『現代国際私法講義』(法律文化社，2008年)
小出邦夫編著『逐条解説　法の適用に関する通則法』(商事法務，2009年)
山田鐐一＝佐野寛『国際取引法』(有斐閣，第3版補訂2版，2009年)

■注釈書

高桑昭『国際商取引法』(有斐閣，第3版，2011年)
櫻田嘉章＝道垣内正人編『注釈国際私法第1巻——第1部　法の適用に関する通則法§1～§23』(有斐閣，2011年)
櫻田嘉章＝道垣内正人編『注釈国際私法第2巻——第1部　法の適用に関する通則法§24～§43・附則，第2部　特別法』(有斐閣，2011年)
兼子一・原著／松浦馨＝新堂幸治＝竹下守夫＝高橋宏志＝加藤新太郎＝上原敏夫＝高田裕成『条解民事訴訟法』(弘文堂，第2版，2011年)

■研究書

高桑昭『国際取引における私法の統一と国際私法』(有斐閣，2005年)
佐藤やよひ＝道垣内正人編『渉外戸籍法リステイトメント』(日本加除出版，2007年)
田村精一『国際私法及び親族法』(信山社，2009年)
奥田安弘『国際私法と隣接法分野の研究』(中央大学出版部，2009年)
高桑昭『国際民事訴訟法・国際私法論集』(東信堂，2011年)
多喜寛『国際私法・国際取引法の諸問題』(中央大学出版部，2011年)

条文索引

■法の適用に関する通則法

4条（人の行為能力）···· 5, 11, 13, 72, 113, 115, 149, 165, 216, 251, 258, 292, 355, 380
  1項 ········ 11, 13, 16, 113, 116, 117, 120
  2項 ············117, 118, 119, 120, 147, 149
  3項 ·· 119, 120
5条（後見開始の審判等）···· 17, 27, 28, 31, 63, 76, 94, 113, 120, 121, 122, 123, 124, 126, 127, 149, 165, 216, 258, 280, 355
6条（失踪の宣告）································17, 27, 28, 31, 63, 76, 83, 94, 111, 280
  1項 ························76, 77, 83, 111, 113
  2項 ······························83, 111, 112, 113
7条（当事者による準拠法の選択）····7, 11, 24, 40, 43, 73, 118, 142, 143, 144, 156, 161, 162, 163, 164, 166, 167, 171, 174, 180, 181, 183, 184, 188, 194, 205, 226, 355
8条（当事者による準拠法の選択がない場合）
  ····· 11, 49, 50, 143, 167, 169, 170, 171, 173, 174, 175, 178, 180, 183, 188, 336
  1項 ··· 11, 24, 94, 140, 144, 170, 173, 174, 177
  2項 ·············· 10, 24, 173, 174, 175, 177
  3項 ·················· 173, 174, 175, 177, 178
9条（当事者による準拠法の変更）
  ·············· 11, 12, 89, 118, 143, 166, 167, 171, 180, 183, 184, 188, 213, 233, 336
10条（法律行為の方式）
  ···················· 127, 133, 139, 144, 150, 165
  1項 ··· 12, 139, 140, 142, 143, 144, 268, 304
  2項 ············· 139, 140, 142, 181, 268, 304
  3項 ·························· 139, 140, 142, 146
  4項 ·························· 139, 142, 146, 181
  5項 ··· 144, 157
11条（消費者契約の特例）
  ·························· 10, 11, 33, 49, 50, 96, 162, 176, 178, 179, 180, 205, 268, 355, 359
  1項 ···························· 24, 96, 180, 190, 360
  2項 ·······································141, 180, 215
  3項 ·················· 12, 141, 143, 181, 190, 215
  4項 ··· 181
  5項 ··· 181
  6項 ··· 181
    1号 ·· 182, 359
    2号 ·· 182, 359

    3号 ·· 181
    4号 ·· 181
12条（労働契約の特例）······················· 11, 33, 39, 96, 162, 183, 187, 268, 355, 363
  1項 ······························ 24, 96, 186, 190
  2項 ··· 185
  3項 ··· 184, 185
13条（物権及びその他の登記をすべき権利）
  ··························· 34, 116, 151, 156, 177
  1項 ···························· 12, 151, 153, 154, 302
  2項 ·· 12, 18, 23, 25, 151, 154, 155, 156, 159, 218
14条（事務管理及び不当利得）
  ·························· 12, 24, 161, 162, 218, 221
15条（明らかにより密接な関係がある地がある場合の例外）·········· 11, 12, 24, 49, 86, 96, 97, 99, 116, 174, 188, 219, 222
16条（当事者による準拠法の変更）
  ·······························11, 89, 118, 221, 223
17条（不法行為）··········· 23, 24, 39, 115, 134, 200, 203, 205, 207, 208, 216, 217, 264
18条（生産物責任の特例）
  ································24, 162, 200, 204, 206
19条（名誉又は信用の毀損の特例）
  ·························· 24, 49, 51, 200, 207, 208
20条（明らかにより密接な関係がある地がある場合の例外）
  ················· 11, 12, 24, 30, 44, 49, 86, 96, 97, 99, 134, 154, 174, 188, 205, 208, 209, 210, 213, 216, 217, 236, 265, 284
21条（当事者による準拠法の変更）
  ······················11, 89, 118, 119, 212, 215, 284
22条（不法行為についての公序による制限）
  ··········· 29, 200, 204, 214, 215, 217, 232
  1項 ··· 214
  2項 ··· 214
23条（債権の譲渡）·········· 220, 226, 227, 229
24条（婚姻の成立及び方式）············· 42, 72, 81, 82, 106, 236, 240, 245, 260, 268, 282
  1項 ··· 16, 17, 43, 49, 115, 149, 235, 238, 264, 268
  2項 ··· 146, 240, 242
  3項 ··· 12, 29, 34, 75, 82, 95, 146, 240, 241, 242, 261
25条（婚姻の効力）····················· 11, 16, 23,

24, 42, 43, 49, 54, 55, 60, 63, 72, 81,
90, 108, 115, 144, 236, 245, 246, 247,
248, 250, 251, 252, 253, 261, 288, 292
26条（夫婦財産制）·················24,
49, 54, 55, 72, 90, 236, 245, 246,
247, 248, 250, 251, 252, 254, 258, 292
　1項 ··············· 60, 252, 253, 258, 259
　2項 ··54, 60,
73, 251, 252, 254, 255, 257, 258, 259
　3項 ······· 119, 128, 147, 252, 257, 258, 260
　4項 ············ 119, 128, 252, 257, 258, 259
27条（離婚）····9, 23, 24, 29, 34, 38, 43, 44, 49,
50, 54, 55, 57, 60, 72, 81, 90, 95, 144,
236, 245, 246, 247, 248, 250, 113, 252,
260, 261, 263, 264, 280, 288, 292, 376
28条（嫡出である子の親子関係の成立）
···················· 26, 72, 75, 95, 96,
249, 267, 268, 269, 270, 272, 275, 276
　1項 ···271
　2項 ··270, 271
29条（嫡出でない子の親子関係の成立）
··44, 72,
75, 95, 99, 116, 267, 268, 275, 276, 308
　1項 ····· 41, 73, 236, 271, 272, 273, 274, 275
　2項 ················· 41, 272, 273, 274, 275
　3項 ···272
30条（準正）
·········72, 75, 87, 95, 267, 268, 276, 277
31条（養子縁組）····72, 77, 86, 116, 280, 282
　1項 ····· 17, 73, 236, 280, 281, 284, 285, 302
　2項 ·······································281, 302
32条（親子間の法律関係）
················ 13, 26, 31, 34, 35, 38, 43, 44,
45, 49, 54, 55, 60, 72, 90, 102, 108, 116,
120, 216, 249, 287, 288, 289, 292, 331
33条（その他の親族関係等）············72, 144
34条（親族関係についての法律行為の方式）
···44,
75, 139, 142, 145, 146, 263, 268, 275
　1項 ···259
　2項 ···259
35条（後見等）···································13,
72, 116, 120, 124, 126, 127, 216, 289
　1項 ······································13, 26, 125
　2項 ···28
　　1号 ····························100, 101, 125
　　2号 ············17, 27, 31, 63, 76, 94, 125
36条（相続）····6, 11, 25, 39, 43, 68, 72, 81, 106,
113, 252, 298, 304, 308, 309, 310, 312
37条（遺言）···· 40, 44, 72, 307, 308, 310, 314
　1項 ······························307, 308, 312, 314
　2項 ··························43, 44, 309, 312, 314
38条（本国法）················ 56, 59, 250, 253
　1項 ············ 24, 29, 49, 53, 54, 57, 250, 255
　2項 ··················11, 49, 55, 57, 60, 250
　3項 ············ 24, 57, 58, 59, 60, 63, 250, 294
39条（常居所地法）·························52, 294
40条（人的に法を異にする国又は地の法）
················ 24, 49, 59, 60, 62, 250, 294
　1項 ············ 59, 60, 62, 63, 64, 250, 253, 256
　2項 ······················· 60, 250, 251, 253, 257
41条（反致）····· 29, 72, 75, 76, 78, 89, 91, 307
42条（公序）························ 29, 94, 97,
100, 103, 180, 214, 215, 294, 392, 393
43条（適用除外）·····························72, 294
　1項 ···54
　2項 ···54

■民事訴訟法

3条の2（被告の住所等による管轄権）
　　　　……326, 327, 328, 363, 387, 388
　　1項 …………… 326, 330, 360, 363, 364
　　3項 …………………………… 326, 332
3条の3（契約上の債務に関する訴え等の管轄権）
　　　　………………… 331, 359, 360, 364
　　1号 ……… 169, 328, 335, 336, 343, 357
　　2号 …………………………………344
　　3号 …… 327, 329, 331, 340, 356, 369
　　4号 ………………… 329, 333, 334, 335, 363
　　5号 ……………………328, 333, 335
　　6号 …………………………………343
　　7号 …………………………………343
　　8号 …… 328, 337, 338, 339, 343, 348
　　9号 …………………………………343
　　10号 …………………………………343
　　11号 ……………… 152, 327, 342, 347
　　12号 ……………………………344, 345
　　13号 ……………………………344, 345
3条の4（消費者契約及び労働関係に関する
　　訴えの管轄権）……337, 349, 359, 360, 362
　　1項 …………… 179, 327, 359, 360, 368
　　2項 …………………………183, 327, 363
　　3項 ……………………360, 363, 364
3条の5（管轄権の専属）…… 345, 346, 350, 352
　　1項 ……………………………………345
　　2項 ……………… 152, 342, 345, 347, 348
　　3項 ………………………………339, 345
3条の6（併合請求における管轄権）… 349, 350
3条の7（管轄権に関する合意）
　　　　………………… 351, 352, 362, 388
　　1項 ……………………………353, 361
　　2項 ………………………354, 355, 358
　　3項 ………………………………355, 356
　　4項 ………………………………352, 355
　　5項 ……329, 352, 359, 361, 362, 364
　　　　1号 …………………………328, 360
　　　　2号 …………………………362, 366
　　6項 ……………… 352, 362, 364, 365
　　　　1号 ……………………………366
　　　　2号 ……………………………366
3条の8（応訴による管轄権）……… 358, 387
3条の9（特別の事情による訴えの却下）
　　　　…………………… 326, 327, 328, 339,
　　　　340, 342, 351, 360, 366, 367, 368, 388
3条の10（管轄権が専属する場合の適用除外）
　　　　…………………………345, 354, 358
3条の11（職権証拠調べ）………………325
3条の12（管轄権の標準時）……… 325, 387
4条（普通裁判籍による管轄）……………325
5条（財産権上の訴え等についての管轄）
　　　　………………………330, 343, 344
7条（併合請求における管轄）……………349
10条（管轄裁判所の指定）………………352
11条（管轄の合意）………………………352
12条（応訴管轄）…………………… 358, 368
13条（専属管轄の場合の適用除外等）……352
14条（職権証拠調べ）……………………325
15条（管轄の標準時）……………………325
17条（遅滞を避ける等のための移送）
　　　　………………………326, 359, 367
28条（原則）………………………………380
29条（法人でない社団等の当事者能力）……381
33条（外国人の訴訟能力の特則）…………380
38条（共同訴訟の要件）…………………351
110条（公示送達の要件）…………………390
114条（既判力の範囲）……………………382
118条（外国裁判所の確定判決の効力）
　　　　… 119, 127, 159, 382, 383, 384, 393, 394
　　1号 …………… 331, 385, 386, 395, 396
　　2号 ……… 384, 389, 390, 392, 395, 396
　　3号 ……… 389, 391, 393, 394, 395, 396
　　4号 …………… 330, 385, 395, 397
145条（中間確認の訴え）…………………346
146条（反訴）………………………346, 349, 350

判例索引

昭　和

大決昭和3・12・28民集7巻1128頁 ……………322
大判昭和8・12・5新聞3670号16頁 ……………398
東京高判昭和28・9・11高民集6巻11号
　　702頁 ……………………………………160
東京地判昭和35・7・20下民集11巻7号
　　1522頁 …………………………………398
前橋地桐生支判昭和37・4・9下民集13巻
　　4号695頁 ………………………………197
大阪家審昭和37・8・22家月15巻2号
　　163頁 ……………………………………93
東京地判昭和37・10・25下民集13巻10号
　　2146頁 …………………………………92
大阪地判昭和39・3・17判タ162号197頁 …93
最判昭和39・3・25民集18巻3号486頁 ……374
東京地決昭和40・4・26労民集16巻2号308頁
　　………………………………………198, 372
東京地判昭和41・1・13家月19巻1号43頁 …92
横浜地判昭和41・9・29下民集17巻9-10号
　　874頁 ……………………………………372
東京地昭和42・7・11判タ210号206頁 ……198
東京地判昭和43・12・14判時548号97頁 …197
東京地判昭和44・5・14下民集20巻5・6号
　　342頁 ……………………………… 103, 198
大阪高判昭和44・8・5高民集22巻4号543頁 …197
静岡地判昭和46・2・12下民集22巻1・2号
　　160頁 ……………………………………92, 93
東京家審昭和48・4・20家月25巻10号113頁
　　………………………………………………315
東京家審昭和48・5・8家月25巻12号63頁 …378
大阪地中間判昭和48・10・9判時728号76頁
　　…………………………………………71, 372
東京家審昭和49・3・28家月26巻8号99頁 …92
東京地判昭和49・7・24下民集25巻5-8号
　　639頁 ……………………………………371
東京家審昭和49・12・27家月27巻10号71頁 …92
京都家審昭和50・3・10家月27巻11号61頁 …93
最判昭和50・6・27家月28巻4号83頁
　　…………………………………103, 104, 277, 278
最判昭和50・7・15民集29巻6号1061頁 ……137
名古屋地判昭和50・10・7下民集26巻9-12号
　　910頁 ……………………………………92
最判昭和50・11・28民集29巻10号1554頁

　　………………………………………………371, 372
甲府地判昭和51・10・29判時852号103頁 …93
東京地判昭和52・5・30判時880号79頁 ……196
大阪家審昭和52・11・1家月30巻11号74頁 …244
最判昭和53・4・20民集32巻3号616頁 ……196
大阪家審昭和54・3・26家月34巻2号160頁 …92
大阪家審昭和55・2・25家月33巻5号101頁 …378
大阪高判昭和55・3・28判時967号121頁 …196
東京地判昭和55・9・29判時999号113頁 …196
名古屋家審昭和55・12・25家月34巻2号
　　176頁 ……………………………………80
最判昭和56・7・2民集35巻5号881頁 ……93
東京高判昭和56・7・13家月34巻9号72頁 …93
最判昭和56・10・16民集35巻7号1224頁
　　………………………………………………332, 370
長野家審昭和57・3・12家月35巻1号105頁 …92
浦和家審昭和57・5・14家月36巻2号112頁 …378
東京地判昭和57・5・31下民集33巻5-8号
　　875頁，34巻5-8号751頁 ……………195
神戸家審昭和57・7・15家月35巻10号94頁 …315
東京地判昭和57・7・19判時1051号149頁 …196
横浜地判昭和57・10・19家月36巻2号101頁
　　………………………………………………397
神戸地判昭和58・3・30判時1092号114頁
　　………………………………………………92, 197
最判昭和58・6・7民集37巻5号611頁 ……397, 398
大阪地判昭和58・9・30下民集34巻9-12号
　　960頁 ……………………………………196
名古屋家審昭和58・11・30家月36巻11号
　　138頁 ……………………………………92
横浜地判昭和58・11・30判時1117号154頁 …278
東京地判昭和59・2・15判タ525号132頁 …372
東京地判昭和59・3・27下民集35巻1-4号
　　110頁 ……………………………………371
東京高判昭和59・3・30労民集35巻2号140頁
　　………………………………………………198
札幌地判昭和59・6・26家月37巻7号65頁 …92
最判昭和59・7・20民集38巻8号1051頁 ……104
東京地判昭和60・7・15判時1211号120頁 …196
大阪地判昭和60・9・27判時1179号94頁 …93
広島地判昭和61・1・30家月38巻6号43頁 …92
大阪地判昭和61・3・26判時1200号97頁 …371
東京地判昭和61・6・20判時1196号87頁 …372
東京家審昭和61・9・17家月39巻1号157頁 …80
熊本家審昭和61・12・17家月39巻5号59頁 …80

名古屋地判昭和62・2・6判時1236号113頁 ···· 398
大阪地判昭和62・2・27判時1263号32頁 ····· 304
大阪高判昭和62・3・20家月39巻7号43頁 ···· 315
東京地中間判昭和62・5・8判時1232号40頁 ···· 371
東京地決昭和62・8・24判時1251号133頁 ···· 198
東京地判昭和62・8・28判時1278号97頁 ····· 92
京都地判昭和62・9・30判時1275号107頁 ···· 92
東京高決昭和62・10・29家月40巻2号190頁
 ··· 104
横浜家審昭和62・10・30家月40巻10号53頁
 ··· 266
東京高判昭和63・10・5判タ703号215頁 ····· 79
東京地決昭和63・12・5労民集39巻6号658頁
 ··· 198,372

平　成

東京地判平成1・5・30判時1348号91頁
 ··· 371,372
東京地判平成1・6・19判タ703号246頁 ······· 371
東京地判平成1・8・28判時1338号121頁 ······ 224
東京高判平成2・2・27家月42巻12号31頁 ···· 398
盛岡家審平成2・8・6家月43巻3号98頁 ······· 285
東京地判平成2・9・11労民集41巻5号707頁
 ··· 197
東京地判平成2・10・23判タ756号261頁 ······ 371
東京地判平成2・11・28判時1384号71頁 ······ 104
大阪地判平成2・12・6判タ760号246頁
 ··· 137,196,224
東京地判平成2・12・7判タ1424号84頁 ···· 66,266
東京地判平成3・1・29判時1390号98頁 ······· 372
水戸家審平成3・3・4家月45巻12号57頁 ······· 65
浦和地判平成3・3・13判タ769号205頁 ······· 305
東京地判平成3・3・29家月45巻3号67頁
 ··· 104,244,266
東京地判平成3・3・29判時1404号96頁 ······· 315
那覇家審平成3・4・1家月43巻10号44頁 ···· 79,80
横浜家審平成3・5・14家月43巻10号48頁 ····· 267
東京地判平成3・8・27判時1425号100頁
 ··· 195,196
最判平成3・9・13民集45巻7号1151頁 ········ 278
横浜地判平成3・10・31家月44巻12号105頁
 ··· 65,266
東京家審平成3・12・6家月44巻10号47頁 ···· 290
盛岡家審平成3・12・16家月44巻9号89頁 ···· 285
東京地判平成3・12・16判タ794号246頁 ····· 398
東京地判平成3・12・20判タ792号207頁 ······ 79
東京地判平成4・1・28判時1437号122頁 ····· 137

札幌家審平成4・6・3家月44巻12号91頁 ······ 285
東京地判平成4・6・26家月45巻8号90頁
 ··· 104,305
福島家会津若松支審平成4・9・14家月45巻
 10号71頁 ····································· 286
東京家審平成4・9・18家月45巻12号63頁 ····· 65
水戸家土浦支審平成4・9・22家月45巻10号
 75頁 ··· 285
東京地判平成4・9・25家月45巻5号90頁 ······ 278
東京地判平成4・9・30判時1483号79頁 ······ 224
京都地判平成4・12・9判タ831号122頁 ······ 244
東京地判平成5・1・29判時1444号41頁 ······ 196
東京地判平成5・4・23判時1489号134頁
 ··· 195,372
山形家長井出審平成5・6・8家月46巻8号
 124頁 ··· 285
横浜地判平成5・9・2交民集26巻5号1151頁
 ··· 224
神戸地判平成5・9・22判タ826号206号 ······ 398
高松高判平成5・10・18判タ834号215頁
 ··· 150,266
東京地判平成5・11・15高民集46巻3号98頁
 ··· 378,398
高松家審平成6・1・13家月47巻12号47頁
 ··· 91,285
東京地判平成6・1・14判時1509号96頁
 ··· 397,398
東京地判平成6・1・31判時1509号101頁 ···· 398
神戸地判平成6・2・22判タ851号282頁 ······ 266
東京高判平成6・2・22判タ862号295頁 ······ 315
最判平成6・3・8家月46巻8号59頁 ············ 79
最判平成6・3・8民集48巻3号835頁 ····· 304,305
岐阜家審平成6・3・9家月47巻11号80頁 ······ 92
名古屋家審平成6・3・25家月47巻3号79頁 ···· 305
神戸家審平成6・3・25家月47巻8号59頁 ····· 305
京都家審平成6・3・31判時1545号81頁
 ··· 290,378
神戸家審平成6・7・27家月47巻5号60頁
 ··· 66,79,305
仙台高判平成6・9・19高民集47巻3号173頁
 ··· 225
松山地判平成6・11・8判時1549号109頁 ···· 160
名古屋家審平成7・1・27家月47巻11号83頁
 ··· 277
山形家審平成7・3・2家月48巻3号66頁 ······ 285
東京地判平成7・4・25判時1561号84頁 ······ 371
神戸地判平成7・5・10家月47巻12号58頁 ···· 285
名古屋家審平成7・5・19家月48巻2号153頁

判例索引　405

………………………………………277
大阪地判平成7・5・23判時1554号91頁………195
東京地判平成7・5・29判タ904号202頁………398
東京家審平成7・10・9家月48巻3号69頁
　………………………………………290, 378
横浜家横須賀支審平成7・10・11家月48巻
　12号66頁…………………………………286
東京地判平成7・12・26判タ922号276頁
　…………………………………266, 267, 378
大阪地判平成8・1・17判時1621号125頁………398
東京家審平成8・1・26家月48巻7号72頁………285
東京地判平成8・2・7判時1589号86頁………197
旭川地決平成8・2・9判時1610号106頁………372
最判平成8・3・8判時1571号71頁………………244
金沢家小松支審平成8・3・11家月48巻8号
　102頁………………………………………290
千葉家市川出審平成8・5・23家月48巻10号
　170頁………………………………………128
最判平成8・6・24民集51巻10号4055頁………374
東京地判平成8・9・2判時1608号130頁………398
東京高判平成8・12・25高民集49巻3号109頁
　………………………………………………371
最判平成9・1・28民集51巻1号78頁……………225
名古屋高決平成9・1・29家月49巻6号64頁……378
東京地判平成9・2・5判タ936号232頁………371
最判平成9・2・25家月49巻7号56頁………93, 266
最判平成9・7・11民集51巻6号2573頁……397, 398
東京地判平成9・7・16判時1619号17頁………225
千葉地判平成9・7・24判時1639号86頁
　………………………………………223, 224
最判平成9・9・4民集51巻8号3657頁………195
東京高判平成9・9・18高民集50巻3号319頁
　………………………………………………397
東京地判平成9・10・1労民集48巻5・6号457頁
　………………………………………………195
津地四日市支判平成9・10・28判タ971号
　213頁………………………………………150
最判平成9・11・11民集51巻10号4055頁
　…………………………325, 365, 370, 371, 372
東京地八王子支判平成9・12・8判タ976号
　235頁………………………………………397
水戸家審平成10・1・12家月50巻7号100頁……277
大阪高判平成10・1・20判タ1019号177頁……224
東京地八王子支判平成10・2・13判タ987号
　282頁………………………………………397
東京地判平成10・2・24判時1657号79頁
　………………………………………397, 398
東京地判平成10・2・25判時1664号78頁………398

東京地判平成10・3・19判時997号286頁………195
神戸地判平成10・3・30判タ1007号280頁
　………………………………………66, 378
東京地判平成10・3・30判時1658号117頁
　………………………………………137, 195
最判平成10・4・28民集52巻3号853頁
　…………………………………378, 397, 398
東京地判平成10・5・13判時1676号129頁……192
東京地判平成10・5・27判時1668号89頁
　………………………………………195, 225
横浜地判平成10・5・29判タ1002号249頁
　………………………………………66, 265, 267
福岡高判平成10・5・29判タ1690号80頁………150
東京地判平成10・11・2判タ1003号292頁
　………………………………………371, 372
東京地判平成10・11・27判タ1037号235頁……371
水戸地土浦支審平成11・2・15家月51巻7号
　93頁…………………………………………103
東京地判平成11・3・16労判766号53頁………197
東京高判平成11・3・24判時1700号41頁………371
東京家審平成11・10・15家月52巻3号60頁
　………………………………………79, 304, 305
東京地判平成11・11・4判タ1023号267頁……378
名古屋地判平成11・11・24判時1728号58頁
　………………………………………225, 378
大津家審平成12・1・17家月52巻7号101頁
　…………………………………103, 104, 378
岡山地判平成12・1・25交民集33巻1号157頁
　………………………………………………104
最判平成12・1・27民集54巻1号1頁……………84
東京高判平成12・2・3判時1709号43頁
　………………………………………137, 160
東京高判平成12・2・9判時1749号157頁……198
東京高判平成12・2・23家月53巻5号180頁……150
東京高判平成12・7・12家月53巻5号174頁
　…………………………………104, 266, 267
東京地判平成12・10・6判タ1067号263頁……320
浦和家審平成12・10・20家月53巻3号93頁……376
東京地判平成12・11・30判時1740号54頁……322
東京地判平成12・12・20金判1133号24頁……372
東京地判平成13・2・8判タ1059号232頁………398
最判平成13・6・8民集55巻4号727頁…………371
東京家審平成13・9・17家月54巻3号91頁
　………………………………………66, 79
東京地判平成13・9・28判タ1140号227頁……137
東京高判平成13・10・1判時1771号118頁……224
東京高判平成14・1・30判時1797号27頁………137
東京地判平成14・2・26判例集未登載………45, 195

東京高判平成14・3・5民集57巻6号708頁 ……305
最判平成14・4・2民集56巻4号729頁 …………322
神戸地判平成14・5・28判例集未登載 …… 37, 65
最判平成14・9・26民集56巻7号1439頁
　…………………………………………… 218, 225
最判平成14・9・26民集56巻7号1551頁
　……………………………………103, 104, 371
最判平成14・10・29民集56巻8号1964頁
　…………………………………………… 160, 225
東京地判平成14・11・18判時1812号139頁
　…………………………………………… 371, 372
東京家審平成15・3・25判例集未登載 … 104, 286
大阪高判平成15・4・9判時1841号111頁 …398
東京地判平成15・9・26判タ1156号268頁 …372
東京地判平成15・12・19判タ1198号282頁 …397
名古屋地判平成15・12・26判時1854号63頁
　……………………………………… 91, 304, 371
東京地判平成16・1・30判時1854号51頁
　……………………………………267, 290, 378
東京地判平成16・2・24判時1853号38頁
　………………………………………………44, 198
東京地判平成16・5・31判時1936号140頁
　…………………………………………… 224, 304
東京地判平成17・2・18判時1925号121頁
　………………………………66, 103, 104, 267, 266
東京地判平成17・6・17判タ1243号136頁 …196
東京高判平成17・11・24家月58巻11号40頁
　……………………………………………………266
京都家審平成18・3・31家月58巻11号62頁
　………………………………………………45, 267
東京地判平成18・5・18労判919号92頁 …199
最判平成18・7・21民集60巻6号2542頁
　…………………………………………… 317, 322
東京家審平成18・10・5家月59巻10号49頁 … 45
最判平成18・10・17民集60巻8号2853頁 …195
東京高判平成18・10・24判タ1243号131頁
　…………………………………………… 196, 224
東京高判平成18・10・30判時1965号70頁 …294
東京地判平成18・10・31判タ1241号338頁 …371
東京地中間判平成19・3・20判時1974号156頁
　……………………………………………………372
最決平成19・3・23民集61巻2号619頁 …398
東京高判平成19・4・25家月59巻10号42頁 … 45
宇都宮家審平成19・7・20家月59巻12号106頁
　……………………………………… 67, 104, 285
東京地決平成19・8・28判タ1272号282頁 …372
東京地判平成19・8・28判時1991号89頁
　………………………………………………37, 198

東京家判平成19・9・11家月60巻1号108頁
　…………………………………………… 397, 398
最判平成20・3・18判時2006号77頁 ……… 92, 93
青森家十和田支審平成20・3・28家月60巻
　12号63頁……………………………………80
東京地判平成20・4・11判タ1276号332頁 …371
東京地判平成21・2・12判時2068号95頁
　…………………………………………… 371, 397
東京地判平成21・2・12判時2068号95頁 …398
仙台地判平成21・3・19判時2052号72頁
　…………………………………………… 371, 372
最判平成21・10・16民集63巻8号1799頁 ……322

事項索引

あ 行

異国籍の夫婦 … 246
遺 言
　——の許容性 … 308
　——の拘束力 … 308
　——の成立と効力 … 308
　——の撤回 … 309, 312
　——の方式 … 310
　——の有効性 … 308
遺言能力 … 308, 314
遺産分割 … 303
慰謝料請求権 … 39
　——の一身専属制 … 302
移送制度 … 326, 350
一面的婚姻障碍 … 236
一般管轄原因 … 330, 331, 332, 333
一般的権利能力 … 105, 106, 300
一般的・抽象的な予見可能性 … 23
一般的不法行為 … 203
一般的例外条項 … 24, 96, 99
一方的抵触規定 … 17, 94
一方的抵触主義 … 16, 17, 22, 34
違法性阻却事由 … 44, 216
遺留分 … 303
氏 … 107, 265, 289
運送中の物 … 158
応 訴 … 390
応訴管轄 … 375
親子間の法律関係 … 286

か 行

外交婚・領事婚 … 242
外国会社 … 136
外国の法定財産制 … 257
外国判決の承認・執行 … 1, 382
外国法 … 15
　——の確定 … 88
　——の適用違背を上告理由 … 15, 91
　——の内容的異常性 … 98
　——不明の場合の処理 … 89
会社などに関する訴え … 343
外人法 … 135
海難救助 … 343, 344
　公海上における—— … 222

隔地者の意思表示 … 141
隔地的契約 … 142
隔地的不当利得 … 219
隔地的不法行為 … 338
確定判決 … 384
隠れた反致 … 68, 76
過剰管轄 … 341, 387
仮定的な意思 … 170
カファーラ（kafala） … 279, 280
管轄原因 … 27
　——事実の証明 … 340
管轄権的アプローチ … 64, 78, 280
管轄合意
　… 352, 353, 354, 356, 361, 362, 364, 365, 366
監護権 … 44
間接管轄 … 325, 385, 386, 387, 388
間接指定 … 56, 57
間接反致 … 69, 72, 73
勧 誘 … 182
擬似外国会社 … 137
客観的併合 … 349
客観的連結 … 173
給付不当利得 … 219
旧法例 … 8
狭義の国際私法 … 5
狭義の反致 … 69, 72
協議離婚 … 145
行政協力 … 291
鏡像理論 … 386, 387, 388
共通常居所地 … 209, 221, 222
共通法 … 8, 46, 64
共通本国法 … 55
共同遺言 … 39, 313
共同相続人 … 303
業務関連管轄 … 333
挙行地法主義 … 240
居 所 … 50, 331
緊急管轄 … 331, 341
継続的な事実に基づく物権変動 … 155
契約関係の渉外性 … 163
契約慣行 … 173
契約債務の履行地 … 335
契約準拠法説 … 191
契約準拠法の変更と方式 … 143
契約締結上の過失 … 188

契約締結地法	12
契約の方式	142
血縁主義 →事実主義	
結果発生地	202, 203, 219, 222, 338
血統主義	53
ゲーブハルト草案	8
原因行為の準拠法	226, 231
原告は被告の法低地に従う	326, 327, 332
現実の意思	170, 180
権利能力	105, 133, 300
合意管轄	351
行為性質基準説	321
行為地	311
行為地法	140
行為能力	11, 113
——の欠缺	116
行為目的基準説	321
鉱業法	34
後　見	13, 27, 124
後見開始	47
——の審判	121
後見人	
——の指定	125
——の選任	124
公示送達	390
公　序	29, 73, 94, 294, 391, 392, 395
公序則	94
——の対象	98
——発動の要件	98
公的機関	
——による費用償還請求権	294
——の許可	283
行動地	202, 203, 338
小切手行為能力	116
国際海上物品運送法	7
国際裁判管轄	290
——の合意	171
国際裁判管轄権	1, 121, 124, 126
——の消極的抵触	331, 333
国際私法上の価値	20
国際私法に固有の実質法的価値	26
国際的強行規定	30, 34, 95, 114, 135, 187, 189
——の特別連結	18
外国の——	36, 191
内国の——	35
国際的な子の奪取の民事上の側面に関する条約	1, 289

国際取引における債権譲渡に関する国際連合条約	230
国際物品売買契約に関する国際連合条約	7, 156, 337
国　籍	12, 46, 47, 246
——を有する国	54, 311
——を有する国の法	54, 256
国籍法	21
国有化	159
戸　籍	12, 46, 109, 241, 262
国家免除	319
子（ども）	
——との面会交流	265, 289, 377
——の監護者の指定	377
——の親権・監護権	265
——の奪取	289
——の嫡出性の推定	270
——の利益	52, 75, 268, 269, 271, 275
個別的・具体的な予見可能性	23
個別的労働関係民事紛争	363
コモンロー・マリッジ	239
婚　姻	
——に基づく準正	276
——による成年擬制	115
——の形式的成立要件	239
——の効力	249
——の実質的成立要件	235
——の方式	239
——の有効化	239, 241
婚姻準正	276, 277
婚姻届の郵送	240, 242
婚姻要件具備証明書	238

さ　行

債　権	
——の可譲渡性	229, 232
——の流動化	9, 227
債権準拠法	231
債権譲渡	
——の準物権的側面	227
——の有因性・無因性	228
財産所在地法	329
再　致 →転致	
裁判認知	274
最密接関係地	8
最密接関連性	24, 58
——の原則	23
債務者	

事項索引　409

——以外の第三者にたいする譲渡の効力
　　……………………………………………229
　　——との関係における債権譲渡の効力 ……229
債務の履行地………………… 169, 336, 337
里親里子関係…………………………280
事項概念…………………………………9
　　——の内包と外延 …………………………40
事実主義…………………………………272
実親子関係………………………………47
執行判決…………………………………383
実質的再審査……………………………383
実質法……………………………………5
実質法的価値………………………………25
　　——を志向する抵触規定 …………………95
実質法的指定……………………………162
失踪宣告………………… 27, 28, 47, 111, 300
　　——の管轄 ………………………… 111, 112
　　——の効力 ………………………………112
実体的公序………………………… 391, 392
自働債権の準拠法………………………233
自動承認…………………………………382
児童の権利に関する条約……………… 99, 284
児童福祉法………………………………34
事務管理…………………………… 12, 221
事務管理地………………………………221
重国籍者………………… 21, 29, 53, 58, 250
　　——の本国法 ……………………………53
住　所……………………………………331
住所地……………………………………311
住所地・常居所地法主義………………297
住所地法主義……………………………65
主観的併合………………………… 350, 351
主権免除…………………………………319
受働債権の準拠法………………………233
取得時効…………………………………155
準拠法………………… 5, 112, 123, 125, 126
　　——の事後的変更 …………………………11
　　——の凍結 ………………………………166
準拠法説…………………………… 40, 82, 83
準国際私法…………………………… 8, 56, 57
準備行為地………………………………201
渉外実質法………………………………6, 15
商業的取引………………………………320
消極的確認訴訟…………… 338, 340, 341, 342
常居所………………………… 46, 49, 246
　　——のない者 ……………………………52
　　——を決定する諸要素 …………………50
常居所地………………………… 58, 59, 311

使用者責任………………………………216
承諾地法…………………………………142
消費者契約………………………………178
消費者の常居所地法……………………180
消費者保護………………………………11
消滅時効……………………………… 43, 233
条　理……………………………………89
職務発明…………………………………349
所在地……………………………………151
所在地法……………………………… 25, 144
親　権………………………………… 13, 44
親権・監護権……………………………289
　　——の帰属 ………………………………288
　　——の変更・消滅 ………………………289
親権者
　　——の指定 ………………………………377
　　——の変更 ………………………………377
親族関係に関する方式…………………145
人的不統一法国………… 46, 59, 250, 251, 294
請求の目的の所在地……………………341
制限免除主義……………………………319
生産業者などの事業所所在地…………204
生産物責任………………………… 204, 339
生地主義…………………………………53
成年年齢……………………………… 113, 114
性別の変更………………………………106
絶対的挙行地法主義……………………239
絶対免除主義……………………………319
設立準拠法主義…………………………131
セーフガード条項 ……………… 73, 273, 281
先決問題……………………………… 81, 282
専属管轄…………………………………354
専属管轄権………………………… 345, 346
専属的管轄合意…………………………356
選択的連結……………………… 8, 44, 75, 90,
　　99, 141, 240, 267, 268, 272, 274, 276, 310
船舶債権などに基づく訴え……………343
船舶の衝突などに基づく損害賠償の訴え ……343
総括指定説………………………………70
相互の保証……………… 329, 395, 396, 397
相　殺……………………………………233
相　続………………………………… 12, 88
　　——に関する訴え ………………………344
　　——の開始 ………………………………300
　　——の承認および放棄 …………………303
相続財産…………………………………301
　　——の管理 ………………………………303
相続準拠法………………………………88

相続統一主義	297, 298	抵触規定	
相続人	300	——の合憲性	8
相続人不存在	304	——の構成要素	9
相続能力	106, 300	抵触法	1, 5
相続分	303	——の機能	9
相続分割主義	296	抵触法的アプローチ	64, 78, 280
送 達	389, 390, 391	手形行為能力	116
双方的抵触規定	17, 16	手形・小切手による金銭の支払請求を	
双面的婚姻障碍	236	目的とする訴え	344
属人法	46	適応問題	26, 44, 86, 271, 275, 282
属人法実体法説	380, 381	手続中における当事者の行為	172
属人法訴訟法説	380	手続的公序	391, 392
訴訟競合	368	手続は法廷地法による	43
訴訟能力	380	電子消費者契約及び電子承諾通知に	
その国の規則	62, 63, 64	関する民法の特例に関する法律	10
損害賠償	217	転 致	69
——の方法	214	同一の本国法	54, 250
損害賠償額の算定	217	登記・登録に関する訴え	347
損害賠償請求権	87	動産譲渡登記	156
損害発生地	201	同時死亡	106
		当事者自治	212
た 行		——の原則	11, 161
対外国民事裁判権法	319	当事者能力	380
第三者の権利	168, 213	同性婚	42, 236
胎 児 →106		到達地	141
代 用 →置換		盗品	153, 158
代理権授与の方式	149	特段の事情	367
代理行為地	147	特徴的給付	175, 178
代理行為の準拠法	148, 149	特定商取引に関する法律	183
代理の準拠法	148	特定法秩序の参照	172
タラク	261	特別縁故者	304
段階的連結	90, 245, 292	特別管轄原因	330, 333
地域的不統一法国	46, 56, 294	特別の事情	
置 換	85	326, 328, 339, 342, 351, 366, 367, 368, 388	
知的財産権		特別の例外条項	24
——の侵害	217	特別留保条項	214
——の属地的効力	218	特別連結論	35, 192
——の存否・効力に関する訴え	347	土地管轄	325, 353
知的財産法	21	特許権侵害	339
嫡出親子関係の成立	269	ドミサイル	65, 78
嫡出否認	270	取引の安全	128
——の訴え	376	取引保護	117
仲裁条項	172		
懲罰的損害賠償	384	**な 行**	
直接管轄	325	内外国法の平等	28, 71
直接指定	56, 58	内国国籍の優先	53
直接郵便送達	390, 391	内国実質法	
通常予見	339	——の価値	25

——の適用範囲画定	10
内国的関連性	33, 99, 215, 393, 394
内国取引保護	257, 259
内国法変質説	14
難民の地位に関する議定書	55
難民の地位に関する条約	55
逃げ帰り婚	376
二重反致	69, 73
日常家事債務	251
日本人条項	29, 34, 241, 261
任意後見	125
任意後見監督人の選任	127
任意後見契約	127
任意後見契約に関する法律	126
任意代理	146
任意認知	41, 274
認　知	272
——の訴え	376
——の無効・取消しの訴え	376
認知準正	276, 277
認知能力	44
能動的消費者	182

は　行

バイスタンダー（bystander）	206
配分的適用	235
ハーグ国際私法会議	27, 49
ハーグ国際私法条約	49
場所は行為を支配する	139, 140, 239, 240, 241
発信地	141
判決の国際的調和	26, 28, 29, 71, 82
反　訴	350
反　致	13, 14, 18, 29, 68, 75, 299
被害者	
——の管理開始地	203
——の常居所地	208
引渡し地	204, 205
被　告	
——の財産所在地	341
——の住所地主義	374
非債弁済	220
非嫡出親子関係の成立	272
夫婦間の扶養義務	251
夫婦共同縁組	282
夫婦財産契約	255, 257, 258
——の登記	259
夫婦財産制	88, 252, 301

——の準拠法	88
foreign court theory	70, 71
付加的管轄合意	356
副次的な適用範囲	13
附従的な連結	154, 210, 264
不正競争防止法	33, 190
物　権	12, 301
——の種類・内容・効力	153
物権行為	144
——の方式	158
物権変動	12, 155
不統一法国	55, 58, 250
不動産所在地	311
不動産に関する訴え	342, 177
不当利得	12, 218
不当利得地	218
部分指定　→分割指定	
不変更主義	253
不法行為	12, 200
——の成立	214
不法行為地	338
不法行為地法主義	200
不法行為能力	115, 133, 216
不法行為債権の譲渡可能性	217
扶　養	47, 289
扶養義務者の範囲	293
扶養権利者	
——と扶養義務者の共通本国法	292
——の常居所地法	292
文化財	36, 152
文化財の不法な輸入，輸出及び所有権移転を禁止し及び防止する手段に関する条約	193
分割指定	165, 185
変更主義	251, 253
法　域	8, 56
方　式	139, 313, 355
——の自由	12
法　人	
——の権利能力	133
——の従属法	131
——の内部組織	134
——の内部組織などに関する訴え	346
——の不法行為能力	216
法人格否認の法理	134
法選択	254, 255
——がない場合	185
——じたいの有効性	168

——の方式	169
事後の——	167, 185, 212, 221, 223
当事者による——	24
浮動的な——	166
明示的な——	163, 184
黙示的な——	169, 184
法定財産制	259
法定代理権	119
法定代理人	116
法廷地法	89
法廷地法説	82, 83, 380, 381
法の消極的抵触	19
法の積極的抵触	19
法律関係の性質決定	38
法律行為	161
——による債権譲渡	226
——による物権変動	156
法律上の債権移転	231
法律問題	
——の特定	39
——の分類	40
法　例	8
保全命令事件	369
本案の管轄権	370
本拠地法主義	131
本国法主義	47, 298
本国法説	380
本国法の決定	52
本問題	81

ま　行

マレーシア航空事件	334
未成年後見	289
身分的法律行為に関する行為能力	115
民法35条	135
無国籍者	11, 21
——の属人法	55
名誉・信用毀損	207
面会交流権（子との）	44
申込地法	142
目的物の所在地	369
最も密接な関係がある地	173
最も密接な関係がある法	64
物の所在地	151

や・ら・わ　行

雇い入れ地	186, 364
有責配偶者の賠償責任	264
有利性	186
——の比較	180
輸送機	153, 158
養子縁組	377
養親の本国法	280
予見可能性	22
履行の態様	189
離　婚	
——後の扶養義務	264
——した配偶者間の扶養	293
——に伴う財産分与	265
——の許容性	260
——の際の親権者指定	43
——の方法	260
離婚原因	260
領事裁判権	8, 28
両性平等の要請	12, 72, 73, 246, 247, 249, 253, 270
累積的適用	236, 238, 280, 281
例外条項	96, 208, 219, 222
レックス・メルカトリア（lex mercatoria）	164
連　携	1, 17, 20, 28, 29, 31, 32, 34, 38, 76, 82, 324, 326, 368, 382
連結基準	9, 27, 43
——の確定	46
連結時	9, 43
連結主体	9, 43
連結素	9, 43
連結方法	42, 44
労働関係に関する訴え	362
労働契約	183
労働者保護	11
労務提供地	33, 184, 363

〔著者紹介〕

横山　潤（よこやま・じゅん）

　1949年3月生まれ
　1971年3月　一橋大学法学部卒業
　1979年3月　一橋大学大学院法学研究科博士課程単位取得満期退学
　1979年4月　獨協大学法学部講師
　1982年4月　獨協大学法学部助教授
　1989年4月　獨協大学法学部教授
　1990年4月　一橋大学法学部教授
　1999年4月　一橋大学大学院法学研究科教授，現在に至る

［主要著書・論文］

　『国際家族法の研究』有斐閣，1997年
　『個人と家族〔日本と国際法の100年（第5巻）〕』（共著）三省堂，2001年
　「新成年後見制度と国際私法」一橋法学（2002年）
　「総論的考察――立法の方向性から緊急管轄まで」国際私法年報10号（2009年）

国際私法

2012年3月31日　第1刷発行

　　　　　　　　　著　者　　横　山　　　潤
　　　　　　　　　発行者　　株式会社　三　省　堂
　　　　　　　　　　　　　　　代表者　北口克彦
　　　　　　　　　印刷者　　三省堂印刷株式会社
　　　　　　　　　発行所　　株式会社　三　省　堂
　　　　　〒101-8371　東京都千代田区三崎町二丁目22番14号
　　　　　　　　　　　　電話　編集　(03)3230-9411
　　　　　　　　　　　　　　　営業　(03)3230-9412
　　　　　　　　　　　　振替口座　　00160-5-54300
　　　　　　　　　　　　http://www.sanseido.co.jp
　　　　　〈横山国際私法・432pp.〉 ©J.Yokoyama 2012 Printed in Japan

落丁本・乱丁本はお取替えいたします。
　　　　　ISBN 978-4-385-32354-1

R 本書を無断で複写複製することは、著作権法上の例外を除き、禁じられています。本書をコピーされる場合は、事前に日本複写権センター（03-3401-2382）の許諾を受けてください。また、本書を請負業者等の第三者に依頼してスキャン等によってデジタル化することは、たとえ個人や家庭内での利用であっても一切認められておりません。